In Veröffentlichungen zur Biographie Theodor Fontanes erfährt man über seine Frau Emilie kaum mehr als die Tatsache, dass sie das freie Schriftstellerdasein ihres Mannes nicht besondes guthieß, da sie sich um den regelmäßigen Lebensunterhalt der Familie Sorgen machte. Selten wird dagegen erwähnt, dass sie ihrem Mann über Jahrzehnte zur Seite stand und dass Fontane in ihr auch eine wichtige Kritikerin seiner Texte sah. Aus diesem Schattendasein darf Emilie nun endlich heraustreten. Gisela Heller beschreibt ihr Leben mit viel Engagement und großer Detailkenntnis, und man entdeckt auf diese Weise völlig neue Facetten im Leben Theodor Fontanes, die zugleich auch eine bisher kaum bekannte Sicht auf das literarische Werk des Schriftstellers eröffnen.

Gisela Heller, geb. 1929 in Berlin, hat lange für den Rundfunk gearbeitet und sich mit zahlreichen Veröffentlichungen über Potsdam und Brandenburg einen Namen gemacht. Publikationen u. a.: »Unterwegs mit Fontane in Berlin und der Mark Brandenburg« sowie »Unterwegs mit Fontane von der Ostsee bis zur Donau«.

Gisela Heller

»Geliebter Herzensmann …«

Emilie und Theodor Fontane

Biographische Erzählung

Fischer Taschenbuch Verlag

Dank

Die Autorin dankt allen, die ihr freundlich und uneigennützig bei der Findearbeit behilflich waren: Peter Schaefer vom Fontane Archiv Potsdam; Frauke Franke, die die dort lagernden handschriftlichen Briefe und Wirtschaftsbücher Emiliens hütet; und vor allem Dr. Manfred Horlitz, dessen reichem Fontane-Wissensschatz sie jederzeit vertrauen konnte.

Ungekürzte Ausgabe
Veröffentlicht im Fischer Taschenbuch Verlag,
ein Unternehmen der S. Fischer Verlag GmbH,
Frankfurt am Main, Juli 2002

Lizenzausgabe mit Genehmigung der
Nicolaischen Verlagsbuchhandlung Beuermann GmbH, Berlin

Druck und Bindung: Clausen & Bosse, Leck
Printed in Germany
ISBN 3-596-15613-0

Vorwort

»Meine liebe Frau ... Du reizt mich bis aufs Blut und wunderst Dich hinterher, wenn ich heftig und bitter werde. Du machst ein böses Gesicht und wunderst Dich, wenn ich Dir aus dem Wege gehe; Du verhältst Dich ablehnend und wunderst Dich, wenn ich nicht zärtlich bin. Natürlich bin ich auch zu Zeiten unzärtlich, ohne vorher einer Nüchternheit begegnet zu sein, aber das ist nicht zu ändern, weil es ebenso in der menschlichen Natur wie ganz besonders in unsern Lebensverhältnissen liegt. Wenn ich bei meiner Arbeit nicht von der Stelle kann oder das Gefühl des Mißlungenen habe, so bedrückt das mein Gemüt, und aus bedrücktem Gemüt heraus kann ich nicht nett, quick, elastisch und liebenswürdig sein. Aber das müßtest Du auch, wenn Du Dich ein bißchen auf meine Art verstündest, gar nicht von mir fordern. Daß ich Dich liebe, weißt Du; daß ich es Dir tausendfältig gezeigt habe, wirst Du wohl nicht bestreiten können; an diesem schönen Bewußtsein müßtest Du genug haben und als kluge Frau wissen, in 24 Stunden ist das alles vorüber. Stattdessen zeigst Du Deine ganz und gar unberechtigte Verstimmung, die mich nun erst wirklich verdrießlich und aus dem tristen Tag eine triste Woche macht. Wenn Du doch all dies einsehen wolltest ... Die einzige Gefahr liegt bei Dir. Nimm mir die Stimmung, und ich bin verloren. Ich beschwöre Dich, daß Du dessen eingedenk bist und das Deine tust, mich schwimmfähig zu erhalten.«

Dieser Brief gehört eigentlich in die unterste Schublade der Ehekommode; aber fast alle späteren Literaturhistoriker – und sogar so souveräne Männer wie Sebastian Haffner – haben gerade diesen einen unter Tausenden auf die Goldwaage gelegt, um nachzuweisen, wie kleinstiezig Emilie gewesen ist, ein Klotz am Bein des Dichters.

Betrachten wir den Zusammenhang: Dieser Brief wurde 1876 geschrieben, als Fontane den gerade erst bezogenen Posten des 1. Sekretärs der Akademie der Künste wieder aufgab. Emilie hatte 26 Ehejahre lang von der Hand in den Mund leben müssen und dabei ihre Gesundheit ruiniert; endlich, in seinem 58. Lebensjahr (!) war Aussicht auf festes

Jahresgehalt mit Altersversorgung; und da sagt Theo: »Mir ist die Freiheit Nachtigall, den andern Leuten das Gehalt.« Man kann ihren Nervenzusammenbruch verstehen und auch ihre Vorwürfe. Fast alle Freunde standen auf ihrer Seite. Selbst diese seufzten: »Genies haben für ihre Angehörigen zuweilen recht schwer zu ertragende Einfälle!« Aber war er denn überhaupt ein Genie? 1876 war das noch nicht zu erkennen. Niemand konnte wissen, daß das, was nach Tollkühnheit oder Verantwortungslosigkeit aussah, die richtige Entscheidung sein sollte. Hinterher ist natürlich jeder klüger, vor allem Kritiker. Wenn sie mit dem Skalpell eigener Unfehlbarkeit darangehen, fremde Ehen zu sezieren, bekomme ich eine Gänsehaut – oder die Wut. Und so habe ich aus etwa tausend Briefen Theos, aus seinen Tagebüchern und annähernd zweihundert Briefen Emiliens Mosaiksteinchen gesammelt, ergänzt durch Briefe und Aufzeichnungen ihrer Kinder, Enkel und Freunde, um mir ein Bild zu machen, das ihr gerecht wird. Zehn Jahre habe ich mit Fontane gelebt, das letzte Jahr mit Emilie; Theo wurde ein bißchen kleiner, Emilie größer. Ich bin hineingekrochen in ihre Gedanken- und Gefühlswelt und darf getrost sagen: So wie sie hier vor Ihnen erscheint, war sie wirklich. Oder so ähnlich. Auf jeden Fall eine Frau, die ihren geliebten Herzensmann schwimmfähig hielt, damit er der große Dichter und Romancier werden konnte.

Gisela Heller

Das Malheur

In den Augen des Großvaters war Emilie ein Malheur. Das ist eigentlich verwunderlich, denn Jean Pierre Barthélemy Rouanet hatte ein abenteuerliches Leben hinter sich mit allen Höhen und Tiefen. Weil er nicht katholischer Priester werden wollte, war er dem Jesuitenseminar und seiner hochangesehenen Toulouser Kaufmannsfamilie entflohen und, neunzehnjährig, nach mancherlei Irrwegen von preußischen Werbern aufgegriffen und in Handschellen nach Potsdam gebracht worden; von da weiter nach Schlesien, das gerade begann, sich von den Schrecken des Siebenjährigen Krieges zu erholen.

Bei einer Inspektion der schlesischen Armee geriet unser stattlicher Zwei-Meter-Mann ins Visier Friedrichs des Großen, der ihn als Französischlehrer an die Pagenschule in Potsdam beorderte. Vor allem die Damen der Gesellschaft fanden dort Gefallen an dem schönen Franzosen mit den gewandten Umgangsformen; bald ließen sie ihre Söhne und Töchter privat bei ihm unterrichten. So gelangte er langsam, aber beständig zu Gunst und Ansehen bei Hofe. Der alt gewordene König schanzte ihm schließlich die Stelle des Stadtkämmerers von Beeskow zu. Die Beeskower wehrten sich: ein Franzose! Unerfahren in preußischer Kanzleisprache und Buchführung – niemals! Eine königliche Kabinettsorder brachte sie schnell zur Raison. Insgeheim versuchten sie aber noch lange, dem Unerwünschten Fallen zu stellen und zu intrigieren; doch er setzte sich durch und überzeugte mit der Zeit durch Umsicht und Ideen. Als er nach dem Tode seiner zweiten Frau die Tochter des Beeskower Apotheker-Arztes Horn heiratete, gehörte er vollends zum kleinstädtischen Honoratiorenkreis. Den Gipfel seines Ansehens erreichte er in der Franzosenzeit. Als die napoleonischen Truppen kamen und den Leuten das Letzte abverlangten, erwies sich Rouanet oft genug als Rettet in höchster Not: Mit List, Charme und Zivilcourage handelte er die Forderungen des jeweiligen Kommandanten nach Geld, Hafer, Wein und Ochsenfleisch auf ein erträgliches Maß herunter. Das vergaßen ihm die Beeskower nicht. Sie bewilligten ihm das Jahresgehalt von 1000 Talern auf Lebenszeit (Vielleicht hofften sie, nicht allzu lange zahlen zu müssen, denn Rouanet war zu der Zeit schon 66 Jahre, doch er schlug ihnen ein Schnippchen und wurde sogar 90 Jahre alt).

Er führte ein gastfreundliches Haus und herrschte darin als Patriarch. Niemand hätte gewagt, ihm zu widersprechen. Zu seiner großen Familie gehörten, aus zweiter Ehe, ein Sohn, der im Sächsischen Apotheker geworden war, und zwei Töchter, die längst verheiratet waren; dann die dritte, die Beeskower Ehefrau und ihre gemeinsame Tochter Thérèse, Vaters Liebling, denn sie hatte so gar nichts »Beeskowisches« an sich; vielmehr glaubte er in ihr alle guten Eigenschaften seines südfranzösischen Temperaments wiederzufinden: Lebensfreude, leichten Sinn, Begeisterungsfähigkeit und Esprit.

Ausgerechnet Thérèse hatte Pech in der Liebe. Sie geriet an einen bigotten Prediger namens Müller aus Müllrose, der nach siebenjähriger Ehe das Zeitliche segnete und sie mit einer schmalen Pension und drei kleinen Kindern zurückließ. Sie kehrte, wie es schien erleichtert, ins elterliche Haus zurück, wo keine sauertöpfische Kleinlichkeitskrämerei herrschte wie im Müllroser Predigerhaus, sondern musenfreundliche Geselligkeit. Die angesehensten Leute der Umgebung verkehrten hier, auch die Herren Offiziere der in Beeskow stationierten Husaren-Eskadron. Und damit ist für Thérèse, noch nicht 30 und voll erblüht, das Schicksalsmotiv angeschlagen: Sie verliebt sich in den Bataillonsarzt George Bosse; man tauscht Blicke, Verse, Nocturni ... Ganz Beeskow nimmt Anteil an dieser reizenden Romanze. Doch eines Tages wird der Herr Eskadronchirurgus versetzt. Von Hochzeit keine Rede mehr. Just in diesem Augenblick merkt Thérèse, daß sie schwanger ist. Was als Romanze begann, droht als Tragödie zu enden.

Nicht der Gedanke an schadenfrohe Kleinbürger, sondern die Sorge um die Zukunft seines armen Lieblings (denn welcher ehrenwerte Mann würde schon eine Witwe mit vier Kindern, darunter einem unehelichen, heiraten?) bewegt den Alten zu dem Entschluß: Niemand dürfe etwas von dem »Unfall« erfahren. Thérèse würde für ein paar Wochen oder Monate zu Verwandten nach Dresden fahren, um sich von all den Aufregungen zu erholen. Danach werde man sehen.

An einem spätsommerlichen Septembertag fährt sie also nach Dresden; zum Weihnachtsfest trifft sie zu Besuch im Beeskower Elternhaus ein: rank und schlank, gut erholt, nur nicht mehr so sprühend und munter wie früher. »Sie trauert wohl noch immer um ihren Chirurgus«, heißt es; und damit ist der Klatschsucht auch schon Genüge getan.

Niemand weiß von dem kleinen Mädchen, das am 14. November 1824 auf den Namen Georgina Emilie Caroline ins Geburtenregister der Stadt Dresden eingetragen wird. Um das Taufbecken stehen neben Thérèse nur deren Mutter und Johann Ferdinand Wilhelmi, engster Freund der Rouanets. George Bosse taucht lediglich als Name im Register auf. Von ihm wird nie mehr die Rede sein.

Eine gute Amme wird gefunden und Wilhelmi zum Vormund für das kleine, schreiende Bündel benannt; danach begleitet er Thérèse ins Schlesische, wo sie mit ihren drei Müller-Kindern bei Verwandten wohnen, bis ein guter und verständnisvoller Ehemann für sie gefunden ist.

So scheint alles geregelt. Der Erdenweg der kleinen Emilie kann beginnen. Als sie auf tapsigen Füßchen die ersten Schritte unternimmt, bringt man sie ins Haus ihres Onkels nach Wermsdorf bei Oschatz. Dort besitzt er die Apotheke, eine eifersüchtige Frau und drei Kinder, wie die Orgelpfeifen: drei, fünf und sieben Jahre alt. Wie selbstverständlich gehört Emilie nun dazu; sie ist lebhaft, lustig, ein Kind zum Liebhaben. Aber gerade das ist es, was der Apothekerfrau die Stimmung verdirbt. Sie fühlt ihre eigenen Kinder benachteiligt, wirft ihrem Mann vor, er verzärtele das fremde Kind, als ob es seins wäre, vielleicht sei er gar nicht der Onkel, sondern der leibliche Vater ... Unfrieden breitet sich aus in dem sonst so fröhlichen Haus. Als Wilhelmi wieder einmal zu Besuch kommt, liegt sie ihm in den Ohren, sie sei des Versteckspielens leid und er möge endlich Klarheit schaffen und »richtige« Eltern suchen, die das Kind adoptieren. Schweren Herzens berät Wilhelmi sich mit Thérèse.

Wenig später erscheint in der »Vossischen Zeitung« unter »Vermischtes« folgende Anzeige: »Sollte ein kinderloses Ehepaar geneigt sein, ein 3jähriges, gesundes, wohlgebildetes Kind (Mädchen) an Kindes Statt anzunehmen, so würde dasselbe, unter Zusicherung einer namhaften Summe, unter Chiffre S 42 zu erfragen sein.« Es melden sich überraschend viele, Wohlhabende und solche, die von der »namhaften Summe« verlockt sein mochten. Wilhelmi entscheidet sich für einen Mann, der seinem Wunsch nach einem Töchterchen besondere Herzlichkeit verlieh: Es ist der aus Dresden gebürtige, nun in Berlin wohnende Rath Karl Wilhelm Kummer, Pappmachéfabrikant.

Die kleine Emilie freut sich zuerst, daß sie mit dem guten, spendablen Onkel Wilhelmi verreisen darf, doch als sie merkt, daß sie von Papa, Mama und den Geschwistern getrennt werden soll, weint sie so herzzerreißend, daß Wilhelmi unterwegs in den Verdacht gerät, das Kind entführt zu haben. »Morgen werden wir bei deinem richtigen Papa, deiner richtigen Mama sein«, tröstet er sie. Das Mädchen beruhigt sich, denn es bedeutet für sie die Rückkehr ins freundliche Apotheker-Haus.

Statt dessen betreten sie in Berlin ein großes, düsteres Gebäude in der Burgstraße. Hier wohnt, zwei Treppen hoch, der Mann, dessen Namen sie künftig tragen wird: Kummer. Alles ist fremd hier und unheimlich. Das Kind verkriecht sich in Wilhelmis weitem Predigerrock. Er bittet die Eheleute Kummer, liebevoll und sorgsam mit dem Mädchen umzugehen, was sie glaubhaft geloben. Die Kleine ermahnt er, artig und gehorsam zu sein. Sie antwortet nicht. Noch ehe sie begreift, was geschieht, ist der letzte Freund ihrer kleinen Welt verschwunden.

Das sollen nun also ihre »richtigen« Eltern sein: Herr Rath Kummer, ein Mann in den Vierzigern, halb Künstler, halb Handwerker, seinem Naturell nach mehr zum Künstler neigend, und seine Frau, eine liebenswürdige, feinfühlige Russin. Die beiden geben sich Mühe, das Vertrauen des Kindes zu gewinnen, doch es dauert eine Weile, bis sich der Zustand trauriger Benommenheit verliert und der Neugier auf die völlig andere Umwelt weicht. Zentrum dieser neuen, fremden Welt ist das große Berliner Zimmer, in dem allerlei merkwürdige Gegenstände herumstehen: Folianten, Bilder, Kugeln … In der Mitte prunkt ein riesiger achteckiger Tisch, an dem viele Esser Platz finden könnten, doch es kommt selten jemand. Eine schwere, fransenbesetzte Tischdecke reicht bis zur Erde und bildet eine Art Höhle, in die die Kleine flüchtet, wenn zuviel Unverständliches auf sie einstürzt.

Die Vorhänge an den Fenstern sind meist zugezogen. Frau Kummer kann das grelle Sonnenlicht nicht ertragen. Sie leidet, verbringt viele Stunden müde und kraftlos im Schaukelstuhl. Kein Arzt kann herausfinden, was ihr eigentlich fehlt: Ist es nur die Sehnsucht nach den fernen Weiten Rußlands? Oder eine »wirkliche« Krankheit? Kummer hofft, seine Frau durch das Kind ans Leben zu binden, doch Emilie ist nicht das zärtliche Schmusekätzchen, das er sich vorstellte; sie ist wild und ungebärdig wie ein Junge. Als Mama Kummer sich eines Morgens aufrafft und zum Markt geht, findet sie bei ihrer Heimkehr die Kleine auf dem

Fensterbrett sitzend, verwegen mit den Beinen baumelnd und mit den Kindern der Nachbarschaft, die sich im Hofe versammelt haben, schwatzend. Starr vor Entsetzen, besitzt sie so viel Geistesgegenwart, die Treppe hinaufzueilen, leise das Zimmer zu betreten und das Kind vom Abgrund zurückzuholen. Emilie strampelt, sie fühlt sich um ihr Vergnügen betrogen. Sie erschrickt, als die Mama plötzlich, kreidebleich vor Aufregung und Erschöpfung, ohnmächtig zusammenbricht. Instinktiv holt sie aus der Küche ein Töpfchen mit Wasser, gießt es der am Boden Liegenden über den Kopf. Danach sitzen beide auf dem bunten Plüschteppich, umarmen einander und freuen sich, alles überstanden zu haben.

Während die Kleine beginnt, ihre Umgebung zu erobern, wird Mama Kummer immer schwächer. Sie schenkt der nunmehr fünfjährigen Emilie fromme Bücher mit bunten Bildern, um sie von dem wilden Treiben da draußen abzulenken. Und so lernt das Kind lesen, lange bevor es zur Schule kommt.

Es betrübt sie zwar, daß die arme Mama so leiden muß, aber deswegen empfindet sie das Leben in der Burgstraße noch lange nicht als trübsinnig. Ist Papa zu Haus, gibt es immer Spaß, vor allem, wenn er die Fransendecke zwischen die Türpfosten spannt und so eine Puppenbühne schafft, auf der sich Teufel und Harlekin um die Prinzessin prügeln. Auf Wunsch der Mama spielt er auch mal das Märchen von Rapunzel oder die Legende von der heiligen Genoveva. Emilie ist felsenfest davon überzeugt, daß eines Tages ein Prinz auf weißem Roß kommen wird, um sie aus ihrer Fransenburg zu befreien.

Sie gleitet mühelos von der Realität in eine Märchenwelt und auch wieder zurück. Begünstigt wird diese Begabung durch Kummers Hang zum Theaterbetrieb. Sein schier unerschöpflicher Erfindergeist ist vor allem hinter den Kulissen gefragt. Er kann Götter herniedersteigen lassen, auch Hexen und feuerspeiende Drachen herbeizaubern. Er kann einfach alles machen, was die Phantasie der Theaterleute sich ausdenkt. »Tausendsassa« nennt man ihn. Noch weiß das Kind nicht, welch fataler Beiklang da mitschwingt. Tausendsassa, das heißt alles können, aber nichts richtig. Die so denken, vergessen freilich, daß dem Herrn Rath bei seinen vielfältigen Aktivitäten auch manches Hervorragende gelungen ist: Geographen und Generalstäbler zum Beispiel schätzen ihn als Erfinder der Reliefkarten und -globen. Das große Geld haben freilich andere damit verdient. Kummer ist leider viel zu sehr Bohemien, um sich mit aller

Kraft hinter eine Sache zu setzen und sie beharrlich zum Erfolg zu führen. Solche ideenreichen Allotris haben oft Glück bei den Damen, und so war auch die reiche Russin seinem Charme erlegen. Ihre Mitgift ermöglichte ihm ein relativ sorgloses Leben und genügend Spielraum für die Befriedigung seiner kleinen Schwächen und Eitelkeiten.

Eines Nachts wacht die Kleine auf von dem Ruf »Feurio!«. Die hölzerne Remise steht in Flammen. Der ganze Hof ist taghell beleuchtet. Alles springt aus den Betten, rafft, ziemlich kopflos, irgend etwas zusammen, was im Moment wichtig erscheint, stürzt ins Treppenhaus. Aber das Feuer hat schon Vorder- und Hintertreppe erreicht, kein Fluchtweg mehr. Man kann nichts sehen, nicht atmen. Alles schreit durcheinander. Das Kind will in seiner Angst zur Lieblingspuppe, in die Geborgenheit der Fransenhöhle, da fühlt es sich von starken Armen gepackt, emporgehoben und – verliert die Besinnung. Als es wieder zu sich kommt, liegt es, in Decken gewickelt, auf dem Sofa der Portiersloge in der benachbarten Kriegsschule. Ein junger Offizier hatte es im letzten Augenblick mit Hilfe einer Rettungsleiter geborgen.

Die Ängste dieser Nacht werden sie jahrelang bis in die Träume verfolgen, und noch als erwachsene Frau wird sie beim Ertönen eines Feueralarms von hilflosem Zittern befallen.

Da die vorderen Zimmer vom Feuer verschont geblieben sind, kehren Kummers wieder in ihre Wohnung zurück, doch Mama erholt sich nicht mehr vom ausgestandenen Schrecken. Sie siecht dahin und hegt nur noch den Wunsch, das Kind um sich zu haben. Mit ihrem weichen, russischen Akzent erzählt sie schöne Geschichten von Wundern, die Christus vollbrachte; Kranke habe er geheilt und sogar Tote wieder auferweckt, und zuletzt sei er ans Kreuz geschlagen worden und für uns alle gestorben. Emilie versteht nicht den Sinn dieser Geschichten, aber sie spürt den Trost, der davon ausgeht. Sterben ist für sie gleichbedeutend mit Erlöst-werden. Darum bleibt sie seltsam gefaßt, als die Mama eines Morgens bleich und stumm aufgebahrt liegt. Aus Kamillenblüten windet sie einen Kranz, den legt sie auf die gefalteten Hände. Der Gedanke, daß die gute Mama nun keine Schmerzen mehr erleiden muß und auf dem Wege zum lieben Gott ihre schützenden Hände über sie halten wird, beruhigt sie.

Der Papa findet seinen »Trost« anderwärts: beim Wein, in seiner Experimentier- und Bastelkammer, im Klub oder in der Gegenwart gefälliger, nach billigem Parfüm duftender Vorstadt-Schauspielerinnen. Zu Hause ist er nur noch selten. Unfähig, mit Geld umzugehen, verpfändet er Honorare, die ihm in Aussicht gestellt und dann doch nicht gezahlt werden; er gerät immer tiefer in die Bredouille. Die fünfjährige Emilie ist häufig Dienstboten überlassen, die das Chaos des Kummerschen Haushalts ausnutzen und in der reichlich bemessenen Freizeit in einer weit draußen liegenden Kaserne zweifelhaften Vergnügungen nachgehen. Das Kind ist ihnen natürlich im Wege. Es wird in einer Ecke des Kasernenhofes abgestellt; da muß es bei Wind und Wetter warten, stundenlang, und niemand erbarmt sich seiner. Im Gegenteil, aus den Fenstern des gegenüberliegenden Traktes glotzen rohe, grinsende Gesichter, und es ist nur ein Glück, daß die Kleine den Sinn der obszönen Reden nicht begreift. Zu Hause darf sie nichts verraten, sonst drohen Essensentzug und Schläge.

Endlich ist sie alt genug, um in die Schule zu gehen. Sie lernt leicht, und wenn sie wegen ihrer vernachlässigten Kleidung gehänselt wird, wehrt sie sich tapfer, findet bald heraus, daß es wirkungsvoller ist, statt zu knuffen und zu beißen, ihre geistige Überlegenheit auszuspielen. Niemand erfährt von ihrem Zwangsaufenthalt in der Kasernenecke, während andere Hausaufgaben erledigen.

Zu Martini pflegten die Dienstmädchen zu wechseln. Das neue verlegt ihre amourösen Abenteuer in die Abendstunden, so bleiben dem Kind die grinsenden Soldatenfratzen erspart, dafür wird es in die dunkle Schlafkammer eingeschlossen, Als Papa Kummer einmal ungewöhnlich früh heimkommt, findet er Emilie dort, in Tränen aufgelöst, »abgestellt«. Er beschließt sofort: Diese Dienstbotenwirtschaft muß ein Ende haben! Wirft seine Angel aus und zieht eine schon etwas ältliche, aber wohlhabende Witwe an Land, wie sich bald herausstellt, eine rohe, herzlose Person. Es bleibt ihr nicht verborgen, daß Herr Rath es nur auf ihr Geld abgesehen hat. Das erbittert sie maßlos. Kummer entflieht der häuslichen Kommandowirtschaft ins geliebte Theatermilieu, so entlädt sich der Zorn über dem Kind. Von allen Schimpfwörtern ist ihm »angenommener Panker« das schrecklichste, weil es die Bedeutung nicht versteht.

Wenn sie hungrig aus der Schule kommt, hat Madame bereits gespeist und verweist Emilie auf den Hundenapf, in dem noch die Reste des Mittagessens dampfen. Genauso perfide verhält sie sich ihrem Noch-Ehemann gegenüber. Je mehr er von ihr gekränkt, beleidigt und gedemütigt wird, desto mehr fühlt sich das Kind zu dem armen Papa hingezogen. Es weiß nicht, wie viele der Anschuldigungen zu Recht bestehen, will es auch nicht wissen. So oft es geht, nimmt Kummer die Kleine mit, ins Theater, zu Proben oder zu Schauspielern nach Haus. Als stille, aber aufmerksame Beobachterin bekommt sie manches von dem inszenierten Privatleben der Komödianten mit, die sich über Miseren mancher Art oder über abwesende Gefühle hinwegtäuschen. Das schärft ihr Gehör für echte und falsche Töne. Unbewußt begreift sie wohl auch, daß es ohne eine gewisse Inszenierung des häuslichen Lebens wahrscheinlich gar nicht geht.

Endlich wird die Scheidung ausgesprochen. Rath Kummer atmet auf und fährt mit der nunmehr neunjährigen Emilie nach Dresden zu Verwandten. Dort lernt sie Tante Auguste kennen. Blind geboren, lebt sie im Kreise ihrer großen Familie und ist doch allein. Sie spürt bei dem Wildfang den heimlichen Hunger nach Zärtlichkeit. Tante Auguste ist für das Kind eine Offenbarung und eine gemeinsame Reise nach Teplitz das schönste Geschenk. Um so trauriger wird der Abschied.

»Mächen mitte Eierkiepe«

Rath Kummer kehrt nach Berlin zurück mit den besten Vorsätzen, sein Leben in geordnete Bahnen zu lenken; gibt die Wohnung in der Burgstraße auf und zieht als Trockenwohner in die Große Hamburger. »Trockenwohnen« ist eine typisch berlinische Erscheinung: Arme Leute bekommen Gelegenheit, so lange in einem Neubau zu wohnen, bis das Mauerwerk getrocknet ist. Sie zahlen nur einen geringen Mietzins und nehmen dafür das Risiko in Kauf, sich Bronchitis, Rheuma oder Schwindsucht zu holen.

Für das Geld, das er an der Miete einspart, meldet er Emilie an einer guten Schule an. Für eine solide Haushälterin reicht es allerdings nicht.

Aber es findet sich, wie immer, eine überraschende Lösung: Wenig später zieht sein Freund und Jeu-Genosse August Fontane ins Nachbarhaus. Ihre Wesensart ist ähnlich: Beide haben sich bei vielfältiger künstlerischer Veranlagung verzettelt, beide leben mit charmanter Unbedenklichkeit in den Tag hinein, beide haben zur gleichen Zeit einen Anfall von Sparsamkeit, das heißt, sie beschließen, zusammen *eine* Zeitung zu halten. Jeden Tag nach der Schule trägt Emilie die gelesene Zeitung zu

Fontanes. Meist öffnet Rosa, das artige, hübsch herausgeputzte Töchterchen, und führt sie ins Wohnzimmer. Dort sitzt am Nähtischchen Frau Philippine, eine zierliche Schönheit, den Kopf wie eine Neapolitanerin in ein mit goldenen Nadeln zusammengestecktes Spitzentuch gehüllt; am Klavier Herr Fontane. Er schmettert zur Begrüßung eine Arie aus dem Figaro, wirft der atemlos lauschenden Emilie eine Kußhand zu und läßt einen reizenden Pudel über seinen gekrümmten Arm springen. Der Pudel, der natürlich auch Figaro heißt, vollendet die entzückende Inszenierung dieses Familienidylls. Eine Welt wie aus dem Bilderbuch oder wie auf dem Theater.

Erst sehr viel später wird sie erfahren, daß alles Leben in dieser Familie nur Komödie war, Komödie am Rande des Abgrunds.

Dieses Idyll, oder was sie dafür hält, steht im krassen Gegensatz zu der Welt da draußen, in der sich Emilie behaupten muß. In der Schule gefällt es ihr gut, sie glänzt durch rasche Auffassungsgabe und originelle Antworten, aber so sehr sie sich danach sehnt – sie findet keine Freundin. Und ganz schlimm treiben es die Kinder aus der Großen Hamburger. Zwanzig bis dreißig von ihnen versammeln sich zur Spielzeit im Hof am Wäschetrockenplatz, und wenn sie sich dazugesellt, bläken sie: »Mächen mitte Eierkiepe! Mächen mitte Eierkiepe!« Der Spott entzündet sich an ihrem Mantel aus rotem Merino mit einem Muster aus schwarzen Käfern; dazu trägt sie einen nach hinten verschobenen Strohhut. Zugegeben, ein sonderbarer Aufzug, doch Emilie ist Kostümierung gewöhnt; außerdem besitzt sie nur diesen einen Mantel, diesen einen Hut, dieses eine Paar Stiefeletten. Da ihr sowieso nichts anderes übrigbleibt, trägt sie es eben mit Stolz.

Hatte die blinde Tante Auguste sie nicht getröstet, alles, was einem widerfährt, Schlimmes und Trauriges, würde sich irgendwann im Leben einmal als sinnvoll und nützlich erweisen? Ermutigt hat sie das Kind, sich nicht vor den Widrigkeiten des Alltags zu verstecken, sondern ihnen aufrecht entgegenzutreten und für ihr Poesiealbum den Spruch diktiert: »Allen Gewalten zum Trotz sich erhalten, / Niemals sich beugen, / Kräftig sich zeigen / Rufet die Arme der Götter herbei.« Ein ungewöhnlicher Stammbuchvers für ein knapp zehnjähriges Mädchen, aber Tante Auguste ist ja auch eine ungewöhnliche Frau, an die sie denken muß, als die Bengels gerade wieder »Mächen mitte Eierkiepe!« schreien. »Nun, also!« sagt sie sich, holt tief Luft und tritt tapfer dem lautstärksten Brüller entgegen. So schnell deckt sie ihn mit Fausthieben und Tritten ein, daß er erschrocken das Weite sucht. »Wer ist der nächste?!« Niemand meldet sich.

Fortan provoziert sie sogar das Kräftemessen mit ihren Widersachern. Die Fluchtburg unter der Fransentischdecke hat ausgedient.

Die Selbstbehauptungs-Ringkämpfe bescheren ihr allerdings auch eine herbe Enttäuschung. Da hat sie endlich eine Freundin gefunden, wird sogar zum Geburtstag eingeladen, kann vor Aufregung die ganze Nacht nicht schlafen, endlich, endlich ist sie von den netten, gesitteten Mädchen aus der Klasse als ihresgleichen angenommen! Doch am Morgen des großen Tages gesteht Elise kleinlaut, Emilie dürfe doch nicht kommen, die Mama habe zufällig aus dem Fenster gesehen, wie sie sich mit den Jungen herumprügelte. Und nun dürfe sie nicht mehr mit ihr spielen. Sie ahnt nicht, was sie Emilie antut. Diese schmachvoll-bittere Zurücksetzung wird sie noch Jahrzehnte später kränken.

Wenn ich eine richtige Mama hätte, so wie die kleine Rosa, dann wäre das nicht passiert, denkt sie.

Es bleibt ihr verborgen, daß auch Rosa nur ein Pflegekind ist, angenommen im Hinblick auf die »namhafte Summe«. Fontanes ergreifen jede Gelegenheit, um zu Geld zu kommen; so leben denn in ihrer Parterrewohnung auch zwei Pensionäre, Schüler der Klödenschen Gewerbeschule: Theodor (dessen Vater ist Halbbruder August Fontanes und Apotheker in Swinemünde) und Hermann Scherz, Sohn eines märkischen Gutsbesitzers. Die beiden, 15 und 16 Jahre alt, sind seit den Neuruppiner Kindheitstagen befreundet.

Die kleine Tragödin

Da Emilie von den Familien der braven, wohlerzogenen und aus dem Ei gepellten Mädchen ihrer Klasse ausgeschlossen und oft allein zu Hause ist, geht sie öfter zu Fontanes. Zum Vergnügen von Frau Philippine, die aus einer Schauspielerfamilie stammt und, wie es heißt, nur ihrem Mann zuliebe eine großartige Karriere aufgegeben habe, spielt Emilie ganze Szenen der Dramen vor, die sie mit Papa Kummer gesehen hat: Die Jungfrau von Orleans, die wahnsinnige Lady Macbeth und vor allem Romeo und Julia. Rosa fällt dabei die jeweilige Schweigerolle zu. Alles, was zu spielen und zu sprechen ist, übernimmt Emilie, natürlich mit eigenen Worten. Als Romeo leert sie die Phiole, sinkt tot zu Boden, springt wieder auf, um als Julia, mit der Stickschere in der Hand, seufzend und augenrollend zu sterben. Dem leidenschaftlichen Spiel hingegeben, bemerkt sie nicht, daß Hermann und Theodor in den »Salon« gekommen sind; Hermann etwas verwirrt, weil er den Sinn der Sache nicht erfaßt, Theodor dagegen hingerissen. Er wirft die Kleine in die Luft und sagt ihr eine glänzende Zukunft voraus. »Und wenn du dann in zehn Jahren als Star auf der Bühne stehst, werde ich dir Blumen und Kränze schicken!«

Ach, schön wär's! Schauspielerin zu werden – natürlich dramatisches Fach! – ist Emiliens herzinnigster Wunsch. Und daß ausgerechnet Theodor sie darin bestärkt ... Eigentlich mochte sie Hermann lieber; der ist zu jeder Herumtoberei bereit, während sein Freund sich meist kopfschüttelnd zurückzieht und geräuschvoll die Tür hinter sich schließt. Wie oft hat sich Emilie darüber geärgert, »humorlos und Spielverderber« hat sie ihn heimlich genannt; nun weiß sie, wie sie seine Aufmerksamkeit erringen kann. Noch lieber und aufmerksamer begleitet sie nun Papa Kummer ins Theater und wartet nur darauf, daß irgendwann Theodor aus seiner mit Büchern und Herbarien vollgestopften Stube kommt und fragt: »Nun, Mademoiselle, was steht heut' auf dem Spielplan?«

Aber es ist wie immer in Emiliens Leben: Was schön beginnt, endet jäh. Dem unruhigen Geist August Fontanes gefällt es, weit nach draußen in Liesens Sommerfrische zu ziehen. Und sein Neffe Theodor muß mit.

Am 20. Mai 1836 sieht sie ihn noch einmal, als Konfirmand in der Kirche der Französischen Kolonie. Seine Vorfahren gehören zu den Hugenotten, die im 17. Jahrhundert in der Mark Brandenburg heimisch wurden. Zum ersten Mal begegnet Emilie Theos Eltern, die aus Swinemünde angereist sind: dem gemütlich-sanguinischen Papa, von dem Theo stets mit großer Zärtlichkeit, und der etwas strengen, schmallippigen Mama, von der er mit großer Hochachtung spricht.

Wie wird es sein, wenn Emilie da vorn steht, um den Segen zu empfangen? Ob man sich danach anders fühlt? Eben erwachsen?

Sie möchte Theodor danach fragen, aber er ist in eine andere Welt eingetaucht, seine Lehrzeit in der Roseschen Apotheke hat begonnen.

Eines Sonntags faßt sie sich ein Herz und besucht ihn mit Rosa. Da ist sie zwölf, er siebzehn Jahre alt. Er scheint nicht sonderlich erbaut von ihrem Anblick, oder ist er nur befangen? Zum Abschied schenkt er ihnen

Gerstenzucker und bunte Pillenschachteln, als ob sie noch kleine Kinder wären ... Sie beschließt, nicht wieder hinzugehen.

August Fontane und seine Frau Philippine ziehen zwar fort aus Berlin (wie man sagt, nicht ganz freiwillig), aber sie hinterlassen Madame Sohm, eine schillernde Erscheinung und das Absurdeste, was Emilie widerfahren kann. Monsieur Sohm war Hoftheaterdirektor bei »König Lustick«, dem westfälischen König von Napoleons Gnaden, und sie war sein Liebling. An ihrem 14. Geburtstag schenkte sie ihm ein kleines Mädchen: Philippine: Als Napoleons Stern erlosch, standen sie vor dem Nichts.

Sie tourten von Stadt zu Stadt durch alle deutschsprachigen Lande, Madame Sohm spielte und trällerte sich durch das gesamte Bühnenrepertoire und von Mäzen zu Mäzen, Pinchen immer im Schlepptau. Mit 30 verheiratet sie ihr sechzehnjähriges Töchterchen an August Fontane, der versprechen muß, dem Theater zu entsagen und mit einer Mal-Utensilienhandlung seßhaft zu werden.

Nun, da Madame Sohm auf die 50 zugeht, unternimmt sie den letzten Versuch, der Lustigen-Salome-Rolle zu entsagen und sich gutbürgerlich zu etablieren. Sie hat sich in den Kopf gesetzt, Frau Rath Kummer zu werden. Zunächst läßt sie sich als Haushälterin engagieren, gibt sich mit ihrem urwüchsigen Humor abwechselnd häuslich oder verführerisch, sogar mütterlich, entspricht ideal der Kummerschen Erwartungshaltung. Anfangs findet es Emilie lustig, wenn Madame wie in der Operette mit Schürzchen und Häubchen den Staubwedel schwingt und dabei eines ihrer frivolen Liedchen schmettert; sie überlegt, ob es nicht vielleicht von Vorteil wäre, wenn sie Madame Kummer würde. Doch dann erwischt sie die Komödiantin bei heimlichen Küssen mit diesem und jenem, und das möchte sie Papa denn doch nicht zumuten. Mit überlegener Ironie gibt sie ihr zu verstehen, daß sie ihr Spiel durchschaut. Sie bastelt eines Tages ein Papiermännchen (nach Art der Papiertauben), das unverkennbar Kummers Künstlermähne trägt, wirft es in die Höhe und fängt es mit einem Schmetterlingsnetz wieder ein. Was der Unsinn solle, fragt Madame Sohm; Emilie drückt ihr das Fangnetz in die Hand und meint ironisch: »Für dich! Damit kannst du Papa einfangen! Viel Glück! Aber ohne mich!«

Von da an sind die Trällertage vorbei. Madame Sohm sieht ihren Plan gescheitert und speit Gift und Galle. Nur in der Schule noch hat Emilie eine gute Zeit. Rath Kummer ist zunächst geneigt, ihr und ihrem unbotmäßigen Benehmen die Schuld für die Vereisung des Klimas zuzuschreiben. Erst als Madame in einer großangelegten Eifersuchtsszene die Contenance verliert und die Katze aus dem Sack läßt, begreift er, was gespielt worden ist. Er gibt Emilie in eine gute Pension und, heilfroh, den Kopf gerade noch rechtzeitig aus der Schlinge gezogen zu haben, fährt er in seine Heimat nach Dresden. Seine Verwandten sind mit der Herrnhuter Brüdergemeinde verbandelt und daher von dem missionarischen Eifer beseelt, sich um Tugend und Seelenheil der Mitmenschen zu kümmern. Sie werden ihren gutherzigen, aber leider allzu labilen Karl Wilhelm unter ihre Fittiche nehmen, das heißt, ihn wieder verheiraten, und sie wissen auch schon, mit wem: Bertha Kinne ist genau die Richtige für ihn: gesund, ordentlich und zielstrebig; zwar schon ein bißchen angejahrt, aber schließlich ist Kummer auch schon 55.

Wer ist Rouanet, und wer bin ich?

Er ergibt sich seinem Schicksal. Emilie, die gerade beginnt, sich in ihrem Pensionat wohl zu fühlen, erfährt, daß der Papa sich in Dresden verlobt hat und zu heiraten gedenke. Sie findet die Zukünftige mild und freundlich, aber sie kann sich lange Zeit nicht überwinden, *Mama* zu ihr zu sagen. Nein, nicht schon wieder eine neue Mama, die doch keine richtige ist. Aber wer ist die Richtige? Das Schimpfwort von dem »angenommenen Panker«, längst vergessen, spukt erneut in ihrem Kopf. Im September 1839 wird sie eingesegnet. In den Papieren taucht zum erstenmal der Name Rouanet auf. Wer ist Rouanet? Rath Kummer druckst herum, macht Andeutungen, weiß selbst nichts Genaues. Überläßt Emilie völliger Verunsicherung: Wer bin ich? fragt sie sich. Woher komm' ich? Und wo gehöre ich eigentlich hin? Drei Jahre quält sie sich mit diesen Fragen, drei Jahre, die sie mal in Berlin, mal bei den Kummer-Verwandten in Dresden verbringt.

Dank Frau Berthas strengem Regiment scheinen sich die finanziellen Verhältnisse zu konsolidieren, besonders glücklich ist der Hausherr aber nicht. Heimlich versucht er, wahrscheinlich über den damaligen Vermittler Wilhelmi, die Fäden zu Emiliens leiblicher Mutter zu knüpfen; gerade im rechten Augenblick, denn Thérèse, geborene Rouanet, hat nach sechsundzwanzigjähriger Witwenschaft in dem bejahrten Oberförster Triepke ein spätes Glück gefunden und lebt nun in Dammersdorf bei Liegnitz. Er willigt ein in die geheime Abmachung, die Thérèse mit der nunmehr achtzehnjährigen Tochter trifft: Sie wird als Cousine in den vielköpfigen und weitverbreiteten Kreis der Verwandtschaft eingeführt. Selbst Hermann, Clara und Marie, die längst erwachsenen »Kinder« aus der Prediger-Ehe, wissen nicht, daß Emilie ihre Halbschwester ist. Zu Marie faßt Emilie eine besonders herzliche Zuneigung. Als Frau des Oberstabsarztes Moritz Fels führt sie in der Garnisonstadt Liegnitz ein gastfreundliches Haus. Hier findet Emilie eine echte Heimat.

Fels ist stolz auf seine Ahnengalerie, die sich bis zu den Kreuzrittern zurückverfolgen läßt; dementsprechend distinguiert und würdevoll ist die Atmosphäre in der Familie. Würdig, aber nicht steif. Steifleinen ist eher die Kummer-Verwandtschaft in Dresden mit ihrem Hang zum Moralisieren. Und wieder anders ist das Klima in Berlin, wo Bertha Kinne mit eisernem Besen Rath Kummers Hang zur Boheme so gut wie ausgetrieben hat. Zwischen diesen drei extremen Eckpunkten spielt sich nun Emiliens Leben ab. In Liegnitz lernt sie alles, was eine junge Dame braucht, um später einem eigenen Haushalt vorzustehen: Wirtschaftsführung, Kochen, Backen, Braten, feine Handarbeiten, Klavierspielen und gediegene Umgangsformen. Konversation. Austausch über Bücher, Konzerte, Schauspiele. Das setzt voraus, daß man sie auch wirklich gelesen, gehört und gesehen hat. Theater war in Berlin unbewußter Fluchtort, Flucht in eine Welt des schönen Scheins, weil daheim nichts stimmte; in Dresden oder Liegnitz ist es gesellschaftliches Ereignis, freudig wahrgenommene Abwechslung. Für Emilie bedeutet es mehr, sie erlebt jede Tragödie auf der Bühne aus tiefstem Herzen mit, ist manchmal Stunden danach kaum ansprechbar. Aber merkwürdig: die Sehnsucht, selbst auf der Bühne zu stehen, ist verblaßt. Nun träumt sie von einer eigenen Familie, einem liebenswerten Mann und Kindern.

Und wo blieb der junge Mann, der ihr Blumen und Kränze überreichen wollte? Er hat seine Apothekerlehre beendet, in Burg, Leipzig und Dresden als »Defektar« gearbeitet, hat flammende Verse im Herwegh-Stil verfaßt und mit rebellischen Studenten verkehrt, deren Namen wenig später als »Vaterlandsverräter« auf Fahndungslisten stehen werden.

Aber davon erfährt Emilie nichts. Jahrelang hört sie überhaupt nichts von ihm. Das einzige ist ein Vers, den er ihr im Mai 1840 ins Stammbuch schrieb:

»Ich habe oft, wenn mich geblendet
Der Sonne zauberhafte Pracht,
Und ich mich von ihr abgewendet
In meinem Herzen dein gedacht.

Wie ohne Sonne mir die Erde
Nur schien ein grabesdunkler Schacht,
Gleicht, – wenn ich von dir scheiden werde,
Mein ganzes Leben einer Nacht.«

Unterschrieben: »Zur Erinnerung an einen wahrheitsliebenden deutschen Jüngling.«

Allzuernst scheint der wahrheitsliebende Jüngling die Sache nicht genommen zu haben, denn zwei Jahre später, in Dresden, läßt er sich von einer anderen Sonne blenden. Zwar gesteht er seinem Freund Wilhelm Wolfsohn nach wenigen Monaten: »So oft mich ein liebesverwandtes Gefühl beschlichen, ward es plötzlich öde und leer in meiner Seele, die Lippen, die eben noch von begeisterten Worten, vom Ausdruck tiefster Empfindung übergeströmt waren, unterdrücken mühsam ein Gähnen, und das Bewußtsein, daß alles eitel, wohl gar schal und abgeschmackt sei, gewann mehr und mehr Leben in mir. – Es ist traurige Wahrheit, was ich Dir bekenne; wie leicht ist es möglich, daß die Täuschung statt weniger Stunden mondelang währt, daß ich ein Band fürs Leben knüpfe und dann erwachend schmerzlich meinen Irrthum gewahre.« Mit diesem »Bekenntnis einer unschönen Seele«, wie er es selbst nennt, offenbart er dem Freund die schwächste Stelle seines Gefühlslebens: Unfähigkeit zu dauerhafter Liebe. Ein Defizit, das ihm Emilie in 48 Jahren ihrer Ehe immer wieder vorwerfen wird.

Der »Dresdner Irrthum« erweist sich als kostspielig, denn er hat Folgen, und Theodor muß heimlich einen Kredit aufnehmen, um »Ablösegeld« zu zahlen. Auch davon weiß Emilie natürlich nichts, als sie sich im Jahre 1844 in Berlin wiederbegegnen. Sie ist für ein paar Wochen bei Kummers zu Besuch, er steht gerade als Einjährig Freiwilliger für das Gardegrenadierregiment »Kaiser Franz« Unter den Linden auf Wache. Sein Selbstbewußtsein ist noch gestiegen, seit er in verschiedenen Blättern teils rebellische, teils gefällige Gedichte publizierte, der Glaube an seine Berufung als Dichter ist unangefochten; vor allem, seit ihn sein Vorgesetzter und Freund, Gardeoffizier Bernhard von Lepel, in den literarischen Sonntagsverein »Tunnel über der Spree« einführte, wo er mit Liedern auf den alten Dessauer und den alten Derfflinger erste Bravos erntet.

Theodor in seiner Grenadiersmontur ist verblüfft über die Wandlung Emiliens von dem »Mächen mitte Eierkiepe« in eine elegante, junge Dame, und er macht aus seiner Bewunderung keinen Hehl. Der frühere Unbefangenheitston stellt sich rasch wieder her, sie erzählt, als handele es sich um einen fremden Novellenstoff, die verworrene Geschichte ihrer Familie, die Entdeckung ihrer leiblichen Mutter und dreier Halbgeschwister; »und denken Sie sich, Herr Theodor, auch mein Großvater stammt, wie der Ihre, aus Südfrankreich. Aus Toulouse. Erst vor wenigen Jahren ist er als Stadtkämmerer von Beeskow gestorben, hochbetagt.«

»Nun, da hatte ich also gar nicht so unrecht, wenn ich Sie damals in Ihrem roten Merinomäntelchen mit den schwarzen Käfern, mit dem unsäglichen Strohhut und den nassen, abgeklappten Stiefeletten mit einem Ciocciarenkind aus den Abruzzen verglichen habe.« – »So, haben Sie das?« Emilie schaut ihn aus unergründlich grauen, fast schwarz wirkenden Augen an und zieht mokant die feinen Brauen hoch: »Mais Abruzzen et Toulouse, mon ami, c'est une petite différence!«

Oh, là, là, denkt Theodor, Mademoiselle ist ein ausgesprochen kapriziöses Persönchen geworden, da muß er doch gleich seine alte Überlegenheitsrolle wieder aufnehmen. Und er berichtet von seiner jüngsten Englandreise. Zwei Wochen. Mit Hermann Scherz übrigens. Er als Dolmetscher. Großartig, einfach großartig. Eben Weltstadt. »Denken Sie, London hat allein 12 000 Nachtwächter, das sind mehr als das Königreich Sachsen an Soldaten unter Waffen hat!« Emilie muß lachen, weil sie sich eine Armee von 12 000 Pelerinenmännern mit Pike und Laterne vor Buckingham Palace vorstellt, Theodor mißversteht dies Lachen und meint gekränkt: »Nun ja, von Liegnitz aus kann man sich das schwer vorstellen, man muß es eben mit eigenen Augen sehn ... Das ist Leben! Das ist Welt!«

Emiliens Ansprüche an Leben und Welt sind weniger hoch gegriffen; sie kann sich an kleinen Dingen herzlich freuen: über die erste Christrose im Schnee, den ersten Schmetterling, an einem dickpummeligen Kind, das gerade seine ersten Schritte meistert, oder über die Rose, die ihr Theodor zusammen mit einem Gedicht dediziert.

Um die Approbation zum Apotheker erster Klasse und damit die Berechtigung zum Führen einer eigenen Apotheke zu erlangen, muß man mindestens fünf Jahre als Refektar vorweisen; Fontane fehlen noch zwei Jahre. Darum tritt er zu Johanni 1845 in die Dr. Schachtsche Apotheke in der Berliner Friedrichstraße ein. Er fühlt sich wohl, der Prinzipal ist ein gebildeter Mann, und mit dem zweiten Lehrling Friedrich Witte kann er echte Freundschaft schließen. Auch Onkel August und Tante Pinchen hat es nach einem unfreiwilligen Leipziger Gastspiel wieder nach Berlin zurückgezogen; doch Theo ist ihnen gegenüber vorsichtiger geworden. Man sieht sich nur selten. Die neuen Bekanntschaften aus dem literarischen Sonntagsverein »Tunnel über der Spree« sind ihm wichtiger und ersprießlicher. Von ihnen kann er lernen.

Verlobung auf der Brücke

Am 8. Dezember 1845 feiert Onkel August seinen 41. Geburtstag. Natürlich ist sein alter Whistpartner Kummer eingeladen. Theodor läßt sich entschuldigen; er weiß nicht, daß auch Emilie mit von der Partie ist. Am Nachmittag erhält er ein zierlich gefaltetes Briefchen, in dem sie »ihren lieben Freund Theodor« bittet, sie auf dem Nachhauseweg von Onkel August zu Kummers Wohnung in der Oranienburger Straße zu begleiten. Das ist Ehrensache, schließlich kann man eine junge Dame in der Dezemberdunkelheit nicht allein gehen lassen. Pünktlich um 22 Uhr endet sein Spätdienst, pünktlich um 22 Uhr liefert Onkel August Emilie vor der Apotheke ab. Für den Rest des Weges, die ganze Friedrichstraße hinunter bis zum Oranienburger Tor und in die Oranienburger Straße hinein, übernimmt Theodor die Schirmherrschaft. Man plaudert, man neckt sich wie immer, und plötzlich, wenige Schritte vor der Weidendammer Brücke, kommt ihm der Gedanke: »Emilie ist *die* Frau, mit der ich ein ganzes Leben verbringen könnte!« (Noch fünfzig Jahre später wird er in seiner Autobiographie bestätigen, dies sei der »glücklichste Gedanke seines Lebens« gewesen.)

Mitten auf der Brücke fallen die entscheidenden Worte: »Willst du meine Frau werden?« Emilie hat diesen Satz insgeheim schon lange herbeigesehnt, aber daß er so beiläufig, im wahrsten Sinne des Wortes im Vorübergehen ausgesprochen wurde, enttäuscht sie. Nun ja, wenigstens der Ort der Handlung, die Brücke, hat etwas Symbolträchtiges, tröstet sie sich. Wie die Brücke die beiden Ufer der Spree verläßlich verbindet, so werden auch sie für alle Zeit miteinander verbunden sein.

Nach dem einzigen, kalten Dezemberkuß meldet sich bereits der Zweifel: Wie, wenn er sich nur einen Scherz erlaubt hätte? Zuzutrauen wäre es dem notorischen Spötter. Aber vor Kummers Haus nimmt er noch einmal ihre Hand und sagt eindringlich, mit ungewohnter Herzlichkeit: »Wir sind aber nun *wirklich* verlobt?!«

Das sind sie. Und sie sollen es fünf lange Jahre bleiben.

Der unterkühlten Verlobungsszene auf der Brücke folgt der Ring und – natürlich – ein Verlobungsgedicht, in dem von jungem Liebesrausch, von schäumender Lebensfreude und unversehrter Treue die Rede ist. Behüt dich Gott!, das fünf Jahre durchzuhalten ist schwer.

Onkel August, Pinchen und Kummers gratulieren von Herzen, sie haben schon seit langem gewittert, daß sich zwischen den beiden etwas anbahnt. Alle anderen sind weniger erbaut. Wenn man es in Emiliens Verwandtschaft auch nicht ausspricht, aber man denkt doch: Hätte es nicht ein Stabsarzt sein können wie bei Marie, oder ein Offizier wie bei Clara? Emilie hatte in Liegnitz doch so viele Chancen; warum einen dichtenden Apotheker – ohne Apotheke?

Ausgerechnet die so streng wirkende Mutter Fontanes ist von Emiliens Herzlichkeit und Frische entzückt: »Du hast Glück gehabt, Theodor«, sagt sie, »sie hat genau die Eigenschaften, die für dich passen.«

Mit mütterlichem Instinkt fühlt sie, daß Emilie neben Esprit und gesundem Selbstbewußtsein auch die notwendige Anpassungsfähigkeit besitzt, um ihrem Theo eine echte Stütze zu sein. Ihr selbst hat es oft genug daran gefehlt. Sie hat sich bei Louis Henri Fontane immer gefragt, wie weit die Anpassungsbereitschaft einer Frau gehen darf: bis zur Selbstaufgabe? Mit allen Mitteln der Diplomatie und des ständigen Raisonierens hat sie versucht, ihren leichtsinnigen Mann zu zügeln. Vergebens. Er will auf das Jeu und andere noble Liebhabereien nicht verzichten, obwohl er damit die Familie ruiniert. Denn immer, wenn ein Bankrott vor der Tür stand, vertauschte er seine Apotheke mit einer kleineren, die natürlich auch weniger abwarf, um von dem Verkaufserlös wieder eine Weile drauflos zu leben. So sind sie aus der stattlichen Neuruppiner Löwen-Apotheke in das romantisch-abenteuerliche Swinemünde gekommen und schließlich im Oderbruch gelandet, der »letzten Station vor Sibirien«, wie sie es nennt.

Theodor, das liebste und begabteste ihrer fünf Kinder, hat, bei aller Strebsamkeit, doch etwas von der verhängnisvollen Veranlagung seines Vaters geerbt. Er ist kein Whistspieler, im Gegenteil, das schlechte Vorbild Louis Henris hat ihm beizeiten jeglichen Spaß an Karten und Glücksspielen vergällt, aber er ist in ihren Augen ein Spieler anderer Art, denn er träumt von der Existenz eines Dichters, der allein von seiner Feder lebt. Das ist ebenso gefährlich. Wird Emilie klug und stark genug sein, ihn zu einer gutbürgerlichen Lebensweise zu bekehren? Aufgrund ihrer eigenen Ehe ist Mutter Fontane davon überzeugt, daß nur diese die Voraussetzung schafft für ein Glück auf Dauer – oder wenigstens für ein wohltemperiertes Leben ohne aufregende, nervenzehrende Turbulenzen. Gutbürgerliche Existenz ist für sie gleichbedeutend mit dem Besitz einer eigenen Apotheke. Doch wovon will Theodor sie erwerben? Auch wenn er es nicht wahrhaben will: Vaters Vermögen ist längst verspielt. Soviel Realitätssinn besitzt Theodor immerhin, um sich zu sagen: Zuerst das Staatsexamen, alles Weitere wird sich finden.

Im März 1847 besteht er es. Nun hat er es schriftlich: Er darf in allen preußischen Landen eine eigene Apotheke erwerben. In Frankfurt an der Oder weiß er eine, die ihm zusagen würde. Doch nun kommt für Louis Henri Fontane die Stunde der Wahrheit; er muß zugeben, daß *er* ihm nicht helfen kann, er steht selbst wieder einmal vor dem Bankrott.

Theodors bester Freund Lepel erklärt sich spontan bereit, eine alte, wohlhabende Tante »in den Skat zu legen« und um ein Darlehen anzugehen, aber Fontane, sonst nicht zimperlich, bei Lepel zu borgen, will es doch nicht soweit treiben. Aus der Traum von einer eigenen Offizin.

Für die Mutter ist dies der Tropfen, der das Faß zum Überlaufen bringt; sie kratzt den kläglichen Rest ihrer einst stattlichen Mitgift zusammen, nimmt die kleine nachgeborene Elise an die Hand und trennt sich von dem Mann, der immer in guter Hoffnung und nie in gesegneten Umständen lebt.

Ein trauriger Sommer für alle. Der einzige Lichtblick: Drei Balladen, die im »Tunnel« schon positive Resonanz gefunden hatten, werden im »Morgenblatt für gebildete Leser« abgedruckt. Das Honorar reicht gerade, um für ein paar Tage nach Liegnitz zu fahren, denn Emilie wird langsam unruhig. Die Herren Offiziere und Assessoren, die sie ausschlägt, erkundigen sich diskret, wann denn der Herr Bräutigam sein Wort einzulösen gedenke. Sie glaubt, einen hämischen Unterton herauszuhören, und kontert souverän; doch drinnen sieht's anders aus. Dann zieht sie sich in ihre stille Kemenate zurück und liest – zum wer weiß wievielten Male – das Gedicht, das ihr Theo zum ersten Jahrestag ihrer Verlobung schenkte:

Meiner lieben Emilie
zum
8. Dezember 1846.

Daß ich als *Meine* Dich umfangen,
Und Dich geherzt, wie nie, so warm,
Heut ist ein Jahr seitdem vergangen,
Und liegt nun da, so reich, so arm;
So arm an allem eitlen Streben
Nach eines Namens Schellenkleid,
Doch überreich an innrem Leben,
An höchstem Glück und tiefstem Leid.

Denk ich, wie wechselnd, bald die Freude
Bald mich der Schmerz in Händen hielt,
So ist mir's fast, als hätten Beide
Mit meinem Herzen Ball gespielt,
Dies Werfen mich und wieder Fassen
Nahm oft der Freude selbst den Werth,
Und »möchten sie mich fallen lassen!«
Hab' ich manch liebes Mal begehrt.

(...)

Schon sprichst Du: »Welche Leichenrede
Statt eines frohen Festgedichts!«
Doch meiner Klagen all und jede,
Drum lächle nur, zerfällt in nichts;
Denn sprächst Du je: »Dein Weg ist offen,
Sei wieder frei, um froh zu sein;«
So stünd' ich wie vom Blitz getroffen
Und riefe weinend: »Bleib doch mein!«

Ich liebe Dich, und bin geborgen,
Wenn Du mir Lieb' um Liebe gibst;
Das aber sind all meine Sorgen:
Ob Du so recht mich wieder liebst?
O könnt ich doch zu dieser Stunde
In Deine lieben Augen schaun.
Ich schöpfte wohl aus ihrem Grunde,
Wie immer Hoffnung und Vertraun.

Welcher Braut in Liegnitz ist je ein solches Gedicht gewidmet worden? Selbst ihre liebste Freundin Johanna muß das neidlos zugeben. Ihr Treutler, von dem Theodor herablassend meint, er sei ein komplett ausgestatteter Bourgeois, verwöhnt seine Braut mit allerlei nicht unerheblichen Geschenken, meist praktischer Art; aber solche Verse und Briefe zu schreiben wäre er außerstande. Hat er auch gar nicht nötig, denn Treutler besitzt Gut Neuhof, ganz in der Nähe; eine halbe Stunde zu Pferde, und er ist am Ziel seiner Wünsche.

Emilie aber muß sich mit drei Briefen in der Woche trösten, nun schon das zweite Jahr. Im Sommer hat Theodor die »Schöne Rosamunde« geschrieben, eine altenglische Liebesgeschichte in hundert Gesängen. Im »Tunnel« wurde sie gelobt, im »Morgenblatt für gebildete Leser« abgelehnt: zu lang für eine Zeitschrift.

Um überleben zu können, ist Fontane wieder als Rezeptar in Apothekerdienste getreten, diesmal in die Jungsche Apotheke nahe dem Alexanderplatz, einem Arme-Leute-Viertel mit vielen schwindsüchtigen und skrofulösen Kindern. Lebertran wird kostenlos abgegeben, doch die Eltern holen ihn nur, um ihn daheim auf die Lampe zu gießen und damit ihre Stube zu erhellen.

Er selbst wohnt, wie er seinem Freund Wilhelm Wolfsohn schreibt, »in einem Hundestall, einer Räuberhöhle mit noch zwei anderen deutschen Jünglingen«, er fühlt sich »wie ein Salzhering in der Tonne«; nicht einmal seine besten Freunde Lepel und Wolfsohn kann er dort empfangen, geschweige denn seine Braut, die in Liegnitz erfolgreich alle Stationen zu einem kultivierten Erwachsensein absolviert hat.

So trifft man sich bei Kummers und schmiedet Pläne für die Zukunft. Das einzige, was dabei herauskommt, ist ein Gedicht: »Winterabend«. Darin heißt es:

»Nun aber komm, nun laß uns plaudern
Vom eignen Herd, von Hof und Haus!
Da baust du lachend, ohne Zaudern,
Bis unters Dach die Zukunft aus;.
Du hängst an meines Zimmers Wände
All meine Lieblingsschilderein,
Ich seh's und streck danach die Hände,
Als müss' es wahr und wirklich sein.« (...)

Eifersucht, Revolution und Lebertran

Es ist eine Zeit, in der Theodor von einem so tiefen Liebesgefühl ergriffen – und gebeutelt – wird wie später wohl nie mehr. Wolfsohn gesteht er im November 1847: »Du hast das junge Mädchen bei deinem Hiersein gesehen. Das Hervorstechende ihres Wesens ist, körperlich und geistig, das *Interessante*, sie wird mich auch da zu fesseln wissen, wo mir größere Schönheit, umfassenderes Wissen und selbst tieferes Gefühl auf meinem Lebensweg begegnen sollten. Mit einem Wort, sie ist ›liebenswürdig‹, sie hat jenes unerklärbare Etwas, was allem einen Reiz verleiht; die Schwächen selbst werden so zu Tugenden gestempelt; Unkenntnis gibt sich als herzgewinnende Natürlichkeit; launenhafte Wünsche und Einfälle kleiden sich in das Gewand des Eigentümlichen ... Meine Braut, die sonst in meinen dichterischen Gelüsten nur eine verhaßte Nebenbuhlerin sah, hat diese plötzlich von Herzen liebgewonnen. Ich habe in meiner Liebe viel Kämpfe durchgemacht; ich habe (ohne deshalb meine Braut je minder geliebt zu haben) meine Verlobung wie eine Übereilung betrachtet, ich habe mir die Befähigung abgesprochen, je ein Weib glücklich machen zu können, und ich habe gleichzeitig meinen eigenen Untergang als eine Gewißheit vor Augen gesehen; zu dem allen habe ich den Höllensoff brennender, verzweifelnder Eifersucht gekostet oder richtiger, meine Seele monatelang damit getränkt. Diese Zeiten sind vorüber; unter all diesen Stürmen hat sich meine Liebe bewährt.«

Er meint es zweifellos ernst und weiß nicht, welchen Stürmen er noch ausgesetzt sein wird.

Alle Briefe, alle Gedichte, die irgendwo in Journalen erscheinen, bewahrt Emilie wie Reliquien auf. Aber längst nicht alles, was er schreibt, kommt unter ihre Augen. 1848 gärt es in Paris, Wien und auch in Berlin. In Liegnitz bemerkt man nichts oder will nichts bemerken. In der feinen Garnisonstadt gehört es zum guten Ton, fest und treu zum Hause Hohenzollern zu halten und am Gottesgnadentum des Königs nicht zu zweifeln.

Fontane gehört jedoch zu den überzeugtesten Zweiflern, und als am 10. März die ersten Schüsse auf dem Schloßplatz fallen und in Windeseile Barrikaden errichtet werden, läßt er Apotheke Apotheke sein und eilt zur nahen Georgenkirche, um, wie es einem Dichter ziemt, die Sturmglocken der Revolution zu läuten. Leider ist die Kirche verschlossen. So gesellt er sich zu einer Gruppe, die lautstark zum Alexanderplatz zieht, um im Requisitenfundus des Königstädtischen Theaters nach Waffen zu suchen. Auch Fontane erwischt einen Schießprügel, merkt aber sehr schnell, daß er sich damit höchstens selber in die Luft jagen würde, eine Operettenflinte ist eben ungeeignet für eine echte Revolution. Er erkennt, daß die ihm gemäße Waffe die Feder ist; damit schreibt er flammende, spandaureife Artikel für die radikal-demokratische »Berliner Zeitungshalle«, die sich zum Glück niemals in ein gewisses Liegnitzer Patrizierhaus verirrt.

In bewegten Worten tritt Fontane für ein vereinigtes, demokratisches Deutschland ein, das mit 48 Fürsten nicht zu erreichen ist. Er will keine Einheit der Kabinette oder der Polizei, er fordert nicht Einheit um jeden Preis, sondern Freiheit um jeden Preis. Wie das funktionieren soll, weiß er nicht. Weiß es überhaupt jemand zu dieser Zeit?

Drei Tage bevor Generalfeldmarschall Wrangel in Berlin einmarschiert, um den letzten Funken der Revolution auszutreten, bittet Fontane seinen Freund Lepel um einen Muskedonner aus väterlicher Rumpelkammer; was er damit konkret anfangen will, ist ihm schleierhaft, aber: »Schande Jedem, der zwei Fäuste hat mit Hand ans Werk zu legen, und sie pomadig in die Tasche steckt ... denn alles ist faul und muß unterwühlt werden, um im ersten Augenblick die Mine springen lassen zu können.« Welche Zumutung, so etwas ausgerechnet von einem königlichen Gardeoffizier zu verlangen!

Aber Fontane ist es gewohnt, ausnahmslos alles, was ihn bewegt, mit Lepel zu besprechen; bei aller Verschiedenheit sind sie doch ein Herz und eine Seele, der Dichter, der Pillen drehen muß, und der Gardeoffizier, der Verse schmiedet und mit »gewaltigen« Dramen schwanger geht.

Sie haben sich geschworen, der edlen Dichtkunst zu leben und alles, was an sie herantritt, nur danach zu beurteilen, ob es einen dichterischen Stoff abwürfe; nur daran sollten Wert und Bedeutung gemessen werden. In lebenslanger Freundschaft haben sie diesen Schwur – bis auf wenige Ausnahmen – gehalten. In zahllosen vielseitigen Briefen nehmen Liebesaffären, Herzenskummer, berufliche Einbrüche und andere Katastrophen weit weniger Raum ein als die Beurteilung einer Ballade oder das Gliedern eines Dramenstoffes.

Ja, ideal wäre es, wenn er dergleichen Resonanz auch bei Emilie fände, wenn es gewissermaßen eine Synthese gäbe von Lepel und Emilie. Oder wenn er wenigstens, wie der thüringische Graf von Gleichen, mit seiner Frau und seiner Geliebten (Dichtkunst) zusammen glücklich leben könnte. Aber man muß Menschen und Dinge nehmen, wie sie sind. Und manchmal fällt ein Sonnenstrahl des Glücks auch ins bescheidenste Pillendreherleben: Während draußen Revolution und Konterrevolution hohe Wellen schlagen, landet Fontane in einem Idyll. Mama Fontane hat einen guten Freund, Pastor Schultz von der Königlichen Krankenanstalt Bethanien; er bietet Theodor an, für 20 Taler im Monat zwei Diakonissen in Pharmazie auszubilden. Kost und Logis frei. Hinter hohen Backsteinmauern und im liebenswürdigen Umgang mit den beiden feinsinnigen Damen gewinnt er nach und nach die Überzeugung, daß sich der ganze reaktionäre Schandstaat auf einem Pulverfaß befände und demnächst sowieso zum Mond fliegen würde, darum sei sein kämpferisches Engagement überflüssig. In aller Ruhe beginnt er mit intensiven Studien zu einem historisch-politischen Drama über Karl Stuart. Und dreimal in der Woche gehen Briefe nach Liegnitz, in denen er Emilie mitteilt, was alles um ihn herum passiert, was im »Tunnel« vorgetragen und wie es beurteilt wurde; er gibt (meist karikaturenhafte) Porträts gemeinsamer Bekannter, erzählt Anekdoten – nur von einem Brief aus Dresden berichtet er nichts. Lepel gegenüber gesteht er jedoch kleinlaut »zum zweiten Mal unglückseliger Vater eines illegitimen Sprößlings« zu sein. »Meine Kinder fressen mir die Haare vom Kopf, eh' die Welt weiß, daß ich überhaupt welche habe. ›O horrible, o horrible, o most horrible‹, ruft Hamlets Geist und ich mit ihm.«

Zu allem Unglück läuft auch der Vertrag mit Bethanien aus. Fontane steht gänzlich im Regen. Er muß Geld beschaffen, nicht auf irgendwelchen windigen Wegen wie Onkel August, nein, er will es ehrlich verdienen. Hektisch sucht er nach Schülern, denen er in Deutsch, Englisch, Geographie und Geschichte Nachhilfeunterricht geben kann, er bewirbt sich sogar bei der Eisenbahn als Kutschenschlagaufmacher (!). Lepel winkt ab: Auf diese Weise sei bis heute noch niemand zu Geld gekommen. Zunächst müsse er aus seinem melancholischen Brüten herausgerissen werden; er schlüge vor, zusammen für ein halbes Jahr nach Italien zu gehen, um dort Stoffe zu sammeln und in historische Dramen umzusetzen. (Lepel hat gut reden, von Hause aus begütert, kennt er sich in Italien gut aus, hat Geld und Beziehungen, ist bereit, sie mit Fontane zu teilen.) Wenn er allein wäre, vielleicht, antwortet er, aber wie sollte er das vor Emilie rechtfertigen? »Ein Mädchen verlobt sich doch nicht, um eine altjüngferliche Braut zu werden, und wenn die Meinige auch Gott sei Dank zart genug ist, mich mit solchen Anfragen nicht zu quälen, so weiß man doch am Ende, was in solchen Herzen vorgeht. ... Ich hätte in der That nicht den Muth, auf ein halb Jahr in die weite Welt zu gehn und Stoffe zu sammeln, während das Mädchen, das ich zu lieben vorgebe, das vierte Jahr schwinden sieht, ohne dem Ziel näher zu sein wie am ersten Tag. Man muß dann wenigstens gemeinschaftlich tragen; aber lachen und Terzinen baun, während ein liebend Herz weint und bricht, das geht nicht.«

Es ist erstaunlich, daß er, dem doch rundherum alles schiefging, noch dichten kann:

Du darfst mißmutig nicht verzagen,
In Liebe nicht noch im Gesang,
Wenn mal ein allzu kühnes Wagen,
Ein Wurf im Wettspiel dir mißlang.

Wes Fuß wär' niemals fehlgesprungen?
Wer lief nicht irr' auf seinem Lauf?
Blick hin auf das, was dir gelungen,
Und richte so dich wieder auf.

Vorüber ziehn die trüben Wetter,
Es lacht aufs neu der Sonne Glanz,
Und ob verwehn die *welken* Blätter,
Die *frischen* schlingen sich zum Kranz.

Um ihn mit Heiterem zu erfreuen, erzählt Emilie von den freundlichsten Seiten des Liegnitzer Lebens, vom Gastspiel der Meininger (Kabale und Liebe), das ein großes gesellschaftliches Ereignis gewesen, und daß sie 40 Gläser Aprikosenkonfitüre eingekocht und zweimal ein Dutzend Servietten mit den Initialen E und F bestickt habe, sie sehe dabei in Gedanken einen achteckigen Tisch vor sich mit fröhlichen Essern und Diskutanten und Theodor als Maître de plaisir … Ein harmloser Nachsatz, die letzte Redoute sei wieder recht vergnüglich gewesen, trifft den erfolglosen Bräutigam an der empfindlichsten Stelle: *Sie* amüsiert sich also, während *er* ums Überleben ringt. Und wie von selbst fließen grimmige Zeilen aus seiner Feder:

Leichtes Herz und leichter Pfennig,
Morgen zu Gebrüder Hennig,
Leutnant Idler, Leutnant Fidler,
Leutnant Brause, Leutnant Krause;
Immer lustig, immer Tanz
Mit den lieben Leutenants.

Er gibt ihr gegenüber zu, »wahnwitzig in seinem Argwohn« zu sein und bittet sie dafür um Verzeihung: »Rede mir zu, streichle mich, blicke mich fest und freundlich an – ach, Du kannst alles auch mit Worten, wenn Du mir fern bist – thu es, und zu meiner Liebe gesellt sich mein wärmster Dank. Ich will ein *Mann* sein, *Dein* Mann sein, und bitte Dich: behandle mich wie ein Kind. Wie bin ich Dir gegenüber doch ein andrer Mensch geworden! Jedes Liebeswort machte mich sonst lachen, und jetzt les' ich die zärtlichen Stellen Deiner Briefe oft zwanzigfach, und klammre mich an sie …«

Dieser Herbst 1849, also nach seiner Zeit in der Königlichen Krankenanstalt Bethanien, wartet mit einem Wechselbad der Gefühle auf. Fontane hat offensichtlich die Nerven verloren, entwirft die widersinnigsten Pläne: einmal will er sich im Oderbruch, in der Nähe des Vaters einmieten, um das Karl-Stuart-Drama zu beenden, das selbst bei Gelingen erst in Monaten ein paar blanke Heller einbringen könnte; dann wieder läßt er sich von Onkel August und Tante Pinchen den Kopf verdrehen, die im Begriff sind, nach Südamerika auszuwandern. An Emiliens Adresse reimt er:

Liebchen, komm, vor dieser Zeit, der schweren,
Schutz zu suchen in den Kordillieren;
Aus der Anden ew'gem Felsentor
Tritt vielleicht noch kein Konstabler vor (...)
Ohne Wühler dort und Agitator
Frißt uns höchstens mal ein Alligator (...)
Komm, o komm, den heimatlichen Bettel
Werfen wir vom Popokatepettel,
Und dem Kreischen nur des Kakadu
Hören wir am Titicaca zu.

Flüchtet er, wie oft in verzweiflungsvollen Momenten, in Ironie und Satire, oder nimmt er die Sache doch von der ernsthaften Seite? Immerhin sind etliche seiner rebellischen Freunde aus der Leipziger und Dresdner Sturm-und-Drang-Zeit vor deutschen Konstablern ins Ausland geflüchtet. In London soll es von deutschen Emigranten nur so wimmeln. Auch Georg Günther, bis 1848 Redakteur der Leipziger Zeitschrift »Die Eisenbahn« und danach Mitglied der Frankfurter Nationalversammlung, ist im Begriff, in Nordamerika sein Heil zu finden und fordert Fontane auf, mitzukommen; der heimatliche Bettel, dieses Kriechen vor der immer anmaßender werdenden Reaktion sei doch unerträglich für jeden aufrechten Demokraten.
Allein wäre er dem von ihm hochgeschätzten Günther vielleicht gefolgt, aber Emilie kann er den weiten Weg ins Ungewisse nicht zumuten. Außerdem: Günther ist nicht nur Publizist, sondern Arzt, er würde überall ein Auskommen finden; anders als ein Mann der Feder. Darum antwortet er, vor wenigen Monaten wäre er dazu wohl bereit gewesen, doch nun gedenke er auszuhalten: »einmal, weil ich noch hoffe, dann aber auch, weil ich, übersiedelnd in die neue Welt, Bande zerreißen müßte, die mich mit meinem eigentlichsten Leben an unsre deutsche Erde fesseln. Wir sind nicht alle gleich in dem, was das Herz begehrt; und die Freiheit und Unabhängigkeit, die der Eine draußen in der Welt sucht, findet der Andere in dem Freistaat der Kunst und Wissenschaft. Ich liebe die deutsche Kunst. Das ist mein eigentliches Vaterland, und es aufgeben, *sie* aufgeben, hieße, mich selbst aufgeben. Jeder zieht seines Weges – ich den meinen. So scheiden wir denn. Meine besten Wünsche geleiten Sie übers Meer.«

Was ihn wieder hoffen läßt, ist ein Angebot seines Freundes Wilhelm Wolfsohn, als Berlinkorrespondent für die radikal-demokratische Dresdner Zeitung zu arbeiten. Dort gilt noch die in Berlin längst über Bord geworfene halbwegs liberale Verfassung von 1848; darum auch hat sich der russisch-jüdische Literaturhistoriker Wolfsohn, der sich mit ganzem Herzen dem kulturellen Austausch zwischen Russen und Deutschen widmet, dort niedergelassen.

Schon zu Beginn ihrer Bekanntschaft, in der Vormärz-Zeit, schwebte Wolfsohn, der nicht nur übersetzt, sondern auch selbst Gedichte schreibt, eine Art Seelenfreundschaft mit Fontane vor; doch er sollte sich nur in seltenen Augenblicken von ihm wirklich verstanden fühlen.

Fontane ist kein leidenschaftlicher Mensch, er gibt sein Innenleben niemandem so leicht preis (Lepel vielleicht ausgenommen). Emilie wird ihm ein Leben lang vorwerfen, alle Guttaten seiner Freunde als selbstverständlich anzunehmen, sich ihnen gegenüber aber oft zu kühl und gedankenlos zu verhalten. Theo widerspricht zwar jedesmal auf das entschiedenste, beweist jedoch im Falle Wolfsohns wieder einmal mehr, wie recht Emilie hat.

Fontane verdankt Wolfsohn also die Mitarbeit an der Dresdner Zeitung. Daß sie sich nur über knapp 30 anonym erscheinende Korrespondenzen hinquält, politisch unerfreulich und finanziell unergiebig ist, liegt gewiß nicht an Wolfsohn, der ja nur vermittelte; dennoch fühlt er sich für Fontanes Enttäuschung verantwortlich und will es auf andere Weise wiedergutmachen. Er setzt alle Hebel in Bewegung, um einen Verleger für die »Schöne Rosamunde« zu finden. Endlich ist er mit den Gebrüdern Katz in Dessau übereingekommen: drei Louisdor für den Autor, und das Buch wird, schön ausgestattet, zu Weihnachten bei den Buchhändlern sein.

Macht Fontane bei dieser Nachricht Freudensprünge? O nein, er mault, drei Louisdor wären ein Quark. Wolfsohn gibt zu verstehen, daß andere Dichter, die erst am Anfang ihres Weges stünden, sich sogar an den Druckkosten beteiligen müßten und gar nichts bekämen außer ein paar Freiexemplaren. Das erbost Fontane: Er sei schließlich nicht irgendeiner, und Katz sei ein notorischer Knicker, und Wolfsohn möge im Vertrag aushandeln, daß dieses schäbige Honorar nur für die erste Auflage gelte, dann wolle er die Rechte zurückhaben. Außerdem wünsche er eine Widmung, die er nachliefern werde. Wolfsohn kann Katz von allem überzeugen. Kaum ist Fontane der Sache sicher, fängt er an zu drängeln: Bis 21. Dezember müsse er die ersten Exemplare haben, er wolle sie am 23. Emilie überreichen. Man kann ja verstehen, daß er nach so langer Darbezeit seiner wartenden Braut etwas auf den Gabentisch legen möchte, aber wie unbedenklich fordernd er zur Eile antreibt, mutet doch seltsam an.

Als er am 21. Dezember 1849 abends in Dresden eintrifft, kann ihm Wolfsohn tatsächlich die druckfrischen Exemplare überreichen. Am anderen Morgen kündigt die »Dresdner Zeitung« (auch Wolfsohns Werk) die »Schöne Rosamunde« als passendes Weihnachtsgeschenk an. Nun ist Fontane wie ausgewechselt, heiter, euphorisch, übermütig, so, als könne es mit dem Ruhm ab morgen losgehen. Wolfsohn nimmt lebhaften Anteil an seiner Freude, schleppt ihn mit zu einer Teegesellschaft bei dem in Dresden geradezu schwärmerisch verehrten Schauspieler Emil Devrient, hat auch bei dem Porträtmaler Adolf Kindermann einen Zeitpunkt ausgehandelt, an dem der den überglücklichen Fontane skizzieren wird. (Es soll eine Überraschung für Emilie sein und wird die Hälfte des Rosamunde-Honorars verschlingen.) Theodor schwebt von Gastmahl zu Gastmahl, nimmt nicht allzuviel davon wahr, seine Gedanken eilen voraus nach Liegnitz.

Endlich wird er der honorigen Familie seiner Braut schwarz auf weiß und mit Goldschnitt beweisen, daß er ein wirklicher Dichter ist, und der Herr Oberstabsarzt wird sich abgewöhnen müssen, von dem Dichter stets in hörbaren Anführungsstrichen zu sprechen.

Emilie ist erwartungsgemäß selig, vor allem über die gedruckte Widmung:

An Emilie.
Liebe dacht es, Liebe schrieb es,
Und wieviel ihm immer fehle,
Auch mit seinen Fehlern lieb es
Als den Spiegel meiner Seele.

Die schönen Tage trauter Zweisamkeit vergehen wie im Fluge. Anfang Januar 1850 ist er wieder in Berlin und liest im Feuilleton der »Nationalzeitung« über seine »Schöne Rosamunde«, es sei »ein artiges Gedicht ... ein kleines Epos, das die traurige Geschichte der schönen Tochter Cliffords und König Heinrichs erzählt. Der frische Volkston in dem Gedicht, die wechselnden Bilder vom verborgenen Liebesleben des Königs, die Eifersucht der Königin und ihre Rache sind eingehend, lebhaft und verdienen die Anerkennung des jungen Dichters, der Kraft der Darstellung, Phantasie, Leichtigkeit ... und ein poetisches Talent besitzt, das über die Reflektion hinausreicht.« – »Das ist eine Kritik, wie wenn Einer ausspuckt!« mokiert sich Fontane bei Wolfsohn. Ja, was hat er denn erwartet?

Jedes Jahr zu Weihnachten wird der Büchermarkt mit Neuerscheinungen überschwemmt; glaubt er wirklich, die Leute würden seinen romantischen Gesang den Buchhändlern aus den Händen reißen? Ach, nur für den Dichter selbst ist der Erscheinungstag seines ersten Buches allerhöchster, allerheiligster Feiertag, für alle anderen ist er ein Tag wie jeder andere. Als wenig später seine Preußenlieder unter dem Titel »Männer und Helden« bei Hayn in Berlin erscheinen, stellt sich die hochfliegende Dichter-Euphorie schon nicht mehr ein. Er überrechnet nur, daß er von dem Honorar wenigstens einen Teil seiner Schulden abtragen kann.

»Wieder ein Fisselchen für die Unsterblichkeit getan«, spottet er Lepel gegenüber. Er ahnt nicht, daß er damit der Wahrheit nahe kommt, denn Jahrzehnte später werden einige seiner Preußenlieder in allen Schullesebüchern stehen.

Für die nächsten Monate verschwindet Wolfsohn aus Fontanes Gesichtskreis, statt seiner schreibt Emilie ihm einen Brief aus tiefstem Herzen: »Lieber Wolfsohn! Ich danke Ihrer Güte viel ... Theodors Portrait und den Druck seiner ›Rosamunde‹ habe ich mit Freudentränen empfangen und innig Ihnen gedankt, der Sie diesen ersten Schritt in die Öffentlichkeit geleitet haben.« Es ist das erste Mal, daß sie als Briefschreiberin für ihren Theodor in die Bresche springt. Es wird lebenslang dabei bleiben.

Fontane indessen sitzt nach wie vor in seiner verwanzten Berliner Bruchbude und schreibt Gedichte, in denen von all dem Jammer, der ihn niederdrückt, kaum etwas zu spüren ist. Die »Tunnel«-Mitglieder, alles arrivierte Herren: Professoren, Assessoren, Offiziere und Ministerialbeamte mit literarischen Ambitionen (auch einige echte Dichter) gratulieren ihm, daß er seine düstere Phase mit den sozial anklagenden, rebellischen Gedichten überwunden und sich mit seinen vaterländischen Liedern freigeschrieben habe für eine neue Einstellung, die dem Leben, wie es nun einmal ist, etwas Positives abzugewinnen vermag. Sie wissen nicht um seine Misere, wissen nicht, daß er, wie Heinrich Heine einmal von sich sagte, »aus großen Schmerzen seine kleinen Lieder« macht.

Jeden Sonntag, wenn im »Tunnel« gefragt wird: »Sind noch Späne da?«, was soviel heißt wie: hat jemand noch etwas Neues vorzutragen und der Kritik zu überantworten?, dann meldet sich Fontane zu Wort; und was stets am besten beurteilt wird, sind seine »Durchhalte-Verse«, wie diese:

Zerstoben sind die Wolkenmassen,
Die Morgensonn ins Fenster scheint:
Nun kann ich wieder mal nicht fassen,
Daß ich die Nacht hindurch geweint.

Dahin ist alles, was mich drückte,
Das Aug ist klar, der Sinn ist frei,
Und was nur je mein Herz entzückte,
Tanzt wieder, lachend, mir vorbei.

Es grüßt, es nickt; ich steh betroffen,
Geblendet schier vor all dem Licht:
Das alte, liebe, böse Hoffen –
Die Seele läßt es einmal nicht.

Es ist an die eigene Adresse gerichtet, aber auch an Emilie, die im Frühling 1850 für einige Zeit im Letschiner Apothekerhaus weilt. Das Oderbruch mit seiner melancholischen Weite ist die rechte Landschaft für ihre Seelenlage. Wolfsohn gegenüber gesteht sie ihren Kummer: »Theo war einige Tage hier. Leider geht es ihm nicht gut in Berlin, all seine Pläne und Hoffnungen scheitern, und doch schreitet er mutig vorwärts und trägt ergebener sein Schicksal wie ich. Ich ... würde williger und leichter in das Unvermeidliche mich fügen, wenn ich irgend für das Wohl meines über alles Geliebten etwas leisten könnte, aber so, jahrelang die Hände müßig in den Schoß legend, komme ich mir doch gar zu oft wie ein unnützes Möbel vor, das hemmend im Wege steht, und doch fühle ich zu meinem Glück auch wieder, daß ich zu ihm gehöre wie ein Glied zum andren.« Aber Wolfsohn kann nicht helfen; jahrelang lebte er mit einem Paß, der »alle Ursache hatte, sich der Prüfung des Kundigen möglichst zu entziehen«, und auch jetzt ist es für ihn doppelt schwer, in seinem Metier, der Literaturwissenschaft und Publizistik, Fuß zu fassen.

In Letschin kann Emilie nicht lange bleiben, denn Theos Schwester Jenny heiratet den Apotheker Sommerfeld, der das überschuldete Anwesen Louis Henri Fontanes übernimmt. (Jahre später wird er es in eine Goldgrube verwandeln und nach Berlin übersiedeln.)

Aber auch in Liegnitz möchte sie nicht länger bleiben; obwohl sie dort wohlgelitten ist, weil sie sich in vielen Dingen als anregend und nützlich erweist, wird sie das Gefühl nicht los, schadenfroh oder mitleidig belächelt zu werden. Vielleicht bildet sie sich das nur ein, doch alle Mädchen ihres Alters sind längst unter der Haube, nur sie hofft und harrt immer noch. Manchmal besucht sie ihre zweite Halbschwester, Clara, die in Ludwigslust mit ihrem Offizier freundlich und gesichert dahinlebt; am liebsten ist sie bei Papa Kummer in Berlin, denn dort ist sie in Theos Nähe. Aber Kummer hat auf Anraten seiner sparsamen Herrnhuterin eine kleinere Wohnung genommen, so daß Emilie nicht für länger bleiben kann, ohne Ungelegenheiten zu bereiten. So entschließt sie sich, irgendwo eine Stellung anzunehmen. »Erst machte mich diese Idee recht trostlos«, schreibt sie im Mai 1850 an Bertha Kummer, »daß ich nun nach fünfjährigem Harren an ein Unterkommen bei fremden Leuten denken muß, aber jetzt bin ich gefaßt und sehe keinen anderen Ausweg.« Schließlich sei es immer noch besser als »mal von dem und dann des anderen Verwandten Gnade ein Weilchen zu leben. Der Wille Gottes macht mich demütig, ich hätte nie geglaubt, so ruhig und sanft werden zu können.«

Was ist aus dem ungestümen, leidenschaftlichen »Ciocciaren-Kind« geworden! Sie ist drauf und dran, vor ihrem schönen, hoffnungsvollen Entwurf vom Leben zu kapitulieren.

Da erwächst Rettung von einer unerwarteten Seite: Wilhelm von Merckel, mit Tunnelnamen »Immermann« genannt, avanciert zum Regierungsrat und Leiter des »Litterarischen Bureaus«; ob sich dort nicht ein klitzekleines subalternes Pöstchen finden läßt? Fontane ist bescheiden geworden, nachdem ihm etliche Bewerbungen abgelehnt wurden, wagt nicht, Merckel direkt danach zu fragen. Denn 1848 vertraten beide denkbar gegensätzliche Positionen; von Merckel stammte das populäre Spottlied, das mit den Zeilen endet: »Gegen Demokraten / Helfen nur Soldaten!«, während Fontane bekanntlich auf der anderen Seite der Barrikade stand. Immerhin hat er Merckel im »Tunnel« näher kennengelernt und an seiner Lauterkeit und edlen Gesinnung nie gezweifelt; ja, er glaubt sogar, in den Beurteilungen seiner Gedichte »ein kleines liking« herauszuhören. Sicher ist er sich nicht, darum bittet er Lepel, bei Merckel vorzufühlen. Aber es ist Sommerpause, der »Tunnel« tagt nicht. Schweigen im Walde. Für den ungeduldig Wartenden ein unerträgliches Schweigen. Es kommt zu einer ausgesprochenen Kurzschlußhandlung. Der politische Mensch bricht wieder in ihm durch. Besorgt beobachtet er, mit welch beispielgebender Tapferkeit Schleswiger und Holsteiner, die nach einen uralten Vertrag »Up ewig ungedeelt« bleiben sollen, um ihre Unabhängigkeit gegen Dänemark kämpfen. Preußen schaut tatenlos zu. Fontane, der schon als Kind für alle Freiheitsbestrebungen in der Welt schwärmte, macht sich auf den Weg nach Norden, um den Freischaren von der Tanns beizutreten. In Berlin braucht ihn offensichtlich niemand, aber dort wird er gebraucht – als Unteroffizier oder noch besser als Feldapotheker.

Unterwegs erfährt er, daß die Freiheitskämpfer bei Idstedt rettungslos geschlagen sind. Fontane will es nicht wahrhaben. Und wenn er zu spät kommt, so werden doch wenigstens ein paar Zeitungsartikel dabei herausspringen, und er hat dann – wie er grimmig zugibt – zwar nicht den Degen, aber wenigstens seine spitze Feder gezogen. Während er in der allgemeinen Auflösung nach einem Ansprechpartner im Stab von der Tanns sucht, erreicht ihn ein Telegramm aus Berlin: Merckel bietet ihm eine Stelle als Lektor in seinem »Litterarischen Bureau« an. Das hört sich nach mehr an, als dahintersteckt, doch danach fragt Fontane nicht, er sagt umgehend und bedingungslos zu. Und noch in derselben Minute drahtet er an Emilie: »Schleswig-Holstein aufgegeben. Wenn Dir's paßt, im Oktober Hochzeit!«

Und ob es ihr paßt! Sie schwebt in einem Meer von Seligkeit: Nie mehr von der Gnade anderer leben zu müssen; nie mehr eifersüchtig sein, wenn Theo lobend oder anerkennend von geistreichen Damen in fremden Gesellschaften schreibt, alles, alles werden sie nun gemeinsam erleben, alles Glück, und, wenn es sein muß, auch alles Schwere.

Die Feder kann gar nicht schnell genug über das Papier hinfliegen, als sie Papa Kummer bittet, zum letzten Mal ihretwegen Unruhe in Kauf zu nehmen: der Polterabend soll in seiner kleinen Wohnung gefeiert werden. Der Nachsatz gleicht einem einzigen Jubelschrei: »Ach, ich werde nun meinen Theo bekommen, mich nie wieder von ihm trennen müssen, glaube mir, ich erkenne mein Glück in seiner ganzen Größe!«

Die eigenen vier Wände oder »Schicksal, ick erwarte dir!«

Die Liegnitzer Verwandtschaft macht zwar lange Gesichter, weil alles so überstürzt vor sich gehen soll, Emilie lacht: überstürzt? Sie hat immerhin fünf Jahre auf diesen Augenblick gewartet! Eine lange Liste über notwendigen Hausrat bringt sie mit nach Berlin (sie wird nur einen Bruchteil davon kaufen), eine hübsche und nicht zu teure Vier-Zimmer-Wohnung wird in der Puttkamerstraße gefunden (alles neue Häuser), und damit kann's losgehen.

Sie lehnt am Türpfosten wie Eckensteher Nante im Possentheater und ruft mit emphatisch rollenden Augen: »Schicksal, ick erwarte dir!« Ja, es hat sich gelohnt, so lange zu warten.

Am Tag des Polterabends läßt Theodor in der Frühe seiner Braut durch Boten ein zierliches Spitzenhäubchen überbringen mit einem Vierzeiler:

An Emilie.
Wenn du erwachst aus sanfter Ruh
Heiter und ohne Sorgen,
Flüstert dir heimlich mein Häubchen zu
Einen fröhlichen »Guten Morgen!«

Am Abend wimmelt die kleine Wohnung von gutgelaunten Gästen: Neben der Verwandtschaft auch eine Abordnung von vier »Tunnel«-Mitgliedern, die in charmanten Reimen ihrem Lafontaine (so Fontanes »Tunnel«-Name) und seiner ausharrenden Braut zum endlichen Ehestand gratulieren. Der Weltumsegler und Verfasser abenteuerlicher Seegeschichten Heinrich Smidt hält eine zündende Rede mit zahlreichen Anspielungen und klassischen Zitaten. Nicht eine Minute lang kommt Fremdheit auf, im Gegenteil: Emilie fühlt sich in ihrem Element: geistreiche Gespräche, ein guter Tropfen, an Delikatessen nicht gespart, ein allgemeines Seid-umschlungen-Millionen-Klima. Das ist die Welt, in der sie mit Theodor leben wird.

16. Oktober. Hochzeitstag. Er ist so beschwingt wie der Vorangegangene. Um 2 Uhr Trauung in der Kirche der Französischen Gemeinde durch Pastor Fournier, einem alten Freund des Hauses Fontane. Man

versammelt sich in der Sakristei. Wartet. Einer fehlt: Louis Henri Fontane. Man wartet eine halbe Stunde. Fournier, um die peinlich werdende Situation zu überspielen, flüstert Emilie zu, es sei dies vielleicht Vorbedeutung. *Sie sollen warten lernen;* doch Emilie lacht: Das hätten sie lange genug getan, *jetzt* beginne das neue Leben! Und wie aufs Stichwort erscheint Louis Henri und dröhnt, ohne eine Spur von Verlegenheit: »16. Oktober, Kinder, ihr hättet es nicht besser treffen können: Beginn der Völkerschlacht bei Leipzig mit einem Sieg Preußens! Na, hoffentlich folgt kein Dreißigjähriger Krieg...«

Theodors Mutter ringt die Hände und blickt indigniert zur Decke: typisch Louis Henri! Bar jeden Feingefühls und taktvoll wie ein Elefant im Porzellanladen ... Doch Louis Henri hat mit seinem heiter-spontanen Auftritt alle peinliche Warte-Verlegenheit hinweggefegt.

Danach geht es zu einem kleinen, aber feinen Lokal »Bei George«, wo im hinteren Zimmer, mit Blick in den Garten, ein festliches Diner serviert wird. Es ist ein wunderschöner Tag. Nicht nur meteorologisch. Pastor Schultz von Bethanien bringt einen reizenden Toast auf das Brautpaar aus. Alle 20 Gäste spenden ehrlichen Beifall. Theodor genießt nicht nur die fröhliche Gesellschaft, sondern auch das delikate Menü und die Tatsache, daß er als Bräutigam nicht zu einem Erwiderungstoast verpflichtet ist, sondern sich auf den Brautkuß beschränken darf. Ungeniert und ausgiebig widmet er sich dem Essen und Trinken, so daß Pastor Schultz der Braut zuflüstert: »Liebe Emilie, wenn der so fortfährt, so wird seine Verpflegung Ihnen allerhand Schwierigkeiten bereiten.« Er ahnt nicht, daß seine lässig dahingeplauderte Bemerkung orakelhafte Bedeutung erlangen wird.

Theodor hatte befürchtet, daß sich jemand verplappern und offenbaren könnte, daß Hermann, Clara und Marie nicht Emiliens Cousin und Cousinen sind, sondern Halbgeschwister und Thérèse Triepke nicht ihre Tante, sondern die leibliche Mutter. Aber Tante Pinchen, die große Plappertasche, ist in Amerika, und Lepel wurde noch in letzter Minute in die romanhafte Familiengeschichte eingeweiht. So vergeht die Festlichkeit ohne die leiseste Trübung. Emilie hat sich vorgenommen, jeden Tag zu einem Sonntag zu machen. Glücklich genießt sie das gemeinsame Frühstück, glücklich verabschiedet sie ihren Herzensmann ins Büro, glücklich empfängt sie ihn am Nachmittag mit allem, was er besonders gern ißt. Dazwischen richtet sie die Puttkamerstraße 6 wohnlich her. Wenn auch alles viel bescheidener ist als in dem Liegnitzer Patrizierhaus – sie fühlt sich am Ziel ihrer Wünsche.

Ebenso der junge Ehemann. Am Abend des 1. November bedankt er sich im hellen Schein der Stobwasserschen Lampe bei Friedrich Witte, dem edlen Spender; »eingedenk der Talgmöpse, die ich noch vor 6 Wochen brannte«, ein wahrer Fortschritt und Grund genug, seine neue Daseinsform in den leuchtendsten Farben zu schildern: »Die Wohnung ist reizend, das tägliche Brot erscheint, gut zubereitet, als ›Gemüse und Fleisch‹ auf dem zweigedeckten Tisch, die Betten (nichts Unerhebliches im Ehestand, wie Sie gehört haben werden) sind mit Hülfe von Matratzen und Sprungfedern so bequem wie möglich, an Ruhe fehlt es nicht und an Arbeit auch nicht (dieser letztere Satz bezieht sich auf mein Leben im allgemeinen und nicht etwa auf die Betten), so daß ich – da sich das lachende Gesicht meiner Frau nur selten in Schmollfalten legt – ein undankbarer Esel sein müßte, wenn ich nicht voll Freude und Zufriedenheit sein wollte. Dann und wann beschleicht mich die ängstliche Frage: ›Wie aber, wenn es mit deiner Lektorschaft plötzlich ein Ende nimmt?‹ doch hat ein bescheiden Stück Selbstvertrauen noch immer Kraft genug gehabt, der Frage mit einer tröstlichen Antwort zu begegnen.«

Zu Emilie kann er von seiner Angst nicht sprechen, sie würde nur seine Sorgenfalten fortküssen und leichten Sinnes meinen, es säßen doch so viele an der ministeriellen Futterkrippe, warum sollte es ausgerechnet ihn treffen ... Um Politik hat sie sich nie gekümmert und die üblen Seiten der Menschheit ignoriert. In dieser Hinsicht hält er sie für lebensfremd. Und er selbst? Als er im Spätsommer die Stellung bedingungslos annahm, hatte er nur die 40 Taler, den braven Merckel als Chef und die Möglichkeit zu heiraten gesehen, aber nicht die geringste Ahnung von dem gehabt, was die preußische Regierung von diesem Büro erwartete. Im Grunde genommen ist es eine Zensurbehörde, die im schwer überschaubaren Blätterwald der Tageszeitungen jene herauspicken und zur Raison bringen soll, die wider den Stachel löcken, das heißt genau diejenigen, für die allein Fontane zu schreiben willens wäre.

In wechselvollen Zeitläuften wie diesen ist Grundvoraussetzung, um sich in einer solchen Position zu behaupten, mit den Wölfen zu heulen. Und gerade dazu gibt sich Fontane nicht her. Kein Wunder, daß er von den altgedienten Beamten beargwöhnt wird. Oder hat man schon herausgefunden, wer hinter dem Pseudonym steckt, unter dem er für die

»Berliner Zeitungshalle« oder die »Dresdner Zeitung« geschrieben hat? Jedenfalls gilt er als unsicherer Kantonist und wird nur gelitten, weil er als Hätschelkind des Regierungsrats von Merckel gilt.

Mitte Dezember stürzt der erzreaktionäre Manteuffel den gelinderen Radowitz und wird Ministerpräsident. Das literarische Kabinett wird Knall und Fall aufgelöst, Fontane entlassen. Merckel übrigens auch, doch ihm wird als verdientem Kammergerichtsrat eine andere Stelle zugewiesen, Fontane nicht.

Er hat es kommen sehen, doch als es ausgesprochen ist, geht er doch stocksteif wie unter Schock nach Hause. Stutzt beim Betreten der Wohnung: Emilie hat den Tisch festlich gedeckt, eine Flasche Markobrunner, Kerzen ... Irritiert meint er, Weihnachten sei doch erst in der kommenden Woche und ob Gäste kämen ... Ja, antwortet Emilie und schmiegt sich an ihn: »Ein Gast hat sich angesagt. Im nächsten Sommer. Dann werden wir zu dritt sein.«

Sie erwartet, daß er sie in den Arm nimmt, herzt und küßt, doch er läßt sich wortlos auf das neue Seegrassofa fallen und vergräbt sein Gesicht in beiden Händen. Fassungslos kniet sie vor ihm nieder, legt seine schönen, schmalen, dezemberkalten Hände an ihre Wangen: »Freust du dich denn gar nicht?«

»Das Büro ist aufgelöst«, sagt er tonlos. »Ich bin entlassen.«

Als sie die Tragweite dieses Satzes begreift, bricht sie nicht, wie gefürchtet, in Tränen aus, sondern sagt, tapfer lächelnd: »Wir könnten doch, solange wir das Kinderzimmer nicht brauchen, Schüler in Pension nehmen?«

Ach, Milachen ... Onkel August ist das beste Beispiel, daß Schülerpensionen noch keinen Ertrinkenden retteten. Daß sie so spontan und gefaßt reagiert, rührt ihn. Mit ihr wird er alle Riffe, alle Klippen, alle Wellentäler des Lebens überwinden. Und er küßt sie und trägt sie behutsam aufs Bett.

Zu Weihnachten gibt es neben Apfel, Nuß und Mandelkern für jeden ein Paar warme Handschuhe – und einen kapitalen grippalen Infekt, so daß sie die Feiertage hustend und schniefend überwiegend im Bett zubringen. Am 29. Machen sie sich mit schlotternden Knien auf nach Schwedt, wo Emiliens Halbbruder Hermann (nunmehr Stabsarzt Dr. Müller), die Tochter eines Steuerrates heiratet. (»Familienbande hat einen Beigeschmack von Wahrheit«, knurrt Theo unterwegs.) Man bleibt nur wenige Stunden, es ist zu anstrengend für die Angeschlagenen, angesichts der satten Saturiertheit ringsum die eigene Misere zu verheimlichen.

Ein paar Hoffnungsstrahlen brechen doch durch die dunklen Wolken: Einige Zeitungen besprechen seine Gedichte und Balladen sehr anerkennend, Katz in Dessau will eine zweite Auflage der »Rosamunde« bringen, und Wolfsohn hat es tatsächlich geschafft, eine Zeitschrift für Literatur, Kunst und öffentliches Leben zu gründen. Am 7. Januar bricht bereits wieder der gewohnte ironisch-schnodderige Fontane-Ton durch, wenn er Lepel schreibt, daß er für immer den heiligen Hallen entschwunden sei, »in denen er fünfmal vier Wochen lang Zeuge der Saucen-Zubereitung gewesen war, mit welcher das literarische Cabinet das ausgekochte Rindfleisch Manteuffelscher Politik tagtäglich zu übergießen hatte«. Gott sei Dank könne er sich nachträglich das Zeugnis ausstellen, kein Salz, Senf- oder Pfefferkorn zu dieser Schandbrühe beigesteuert zu haben.

Emilie verstummt. Immer hatte sie das Verlangen, sich über ihre Gedanken, Gefühle, Ereignisse auszutauschen; jetzt fällt der sonst so Redseligen einfach nichts mehr ein, womit sie ihren Theo aufheitern könnte. Selbst der harmloseste Versuch schlägt fehl.

Sie kann es ja verstehen, daß er vergrämt ist und mit seinem Schicksal hadert. Es geht auch alles schief. Welche Überwindung hatte es den stolzen Mann gekostet, sich beim König um Unterstützung aus dem Fonds für notleidende deutsche Dichter zu bewerben. Freunde hatten ihm vertraulich mitgeteilt, daß Emanuel Geibel seit langem jährlich 300 Taler aus diesen Fonds bekäme; der zweite, Ferdinand Freiligrath, habe aus politischen Gründen verzichtet, an seine Stelle sollte Fontane treten. Aber ein anderer, Hohenzollern-Schwülstling, Karikatur auf einen Dichter, wird ihm vorgezogen; Fontane vom Innenminister »wegen politischer Unzuverlässigkeit« abgelehnt.

Selbst eine Bewerbung um den Posten eines Sekretärs für den Berliner Gartenbauverein wird abschlägig beschieden.

Unter all diesen – und zahlreichen anderen – Bedrückungen arbeitet er an einem großen eposartigen Gedicht über den Freiheitskampf der Schleswiger Bauern im Jahre 1500. Der »Tag von Hemmingstedt« erscheint in Wolfsohns neuer Zeitschrift. Das Honorar beträgt vier Taler. Grimmig rechnet er aus: Vier Taler für zwei Monate Arbeit macht pro Tag zwei Silbergroschen. Einer, der den Dreck auf den Straßen zusammenfegt, verdient mehr. Wolfsohn kann ihm gestohlen bleiben!

Emilie wendet ihr exakt geführtes Haushaltsbuch um und um – die Rechnung geht nie auf. Von da und dort ein paar Taler für ein Artikelchen, das sind Tropfen auf einen heißen Stein. Einmal gehen 150 Taler ein für das »Deutsche Dichteralbum«, das Fontane mit Akribie und Einfühlungsvermögen zusammengestellt hat. 150 Taler; aber die Miete für das Quartal beträgt schon 100 Taler, obendrein muß auch das Dienstmädchen Mine bezahlt werden. Wovon sie leben, ist schleierhaft. Ab Ostern leben zwei, später vier Schüler als Pensionsgäste im Haushalt; hochnäsige Laffen, die es woanders nicht aushielten, oder händelsüchtige Rüpel wie jene, mit denen sich »det Mächen mitte Eierkiepe« in der Großen Hamburger herumprügelte. Das war in einem anderen Leben. Heute ist sie dem nicht mehr gewachsen. Die Jungen verursachen nicht nur Unordnung und Schmutz, sie machen vor allem Lärm und hindern den Hausherrn an konzentrierter Arbeit.

Es geht Emilie nicht gut; das Heben, Tragen, Bücken fällt ihr schwer, oft muß sie sich übergeben; die meiste Kraft aber kostet es sie, trotz allem ein möglichst heiteres Gesicht zur Schau zu tragen, um ihren Herzensmann nicht noch mehr zu betrüben.

Am 14. August, spätabends, wird sie von einem gesunden, krebsroten Jungen entbunden. Da alles ohne Komplikationen vor sich geht, genügen die Hände der Hebamme; das Honorar für einen Arzt kann man Gott sei Dank sparen. Emilie ist völlig erschöpft; der Vater, wie nicht anders erwartet, unbeholfen und fehl am Platze. Erst eine Woche später rafft er sich auf und berichtet Lepel von seinem Vaterglück: »Das Wurm selbst ist, seiner Stimme und seinen Strampeleien nach zu schließen, von durchaus gelungener, dauerhafter Darstellung. Möge sich dieser Ausspruch auch in Zukunft bewähren. Von Schönheit läßt sich noch wenig bemerken: nur alte Waschweiber, die sich auf die Schönheit der Steckkissen und ihrer Insassen verstehn, sprechen von ›reizend‹, eine günstige Kritik, deren eigentlichste Ursach in einem Kaffeetopf zu suchen ist, der ihnen, vielversprechend, in der Küche entgegendampfte.« (Zum Glück bekommt Emilie diese Zeilen nicht zu Gesicht, sie wäre über solche »Gefühllosigkeit« sicher enttäuscht.)

Siebzehn Zeilen Vaterfreuden, die restlichen acht Seiten des Briefes sind Rezensionen, Ratschläge für Lepels Königs-Gedicht, Ärger mit Buchhändlern, Bekanntenklatsch; ach ja, und ein neuer Plan: das Barbarossa-Drama wird er nun nicht schreiben, aber der Stuart-Stoff läßt ihn nicht los. Fontane will für ein halbes Jahr oder länger nach Edinburgh, um an Ort und Stelle Stoff zu sammeln. Ob Lepel ihm nicht 500 Taler leihen könne.

Lepel antwortet nicht, wie man erwarten könnte: »Du bist wahnsinnig, komm endlich zur Vernunft!«, nein, er rechnet ihm vor, wie schwer, langwierig und riskant es sei, historische Dramen zu schreiben, man säße zu lange daran und wüßte nie, wann und ob überhaupt Geld einkäme. Lepel weiß, wovon er spricht, er hat selbst einige erfolglose Bühnenstücke verfaßt. Der finanzielle Mißerfolg hat ihn zwar gekränkt, aber nie wirtschaftlich ruiniert. »Auch Du, mein Brutus!« faucht Fontane zurück, auch er drücke sich davor, ihm zu helfen. (Als ob er nicht oft genug das Gegenteil bewiesen hätte. Aber so ungerecht kann Theo sein.) Es sei ja alles kein Problem, meint er, er könne ja in Edinburgh als Deutschlehrer arbeiten oder für Magazine schreiben und später, in Berlin, als Sprachmeister sein Zubrot verdienen. Ist er wirklich so naiv?

Emilie hat von all den Plänen keinen blassen Schimmer; sie ist vollauf mit dem Kind beschäftigt, das sehr zart ist und beim kleinsten Luftzug hustet. Auch Emilie ist noch recht schwach und muß viel ruhen.

Ende September ist Taufe. Für die Mama kommt nur eines in Frage: Theodore Emile (in französischer Schreibweise, natürlich). Er ist für George Emile, denn er wünscht nicht, seine Berühmtheit mit dem Erstgeborenen zu teilen, möge dieser als Staatsmann oder Feldherr selbst einmal für seinen Ruhm sorgen ... Mit der »Berühmtheit« spielt er auf eine Bemerkung des Schwagers Sommerfeld an, der ihn einmal »den berühmten Dichter, den keiner kennt«, genannt hatte. Fontane spottet oft und gern über sich selbst, aber diesem Apotheken-Schwager ist es nicht erlaubt, so zu reden. Eines Tages wird er's ihm dreifach zurückzahlen.

Am 1. Oktober packt Emilie mit Mine, dem forschen Dienstmädchen, alle Siebensachen zusammen; man zieht in eine billigere Wohnung, Luisenstraße 35. Dort gibt es auch vier Zimmer, aber zwei werden sie an Freund Witte abgeben, der für ein Jahr sein Apothekenpraktikum in Berlin absolviert. Die Idee stammt übrigens von Emilie, und Theo muß zugeben, daß man sich einen angenehmeren Menschen, der den Mietzins entlastet, nicht denken kann.

Neuer Ort, neue Pläne. Diesmal einer mit Hand und Fuß. Fontane überwindet sich und fragt Ryno Quehl, den Leiter der Zentralstelle für Presseangelegenheiten und Herausgeber der »Preußischen (Adler-)Zeitung«, ob er nicht eine Stelle als Redakteur für den englischen Artikel frei habe. Und das Wunder geschieht: Quehl, der Mann, den er eigentlich nicht ausstehen kann, bietet ihm an, zum 1. November 1851 für 30 Taler monatlich bei der »Adler-Zeitung« anzufangen. 30 Taler. 30 Silberlinge. Judaslohn. Fontane schämt sich, fühlt sich als Verräter an den Idealen, die er bisher hochgehalten und für unverzichtbar erklärt hatte. Aber was hilft's: nicht Emiliens Tränen, sondern das Hungergeschrei des kleinen George haben ihn so weit gebracht

»Meine Handlungsweise entspricht zwar den Diebstählen aus Noth«, entschuldigt er sich vor Lepel (und auch vor sich selbst), »es ist das Sechserbrot, das der Hungrige aus dem Scharren nimmt – aber es ist immerhin gestohlen. Wie ich's drehn und deuteln mag – es ist und bleibt Lüge, Verrath, Gemeinheit.«

Emilie sieht das ganz anders: Man muß sich beugen können wie das Schilf im Sturm; was sich nicht beugen kann, bricht. Für sie ist die kleine Stelle bei der »Adler-Zeitung« nicht Verrat, sondern der Anfang von etwas Sicherem. Bei Goethe hatte sie einmal gelesen: »Wer das erste Knopfloch verfehlt, kommt beim Zuknöpfen nie zurecht.« Dies ist das richtige Knopfloch; davon ist sie überzeugt.

Da sie nun ein bißchen aufatmen kann und den Kopf frei hat für andere Dinge, fällt ihr auf, daß sich Wolfsohn schon lange nicht mehr gemeldet hat. Das letzte war wohl Theos Groll-Brief wegen des läppischen Honorars für »Hemmingstedt«. Auch Emilie war damals enttäuscht, doch im Gegensatz zu ihrem Mann fragt sie sich, in welch schlimmer Lage Wolfsohn damals gesteckt haben mochte, daß er nicht anders handeln konnte; er hatte sich doch immer als treuester Freund erwiesen. Ihrem Harmoniebedürfnis folgend, fragte sie heimlich an, wie es ihm ergangen sei. Sie wußte ja, daß er seit Jahren die Tochter eines Leipziger Tischlermeisters liebte (auch eine Emilie), sie aber nicht heiraten wollte, und als er sich dazu entschloß, waren die freiheitlichen Paragraphen aus der Landesverfassung von 1848 wieder gestrichen und Ehen zwischen Juden und Christen nicht erlaubt. Sie versuchten es in verschiedenen

Kleinstaaten, doch immer, wenn sie einen Weg gefunden zu haben glaubten, waren auch dort die neuen, reaktionären Gesetze wieder eingeführt. Letzte Bastion war Dessau. Dort ließen sie sich im Dezember 1851, dem letzten point, trauen.

Und mit dieser freudigen Mitteilung meldet sich Wolfsohn denn auch bei Fontane zurück.

Fontane, von Herzen erfreut, tut so, als könne er sich an den Grund ihrer Verstimmung gar nicht mehr erinnern, es wird wohl nicht so schlimm gewesen sein. Er schiebt es auf die mißlichen Verhältnisse, die ihn ausgetrocknet hatten. »Es war Wüste überall: im Kopf, im Herzen und vor allem im Beutel. Ich habe traurige Monate zugebracht ... Der Himmel bewahre jeden ehrlichen Menschen vor Bittstellerei, Antichambrieren und Bedientengesichtern.« Und dann fügt er hinzu, was Wolfsohn durch Emilie schon weiß, daß ihnen just im höchsten Hungerstadium ein kleiner Junge geboren wurde, »ein reizendes, liebenswürdiges Kind, das kein Mensch, mit Ausnahme seiner Eltern, schön finden will – diese aber doppelt und dreifach«.

Postwendend lädt Wolfsohn Fontane zu sich ein, postwendend fährt Fontane hin; alles ist wie in alten Zeiten, so vertraut.

Ryno Quehl, der Nachfolger Merckels in Sachen Presseangelegenheiten, ist nicht so menschenfreundlich, wie es zunächst schien: Er verlangt als Einstand zwei Huldigungsgedichte von Fontane: eins zur Amtseinsetzung Manteuffels und eins zum 50. Geburtstag der Gemahlin Friedrich Wilhelms IV.

Fontane empfindet das als eine perfide Demütigung seiner Person und äußert sich dementsprechend am heimischen Frühstückstisch. Emilie tröstet ihn, alle, auch Quehl und die Herren über ihm müßten von Zeit zu Zeit Kröten schlucken, um ihre Posten zu halten; und das Geburtstagsgedicht für Königin Elisabeth sei doch nichts weiter als eine kleine Artigkeit, die sie verdient, denn sie besucht oft Spitäler und Waisenhäuser und habe ein Herz für die Kranken und Schwachen ... »Ach, Milachen, du findest auch an deinem Henker noch ein gutes Haar!«

Wenn er sich schon verbiegen muß, dann will er auch etwas davon haben. Drei Monate hat er nun englische Zeitungen durchforstet und das Wichtigste daraus, oft auf wenige Zeilen eingekocht, der »Adler-Zeitung« geliefert. Nun geht er in die Offensive. Er will, koste es, was es wolle, für ein halbes Jahr nach England gehen.

Er stellt einen Antrag auf Sonderurlaub von sechs Monaten; in dieser Zeit will er von London aus für die Redaktion arbeiten. Quehl ist sich nicht sicher, ob Anmaßung oder Courage dahintersteckt. Der Sonderurlaub wird gewährt, aber er muß auf eigene Kosten sehen, wie er hinkommt, und es soll auf keinen Fall Vergnügen werden; er wird es ihm nicht leichtmachen. Das heißt, er muß auf eigene Kosten sehen, wie er hinkommt, muß auf eigene Kosten dort leben. Die 30 Taler Salair werden seiner Frau ausbezahlt, die für Berlin brauchbar befundenen Artikel honoriert. Es ist eine Zumutung für einen Mitarbeiter, doch Fontane läßt sich durch nichts entmutigen, schnorrt vom Vater 200 Taler, der »Tunnel« leiht ihm 100 Taler und zu guter Letzt erhält er sogar noch 50 Taler Reisekostenzuschuß aus königlicher Schatulle, da er ja gewissermaßen »im Auftrage des Innenministeriums reise«.

Anfang April 1852 besteht er das Examen als englischer Sprachlehrer und bricht auf via London. Läßt sich Zeit, besucht unterwegs Verwandte mütterlicherseits, schreibt ellenlange, entzückende Briefe über Dome und Rathäuser, Reisegesellschaften und Katholizismus und über das gewaltige Bett im Dom-Hôtel zu Köln: »Das Gestell groß, hoch und von einer Solidität der Bauart als sollten 6 Brautpaare wie König Gunther und Brunhilde ihr Beilager darin halten; dazu ein Deckbett von der Größe eines mäßigen Oreiller's, sodaß ich mich gezwungen sah Schlafrock und Mantel als Hülfstruppen heranzuzihen. Half aber doch nichts, ich fror jämmerlich und laborire seitdem an Zahnweh.«

Er gibt sich offensichtlich Mühe, seine liebe verlassene Frau ein wenig aufzumuntern, doch die nettesten Schilderungen, die witzigsten Wortspiele bleiben wie hinter einem dichten Vorhang, erreichen sie kaum; sie ist vom Abschiedsweh noch wie betäubt und klammert sich nur immer wieder an den Schluß des Briefes, in dem Theo beteuert, »vielfach in Worten und immer in Gedanken« bei ihr und dem Kleinen zu sein.

»Des Morgens beim Baden bin ich immer bei Euch und selbst Nachts wenn ich aufwache, seh ich Minen in bekannter Attitüde an dem Drei Handtücherplatz wie sie sich quält, den schlafenden kleinen Fontane zu einer muntren Fontaine zu machen. Küsse mir das Kind und die gute Alte recht herzlich. Du aber schreibe bald ... Deinem Theodor.«

»Die gute Alte« ist Fontanes Mutter, die nach der Trennung von Louis Henri in Berlin eine bescheidene Wohnung gefunden hat und sich rührend um Emilie und Klein-George kümmert. Am Tage von Theos Abreise leisten Verwandte und Freunde ihr abwechselnd Gesellschaft, so daß sie gar nicht recht zur Besinnung kommt; gegen Abend verzehrt sie den übriggebliebenen Eierkuchen, legt sich aufs Sofa und schläft sofort ein; erwacht Stunden später, todmüde und erschöpft, mit eiskalten Händen und Füßen und wird nun doch vom Abschiedsschmerz übermannt. Sie fühlt sich kreuzunglücklich, die Trennung liegt wie eine Ewigkeit vor ihr, sie findet es im nachhinein unbegreiflich, daß sie in so etwas Ungeheuerliches einwilligen konnte. Nach dem ersten Tränenschwall beruhigt sie sich in dem Gedanken: »Du könntest ihn ja auch für immer verloren haben, und auch das müßtest du tragen«, sie bittet Gott flehentlich, sie vor dieser Prüfung zu bewahren; mit der Hoffnung auf ein Wiedersehn wolle sie auch gefaßt und ohne Murren die Trennung ertragen.

Der nächste Tag ist Waschtag, der ist so anstrengend, daß sie kaum zum Nachdenken kommt. Am Nachmittag holt sie Fanny Lewalds Buch über England, das Theo noch bestellte, vertieft sich darin, findet es höchst interessant, aber manchmal doch etwas zu weitschweifig; »merklich, daß es von Frauenhand geschrieben« und fragt sich, ob Theo an den beschriebenen Orten wohl ähnliche Urteile äußern wird.

Indem sie sich vorstellt, wo er sich in diesem Augenblick befinden und was ihm begegnen könnte, fühlt sie sich ihm nahe; und seine lebhaften und anschaulichen Briefe machen ihr die Vorstellung leicht.

Während Theo in Aachen der ganzen Verwandtschaft vorgestellt wird und mit dem Onkel Messen und Oratorien, mit dem Vetter Eisenwerke und Glashütten besucht, während er »Tunnel«-Freund Eggers berichtet, er lebe hier genußreiche Tage, erfährt Emilie, daß sie wieder in anderen Umständen ist. Zum Glück ist Mutter Fontane Zeuge dieser Eröffnung, sie ruft sofort eine Kutsche und bringt die Fassungslose heim, wo die mit Fieber und Schüttelfrost ins Bett sinkt. Ihr ist entsetzlich bang zumute. Zuerst will sie ihrem Herzensmann nichts davon schreiben, ihn nicht mit ihren Sorgen belasten, dann bringt sie es doch nicht fertig. »Ich verspreche Dir, in meiner übergroßen Liebe zu Dir, daß ich *Alles* hier ohne Dich durch machen will und daß Du meinetwegen nicht zurückkommen sollst, wenn Du irgendwie ein bißchen Glück zu erfassen meinst.« Sie klagt *sich* an, immer noch nicht genug Glauben und Ergebung zu haben, um still zu dulden.

Die Nachricht erreicht ihn in Brüssel; und er schreibt seiner »armen Herzens-Frau« einen der schönsten und innigsten Liebesbriefe. »Vorgestern verließen wir Aachen ... Das Erste was wir im Coupé hörten waren französische Worte: ›pas pleurer!‹ rief ein blaukittliger Wallone, der mit seinen rußigen Eisenarbeiterhänden unaufhörlich bemüht war sein blasses weinendes Kind zu beschwichtigen ... Weiter ging es nach Lüttich. – Lüttich – wenn es noch keinen Beinamen hat – würd' ich die Leierkastenstadt nennen, überall Lahme und Blinde, und rechts und links flötentönige Sehnsuchtswalzer. Es war sehr heimathlich, und mit dem Gedanken an die Heimath kam ein flüchtiges Heimweh, mais ›pas pleurer‹ dacht' ich, und weiter ging es nach Löwen. Im Hôtel de la Cour ist gutes Nachtquartier; erquickt stand ich auf und sah durchs offene Fenster ... hinab in den grünen, lachenden Garten. Eine junge Frau in niederländischer Tracht, ihr Morgenhäubchen coquett auf dem Kopf balancirend stand unter einem blühenden Aprikosenbaum und lachte ihren bärthigen, rothbackigen Hausherrn an, der ihr mit der Hand, streichelnd und schmeichelnd, über den krausen Scheitel fuhr.

Ich sah's – mais ›pas pleurer!‹ und weiter ging es nach Brüssel. – Das Coupé war ein Nationen-Congreß: deutsch, niederländisch, französisch, englisch klang es mal hier mal dort aber ich hatte wenig Ohr dafür, ich sah ein freundliches, unsrem kleinen George in Wahrheit ähnliches Kind an, das auf dem Schoß der Bonne schlief, – ich dachte dies und das, mais ›pas pleurer!‹ – Heute früh erhielt ich Deinen lieben Brief (für den ich Dir danke soviel Schweres er auch enthielt) und setzte mich ... mit einem Armsündergesicht ... auf eine sonnenbeschienene Bank des Parks, um Deine lieben, traurigen Zeilen noch einmal durchzulesen. Ich las und weinte; mais ›pas pleurer!‹ klang mir's im Ohr und ich athmete auf und schritt weiter. Mein liebes, armes Herz, was soll ich Dir für Trost sagen! ich habe selber nicht viel, und Du weißt ich kann nichts sprechen und schreiben was mir nicht von Herzen geht. Ich kann Dir nur zurufen, was ich Dir schon so oft zugerufen habe: ›laß uns mit Ergebung tragen, was der Himmel über uns verhängt.‹ Wir sind beide nicht vom christlichen Märtyrergeschlecht und werden es schwerlich zur *Freudigkeit* des Leidens bringen, aber laß uns wenigstens *Fassung* darin finden, daß wir nichts andres tragen als was uns bestimmt ist und von Anfang an bestimmt war. Uebrigens sollst Du nicht *alles* ohne mich durchmachen: entweder ... hab' ich die große Freude Dich schon im Sommer zu mir zu rufen, oder ich verlasse London zu Ende August und steh' Dir in der schweren Zeit, so gut ich's kann, zur Seite.« Er begrüßt ihren Entschluß, mit dem Kleinen nach Liegnitz zu fahren (hoffentlich passiert nichts, zwischen Frankfurt und Sorau sind so oft Unfälle!), und ermahnt sie, dickfellig zu sein, falls man ihr dort Dinge sagt, die ihr nicht gefallen. Wichtig ist, daß sie sich dort geborgen fühlen kann. In Berlin, so hatte sie sich beklagt, kümmere sich keine Katz um sie. Da muß Theo aber doch gewaltig widersprechen: In gleichem Atemzuge hatte sie nämlich geschrieben, Mutter Fontane sei ihr täglicher Schutz, Lepel sei zweimal und drei Frauen von »Tunnel«-Mitgliedern je einmal dagewesen. Und das in nur elf Tagen! Wer hat ihn denn besucht, als er am Ende vergangenen Jahres krank und niedergeschlagen die Tage abwickelte? Die Menschen lieben eben nur das Glück und lachende Gesichter, das könne man keinem verargen. Er gibt ihr – in aller Liebe – *die* Vorwürfe zurück, die sie ihm sonst zu machen pflegt: »Ich glaube, wir haben beide den Fehler: von den Menschen mehr zu verlangen als wir verlangen dürfen und namentlich mehr, *als wir ihnen bieten.* Wir haben diesen Fehler nicht von Natur, aber durch die Umstände und Verhältnisse, die uns gereizt und als Folge davon ungerecht gemacht haben.«

Emilie nimmt sich Theos »pas pleurer«-Brief zu Herzen; sie will sich nun auch nie, nie mehr bei ihm beklagen. Und so schreibt sie nicht: »Wie lange willst Du eigentlich noch in Brüssel und Gent herumspazieren, hast Du Angst vor Deiner Zivilcourage bekommen, Du wolltest doch längst in London sein!« Nein, im Gegenteil, sie begrüßt den längeren Aufenthalt in diesen Städten, die stolze Bürgergeschichte atmen, die in ihrem Stolz selbst einem Barbarossa und dem Fünften Karl trotzten; schließlich kann man dem Glück überall begegnen, es muß nicht London sein. Und sie ist gewiß, daß es ihm begegnen wird. Ist sie es wirklich, oder will sie ihm nur Mut machen?

Bei der Überfahrt lernt Theo einen freundlichen Hessen kennen, und durch ihn landet er in London im German Coffee House; wie sich bald herausstellt, eine Flüchtlingskneipe, Zufluchtsort der Achtundvierziger Emigranten, die auf Amnestie warten. Der Wirt führte ein Freikorps im Badischen Aufstand, die beiden Tischgenossen hatten eine radikal-demokratische satirische Zeitschrift herausgegeben, der von Carl Schurz aus Festungshaft befreite Dichter Gottfried Kinkel hält einen zündenden Vortrag – ihre Biographien ergäben Stoff für unzählige Erzählungen – nur nicht für die »Adler-Zeitung«. Für das Ministerium, das ihn nach London schickte, sind diese Menschen, unter denen er sich trotz aller pauvreté wohl fühlt, nur Abschaum, Gesindel, potentielle Königsmörder. So wohlfeil dies Etablissement sein mag und so anregend seine Gäste, es ist keine Adresse, unter der sich Fontane bei dem Preußischen Gesandten anmelden kann.

Damit Quehl sieht, daß sein Korrespondent nicht gänzlich verlorengegangen ist, schreibt er in Ermangelung eines Tisches auf dem Fensterbrett drei Feuilletons über Eindrücke und Erlebnisse in Gent. Er liest die »Times«, geht viel spazieren, besucht Predigten und politische Versammlungen, um dem Volk aufs Maul zu schaun, sich in die Sprache einzuhören, und besucht Galerien und Vorstadttheater, wo man den Shakespeare, für Kutscher und Dienstmädchen zurechtgemacht, mit Leidenschaft auf die windschiefen Bühnenbretter bringt. Daran kann Quehl keinen Anstoß nehmen, und er kann in diese Feuilletons allerhand Historie und Sozialkritisches hineinpacken. Aber er weiß genau, es ist nicht das, was Quehl eigentlich von ihm erwartet. Dieser wünscht Berichte aus einer Gesellschaft, zu der er noch keinen Zutritt gefunden hat, vielleicht nie finden wird. Denn mit seinen verschiedenen Empfehlungsschreiben hat er bisher nichts erreichen können, und wie er trotz Empfehlungsbrief Merckels im Vorzimmer von Bunsen, dem preußischen Gesandten, abgefertigt worden ist, das hat ihn schwer gekränkt.

Endlich, am 18. Tag seiner Ankunft in London, erhält er eine Einladung zur Morgenvisite bei Bunsen. Ausgerechnet am Vorabend hat er sich mit schlechtem Lachs den Magen verdorben. Elend und mißmutig schleppt er sich hin, obwohl er freundlich empfangen wird, widert ihn alles an, das Essen, die Anwesenden, alles. Als er dann halbtot ins kalte Bett kriecht, um bis zum nächsten Tag durchzuhungern, quält ihn das Gefühl, einen entsetzlich miesepetrigen, schlimmer, einen langweiligen Eindruck hinterlassen zu haben. Zehn Tage vergehen in Ungewißheit, zehn Tage mit vergeblicher Suche nach Erwerbsmöglichkeiten, am elften

Tag erhält er eine Einladung zum Luncheon beim preußischen Gesandten von Bunsen.

Es ist Sonntag. Man ist en familie; außer Fontane nur noch ein sächsischer Doktor, der gerade aus Australien zurückgekehrt ist. Munter und ungezwungen schnabulieren alle drauflos, plaudern deutsch, englisch, französisch, italienisch, bunt durcheinander. Fontane, der es sonst so gut versteht, in kleinen Gesellschaften seinen Charme auszuspielen, wird immer einsilbiger; es wird ihm schlagartig bewußt, wie viel er noch zu lernen hat, um sich in diesen Kreisen ebenso ungezwungen zu bewegen und vor allem, um einmal darüber schreiben zu können.

»Du machst Dir keine Vorstellung, was man in diesen Kreisen ›Frühstück‹ nennt«, berichtet er Emilie und zählt auf, was nacheinander aufgetragen wurde: Bouillon, Roastbeef mit Omelette, dazu Sherry, Wildbret-Pastete, Schinken mit Spargel, Plumpudding, Weincreme, Apfelsinen- Salat und Portwein. Emilie läuft beim Lesen das Wasser im Munde zusammen, denn in Theos Abwesenheit ist Schmalhans Küchenmeister. Zum Glück kann Mine, die aus ärmlichen Verhältnissen stammt, »aus nichts etwas zaubern«; und eine Flasche Sauvignon, die Frau von Merckel als Stärkung schickte, gilt schon als Ereignis. Jeden Abend trinkt Emilie ein Glas davon in winzigen Schlucken und liest dabei Theos Briefe, immer wieder, vor allem die (wenigen) Zeilen, die allein ihr und dem Kleinen gewidmet sind.

Im Forsthaus Dammersdorf bei Liegnitz, wo sie mit George mehrere Wochen zubringt, ist sie zwar der Sorgen um Essen und Trinken enthoben, doch die Atmosphäre belastet sie; sosehr sie sich auch bemüht, es will sich kein herzliches Verhältnis zur leiblichen Mutter einstellen. Das Wort »Mama« geht ihr nicht über die Lippen; vor den Leuten ist sie sowieso »Tante Thérèse«, im familiären Sprachgebrauch bleibt es bei »Mutter Triepke«; eine ziemlich fremde Person. Ihrer Ansicht nach können nur gut versorgte junge Frauen glücklich sein, darum ist sie instinktiv gegen den dichtenden Habenichts mit seinen hochtrabenden Ambitionen. Warum konnte sich Emilie nicht an Clara oder Marie ein Beispiel nehmen? Warum ausgerechnet diese Jammerpartie? Thérèses fortwährendes Lamentoso, in anklagendem Tone vorgetragen, verdirbt Emilie den Appetit; es ist ihr fast den ganzen Tag über übel und schwindlig. »Mais pas pleurer« tröstet sie Theodor, diese Leute verstünden es eben nicht besser. »Nimm alles Gute, das sie Dir bieten, an, vergälle Dir keinen Bissen und denke immer daran, daß wieder schlichtere Tage kommen, wenn Gott nicht ganz besonders hilft.«

Emilie gewöhnt sich daran, auf langen Waldspaziergängen bis zum Wiesengrund mit sich selber zu reden; so vernehmen nur Tannen und Buchen die Klagen, die eigentlich an die Adresse ihres Herzensmannes gerichtet sind; in den Briefen ist dann kaum noch etwas von Verzweiflung und Bangen zu spüren, aus ihnen spricht nur die (mühsam errungene) Haltung, die er von ihr erwartet.

Mit großer Zärtlichkeit betrachtet sie die himmelblauen Blütensterne der Wegwarte, die sich so fest in den Wiesenrain gekrallt hat, daß man sie nicht pflücken, höchstens mit den Wurzeln ausreißen kann. Die Blume erinnert sie an ein Märchen, das ihr Mama Kummer mit ihrer weichen russischen Stimme erzählte: Ein Mädchen liebte einen Handwerksburschen. Doch nach einem Jahr muß er weiterziehn. Er verspricht, im kommenden Frühling zurückzukehren, um sie zu heiraten. Am Waldrand vor den Toren der kleinen Stadt soll sie ihn erwarten. Der Frühling vergeht, der Sommer, der Herbst, der Winter bricht ein mit Eis und Schnee, das Mädchen harrt noch immer auf dem Platze aus, wo sie der Liebste verließ. Da hat der liebe Gott ein Einsehen und verwandelt die treue Seele in eine Blume, er gibt ihr den Namen Wegwarte und ihren Blütenblättern die Farbe des Himmels.

So will ich auch auf meinen Liebsten warten, hatte sie damals als Kind gedacht. Und so empfindet sie heute noch.

Als sie ins Forsthaus heimkehrt, sind alle Vorwürfe, die sie im Köcher hatte, wie weggeflogen, und sie findet die Kraft zu einem Brief, der ihn erfreuen und bestärken kann. Sie vergleicht die Sehnsuchtsgefühle aus der Brautzeit mit den jetzigen und meint, sie begreife die Frauen nicht, die behaupten, in der Ehe ginge die Poesie der Liebe verloren; sie jedenfalls habe das Gegenteil empfunden. Auf dem ganzen großen Bogen viermal sorgsam gefalteten Seidenpapiers variiert sie nur ein Thema: Sehnsucht. Sehnsucht im allgemeinen und im besonderen. Am Schluß bittet sie um Entschuldigung, daß sie diesmal nur einen Bogen beschriebe, der Brief sollte doch so schnell wie möglich zur Post …

Und was antwortet der »Herzens-Mann«? Natürlich sei ihm der Brief zu kurz gewesen, »doch dring ich nicht in Dich das zu ändern, da ich aus Erfahrung weiß, daß der Reiz Deiner Briefe aufhört, so wie du auf den zweiten Bogen kömmst.« (So uncharmant kann der Mann sein, dem man später alle bezaubernden Eigenschaften eines großen Causeurs nachsagen wird!) Doch Emilie bleibt gar keine Zeit, sich gekränkt zu fühlen, denn in der zweiten Hälfte des Briefes ermutigt er sie, mit dem Kind nach London zu kommen. Seine Rechnung ist atemberaubend: »Wir brauchen a) wenigstens 100 Thaler zur Übersiedlung; wenn Mine nicht mitkommt (ich bin dafür, *daß sie kommt*, Mädchen sind hier theuer und verwöhnt) 25 Thaler weniger. b) 20–30 Thaler *direkt* für Deine Entbindung. c) allermindestens 50 Thaler monatlich.« Das Angebot mag ernst gemeint sein, aber Emilie muß lachen: Theodor, der getreue Sohn Louis Henri Fontanes! a und b werden schon irgendwie aufgetrieben, und seine Bitte an Quehl, das Gehalt auf 50 Taler zu erhöhen, als bereits bewilligt vorausgesetzt. Verdient hätte er's, immerhin hat er in zwei Monaten zwölf exzellente Feuilletons geschrieben, aber in welchem Ministerium wird schon nach Verdiensten entschieden …

Emilie sieht die Dinge realistischer: Abgesehen davon, daß sie in ihrem augenblicklichen Zustand eine solche Reise für viel zu riskant hält, wäre es besser, er bliebe allein in London, solange er es für richtig hielte; auf keinen Fall solle er auf ihre Entbindung Rücksicht nehmen, die Hauptsache müsse sie doch allein abmachen, und Gott und Mama Fontane würden ihr schon beistehen. Damit er aus ihrer Absage nicht so etwas wie Unmut oder Gekränktsein herauslesen kann, legt sie eine Locke von George bei, dessen Haar zur Feier des Geburtstages zum ersten Mal geschnitten worden ist. Und um den Brief nicht wieder mit Gefühlen und Befindlichkeiten zu überfrachten, geht sie auf den Roman »Der Ritter vom Geiste« ein, den er ihr zu lesen empfohlen hat. Karl Gutzkow, so findet sie, habe sich offensichtlich Eugène Sue und Alexandre Dumas als Muster genommen (was Theo anerkennend bestätigt); manches habe sie kaltgelassen, anderes als zu schwülstig empfunden, aber ein Satz sei ihr aus dem Herzen gesprochen: »Die Macht des Gebetes liegt in der Ruhe, die nach ihm auf unser Innerstes sich ausbreitet.« Das erlebe sie jeden Abend für sich aufs neue. Der ebenfalls empfohlene »Jahrmarkt der Eitelkeiten« hingegen sei für sie ein ungeteiltes Vergnügen. Sie nennt William Thackeray einen unbestechlichen Beobachter der Gesellschaft, witzig und mit einer gehörigen Prise Bosheit, und fragt an, ob dieser Snobismus in seinen vielfältigen Erscheinungsformen noch immer wahrzunehmen sei. (Auf die Idee, daß es auch in Berlin oder Liegnitz preußen-eigentümliche Formen des Snobismus gibt, kommt sie offenbar noch nicht.)

Und noch etwas: Sie redet ihm mit Nachdruck Befürchtungen aus, Karl Bunsen könne in ihm möglicherweise einen Spion im Auftrage Manteuffels sehen: »Laß Dich doch ja nicht in eine Schublade stecken, mit welcher Aufschrift auch immer«, schreibt sie (als verstünde sie etwas davon!). »Du bist Fontane, der Mann der Balladen und Feuilletons und keines Mannes Vasall ...«

Ach, Milachen, dürfte er beim Lesen dieser Zeilen gedacht haben, schön wär's! Wenn du wüßtest, wie schnell man ein Etikett aufgebrummt bekommt, das einem anhaftet bis zum Sankt-Nimmerleins-Tag. Und in Berlin ist es noch schlimmer.

Emilie greift ein!

Fontane ersucht in Berlin dringend um Gehaltserhöhung, und Emilie fährt in die Höhle des Löwen, ins Ministerium, und ergänzt Theos amtliche Petition durch ihren weiblichen Kommentar; erreicht, daß Quehl fortan 40 Taler monatlich zahlt und Theo weitere sechs Wochen in London bleiben darf, allerdings ohne Unterstützung von seiten der Pressestelle.

Es ist im Ministerium natürlich nicht verborgen geblieben, daß Fontane in der »Times« annoncierte, er suche Schüler in deutscher Sprache und Literatur zu unterrichten, und die Herren Beamten schließen daraus, daß er – gewissermaßen auf Kosten des Ministeriums – in London ein recht commodes Leben führe.

Tatsächlich ist er in ein nobles Viertel gezogen: Tavistock Square N°. 1, Zimmer mit Familienanschluß. So kann er sich im Umgangston üben. Die Wirtsleute sind fromm; morgens und abends Andacht, doch er nimmt's als »Sprachlektionen« gelassen hin, denn das ebenfalls gemeinsam eingenommene Essen ist gut und macht ihn nachsichtig gegen alles andere. Mit der Zeit erweitert sich sein Bekanntenkreis, und da er »aus allem seinen Honig saugt«, fliegen ihm die Feuilleton-Stoffe nur so zu. Sechs von den zwölf Artikeln schmoren allerdings noch im Schreibtisch des Chefredakteurs. Dank Emiliens energischen wie diplomatischen Auftretens bei Quehl erscheinen sie in rascher Folge.

Aus ehrlichem Herzen bescheinigt Theodor, sie mit ihrer Visite habe zweifellos mehr bewirkt als zehn Petitionen von seiner Seite. Trotzdem muß Emilie noch immer mit spitzem Bleistift rechnen: Jetzt ist Ende Juli; am 1. August wird Quehl zum ersten Mal 40 Taler herausrücken, davon kann sie Theo aber nur 25 nach London schicken, denn etwas muß sie für die Entbindung zurücklegen, auch der Tischler muß bezahlt und außerdem Torf gekauft werden, solange noch die Sommerpreise gelten.

Sechs Wochen darf er nun von Quehls Gnaden länger in England bleiben; aber er fragt sich, ob er das Emilie zumuten kann. Einmal sagt er sich: Ich muß zurück. Es ist jämmerlich, eine Frau so lange allein zu lassen; wenn ihr nun etwas zustieße, er würde seines Lebens nicht mehr froh ... Ein andermal hält er dagegen: Du mußt aushalten! Gerade beginnt die Sache mit dem Sprachunterricht Früchte zu tragen, er merkt von Woche zu Woche, daß er sich freier in der fremden Sprache bewegen kann, und sein Zettelkasten füllt sich mit Ideen für Skizzen, Essays und Feuilletons.

Wäre Emilie tatsächlich damit gedient, wenn er in ihrer schweren Stunde im Nebenzimmer hilflos, gequält und dumm herumstünde? Die Schmerzen kann er ihr doch nicht abnehmen. Er atmet auf, als ihm auch seine alte Mama zum Bleiben rät; sie würde schon, soweit es ihre Kräfte erlaubten, Emilie beistehen.

Das zweite Kind kommt unter großen Qualen zur Welt; es ist nicht das sehnsüchtig erwartete Mädchen, sondern wieder ein Junge, ein Kind, das zu schwach ist zum Leben. Es stirbt in zwei angstvollen Wochen. Emilie ist wie gelähmt, der Schmerz hat sie fühllos gemacht. Als der Arzt für Obduktion plädiert, weil er einen schweren organischen Fehler vermutet, wehrt sie erschrocken ab: »Nun es der liebe Gott genommen, ist es ganz gleich, ob ich weiß, was ihm gefehlt.« Nur ein Gedanke tröstet sie, daß es wenigstens ihrem Herzensmann erspart blieb, das Leiden mitanzusehen.

»Es hätte Dich wochenlang um den Muth und die Ausdauer gebracht, die Du hier brauchen wirst.« Erst jetzt berichtet sie ihm, daß auch George vier Wochen lang sehr krank gewesen: »Wir haben es Dir gar nicht geschrieben; *den* herzugeben, wäre mir doch noch schwerer geworden.«

Dem Vater fährt der Schreck nachträglich in alle Glieder: Da war sein kleiner Liebling in solcher Gefahr, während er munter zu seinem Geburtstag gereimt hatte:

Mein lieber George! und kann ich Dir auch
Am heutigen Tage nichts schenken,
So will ich doch nach altem Brauch
In Versen Deiner gedenken;

In Versen, worin Dein Dichter-Papa
Sich immerdar ergossen,
Wenn ihm, was just nicht selten geschah,
Die Pfennige spärlich flossen.

Ich wünsche Dir tüchtig Fleisch und Speck
Und immer dickere Waden,
Und wächst Dein Herz am rechten Fleck,
So kann das auch nicht schaden.

Dein Vater ist nicht schlecht, nicht gut,
Nur grade kein Menschenfresser,
Drum sage nicht: »Es liegt im Blut« –
Sondern werde ein bissel besser. (...)

Nach der achten Strophe hatte ihn zum Glück ein Bote unterbrochen, um erquickliche Nachrichten in puncto Sprachschüler zu bringen. Und wieder wird er in Zweifel gestürzt: Soll er bleiben oder heimkehren? In sein Tagebuch schreibt er: »Jede Stunde ist anregend und jeder Tag giebt eine immer neue Ausbeute.« Doch im Gedanken an Frau und Kind neigt sich die Waage für Berlin.

Am 25. September trifft er wieder in der Luisenstraße ein. Als sie endlich allein sind, schmiegt Emilie ihr Gesicht in seine Hände und weint sich den Kummer des vergangenen Sommers von der Seele. »Du darfst nie wieder so lange fortbleiben«, sagt sie, mühsam beherrscht. Er streichelt ihr das Haar – und verspricht nichts, denn er weiß, daß er wieder in die Welt hinaus muß, um etwas zu suchen oder zu finden, das er noch nicht genau benennen kann. Schließlich, um nicht vollends in Sentimentalität zu versinken, hilft sie ihm, den Koffer auszupacken. Aus der Manteltasche fällt das Notizbuch, das er immer bei sich zu tragen pflegt. Es blättert auf, und sichtbar wird die sorgfältig eingeklebte Locke Georges. Diese ungewohnt zärtliche Geste versöhnt sie mit allem, was noch an Vorwürfen aus einsamen Stunden übriggeblieben ist. Und Theo schwenkt den leeren Koffer: »Von nun an wollen wir den Poeten in diesen Koffer packen und fest verschließen, bis beßre Zeiten kommen!« Sie hört es mit Erleichterung, aber dieser betont forsche Ton läßt gelinde Zweifel aufkommen.

Er hält sein Versprechen, sperrt den Poeten ein, verbringt Abend für Abend als Umbruchredakteur in der bleigeschwängerten Luft der Druckerei der »Preußischen (Adler-)Zeitung«; an mehreren Vormittagen gibt er Privatunterricht in deutscher und englischer Geschichte, Sprache und Literatur. Da er sich auf alles eingehend vorbereitet, vergräbt er sich daheim hinter Bergen von Büchern; Klein George krakeelt ungehalten, weil Papa nun endlich zu Hause ist und nicht mit ihm spielt. Er ist da und doch nicht da. Wie soll sich ein Kind damit abfinden? Emilie meint, er übertreibe vielleicht doch mit seiner Übergenauigkeit, kein Studienrat würde sich so intensiv präparieren. Er entgegnet: Ein Studienrat habe das Studium hinter sich, er aber stecke mittendrin, sein Privatlehrer-Dasein ist ihm eine Art Universität.

Nur der Sonntagvormittag gehört der Familie ganz. Am späten Nachmittag bis in den Abend hinein tagt der »Tunnel«, dort ist seine eigentliche Welt. In der knappen Zeit, die ihm verbleibt, brütet er über einem umfangreichen Aufsatz, einem kritischen Überblick über »Unsere lyrische und epische Poesie seit 1848«. »Warum er sich auf eine so heikle Sache einlasse«, gibt Emilie zu bedenken, die meisten Dichter würden ihm doch die leiseste Andeutung von Kritik verargen. »Noch mehr gekränkt werden die Nicht-Genannten sein«, meint Fontane. Er hält diese Überschau gerade in einem so turbulenten Zeitabschnitt für notwendig und für spätere Generationen von Literaturhistorikern unverzichtbar. Emilie versteht nichts davon, aber sie vermutet, daß er mit dieser zeitraubenden Arbeit weder Ruhm und Ehre noch viele Taler ernten wird. Und sie behält – leider – recht.

Um die Jahreswende 1852 auf 1853 wird Fontane von einem hartnäckigen trockenen Husten geplagt, der allen Hausmitteln trotzt. Einen warmen Paletot haben sie sich vom Munde abgespart, er geht auch nie ohne den langen, zweimal um den Hals geschlungenen schottischen Shawl aus, aber der Husten will nicht weichen. Er bagatellisiert ihre Sorgen, Kranksein kann er sich jetzt überhaupt nicht leisten, denn unter Friedrich Eggers haben sich einige Leute vom »Tunnel« abgespalten und einen eigenen Kreis gebildet, den oder das »Rütli«, eine verschworene Gemeinschaft, die ein Jahrbuch mit hohem literarischem Anspruch herausbringen will. Nur Gegenwartsautoren sollen darin zu Worte kommen, vorwiegend natürlich die »Tunnel-Sahne«, wie Fontane mit gewohnter Selbstironie den »Rütli« nennt.

Anerkannte Dichter wie Paul Heyse, Kunstschriftsteller wie Eggers, Franz Kugler und Wilhelm Lübke bilden den Kern, hinzu kommen die hochachtbaren, theoretisch erfahrenen Bernhard von Lepel und Wilhelm von Merckel, die gewissermaßen nur zu ihrem Vergnügen schreiben und sich auch mal gedruckt sehen möchten. Sie kennen sich gut, wissen um ihre Vorzüge und Schwächen; ihre Sympathie füreinander ist tragfähige Grundlage. Reihum treffen sie sich einmal wöchentlich, meist bei Kugler oder Merckel, weil sie die geräumigsten Wohnungen haben. Sie planen Novellen, Gedichte, Essays, Balladen, Rezensionen, gewinnen Adolph Menzel als Illustrator, nennen ihr Projekt »Argo« nach dem Schiff der Argonauten, die auszogen, das Goldene Vlies zu finden und heimzuholen.

Ein Rütli-Schwur

Theodor Storm, der aus politischen Gründen sein geliebtes Husum verlassen und nach Preußen emigrieren muß, kommt ihnen wie gerufen; sie öffnen dem Dichter des »Kleinen Häwelmann« Türen und Herzen.

Als Herausgeber werden Kugler und Fontane benannt, doch jeder »Rütlione« hat ein gleichberechtigtes Wort mitzureden, und damit sind endlose Debatten vorprogrammiert. Man diskutiert oft stundenlang um eine Formulierung, einen Begriff. Da alle – außer dem notorischen Junggesellen Eggers – verheiratet sind, rebellieren die Frauen: Sie wollen nicht in die Küche verbannt sein, während sich die Herren in hochgeistigen Gesprächen erhitzen. In einer heiteren Bowlenlaune wird aus dem »Rütli« heraus die »Ellora« geboren, eine bewußte Parodie auf Vereinsmeierei, eine Art gehobenes Kränzchen, in dem man sich en famille trifft.

So lernt Emilie Fontane Klara Kugler und Henriette von Merckel näher kennen. Es spielt überhaupt keine Rolle, daß sie aus ganz anderen gesellschaftlichen Schichten stammen und gutsituierten, reibungslos funktionierenden Haushalten vorstehen, die ihnen Kopf und Hände freilassen, um gewünschten Neigungen nachzugehen; Sorgen haben auch sie und das Bedürfnis, sich auszusprechen. Die gegenseitige Wertschätzung tut Emilie wohl. Am besten versteht sie sich mit Constanze Storm; beide haben es nicht leicht mit ihren eigensinnigen Dichter-Männern, beide müssen mit dem Pfennig haushalten und mehr Kinder zur Welt bringen, als ihrer zerbrechlichen Gesundheit zuträglich ist. Zwischen den beiden Männern stellt sich trotz gegenseitiger Hochachtung ein solch inniges Verhältnis nicht her; nicht nur ihre Ansichten, Preußen betreffend, sind gegensätzlich, vor allem ihre Charaktere. Immer wieder bauen sich Animositäten auf und führen zu Mißverständnissen, die nur mühsam und umständlich abgetragen werden können. Das alles ist für die beiden Frauen kein Problem. Zwar findet es Emilie zuweilen auch bedenklich, daß Storm seine Söhne völlig ungezügelt aufwachsen läßt, daß sie, selbst wenn Besuch da ist, tun und lassen können, was sie wollen, und nur sehr dezent gescholten werden, wenn sie aus Langeweile unter den Tisch kriechen und einem der Gäste (ausgerechnet Kammergerichtsrat von Merckel, den seriösesten von allen!) in die Wade beißen! Aber sie würde sich nie anmaßen, anderen Ratschläge zu erteilen, wie sie ihre Kinder zu erziehen hätten.

Es geht in der »Ellora« weiß Gott nicht nur um Familiengeschichten und Gesellschaftsklatsch; wenn es in der »Rütli«-Ordnung heißt, »man befleißige sich einer engagierten, realistischen Kunstübung, die solides historisches Wissen und anteilnehmende Kenntnis von der Welt da draußen voraussetzt«, so färbt das natürlich auf die »Ellora« ab. Nur spielen hier nicht Sachfragen eine vordergründige Rolle, sondern das Einfühlungsvermögen in die Lebenslage des anderen. So ist es wohl auch zu erklären, daß Emilie einhellig zur »Ellora-Mutter« ernannt wird. Eifrig stickt sie mit geschickten Händen eine Vereinsfahne en miniature, einen weißen indischen Elefanten in blauen Arabesken, die allerseits begeisterte Zustimmung findet.

Emilie fühlt sich angenommen in diesem Kreis. Aber alle schönen und erbaulichen Stunden, die von den Sorgen des Alltags ablenken, können nicht über die Tatsache hinwegtäuschen, daß es mit Fontanes Gesundheit nicht zum besten steht; sein Husten nimmt bedenkliche Formen an. Mit wachsender Sorge beobachtet sie, wie er bei solchen Anfällen die Hand aufs Herz preßt und versucht, so flach wie möglich zu atmen, denn jeder Atemzug steigert die Stiche im Thorax ins Unerträgliche. Im Juni begibt er sich als Patient nach Bethanien. Die Ärzte rätseln hin und her, verordnen eine Trinkkur mit Ober-Salzbrunner und viel Schlaf; mehr fällt ihnen nicht ein. So beschließt der Apotheker Fontane, sich selbst zu helfen. Er fährt für vier Wochen auf das Rittergut Kränzlin, das seinem Jugendfreund Hermann Scherz gehört, atmet frische Landluft, ißt viel Obst und Gemüse und trinkt Unmengen von Molke. Es geht ihm zusehends besser. Doch nach drei Tagen in der hitzeflimmernden Kloakenluft Berlins hustet er wieder.

Er will seinen Zustand nicht wahrhaben, vertieft sich in die letzten redaktionellen Arbeiten zur »Argo«, die termingemäß im Oktober vom Stapel laufen soll; das ist er dem »Rütli« schuldig; das allein zählt. Niemand wagt in seiner Gegenwart das Wort »Schwindsucht« auszusprechen. Vielleicht würde er sich Lepel mit seiner Angst anvertrauen, doch Lepel, der sonst mit ihm fühlt und leidet, ist seit Wochen auf Rügen, er muß sich um die Güter seiner Familie kümmern, die Ernte ist in vollem Gange. Als er begreift, in welcher Gefahr Fontane schwebt, bietet er ihm spontan die notwendigen Mittel an, um für ein Jahr oder länger nach Italien zu gehen: »Hast Du wirklich den Keim des Unheils im Leibe«, schreibt er, »so überlebst Du entweder nicht mehr den Herbst und Winter oder Du quälst Dich noch etwas länger hin, Dir und den Deinen zur Last, unfähig zu arbeiten, des Todes gewiß. Die blinde Auslieferung an dies Schicksal ist unnütz. Uebrigens ist Italien das Land, welches jetzt reichen Stoff zur Beobachtung modernerer Zustände darbietet. Du mußt noch vor Eintritt des Herbstes fort, der auf der Höhe der Alpen sich sehr früh bemerkbar macht. Erwäge diesen Vorschlag ernstlich. Zeit zum Spaß ist nicht.«

Fontane ist von den widersprüchlichsten Gefühlen hin und her gerissen: Da hat er sich in angstvollen Augenblicken schon auf schwarzem Katafalk liegen sehen, und nun öffnet ihm der Treueste der Treuen das Tor in die Sonne, unter der schon so viele ins Leben zurückkehrten. … Aber nein, es ist unmöglich: Was soll aus Emilie werden und aus George? Was wird mit dem Kind, das sie unter dem Herzen trägt und das in wenigen Wochen das Licht dieser trüben Welt erblicken soll?

Um irgend etwas zu tun, packt er den ersten Teil des »Argo«-Manuskriptes für den Drucker zusammen, will es zur Post bringen. Er muß raus, weg vom Schreibtisch, weg von dem Brief, der schönen Versuchung. In seiner Verwirrung läßt er, entgegen sonstigen Gepflogenheiten, Lepels Brief offen auf dem Tisch liegen, und Emilie, die seine Abwesenheit nutzt, um aufzuräumen, liest ihn, und ihr ist, als läse sie ihr

Todesurteil: »Die Trennung von Deiner Frau mußt Du in kauf nehmen. Die wird auch lieber einen Mann unter den Lebenden haben, wenn er auch 300 Meilen entfernt ist, als einer unter den toten, wenn er sie auch immer umschwebt. Den Gedanken, sie mitzunehmen, mußt Du unterdrücken. Es wird ihr hier schlecht gehn, sie wird vielleicht darben, aber sie wird sich durchhelfen und es sind genug Freunde da, die sich der Frau des Freundes annehmen ... Willst Du sie mitnehmen, so verhungert Ihr in der Fremde. Bleibt sie hier, so könnt Ihr beide durchkommen. Auch muß ich Dir sagen, daß die Entfernung von Deiner Frau Dir körperlich sehr heilsam ist ...« Weiter kommt sie nicht, sie klammert sich an die Schreibtischplatte, das Kind in ihrem Leibe strampelt, es drückt ihr fast das Herz ab. Eine Weile lauscht sie mit geschlossenen Augen in sich hinein, dann liest sie entschlossen den zweiten Bogen: »Bist Du nach Jahren ganz hergestellt, so wirst Du wieder für die Deinigen arbeiten können. Jetzt hast Du Dich zu erhalten. Gehst Du kurz über lang drauf, so haben Frau und Kind ohnehin das Nachsehn und sie müssen probiren, wie sie ohne Dich fertig werden. Mich dünkt, es ist hier nicht zu zaudern ...«

Nein! schreit sie auf. Nein! Nein! Nein!!! Sie trommelt mit ihren kleinen Fäusten auf die Tischplatte. Ihr wird schwarz vor Augen. Schwarz. Alles schwarz ...

So, im Schreibtischstuhl zusammengesunken, findet sie der heimkehrende Mann. Siedendheiß fällt ihm der Brief ein. Er kann sich ausmalen, was die Glocke geschlagen hat, gießt ihr ein Glas Sherry ein; das sind die besten Beruhigungstropfen, nimmt behutsam ihre eiskalten Hände und versucht, vernünftig mit ihr zu reden. Vergeblich. Lepel ist in ihren Augen ein Unmensch. Herzlos. Frau und Kind bedeuten ihm nichts. »Sie müssen eben probieren, wie sie ohne Dich fertig werden!« Nur ein Monster kann so etwas schreiben!

Eine Stunde lang redet er mit Engelszungen auf sie ein, dann scheint er sie überzeugt zu haben: Lepel ist kein Unmensch, sondern ein Pragmatiker, der den Dingen ins Auge sieht. Aber er sieht sicher zu schwarz. Ja, er sei krank und angegriffen, nervös und katarrhalisch affektiert, aber doch nicht so herunter, daß es nicht wieder werden könnte ... Und wer weiß, vielleicht tut der liebe Gott ein kleines Wunder, nur so, für den Fontaneschen Hausgebrauch.

Das Wunder geschieht. Fontane erholt sich, wenn auch sehr allmählich. Im Spätherbst wird das dritte Fontanekind geboren, Peter Paul, und der erste Jahrgang der »Argo« läuft vom Stapel, der drei kleine Erzählungen, die Balladen und etliche Nachdichtungen aus dem Englischen von ihm enthält. Es ist das einzige, was er Emilie unter den Weihnachtsbaum legen kann, darum wertet er es mit einem Vierzeiler auf:

> Mit der »Argo«
> Giftmischer einst, und nun doch ein solcher,
> Der auszieht gegen den König der Kolcher!
> Doch ob Provisor, ob Argonaut,
> Dir bleib ich dieselbe alte Haut.
>
> Theodor (1853)

Zu aller Freude stellt sich Vater Louis Henri als Weihnachtsgast ein, mit einem gewaltigen, selbstgezüchteten Festtagsbraten. Der kommt gerade recht, denn es ist Ebbe in der Armenkasse. Die Karten im Ministerium wurden wieder mal neu gemischt, und dabei hat man sich des störanfälligen Husterichs entledigt; man braucht voll belastbare Mitarbeiter.

Sechs Wochen hängt Fontane quasi in der Luft, dann fällt Quehl, den er und der ihn nie leiden mochte, die ministeriale Karrieretreppe hinauf: Und an seine Stelle tritt Dr. Ludwig Metzel, kaum älter als Fontane und diesem ad hoc wohlgewogen. Er vertraut ihm das Lektorat des englischen Artikels an, das heißt, aus den wichtigsten englischen Zeitungen das Interessanteste auswahlen und für die preußische Presse zu bearbeiten. Sein London-Aufenthalt beginnt sich auszuzahlen. Leben kann er davon allerdings noch nicht; darum vermittelt ihn Metzel als Privatlehrer für die Töchter hoher Regierungsbeamter, die aus dem Rheinland nach Berlin berufen worden sind. Vier halbwüchsige junge Damen sind jeweils vormittags in allen Fächern (!) zu unterrichten: die Zwillinge des Oberregierungsrates von Wangenheim und die fast gleichaltrigen Töchter des Geheimen Regierungsrates Flender.

Was als Zubrot gedacht war, wird ihm zum reinen Vergnügen, denn in beiden Häusern wird er nicht als armer Schlucker angesehen, der mit den Brosamen zufrieden sein muß, die von des Herrn Tische fallen, sondern er wird als Gleicher unter Gleichen behandelt und gewinnt allmählich die freundschaftliche Zuneigung aller Familienmitglieder, nicht nur die der schwärmerischen Backfische Ide und Elsy. Dieser freundschaftliche Verkehr wird ein Leben lang anhalten und Frau Emilie einbeziehen. Knifflig für ihn ist nur: Wangenheims sind katholisch und Flenders evangelisch-lutherisch; da heißt es vor allem im Geschichtsunterricht, auf den er alles andere aufbaut, Balance zu halten. Da sich aber beide Häuser durch Toleranz auszeichnen, kommt es nie zu Mißhelligkeiten.

Lepel, heilfroh über den Freund, der, wie es im Offiziersjargon heißt, »Freund Hein von der Schippe gesprungen ist«, verschafft ihm Gelegenheit zu Vortragsabenden bei zwei Offiziersfamilien über deutsche und englische Geschichte. Da heißt es, sich bis ins Detail vorzubereiten. Die Vorträge werden auf Wunsch der Gastgeber immer kürzer und die anschließenden Plaudereien am Teetisch immer länger. Bekannte der Gastgeber aus Generalstab und Kriegsakademie gesellen sich hinzu und sind über die ebenso präzisen wie unterhaltsamen, weil mit zahlreichen Anekdoten angereicherten Darstellungen historischer Ereignisse hocherfreut. So etwas sind sie nicht gewohnt. Einfach »fabelhaft!«. Und Fontane kann nicht ahnen, daß ihm einmal als Kriegsberichterstatter und Verfasser dicker Kriegsbücher Namen und Erfahrung dieser Herren von großem Nutzen sein werden.

Emilie wird wie selbstverständlich in die Ausarbeitung dieser Vorträge einbezogen; aus einer Fülle geliehener Bücher exzerpiert sie seitenlange Passagen. Eine reine Fleißarbeit, denn die Themen sagen ihr nichts. Und doch befriedigt es sie, für ihren Herzensmann etwas tun zu können. Es ist unglaublich, was er alles auf sich geladen hat, um die alten und neuen Löcher im Haushaltsbudget zu stopfen: neben Pressestelle, Privatstunden und Vorträgen, schreibt er Rezensionen für Eggers Kunstblatt, bemüht sich um Zusammenstellung des zweiten Jahrgangs der »Argo« und feilt an den Feuilletons, die er in England für die »Preußische (Adler-)Zeitung« geschrieben hatte. Katz in Dessau will sie im Sommer herausbringen.

»Alles hat seine Zeit …« – Die Zeit des Loslassens

Manchmal kommt es Emilie vor, als wolle sich Theo mit dem Übermaß an Arbeit nur betäuben, denn daheim reißen Kummer und Sorgen mit den Kindern nicht ab: George ist anfällig für jeden Luftzug, und der kleine Bruder ist so blaß und zart, fast durchsichtig, daß sie kaum wagt, ihn anzufassen. Oft fiebert er. Der Arzt meint, es wären nur die üblichen

Beschwerden, wenn die ersten Zähnchen kommen, doch Emilie fühlt, daß er sie nur beschwichtigen will.

Sie geht kaum aus dem Haus; so tagt die »Ellora« in der Luisenstraße, und Constanze Storm bringt selbst gesammelte und getrocknete Kräuter mit für einen Tee, der auch ihrem Buben beim Zahnen geholfen hat. Doch dem Peterle ist nicht mehr zu helfen.

Emilie ist erschreckend abgemagert, sie schläft kaum, huscht wie ein Schatten durch die Wohnung, immer auf den Sprung, zu dem Kleinen zu eilen, sobald sie sein Wimmern hört.

Nebenan sitzt, im Schein der grünen Lampe, der bedrückte Vater. Es ist weit nach Mitternacht. Er hat die Bücherstapel beiseite geschoben. Schreibt. Schreibt, als könne er so seine dumpfe Angst auf das Papier abwälzen.

Der Gast
Das Kind ist krank zum Sterben,
Die Lampe gibt trägen Schein,
Die Mutter spricht: Mir ist es,
Als wären wir nicht allein.

Der Vater sucht zu lächeln,
Doch im Herzen pocht's ihm bang,
Stiller wird's und stiller, –
Die Nacht ist gar zu lang.

Nun scheint der Tag ins Fenster,
Die Vögel singen so klar;
Die beiden wußten lange,
Wer der Gast gewesen war.

Als er die Feder weglegt, schlägt die Uhr dreimal. Der 6. April 1854 ist angebrochen. Zwei Stunden später hat der Kleine ausgelitten. »Außer Vater und Mutter wohnte ein besoffener Leichenkutscher und die untergehende Sonne dem Begräbnis bei«, berichtet Fontane an Storm. »Der Kreis der Erlebnisse ist nun so ziemlich geschlossen, nur das eigene Sterben fehlt noch. Niemand von »Rütli«-»Tunnel«-»Ellora«, »dieser Erhebungs- und Erheitrungstrias«, läßt sich blicken. Die beiden fühlen sich in ihrem Schmerz von Gott und den Menschen verlassen, bedenken nicht, daß ja außer Storm keiner davon weiß. Drei Tage dauert's, dann hat es sich herumgesprochen, und die Freunde kommen, nacheinander, und geben den beiden den Glauben an die Menschheit wieder. Schwester Jenny, deren Mann Louis Henris Apotheke im Oderbruch übernommen und zu einem florierenden Unternehmen ausgebaut hat, lädt Theo und Emilie zu sich ein. Wie alle Fontanes ist auch sie zurückhaltend in Gefühlsäußerungen, aber Mitleid und wohl auch Angst vor ähnlichem Schicksal stimmen sie weich, und sie tut alles, um Bruder und Schwägerin aufzurichten. Emilie liegt, in warme Decken gehüllt, im Garten, genießt die Frühlingssonne und schläft, schläft. Am fünften Tag schreibt Fontane an Storm, er fühle deutlich, »wie ruckweise der Alp von Leib und Seele rutscht«. Und in bitterer Selbstironie fügt er hinzu: »Es ist wunderbar, in wie naher Beziehung Menschenglück und Putenbraten zu einander stehn, und welche Püffe das Herz verträgt, wenn man jeden Schlag mit einer Flasche Markobrunner parieren kann.«

Am siebenten Tag muß er nach Berlin zurück. Emilie bleibt noch eine Weile bei Jenny und versucht, sich wieder in die Balance zu bringen; sie greift zu Jean Paul, doch der ist ihr jetzt zu schnurrig; dann eher die französischen Rationalisten mit ihren Lebensweisheiten. Bei François La Rochefoucauld findet sie einen Satz, der eigens für sie geschrieben zu sein scheint: »Ein gewisses Maß von Glück oder Unglück übersteigt unser Empfindungsvermögen.« Das ist es. Die Seele stellt sich blind, taub und stumm, um in der Stille neue Kraft zu schöpfen. Sie muß nur abwarten können, in sich hineinhorchen, Ausschau halten nach einem Hoffnungsstrahl. Alles hat seine Stunde, alles hat seine Zeit … Wo hat sie das gelesen? Jetzt fällt es ihr wieder ein: in der Bibel! In den sehnsuchtsvollen Nächten ihrer Brautzeit, wenn sie glaubte, das Warten würde nie ein Ende nehmen. Im Buch der Prediger standen die Worte, von denen soviel Ruhe und Gelassenheit ausgingen:

»Alles hat seine Stunde und jedes Geschehen unter dem Himmel hat seine Zeit: eine Zeit zum Leben und eine Zeit zum Sterben, eine Zeit zum Pflanzen und eine Zeit zum Ausreißen … eine Zeit zum Lachen und eine Zeit zum Weinen, eine Zeit zum Trauern und eine Zeit zum Tanzen … eine Zeit der Umarmung und eine Zeit der Enthaltung, eine Zeit zum Suchen und eine Zeit zum Verlieren … eine Zeit zum Schweigen und eine Zeit zum Reden …«

Sie kriegt den Vers nicht mehr zusammen, aber die Zeilen, die sich ihr unauslöschlich eingeprägt haben, wiederholt sie wieder und wieder: eine Zeit zum Trauern und eine Zeit zum Tanzen ... Ja, auch die wird wiederkommen, sie ist ja noch keine alte Frau, erst dreißig, und solange ihr Herzensmann da ist und George, kann sie nie ganz unglücklich werden. Storm hat es so schön für Constanze gedichtet: »So komme, was da kommen mag! / Solang du lebst, ist es Tag ... Ich seh dein liebes Angesicht, / Ich sehe die Schatten der Zukunft nicht ...«

Sie mag Storm nicht besonders, aber wer solche Verse schreibt, dem muß man alle Fehler und Schwächen, die er sonst haben mag, verzeihn.

In Berlin wird sie sehnlichst erwartet: Das Manuskript »Ein Sommer in London« muß abgeschrieben werden. Bei der »Schönen Rosamunde« hatte Verleger Katz und mehr noch der Drucker gestöhnt, Fontanes Schriftzüge seien kalligraphisch eine Augenweide, aber leider schwer zu entziffern; und es hatte demzufolge in den Korrekturbögen von Enträtselungsfehlern nur so gewimmelt. Um diesmal vorzubeugen, wird Emilie das Manuskript mit ihrer zierlichen, akkuraten Handschrift kopieren. Im Laufe der Jahre werden es Zehntausende von Seiten werden. Da schlägt der Dichter drei Fliegen mit einer Klappe: Erstens spart er das Geld für einen fremden Abschreiber, zweitens hält er Verleger und Drucker bei Laune und drittens ergeben sich aus der gemeinsamen Arbeit an einer Sache unendlich viele Anknüpfungspunkte für Gespräche, die oft bis in die Nacht hinein dauern. Emilie kann nicht verstehen, daß es Eheleute gibt, die sich nichts mehr zu sagen haben, die nebeneinander her leben und sich totschweigen.

Was er ihr nicht sagen kann, das legt er in Verse, wie die zu Georges drittem Geburtstag; er hoffe zunächst, es hat mit den Ängsten und dem Fürchten ein Ende »und die Fliegen und Schatten an Wänden und Decken werden dich fürder nicht mehr erschrecken«, weiter möge er in Zukunft seinen Bock zähmen und nicht mehr Pipi ins Bett machen.

Das alles erfülle, mein lieber Schatz,
So sollst du auch einen bunten Bajatz
Und Selterpastillen und Kuchenrinden
Bei deinem Nachhausekommen finden,
Bis dahin behalte lieb den Papa
Und grüße und küsse die Mama.

George feiert bei Tante Laura, Emiliens Freundin, die in Luckenwalde mit einem Färbereibesitzer namens Knochenhauer verheiratet ist.

Fontane will die Ruhe der Strohwitwerschaft nutzen und eine große Erzählung über Ferdinand von Schill für den zweiten Jahrgang der »Argo« schreiben, aber er bringt neben der Alltagsrennerei nur eine Ballade zustande. Demzufolge ist er unzufrieden mit sich und unwirsch gegen andere. Schon bei der Begrüßung glaubt Emilie herauszuhören: »Ihr hättet Euch ruhig noch länger in Luckenwalde amüsieren können!«

Wenn er will, kann er bezaubernd liebenswürdig sein. Da gratuliert er seiner Mutter, die nun mit Elise in Neuruppin lebt, zum 55. Geburtstag: »Meine liebe, gute Mama. Morgen ist wieder mal der Tag der Dir die Flügelthüren des Lebens aufriß und Dich einführte in den großen Maskensaal dieser Welt. Du tanzt nun bei lustiger und trauriger Musik 55 Jahre lang drin umher und alles was ich Dir wünschen kann ist, daß es noch lange Zeit auf gesunden Beinen weiter geht, daß die begleitenden Melodien immer heitrer werden und daß die Paar Tänzer und Tänzerinnen, die Du gewöhnt bist demaskirt zu sehn, Dir Freude machen mögen so lange Du und sie selber leben. Ich habe wenigstens den besten Willen das Meine zu thun …«

Wann hat er Emilie zuletzt einen so heiteren, liebenswerten Brief geschrieben, wann das letzte Mal, wie am Anfang ihrer Ehe, einen kleinen Zettel mit einem Liebeswort aufs Kopfkissen gelegt?

Die wirklich heiteren, beschwingenden Stunden verleben sie eigentlich nur noch, wenn sich die »Ellora« bei Merckels versammelt. Hat sie der Ehealltag mit all seinen Sorgen ausgelaugt?

Die obligaten Geburtstagsverse zum 14. November liest sie mit einem lachenden und einem weinenden Auge. Wahr sind sie ja, aber liebenswürdig?

An Emilie
Schier dreißig Jahre bist du alt,
Hast manchen Sturm erlebt;
Doch gelegentliches Zanken
An die Stelle von Liebesgedanken
Hat uns fester verwebt.

Ich ging einmal nach London hin,
Nun aber geh ich nicht mehr;
Wir wollen uns weiter streiten
Und streitend durchs Leben begleiten
Und lieben nebenher.

Und wenn die letzte Kugel kommt
Ins preußische Herz hinein –
Liebe Mila, laß dich mit mir begraben,
Weiter will ich von dir nichts haben,
Denn man zankt sich nicht allein.

Die November- und Dezemberstürme belasten sie sehr. Die Türen und Fenster der Wohnung schließen nicht richtig, es heult und jammert an allen Ecken und Enden; alle schlimmen Kindheitserinnerungen steigen aus dem Unterbewußtsein hoch: die Kasernenhofecke, die brennende Remise … Sie steht Todesängste aus. Wen wundert's, daß auch George Fliegen und Schatten an Decke und Wänden sieht.

Bei Lepel (und nur ihm gegenüber) beklagt sich Fontane, es sei schrecklich, »die stete Umgebung eines Menschen, der aussieht und spricht als ob er in der nächsten Viertelstunde füsilirt werden soll, muß als ziemlich ungünstig für die Hevorbringung künstlerischer Arbeiten bezeichnet werden«. Schrecklich, *sie* leidet, aber *er* hat außer seinen Presse-Bürostunden und Vorträgen weiter nichts getan als nur gelesen: Novellen von Heyse und Kugler. Und eine kleine Rezension darüber geschrieben. Und ein Dutzend Briefe wegen der »Argo«. Weiter nichts. Verschenkte Lebenszeit in seinen Augen.

Es ist nicht so, daß er kein Mitleid für Emilie empfände, aber ob er sie nun zwei oder zwanzig Mal am Tage bedauere, ändern würde sich doch nichts. Da versucht er besser, sich gegen allen Trübsinn abzuschotten. Lieblos sei er nicht, betont er immer wieder, nur egoistisch (der Begriff »egozentrisch« ist noch nicht in Mode). Und egoistisch müsse er sein, um sich arbeitsfähig zu erhalten, wovon sollte die Familie sonst leben.

Was soll Emilie antworten? Sie kann nicht begreifen, daß zwischen Künstler und Werk eine ebenso enge Verwandtschaft besteht wie zwischen Mutter und Kind. Es *ist* schwer zu verstehn. Mehr als alle Erörterungen darüber besänftigt sie seine Widmung zu »Ein Sommer in London«:

Du bist nun doch einmal die Beste,
Selbst besser als London und seine Paläste,
Und geht es wieder in die Weite,
So sei es nur an Deiner Seite,
Soll mir das Leben noch Freude machen,
Müssen zusammen wir weinen und lachen.

Das ist für sie die schönste Weihnachtsfreude.

Eine Woche später, zu Fontanes 35. Geburtstag, werden die Kerzen des Christbaumes noch einmal angezündet. Die »Rütli«-Freunde Lübcke und Lucae erscheinen zum Morgenkaffee, und mit Kuchenessen, Brieföffnen, Lachen und Scherzen rückt Mittag heran. Emilie hat beim Trödler eine kostbar aussehende, aber billige Uhrkette entdeckt und vom Haushaltsgeld abgespart; damit soll er in so vornehmen Häusern wie bei Merckels oder Wangenheims Eindruck machen. Der Beschenkte meint, der Glanz an seiner Seite sehe ihn noch etwas fremd an, und Emilie schmollt, sie ist enttäuscht, in dieser harmlosen Bemerkung einen Ausdruck der Zurückweisung oder Nicht-Würdigung zu erkennen. George bügelt die kleine Verstimmung wieder aus, indem er dem Papa Friedrich Schillers »Kraniche des Ibykus« von Anfang bis Ende aufsagt, ohne zu stocken. Für einen Dreijährigen, der ab und zu noch mal ins Bett pieselt, eine erstaunliche Leistung! Sieh da, sieh da, Timotheus, das wird mal ein Schauspieler oder Rhetor!, prophezeit der stolze Papa; daß er bei dem von Emilie verfaßten, wesentlich einfacheren Geburtstagsvers ins Schlingern gerät, tut der Begeisterung keinen Abbruch.

Am frühen Nachmittag ist Geburtstags-Diner bei Merckels angesagt, mit allem, was den Gaumen des Geehrten am Tische im Grünen Salon je entzückte: die vielgepriesene Vorsuppe mit Schwemmklößchen, Putenbraten, Teltower Rübchen mit Maronen und als Krönung Austern und Champagner. Zur Genugtuung der splendiden Haufrau (und unter den verschämt mißbilligenden Blicken Emiliens) greift Fontane ungeniert zu – mit dem Erfolg, daß ihn bei der anschließenden »Rütli«-Sitzung die Verdauungsmüdigkeit übermannt.

Das gesellige Leben, die lebhafte Anteilnahme am Schicksal des immer größer werdenden Freundeskreises wirken sich wohltuend auf Fontanes Ehefrieden aus: Hochzeiten, Kindtaufen, Beförderungen, Emilie wacht aufmerksam darüber, niemand wird vergessen, keiner stiefmütterlich behandelt. (Theo ist in dieser Hinsicht mehr als verschusselt, was man ihm auch kaum verdenken kann, denn er hat den Kopf voll mit anderen Dingen.)

Wolfsohn hat sein Drama »Nur eine Seele« über die Leibeigenschaft in seiner russischen Heimat beendet und zeigt außerdem die Geburt seines zweiten Sohnes an. Fontane gratuliert zu dem Zuwachs an geistigen und leiblichen Kindern und fügt hinzu: »Möge Dein zartes Verhältnis zur Muse noch viele, die Ehe aber mit Deiner guten Frau nicht *allzu* viele Früchte tragen ... denn Kinder sind eigentlich ein Luxus, den nur, wie Pferd und Wagen, vornehme Leute zu halten berufen sind.«

Emilie findet diesen Zusatz höchst uncharmant. Sie ist wieder einmal dabei, ihre schöne, schlanke Taille einzubüßen. An ihrer Angst und Übelkeit zum Jahresende war also nicht nur der Sturm schuld ... Im Hochsommer wird das Kind erwartet. Zu Pfingsten sind sie bei Laura in Luckenwalde eingeladen. Plötzlich windet sich Emilie in furchtbaren Leibschmerzen; erst glaubt man an eine Pilzvergiftung, dann begreift sie: Es sind Wehen! Nach qualvollen Stunden bringt sie ein winziges, blaurotes Siebenmonatskind zur Welt, das in aller Eile auf den Namen Hans Ulrich getauft wird und nach wenigen Tagen verlöscht. Auf den einzig verbliebenen George wird nun vierfache Liebe und vierfache Hoffnung gesetzt.

Wenn im Freundeskreis über politische Fragen diskutiert wird, hält sich Emilie stets zurück. Das interessiert sie nicht. Was geht sie's an, daß Rußland und die Türkei sich um Schwarzmeer und Dardanellen streiten? Und doch wird es sie betreffen. England, und Frankreich stellen sich auf die Seite der Türken und erwarten auch den Beistand Preußens; aber Preußen entscheidet sich, neutral zu bleiben. Das ärgert England und das Klima zwischen Berlin und London verschlechtert sich zusehends. Um ein verläßliches Stimmungsbarometer vor Ort zu haben, beschließt das Manteuffel-Ministerium, eine deutsch-englische Korrespondenz aufzubauen, die einerseits heimische Zeitungen mit den wichtigsten, taufrischen Informationen aus der britischen Presse versorgen und andererseits britische Zeitungen zum Abdruck preußenfreundlicher Artikel bewegen soll. Ein brisanter Posten, an den hohe Erwartungen geknüpft werden, der aber so wenig wie möglich kosten soll, ein Posten, der täglichen Spagat erfordert. Es scheint sich von den Insidern niemand darum zu reißen. Dr. Metzel schlägt Fontane vor; in der Zentralstelle gilt er inzwischen als England-Experte, er hat Orts- und Personalkenntnisse und das nötige Gespür für politisch-klimatische Veränderungen. Niemand sagt ihm, was man konkret von ihm erwartet, niemand sagt ihm, daß hier in erster Linie geschäftliche und organisatorische Begabung erforderlich ist. Fontane sieht nur London mit einem sicheren ministeriellen Auftrag; alles weitere wird sich finden.

Auch Emilie redet ihm zu. Da sie sich gesundheitlich gut fühlt, ist sie voller Hoffnung und Zuversicht, daß sie zusammen in London leben werden, sobald nur die Anfangsschwierigkeiten überwunden sind. Sie kauft sich in der Vorfreude schon eine englische Fibel und weint auch nur ein kleines bißchen, als sie ihn am Zug nach Hamburg verabschiedet.

»Ach, nüchtern schreibt er so was nie!«

Am 10. September 1855 landet er in merry old England, just an dem Tage, als die Festung Sewastopol fällt. Die Überfahrt auf der »Countess of Lousdale« war elend stürmisch; er überstand sie teils, in einer verwanzten Schlafkoje sich kratzend, teils, Poseidon opfernd, über der Reling hängend. London scheint ihm irgendwie verändert; oder ist er es, der sich verändert hat? »Es ist fast, als hätte ich vor drei Jahren das Capital meiner Bewunderung bis auf den letzten Pfennig ausgezahlt«, schreibt er an Metzel. Um sich zu akklimatisieren, fährt er mit dem Omnibus drei Tage lang kreuz und quer durch die Stadt. Auf dem zugigen Perron holt er sich eine mächtige Erkältung, das letzte, was er in diesem Zustand großer Erwartungen gebrauchen kann. Der Oberkellner im Café »Divan« braut ihm ein unfehlbares Mittel, das jeden Schnupfen in die Flucht schlägt. Fontane tippt auf Grog mit dreifacher Ladung Rum. Danach gerät er in einen »himmlischen Zustand«, es ist ihm völlig gleichgültig, ob er hier ein berühmter Mann werden oder im großen Haufen untergehen soll, er denkt nur noch an eines: an seine Herzens-Mila und schreibt mit leicht zitternder Feder eine »hochprozentige« Liebeserklärung: »Ich wünschte wohl, Du säßest vor mir und könntest Dich über diese harmlose, leider flüchtige Ausgelassenheit Deines endesunterzeichneten Mannes ärgern oder freuen, oder beides zugleich. Was macht mein kleines Georgechen? Bewundern ihn die Leute in seinem schottischen Kittel, oder ist er so ungezogen, daß alle Bewunderung aufhört? Ich denke oft an Euch auch nüchtern, und mit herzlicher Freude, und bin ordentlich überrascht, daß Du mir noch mehr fehlst als der Junge. Du wirst an dieser Stelle vielleicht weinen und ausrufen: ›Wenn er nüchtern ist, sagt er mir so etwas nie!‹ Aber finde darin Deinen Trost, daß in der Unbewachtheit des Rausches der eigentliche Mensch erst zutage tritt, und freue Dich über diese Geständnisse, selbst wenn sie Tränen kosten.«

Und es fließen Tränen, Tränen der Freude. Ach, wenn er ihr doch öfter solche Liebesworte gäbe, sie würde sie auch hundertfach vergelten. Sie sprechen doch über so viele Dinge; warum ist es als Verheiratete so schwer zu sagen: »Ich liebe dich!«

Tagelang trägt sie den vierfach gefalteten Brief mit sich herum. Nach einigem Zögern liest sie ihn sogar ihrer liebsten Freundin Johanna vor. Johanna versteht alles, sie kennen sich seit vielen Jahren, haben sich jedoch als Ehefrauen kaum gesehen. Natürlich sind die Ehemänner Thema Nummer eins. Johanna kann sich über ihren Treutler wirklich nicht beklagen, wenn er nur nicht so furchtbar prosaisch wäre; manchmal ist sie im Zweifel, was ihn mehr beschäftige, Frau und Kind oder Wollmarkt und Roggenpreise.

Gleich nach Theos Abreise ist Emilie zu ihr gefahren; natürlich ist sie neugierig, wie sich Johanna in die Rolle als Gutsherrin eingefunden hat. Sie bekommt große Augen, als Treutler sie mit eigener Equipage vom Bahnhof abholt. Neuhof bei Liegnitz ist ein stattliches Gut mit einem stattlichen Herrenhaus. Alles ist gediegen und freundlich eingerichtet, viel freundlicher und herrschaftlicher als in Kränzlin. Die erste Befangenheit verfliegt schnell, denn Johanna ist unverändert lieb und nett und macht George, den Hasenfuß, zuerst mit der kleinen Lisbeth, dann mit Hühnern, Katzen und Schafen bekannt; Hunde und Kühe hebt sie sich für später auf, um ihn nicht gleich zu verschrecken, George geht ihr nicht vom Rockzipfel, gewinnt aber zunehmend Vertrauen und trompetet bei nächstbietender Gelegenheit aus, in der Eisenbahn sei ein freundlicher Mann mit einer Knipszange gewesen, der habe Mama gesagt, er sei kein kleiner Junge mehr und müsse auch ein Billett haben, da sei die Mama ganz rot geworden und habe ihm einen Silbergroschen gegeben, und da hätte er die Hand an seine rote Mütze gelegt und gesagt: »Auf Wiedersehn, Madame, bis zum nächsten Mal!«

Alles lacht über den Naseweis, der den wichtigtuenden Mann mit der Knipszange, die verlegene Mama und dann den würdevoll dienernden

Conducter so drollig nachzuahmen weiß. Er fühlt sich als Mittelpunkt, und das hebt sein Selbstvertrauen.

Schon am nächsten Tag wagt er sich allein in den Kuhstall, springt vom (niedrigen) Fensterbrett und ruft stolz seiner Mama zu: »Sieh mal, ich habe Courage!« Von allen wird er verhätschelt und verwöhnt. Es beginnt mit einem Kräuterbad (von dem man, wie Jung Siegfried, Mut und Kraft bekommen soll!), geht über das selbst aus dem Nest geholte Frühstücksei über den Mittagsbraten bis zum abendlichen Schinkenbrot. Als sie eine Woche später für ein paar Tage zu Emiliens Halbschwester Marie nach Liegnitz hineinfahren, klettert George ohne Zögern neben den Kutscher auf den Bock und läßt sich als »tapferer Siegesheld« feiern. Emilie ist glücklich über das Aufblühen des Kindes; an den Abenden füllt sie Seite um Seite mit ihren zierlichen Schriftzügen und berichtet ihrem Herzensmann von den »Heldentaten« seines kleinen Lieblings. »Und denke Dir, er hat vom Kutscher sogar gelernt, auf schlesisch zu fluchen!«

Das Gästezimnmer in der Felsschen Villa erinnert sie an die sehnsuchtsvollen Nächte der Brautzeit. Fünf Jahre hat sie es nicht mehr gesehn. Was ist in dieser Zeit alles geschehen ... und doch liebt sie ihn wie damals, nein, mehr noch oder besser: anders.

Sie liegt wieder in ihrem Jungmädchenbett, in dem sie sich damals auf die Insel der Seligen träumte; ach, sie war auch Erde, sehr Erde – und Theo nicht der Liebhaber ihrer Phantasie. Sorgen und Mißerfolg zerrten an ihm, und wenn er sich wirklich einmal von alledem lösen wollte für eine Liebesnacht, dann hat er die Stimmung meistens zerredet. Wozu immer diese langen Erklärungen, die alles zerstören; ein Seufzer, ein Streicheln sind viel überzeugender. Oder die Sprache der Musik. Manchmal, wenn sie sich gar zu allein gelassen fühlte, hat sie sich ans Piano gesetzt und bei Schumann Trost gefunden in der Hoffnung, Theo würde verstehn; sie wollte nicht wahrhaben, daß dieser durch und durch künstlerisch veranlagte Mensch mit seinem hochempfindlichen Gefühl für Sprache und Poesie schlichtweg unmusikalisch war. Und sie, ach, sie seine Viola d'amore, die Saiten gespannt und sehnsuchtsvoll angeschlagen, aber der Resonanzboden fehlt.

Theo hatte immer das Glück, in einer anderen Menschenseele Widerhall zu finden. In den Jahren seines Stürmens und Drängens war es Wolfsohn, später Lepel, der ihn nicht nur in den Dichterklub und in die

Salons der Adligen einführte, sondern der ihn auch den Umgang lehrte mit Terzinen, Sonetten, Distichen. »Du bist der einzige Mensch, der mich versteht, mit dem ich ordentlich reden kann«, hatte er Lepel geschrieben. Der Gleichklang der beiden weckte zuweilen so etwas wie Eifersucht, doch Theo hatte stets lachend oder mit einem flüchtigen Kuß abgebogen: Lepel und er, das sei ein ganz anderes Feld, eben Männersache.

Erst in letzter Zeit, in den Wochen zwischen dem Tod des Neugeborenen in Luckenwalde und seiner Abreise nach London, schien sich etwas gewandelt zu haben. Lepel war ihm entrückt. Auch sonst schien er ihr irgendwie verändert: War es der glückliche Start der »Argo«, die Anerkennung im »Rütli«, die Ovationen im »Tunnel«, als er seinen »Archibald Douglas« vortrug, ein Ballade, die bald darauf in allen Volksschullesebüchern stand? Hat er endlich die Spur zum Erfolg aufgenommen? Ist die Berufung nach London ein Anfang? Und wird er sich nun endlich nicht mehr so hetzen und verzetteln müssen, sondern mehr Zeit haben für sich und die Familie?

In den letzten Nächten vor seiner Abreise hatten sie sich einander hingegeben wie schon lange nicht mehr oder, um die Wahrheit zu sagen, wie nie zuvor. Nun ist er weit, und sie horcht ängstlich in sich hinein, ob die Natur nicht wieder für die kurzen Momente des seligen Schwebens eine unerbittliche Rechnung präsentiert. Ach, Theo, würdest du nur ein Virtuose auf der Viola d'amore ... Emilie ist dankbar für alle Guttaten des Lebens, für Johannas liebevolle Fürsorge und ihr Verständnis; dankbar vor allem für George, der immer possierlicher wird.

Den *einen* aber kann ihr niemand ersetzen.

Mit Johanna spricht sie gern über die Ehe als solche, wie sie sein sollte und wie sie sich oft vom angestrebten Ideal entfernt. Welche teuflischen Kräfte sind da am Werke, lange unbemerkt und doch mit so verheerender Wirkung? In ihrem Bekanntenkreis weiß sie etliche Ehen, die nichts anderes sind als der Vorhof zur Hölle, manchmal die Hölle selbst. Lebte nicht auch Papa Kummer mit seiner Herrnhuterin im Vorhof der Hölle? Dank ihrer resoluten Wirtschaftsführung konnten sie zwar schuldenfrei eine große Wohnung in der Wilhelmstraße beziehen, aber für Papa hatte das Leben in der Zwangsjacke ihrer tyrannischen Ordnungsliebe jeglichen Reiz verloren. Er kränkelte seit längerem, und während Emilie mit dem kleine George sorglose Wochen in Schlesien verlebt, geht er an Brustwassersucht elend zugrunde. Frau Bertha in ihrer Selbstgerechtigkeit betrachtet seinen Tod auch noch als Strafe Gottes für sein früheres ausschweifendes Leben. Jeder für sich war doch ein guter Mensch; warum haben sich die beiden, die doch aufeinander angewiesen waren, am Ende gehaßt? Emilie beschließt für sich, niemals dumpfe, schwarze Gefühle gegen ihre Nächsten aufkommen zu lassen, die letztendlich selbstzerstörerisch wirken. Und wer weiß, wieviel Zeit einem noch bleibt auf Erden. Sie hätte ihrem Papa (und das war er trotz aller Irrtümer und Schwächen) auf dem Sterbebette gern noch ein Wort des Dankes gesagt, aber Bertha hatte bewußt seinen Zustand verschwiegen. Nun ist es zu spät.

Nicht nur Emilie fällt der Abschied von Liegnitz schwer, auch George mag sich gar nicht von dem Feld seiner kindlichen Abenteuer trennen; sagt den Gänsejungen, auch Kühen und Katzen auf Wiedersehen und küßt dem alten Willem, der sie zum Bahnhof kutschiert, sogar die Hand; der ist verdutzt, so etwas ist ihm sein Lebtag noch nicht passiert, doch er reagiert humorvoll, indem er einen linkischen Kratzfuß macht und ihn wiederküßt.

Auch dem dicken, freundlichen Mann mit der Knipszange begegnen sie im Zug wieder. Er zwinkert der schönen Mama (die ihm mit unschuldigem Augenaufschlag wieder nur *ein* Billett vorzeigt) verschwörerisch zu, tippt mit zwei Fingern an den Mützenrand und läßt diskret den Ablaßgroschen in der Hosentasche verschwinden.

In Berlin führt ihr erster Gang zur Centralpreßstelle, und Dr. Metzel bestätigt, daß Fontane sich wahrhaft titanenhaft in die schwierige Aufgabe gestürzt habe und demnächst ein Kollege aus dem Amt zur Unterstützung nach London geschickt würde. Eggers und Kugler versichern, wie sehr ihnen Fontane fehle, er sei nicht nur der herausgeberische Fixpunkt, sondern auch die Seele der »Argo« gewesen; ohne ihn laufe der neue Jahrgang Gefahr, auf einer Sandbank zu stranden. Am nettesten und traulichsten aber ist es bei Merckels, ihre aus dem Herzen kommende wohlwollende Gesinnung, ihr Mitgefühl und ihre Hilfsbereitschaft tun Emilie gut. An Theo schreibt sie: »Es ist bei Merckels so nett gewesen, wie es ohne Dich nur sein kann«, und sie dürfe in Henriette Merckel inzwischen eine echte Freundin sehn. Sie ist am liebsten mit solchen Menschen zusammen, bei denen sie ungeniert und ungehemmt von ihrem Herzensmann sprechen kann; darum folgt sie auch gern der Einladung nach Neuruppin zu Mutter Fontane.

Anfang November wacht sie des Nachts angstvoll auf. Von einem Messer hat sie geträumt und Blut fließen sehen ... Eine Woche später bestätigt ihr Theo, er habe sich drei tolle Tage mit kannibalischen Zahnschmerzen geplagt und kurzentschlossen das Geschwür mit einem Federmesser selbst aufgeschnitten. Nun sei das Schlimmste überstanden. – »Ach, Liebster«, schreibt sie zurück, »ich bin kindisch genug, mich dieser Ahnung zu freuen. Als ich von Deinem Leiden las, hätte ich mich am liebsten zu Fuß aufgemacht. Das Nichts-für-Dich-tun-Können fällt mir gar zu schwer. Oft denke ich, ich bin schon zu alt, noch so leidenschaftlich zu empfinden, und fürchte, daß die Jahre noch heißblütiger machen, und doch weiß ich zu meinem Trost: bin ich erst bei Dir in ruhiger Stimmung, werden auch meine Gefühle zeit- und ortsgemäß.« Das ist eine sonderbare Formulierung: Wann sind welche Gefühle zeit- und ortsgemäß? Emilie ist offensichtlich darum besorgt, ihre Leidenschaftlichkeit, die Theo manchmal erfreut, aber öfter verschreckt, zu dämpfen. In einem von Wolfsohn empfohlenen Buch hat sie gelesen: »Verstand schafft Leiden«, das mag sein, aber ihrer Meinung nach sind Heißblütigkeit und Leidenschaftlichkeit Ursachen für Leiden. Dessen ist sie sich sicher, und darum bemüht sie sich auch immer wieder, ihr rasch aufwallendes, heißes Blut zu zügeln. Arme Viola d'amore!

Ihr Brief muß den Herzensmann dennoch beeindruckt haben, denn er greift tief in die Tasche und bittet Henriette von Merckel, für Emilie zum 14. November einen seidenen Mantel zu besorgen (möglichst nicht mehr als 20 Taler!). Die Beschenkte ist tief gerührt, daß er trotz seines 17-Stunden-Arbeitstages ihren Geburtstag nicht vergessen hat. Es ist auch wirklich ein kleines Wunder, denn eigentlich weiß er gar nicht, wo ihm der Kopf steht: In acht Wochen sollte er in England das Terrain sondieren und die Voraussetzungen schaffen für die Korrespondenz. Acht Wochen sind um. Dabei ist ihm klar, daß das Ministerium einer Illusion nachhängt. Er – und auch kein anderer – kann in acht Wochen die seit sechs Jahren in London bestehende Korrespondenz von Kauffmann & Schlesinger aus dem Sattel heben. Beides sind vortreffliche Leute. Achtundvierziger. Emigranten, die ihren Platz gefunden haben. Sie sehen in Preußen zwar noch immer den Polizeistaat Nummer eins in Europa, bemühen sich in der Auswahl ihrer Artikel jedoch um Objektivität. Sie wissen nicht, daß Manteuffel – in ihren Augen ein erzkonservativer Bürokrat – Fontanes Dienstherr ist, der aber seinen Untergebenen heimlich observieren läßt. Man sitzt im Café »Divan«, wo sich alle treffen, man plaudert, versteht sich glänzend, und aus sicherem Port heraus geben sie dem Neuling sogar gute Ratschläge. Schlesinger hat in eine Druckerei eingeheiratet, spricht hochenglisch genauso gut wie den letzten Vorstadtslang; hat zahllose Verwandte, Bekannte, Freunde, connections, wohnt gleich neben Druckhaus und General Post Office – und hat trotz alledem nur 40 Abonnenten. Vierzig braucht man mindestens, wenn es sich rechnen soll. Und diese 40 soll ihm Fontane abspenstig machen? Ein Unding! Jawohl, das Ministerium steht hinter ihm, aber doch nur auf dem Papier. Und es bombardiert ihn täglich mit neuen, oft sich widersprechenden Wünschen und Richtlinien; einmal heißt es: mehr Stimmungsberichte, dann: mehr Fakten; einmal: mehr britische Stimmen zum Krimkrieg, dann: mehr eigene Meinung im Leitartikel. Jeder in diesem Ministerium glaubt, reinreden zu müssen, knickerig sind alle. Fontane darf noch nicht einmal alle englischen Zeitungen abonnieren, die er auswerten muß. So sitzt er denn abends von 6 bis 8 Uhr im Café »Divan«, liest die dort ausliegenden Journale, extrahiert; ißt nebenbei das obligate Lammkotelett, das ihn schon anödet, aber irgendwas muß man ja nach elf Stunden Plackerei zu sich nehmen; gegen 9 Uhr ist er dann in seinem ungemütlichen, niemals warmen, höchstens wärmlichen Zimmer, um dort bei einer Kanne Tee den Bericht für den nächsten Tag zu verfassen und den Leitartikel zu schreiben.

Wenn es nur das Schreiben wäre, aber er muß sich auch um alles andere kümmern: um das Papier für den Drucker, um Leim und Klebestreifen, ja, er muß selber alles eintüten und zur Hauptpost bringen und wehe, er verspätet sich im Londoner Nebel um Minuten; Punkt 6 Uhr klappen die Deckel für die Kontinentalpost zu, und die Früchte seiner Bemühungen kommen einen Posttag zu spät in Berlin an und sind wertlos.

Metzel ist kein Unmensch, er muß zwar die ministeriellen Rüffel weiterleiten, doch sieht er ein, daß dieses Pensum auf Dauer unzumutbar ist. Er schickt einen Kollegen aus seiner Zentralstelle zur Hilfe, Wentzel, einen freundlichen Beamten, der gewöhnt ist, täglich *eine Spalte* für den Staatsanzeiger zu füllen. Auf dem Londoner Karussell vergeht ihm Hören und Sehen, ihm wird schlecht, er klagt abwechselnd über Kopf- und Bauchschmerzen, und selbst wenn er keines von beiden hat, steht er nur im Wege. Nach einigen Wochen bittet Fontane, diesen Umstandskollegen zurückzuholen. Er macht eine eindrucksvolle Rechnung auf, in der er Metzel gegenüber nachweist, daß das so eingesparte Geld zweckmäßiger angelegt wäre, wenn er seine Familie bei sich hätte. Seine Argumentation ist frappierend: »Die Ehe, vom Redakteur-Standpunkt aufgefaßt, würde mir täglich 4 Stunden Zeit sparen. Zum Essen und Kaffeetrinken (der Weg dorthin dauert nah eine halbe Stunde) brauch' ich alles in allem 2 Stunden, auch mehr; während man in seinen eigenen vier Pfählen die Dinge in einer halben Stunde abmacht. Die andern 2 Stunden (schlecht gerechnet) sind die, um die mich das Zusammenwohnen mit Wentzel bringt. Ein Ehemann schickt seine Frau in's andre Zimmer und hat Verfügung über seine Zeit«, mit Wentzel ließe sich das jedoch nicht machen. Vom Standpunkt eines liebenden Ehemanns und Familienvaters aber schreibt er noch am selben Abend einen ganz anders klingenden Brief: »Ich habe diese ganze Misere mit Kellnern und Bedienten, den Dreck der Chambre garnie Existenz herzlich satt und wünsche dieses Hundeleben nicht länger fortzuführen; entweder Ihr kommt oder ich komme. Man kann, im Kreise der Seinen an jedem Punkt der Erde froh und heiter sein. Du weißt, daß ich ein beneidenswertes Talent habe, den jedesmaligen Verhältnissen, in denen ich mich befinde, ihre gute Seite abzugewinnen und mich an dieser Lichtseite zu erfreuen, wenn ich auch die Schattenseite keineswegs übersehe. Sollte ich im Februar einer Rütlisitzung beiwohnen, so würd' ich herzlich über meinen Londoner Aufenthalt lachen und eine Schnurre und Dummheit nach der andern erzählen. Sollte es sich aber – was wahrscheinlicher ist – ereignen, daß ich Euch im Februar ins Prinzeß-Theater oder nach Coventgarden oder in den Tower führe, so werd' ich nicht müde werden, Euch von der Großartigkeit dieses Lebens und Treibens und von seinen eigentümlichen Reizen zu erzählen.«

Fest der Erwartungen

Mit stürmisch klopfendem Herzen liest Emilie zwischen den Zeilen: Ich werde, komme was da wolle, nicht als geschlagene Armee nach Berlin zurückkehren, ich muß und werde durchhalten! Das heißt, sie wird mit George nach London fahren! Mit dieser Aussicht wird der 31. Geburtstag zu einem wahren Freudenfest. In Gedanken ist sie schon bei ihm.

Mama Fontane serviert einen riesigen Napfkuchen (»Ach, könnte ich Dir doch davon abgeben!«), Henriette von Merckel schickt den grauseidenen Mantel (»Ach, könntest Du mich doch in meinem neuen Staat sehn!«). Elise hat einen hübschen weißen Kragen gehäkelt, um das Trauerkleid für Papa Kummer ein wenig aufzuhellen; und George reitet auf einer Fußbank quer durchs Zimmer, einen Pfefferkuchenorden auf seiner Heldenbrust und ruft: »Alle Mann mir nach! Wir reiten nach England zu meinem Papa!«

Wie hat sie sich vor dem Weihnachtsfest gefürchtet, nun sieht sie ihm gelassen entgegen, wird es doch das letzte Mal sein, daß sie es ohne ihn begehen muß. Und alle sind nett zu ihr. Louis Henri hat ein Schwein geschlachtet und schickt frisch geräucherte Würste; Laura spendiert feines schwarzes Tuch für einen Frack (damit Theo beim preußischen Gesandten guten Eindruck hinterläßt); sogar Mutter Triepke und Bertha Kummer schicken etwas Geld für die Reise.

Das allerschönste Geschenk aber ist eine »Weihnachtsepistel«, die Theodor ihr geschickt hat und die sie liest wie eine fünfstrophige Liebeserklärung:

Im Café Divan wieder einmal
Starr ich in die flammenden Leuchter,
Das Herz wird weihnachts-sentimental
Und die Wimpern werden feuchter;

Doch zwischen die Tränen tritt Freund Humor,
Ein gemütlich-lustiger Lerse,
Und nur ein leiser Trauerflor
Legt sich um die lachenden Verse.
…

Ich seh im Geist ein rumpliges Haus
Drei Frauen gehen ein und aus,
Und der vierte ist mein Bube;
Die älteste Frau hat schwarzes Haar
Und die jüngste hat es nicht minder,
Das macht, es ist, wie's immer war,
Es ähneln sich Mutter und Kinder.

Die dritte sieht ihren Knaben an,
Unter Lachen und unter Weinen,
Sie denkt: ich hab eine Art von Mann
Und hab auch wieder keinen;
Der Junge spielt und fährt über See,
Um seinen Vater zu suchen,
Er ruft: »Lieb Mutter mein, ade,
Ich hole den Butterkuchen«.

Der Vater, ach, ihm ist nicht nett,
Er muß sich wehren und stemmen,
Er säß viel lieber im Kabriolett
Und passierte Friesack und Cremmen;
Er spränge gern zum Wagen hinaus
Am Kanal und der Kirchplatz-Ecke,
Und schleppte gern in das rumplige Haus
Den besten der Ruprecht-Säcke.

Es kann nicht sein; am Londoner Strand,
In Simpsons stolzer Taverne,
Legt an die Stirn er seine Hand
Und träumt sich ferne, ferne.
Er sieht, durch Nebel und über das Meer,
Eine Fülle lieber Gesichter,
Und heimisch wird es um ihn her
Als brennten die Weihnachtslichter.

So oft hat Emilie diese Epistel heimlich gelesen, daß sie sie fast auswendig hersagen kann unter dem brennenden Lichterbaum. George klatscht vor Begeisterung in die Hände, zieht sich die von Mama selbstgestrickten Pulswärmer über und will gleich auf dem Fußbänkchen losreiten, um den Butterkuchen zu holen. Der kleine Nimmersatt freut sich über die kleinste Kleinigkeit, vor allem über den großen Teller mit Pfefferkuchen, von dem er ausnahmsweise soviel essen darf wie er will. Natürlich soll der süße Papa (er spricht immer nur von seinem »süßen Papa«) auch etwas davon haben. Er wählt den allerkleinsten aus. Warum nicht einen größeren? Weil das Briefcouvert so klein ist, pariert er pfiffig.

Das drollige, kluge Kerlchen ist Emiliens Wonne und der Star jeder Gesellschaft. Als sie bei Hermann und Lisbeth Scherz in Kränzlin zur Kindtaufe eingeladen sind, zeigt jemand den neuen Jahrgang des »Kinderfreundes« herum und zitiert daraus Fontanes Feldherrn-Lieder. »Das ist von meinem süßen Papa!« ruft George emphatisch und deklamiert zum Erstaunen der Anwesenden den »Ziethen aus dem Busch« von A bis Z auswendig. »Mehr kann man kaum erreichen!« ist Hermanns knapper Kommentar. Es stimmt: im »Kinderfreund« zu stehen heißt, in allen Wohnungen zu Hause zu sein, auch in solchen, in die sonst kaum Bücher gelangen. Aber hat er es wirklich so gemeint? Oder war da nicht ein unangenehmer Unterton, so etwas wie Neid? In solchen Dingen hört Emilie das Gras wachsen. Eine gewisse Rivalität bestand ja schon immer zwischen den beiden, schon damals als Schüler bei Onkel August und Tante Pinchen. Aber warum sollte er ihn beneiden? Theos Zukunft steht noch immer in den Sternen, während Hermann satt und zufrieden auf dem einträglichen, ererbten Landgut sitzt und sich einer gesunden Frau und gesunder Kinder erfreuen kann. Ist er wirklich mit sich und der Welt zufrieden? Und warum macht er allen Damen, vornehmlich Elise, mit betonter Lustigkeit den Hof? Irgend etwas stimmt nicht zwischen den beiden. Emilie mit ihrem ausgeprägten, fast übertriebenen Bedürfnis nach Harmonie spürt, was sich Monate später bestätigen wird: Die Ehe der beiden erkaltet. Da kann auch ein Kind nichts mehr retten. Die Frau will es nur noch nicht wahrhaben; sie flüchtet in die mütterliche Fürsorge für das Neugeborene.

Und wieder beschäftigt Emilie die Frage: Warum machen sich Menschen, die durch äußere Umstände zum Glücklichsein geradezu prädestiniert zu sein scheinen, das Leben so schwer? Welche Eigenschaften sind es, die sich wie Mehltau auf die Seele legen, so daß mit der Zeit die Fähigkeit zum Mitfühlen verlorengeht? Sind es ererbte Eigenschaften? Oder erworbene? Sie will auf sich aufpassen, daß sie nie davon befallen wird. Wie man im Bekanntenkreis sieht, kann es jeden treffen, Gebildete und Ungebildete, Arm und Reich; ja, die Reichen vielleicht sogar am ehesten. Die Armen müssen ja auf Gedeih und Verderb zusammenhalten …

Wenn Theo behauptete, Mama sei in allen Dingen so vorzüglich, daß es auf Dauer kaum auszuhalten wäre, so hatte Emilie stets widersprochen, denn sie kannte nur ihre uneigennützige Hilfsbereitschaft, nun, da sie seit fast zwei Monaten ziemlich eng unter einem Dach beieinanderleben, nimmt sie stirnrunzelnd wahr: Mama ist nicht immer die liebe, gute, sie ist auch herrschsüchtig bis zur Herzlosigkeit. Da sie sich von ihrem Manne trennte, müssen sich auch alle andern von ihm lossagen. Sie mag ihre Gründe gehabt haben, aber warum darf Elise, die jüngste Tochter, nicht für Papa zu Weihnachten eine Geldbörse sticken? Mama verbietet es kategorisch. »Eine Börse für einen Mann, der sein Geld sowieso nicht zusammenhalten kann, ist ein Witz!« Sie zankt sich sogar mit Elise, weil diese für ihren Schwiegerpapa eine Mütze gestrickt und beim Buchhändler Gustav Freytags »Soll und Haben« besorgt hat. »Formidabel! Ausgerechnet ›Soll und Haben‹! Gerade dazu hatte er Zeit seines Lebens ein höchst gebrochenes Verhältnis!« Emilie läßt sich nicht einschüchtern, Recht muß Recht bleiben. Ihr hat Louis Henri nichts getan, und so kontert sie: »Wenn du so konsequent auf Abbruch aller diplomatischen Beziehungen bestehst, liebe Mama, dann müssen wir auch die Würste und den Schinken zurückschicken.«

Sie bekommt keine Antwort. Was soll man auch dazu sagen? Würste und Schinken sind in ihrer Lage ein unwiderlegbares Argument. Gewöhnt, von allen kleinen Erlebnissen Theo zu erzählen, schreibt sie auch von ihrer Enttäuschung über Mama. Im nächsten Brief nimmt sie aber ihre Klage reuevoll zurück und bedauert die alternde Frau, der es schwerfällt, allein zu stehn. Fazit: »Darum laß uns ja die Freundschaft mit unsern Lieben pflegen, damit es uns nicht auch einmal so ergehe.« Sie schließt dabei nicht nur die Familie, sondern auch die »geistigen Verwandten« ein, Laura, Johanna und die »Rütlionen« und »Ellora«-Frauen. Die nehmen sich ihrer, gerade jetzt, wo sie im ungewissen zwischen Berlin und London schwebt, besonders herzlich an. Zu Theos Geburtstag am 30. Dezember wird in Merckels Grünem Salon auf das Wohl des fernen Jubilars angestoßen, Silvester ist sie im Hause Kugler eingeladen, wo sie Constanze und Theodor Storm zum letzten Male begegnet. Am 2. Januar teilt Dr. Metzel ihr mit, daß man gewillt sei, die »Korrespondenz« mindestens noch ein Jahr beizubehalten; Frauen stünden eigentlich nicht im Ministeriums-Etat, da aber Wentzel zurückkäme ... Was er sonst noch sagt, fliegt an Emiliens Ohren vorbei. Sie denkt nur eines: Wir fahren! Wir fahren zu ihm! Mit unglaublicher Energie sieht sie sich nach einem neuen Mieter für die Luisenstraße 35 um, verkauft einen Teil der Möbel, stellt Stücke, auf die Theo besonderen Wert legt, in Bethanien unter oder verpackt sie als Schiffsbagage via London. Die letzten

Tage vor der Abreise verbringt sie mit dem Kleinen bei Laura oder bei Henriette von Merckel. Theo gibt bis zur letzten Minute noch gute Ratschläge: Überanstrengt Euch nicht. Legt in Köln einen Rasttag ein. Vermummelt Euch gut. Kauft kleine Fußsäcke, dicke Shawls und Wollmützen. Am 25. Januar wird er sie am Quai von Dover erwarten.

Wie in Trance vergehn die Tage, trotz aller Geschäftigkeit. Auch George ist in der Stimmung, die ganze Welt zu umarmen. Wie sie so auf schneeglatter Straße dahinstapfen, fällt vor ihnen ein kleines Mädchen auf die Nase und bleibt schreiend liegen. Emilie hebt es auf, vergewissert sich, daß nichts Ernsthaftes passiert ist, und sagt: »Na, nun weine mal nicht!«, nimmt es an die Hand, George ergreift die andere Hand und besteht darauf, das Kind nach Hause zu bringen, kaum haben sie es abgeliefert, sagt er: »Warum sagtest du zu dem Mädchen (er nimmt einen etwas harten Ton an) ›Weine doch nicht‹!« – »Ja, wie hätte ich denn sonst sagen sollen?« Darauf er in sehr weichem, zärtlichem Ton: »›Weine doch nicht!‹ Das klingt doch viel netter, nicht?« – »Du hast recht«, sagt sie und herzt ihn auf offener Straße. Vergnügt und ausgelassen schlittern sie beide zu Tante Merckel.

Am 22. Januar trifft Elise aus Neuruppin ein, der Familienrat hat beschlossen, daß sie als Stütze für Emilie und zur eigenen Belehrung und Erbauung mitfahren soll. Sie ist nun fast achtzehn, bildschön, der Schwarm aller Fähnriche der Garnison, hat aber von der Welt nicht mehr gesehen als Letschin, Neuruppin und ein bißchen Berlin. In euphorischer Stimmung auch sie. George besteht darauf, während der Reise »Schloß Eger«, Fontanes Ballade über die Ermordung Wallensteins, auswendig zu lernen, um Papa damit zu überraschen.

Nach eisiger Überfahrt treffen sie, übernächtigt und erstarrt, am 25. Januar 1856 in Dover ein, wo sie ein glücklicher Familienvater erwartet. Zwei Hotelzimmer sind bestellt, man soupiert, plaudert, George läßt zum Entzücken des stolzen Papas Wallenstein wirkungsvoll sterben, dann begibt man sich zur Ruhe.

Das war also der Tag, auf den Emilie seit Monaten hingelebt hat. Ihm folgt die Nacht, die heiß und innig herbeigesehnte. Mit verklärtem Blick erscheint sie am andern Morgen zum Breakfast. Genau neun Monate später wird sie Theo junior zur Welt bringen.

Erwartungsvoll erreichen sie London, Berners Street, wo Fontane zwei Tage zuvor bei Mrs. Tucker eine kleine Wohnung mietete. James Morris, unter drei Millionen Londonern, der einzige verläßliche Freund, hat inzwischen Luise, ein deutsches Mädchen engagiert und dafür gesorgt, daß George ein eigenes Bettchen bekommt, daß der Kamin geheizt ist und der Teekessel summt. Anderntags Antrittsbesuch bei Mrs. Tucker: abschätziges Mustern, anklagender Blick zum Himmel, der ihr *solche* Mieter bescherte, die nicht mal englisch sprechen, offenbar eine Art von Imbeciles ... Emilie ahnt Schlimmes. Etwas kleinlaut und gar nicht mehr gehobener Stimmung wandelt sie an Theos Seite durch Oxford- und Regent-Street. Wie hat sie sich auf diese Spaziergänge gefreut, bei denen ihr Theo das historische London aufblättern wollte. Nun scheint ihr alles kalt, farblos, feindlich.

Zum Wochenbeginn bricht vollends der Alltag über sie herein. Die Queen hält eine Thronrede, und zwischen den Zeilen muß herausgelesen werden, ob England willens ist, den Krimkrieg zu beenden und Preußen in die Pariser Friedensverhandlungen einzubeziehen. Viel hängt davon ab, nicht zuletzt das Wohl und Wehe der deutsch-englischen Korrespondenz. Fontane muß also in diesen Tagen alle Sinne schärfen, aufmerksamer als je zuvor auf dem Quivive sein. Ausgerechnet jetzt mahnt das Ministerium höchst ungehalten eine auf den Penny genaue Aufstellung der entstandenen und der zu erwartenden Kosten an. Dazu müßte er Buchhalter, Kaufmann und Prophet in einem sein. Innerlich vor Wut kochend, verfaßt er eine diplomatische Glanznummer, in der er nachweist, warum der ministerielle Plan mit der Korrespondenz nicht aufgehen konnte; er schlägt vor, dieselbe einzustellen, sich mit der Konkurrenz von Kauffmann & Schlesinger zu einigen und ihn, Fontane, mit Bindung an die preußische Gesandtschaft als politischen Korrespondenten zu behalten. »Geben Sie mir jeden Tag, oder 4 mal wöchentlich, eine einzige Spalte einer einzigen guten Zeitung und sie sollen Ihre Freude an mir erleben. Dann kann ich Ihnen hier zehnfach dienstlich und nützlich sein ... Die Redaktionen aber werden bald merken, daß das nicht nach dem Satz von 8 gr die Elle geschrieben ist, und die Leser werden etwas haben und – ich dazu. Verzeihn Sie, aber schon die bloße Hoffnung giebt mir ein Stück Selbstbewußtsein wieder.« Bis das Ministerium reagiert, vergeht eine Weile; solange wird jegliche Geldüberweisung storniert. Fontane ist gezwungen, entbehrliche Habseligkeiten ins Pfandhaus zu bringen, um über die Runden zu kommen.

Für Emilie bleiben nur die abendlichen Plaudereien am Kamin oder Promenaden, einmal bis zum Trafalgar Square. Das ist ihr zu wenig. Mit Elise zusammen wagt sie kleine selbständige Einkäufe, kehrt aber enttäuscht heim, weil sie nirgends feines Kammgarn zum Sticken oder Stricken finden kann. Es gibt überhaupt vieles nicht, woran sie gewöhnt ist, Mohrrübenbonbons zum Beispiel, die George so gern ißt.

Nach zwei Wochen kommen endlich die Sachen aus Berlin an und werden unter allgemeinem Jubel ausgepackt – so lange dauert der Spaß, bis es an der Tür pocht und das Dienstmädchen im Namen von Mrs. Tucker um Ruhe bittet: »Mr. Tucker is so poorly ...« – »Wieso ist Mr. Tucker arm?« fragt Emilie. »Er ist nicht poor«, verbessert Theo, »sondern poorly; poorly heißt soviel wie schlecht oder unzureichend, mit andern Worten, es geht ihm nicht gut.« – »Oh, ja«, wirft George ein, »schlecht ist er, uns die Freude am Auspacken zu verderben!« Und hüpft nun gerade wie ein Ball im Zimmer auf und ab und bringt so Mrs. Tuckers Kronleuchter zum Klirren. Nur mit sanfter Gewalt kann ihn Emilie zur Ruhe bringen. Ihr wird übel. Theo kennt das schon: Jeder Ärger schlägt ihr gleich auf den Magen.

Um sie auf andere Gedanken zu bringen und sie darauf hinzuweisen, daß es Schlimmeres gibt als diesen an sich harmlosen trouble, berichtet er, Heinrich Heine sei in der vergangenen Nacht gestorben, nach acht Jahren Siechtum auf seiner Pariser Matratzengruft.

Diese Nachricht lenkt Emilie sofort ab und rührt sie zu Tränen, denn sie liebt vor allem »Das Buch der Lieder« und hat nicht selten in einsamen Stunden vor sich her gebetet: »Machmal wollt ich fast verzagen / Und ich dacht', ich trüg' es nie; / Und ich hab es doch getragen, / Aber frag mich nur nicht, wie ...«

Gemeinsam lesen sie an jenem Abend Heines »Romanzero«; jeder wählt das aus, was ihn im Augenblick am stärksten berührt.

»Das ist wie für dich geschrieben!« Emilie reicht ihm die Zeilen: »Gesanglos war ich, beklommen / So lange Zeit – nun dicht ich wieder! / Wie Tränen, die uns plötzlich kommen, / So kommen plötzlich auch die Lieder.« – »Auch du wirst wieder dichten!« – »Nicht solange Londons Nebel brauen und die Preßstelle an mir zerrt«, entgegnet er bitter. »Die Musen haben mich verlassen, wer weiß, vielleicht für immer.« – »Wer einen ›Archibald Douglas‹ geschrieben hat, versündigt sich, so zu sprechen«, sagt sie. Jetzt ist sie es, die ihn tröstet.

Erst Ende Februar überweist das Ministerium 75 Pfund, und Fontane kann seine Sachen aus dem Pfandhaus holen. Aus seinem Bekanntenkreis engagiert er einen Englischlehrer für Emilie, er lädt Dr. Morris und Frau zum Tee, sie besuchen Whitehall, Tower und Westminster Abbey, Poets Corner, Coventgarden Market und Madame Tusseaud's Wachsfigurenkabinett. Aber alles, was sie sonst begierig wie ein Schwamm aufgesogen hätte, sieht sie mit trüben Augen; sie leidet an Heimweh. Der Nebel, die Winter- und Frühlingsstürme, das verwirrende Treiben der Weltstadt, gegen die Berlin fast wie ein Dorf erscheint, die fremden Leute mit ihren abweisenden Gesichtern, die ewig nörgelnde Mrs. Tucker, die beengte Wohnung mit den häßlichen Möbeln, das alles macht sie krank. Sosehr sich Theo auch bemüht, es sind doch immer nur mit Hängen und Würgen dem Alltag abgerungene Stunden, in denen er für sie da ist, tagsüber nimmt ihn die Hetzjagd völlig in Anspruch; und wenn ihn der freundliche, aber noch immer extrem langsame Wentzel auch den Gang zur Hauptpost abnimmt, so muß Fontane doch vom Büro aus weiter ins Theater, zur Gesandtschaft, zu politischen meetings und debatingsclubs; endlich heimgekommen, bringt er das Gesehene und Gehörte in fieberhafter Eile zu Papier, damit es rechtzeitig in Berlin einträfe. Die meiste Zeit ist Emilie mit Elise und George allein und der Tyrannei Mrs. Tuckers ausgesetzt. George, in seinem Bewegungsdrang in der engen Behausung schwer zu bremsen, steckt voller Flausen und handelt sich eine waschechte Ohrfeige ein, weil er sich aus einer hochbrisanten Rede Lord Palmerstones, die Fontane an Metzel schicken wollte, eine Fahne schnippelte. Alle sind übernervös. Die Nerven liegen blank. Bei allen. Erwartungsgemäß wird Emilie krank. Dr. Morris verordnet zwei Wochen Bettruhe. Nun muß Elise einspringen, sich um George kümmern, einkaufen, Briefe zur Gesandtschaft bringen.

Endlich, Ende März, trifft Dr. Metzel in London ein, um sich an Ort und Stelle über die Situation der »Korrespondenz« eine Meinung zu bilden. Dem knickerigen Ministerium gegenüber hat er stets Fontanes Position vertreten, nun kann er sich überzeugen, daß dessen Vorschläge wirklich sinnvoll und für alle Beteiligten zweckmäßig sind. Politische Ereignisse beschleunigen die Einstellung des Büros, denn der Krimkrieg wird in diesen Tagen in Paris endgültig begraben, die britisch-preußischen Spannungen werden dadurch gelöst; ein kostspieliger Horchposten in puncto Meinungsforschung ist nicht mehr vonnöten.

In Berlin kann Metzel bei seinem höchsten Chef, dem Ministerpräsidenten Manteuffel durchsetzen, daß Fontane als politischer Berichterstatter in London bleiben darf; er wird dem preußischen Gesandten Albrecht Graf von Bernstorff zur Verfügung stehn; die Zentralstelle verpflichtet sich, seine Berichte, Leitartikel und Feuilletons an Berliner Zeitungen zu vermitteln.

Genau das entspricht Fontanes Wünschen. Und so verleben sie gemeinsam – manchmal sogar en famille – schöne Tage, sie besuchen den Kristallpalast, Londons jüngste Attraktion, das Prinzeß-Theater, Gemäldegalerien, das Greenwich-Observatorium und Matrosenkneipen (letztere natürlich ohne Damen). Fontane speichert eine Fülle von Stoffen für künftige Feuilletons.

Die einzige, die nicht in die heitere, gelöste Stimmung paßt, ist Emilie. Der »Stellungskrieg« mit Mrs. Tucker belastet sie sehr. Selbst als sie am 18. April in eine andere Wohnung ziehen, kann sie nicht recht aufatmen. In der Nacht fährt sie, zu Tode erschreckt, aus dem Schlaf: Ein Gespenst war am Fenster!« Das Gespenst entpuppt sich als Mrs. Jacksons weißer Kater. Trotzdem, Angst und Unbehagen bleiben.

Schließlich kommen die Eheleute überein, sich wieder zu trennen. »Manche Ehen sind ein Zustand, in dem zwei Leute es weder mit noch ohne einander durch längere Zeit aushalten können.« Das hat sie einmal irgendwo gelesen und nie gedacht, daß es auch sie betreffen könnte. Theo tröstet sie: »Es sind nur die Verhältnisse, die äußeren Umstände, die sich störend zwischen uns stellen.« Ja, aber diese störenden Umstände dauern nun schon das siebente Jahr, und noch ist kein Ende abzusehen. Daß Emilie von sich aus vorschlägt, zurückzugehen, ist für Theo eine große Erleichterung. Sofort stellt sich das bekannte Kribbeln unter den Fingernägeln wieder ein, als er sich auf Materialsuche für eine umfangreiche Serie über englische Penny-Blätter begibt. Eine Woche später hat er den ersten Aufsatz fertig. Es ist 2 Uhr morgens. Seinem Tagebuch vertraut er Emilie betreffend an: »Vernunft fängt wieder an zu sprechen und Hoffnung wieder an zu blühn.« In den letzten Tagen zeigt sich London von der besten Seite. Eine milde Maisonne läßt Bäume und Sträucher grünen. James Park gleicht einer Oase. Emilie möchte noch einmal die

Stätten sehen, die Theos Balladensinn besonders anregten; und so besuchen sie den Tower mit dem Fallbeil, dem drei schottische Lords, Anna Boleyn und Jane Grey zum Opfer fielen; sehen noch einmal St. Paul's Cathedral und Nelsons Sarkophag, die Flüstergalerie und die Uhr mit den riesigen Zeigern. George bekommt eine echte schottische Mütze, und als Krönung vernaschen alle zusammen in einer Konditorei am Trafalgar Square für einen ganzen Reichstaler Erdbeereis.

Es ist die Stille vor dem Sturm.

Schutzengel Henriette

Aus Angst vor Seekrankheit besteht Emilie auf den kürzeren Weg über Antwerpen. Zwar kommen die drei am 20. Mai wohlbehalten in Berlin an, aber wie weiter? Die Wohnung in der Luisenstraße ist ja aufgegeben worden. Da erweist es sich als segensreich, daß Emilie bei Papa Kummers Tod sich nicht mit Bertha Kummer verzankt und sogar auf ihr kleines Erbteil verzichtet hat, denn Bertha mietet ihrer Wohnung gegenüber ein Stübchen in der Herrnhuter Pension; dort verbringen sie die erste Nacht (wie die Heringe in der Tonne), spülen sich frühmorgens in einem öffentlichen Wannenbad den Reisestaub ab und frühstücken dann bei Mama Kummer.

Nun heißt es, eine neue Bleibe zu finden. Das ist schwieriger als gedacht, denn in Berlin wird grundsätzlich zum 1. April oder zum 1. Oktober umgezogen. Und wer zufällig in der Zwischenzeit eine gute Wohnung frei hat, vergibt sie nicht an eine alleinstehende Dame mit demnächst zwei Kindern. Nach der dritten Absage ist Emilie so erschöpft und niedergeschlagen, daß sie nicht mehr die Kraft hat, weiterzusuchen. Da erscheint als rettender Engel Henriette von Merckel, rät ihr, die Einladung Lauras nach Luckenwalde anzunehmen, bis sie eine Wohnung gefunden habe.

Laura hat inzwischen vier Jungen, wie die Orgelpfeifen, das erste Mädchen wurde erst vor wenigen Wochen geboren. Da ist das Haus voll und Laura beschäftigt. Für Emilie und George bleibt nur eine kleine Stube mit einer Bettstatt. George findet es herrlich, so dicht bei Mama zu schlafen; doch er schläft unruhig und boxt sie ungewollt in den Unterleib. Krampfartige Schmerzen sind die Folge, und das Gesicht bedeckt sich mit gelben Flecken. Alles Beten hilft nichts, die Angst und die Erinnerung an das blaurote Würmchen, das sie vor einem Jahr hier in diesem Hause zur Welt gebracht und wieder verloren hat, sind stärker.

Ihrem Herzensmann gegenüber verschweigt sie Schmerzen und Ängste, denn erstens kann er Jammern nicht leiden, er selbst jammert ja auch nicht, zweitens würde es ihn nur unnötig aufregen, und gerade jetzt braucht er alle Kraft und Konzentration, um seine neue Position in London zu festigen.

Er ist wirklich von ungeheurer Energie erfüllt: Theaterbesuche, Ausflüge zu historischen Stätten, ein spektakulärer Kriminalprozeß oder der Einzug der Garden, alles verwandelt sich im Schaffensrausch zu Feuilletons. Das Ministerium muß doch endlich begreifen, was es an ihm hat! Doch es rührt sich nichts. Da setzt er alles auf eine Karte (»Sein oder Nicht-Sein!«) und schreibt Dr. Metzel, dem er vertraut: »Wenn der preußische Staat hier einen Agenten mit offenen Augen und Ohren wünscht, so muß er den Agenten danach behandeln. Wenn das arme Luder (als wie icke) immer nur daran zu denken hat, ob er auch genug Geld behält, sich die Stiebeln besohlen und die Flanelljacken waschen zu lassen, so ist es mit allem freien Geist, mit aller Beobachtungsmöglichkeit vorbei und das ganze Filial keinen Schuß Pulver wert.«

Von diesem Trompetenstoß wacht die Ministerialbürokratie auf, man erhöht sein Gehalt (etwas) und wünscht ausdrücklich sein Verbleiben in London. Für ihn ist das ein Sieg nach Punkten.

Das einzig Bedauerliche ist nur, daß Emilie in ihrer schweren Stunde wieder allein sein wird, aber »vertrau nur auf Gott und gute Menschen«. Bis hierher liest sie den Brief noch gefaßt, sie hat ja mit so etwas gerechnet, aber was danach kommt, schlägt dem Faß den Boden aus: »Gieb Dir Mühe, es von der leichten Seite zu nehmen ... Sage Dir, daß es gut für mich sei, nicht direkt die Junggesellenschaft mit der Wochenstube zu vertauschen; male Dir aus, wie nett es sein kann, wenn ich zur Taufe komme.« Das ist zuviel! Sehr nett ist das! Sehr nett! Sie trommelt mit ihrer kleinen Faust auf das Papier. »Nett«, was ist das für ein Wort, so nichtssagend, so gedankenlos, so gefühllos! Ihre aufsteigende Wut richtet sich auf dieses harmlose Wörtchen »nett«, nicht auf Theo, der nicht wissen kann, wie verloren und elend sie sich gerade fühlt. Nachdem die Tränen versiegt sind und die Augen wieder klar sehen, liest sie den Brief zu Ende: »Rufe Verstand und Phantasie zur Hilfe gegen das Gefühl ... Man kann sich selber zureden und sich das Unplausibelste plausibel machen ... Unser Leben soll nun mal anders sein wie das andrer Leute, und in letzter Instanz ist es gut, daß es kein Alltagsleben ist. Grüße und Küsse Dir und dem boy von Deinem Theodor.« Hm. Rufe Verstand und Phantasie zur Hilfe gegen das Gefühl der Verlassenheit ... Gut gesagt und schwer getan. Nur langsam gewinnt sie die Klarheit zum Denken zurück; wie ist die Lage: Sie selbst hatte doch vorgeschlagen, nach Berlin zurückzukehren; jeder muß auf seinem Platze das Seine tun. Er in London, sie hier. Sie muß sich gesund erhalten, ein gesundes Kind zur Welt bringen, er muß dort das Fundament schaffen, auf dem sie zusammen leben können. Man kann es drehen und wenden, wie man will, das ist die einfache Wahrheit.

Die Schmerzen lassen nach. Zwei Wochen später hat Henriette von Merckel ganz in ihrer Nähe eine passende Wohnung gefunden, drei Mansardenzimmer in einer prachtvollen Villa, die dem Geheimen Ober-Medizinal-Rath Dr. Casper gehört. Kinder sind eigentlich unerwünscht, aber da die vertrauenerweckende Frau Kammergerichtsrätin versichert, es sei ein außergewöhnlich liebes, artiges und kluges Kind, läßt er sich erweichen, und Emilie kann am 20. Juni einziehen.

Einen Pferdefuß hat die Sache allerdings: Der Mietvertrag gilt nur bis Michaeli, dann muß sie wieder ausziehen oder die ganze Etage übernehmen. Emilie hat sich anerzogen, dem Tag zu leben und sich nicht allzusehr den Kopf zu zerbrechen, was in drei Monaten oder gar in einem Jahr sein könnte. Es kommt doch immer anders. So genießt sie erst mal das wohlige Gefühl, wieder ein Zuhause zu haben, angenehm möbliert in einem angenehmen Hause und mit Blick auf den Tiergarten.

Merckels schmieden kühne Pläne

Am 3. Juli kann sie ihrem Herzensmann mitteilen, daß nun wieder Ruhe und Behaglichkeit bei ihr eingekehrt seien; sie besitze sogar wieder eigene Töpfe, um selber zu kochen. So lange hatte ihr Henriette von Merckel das Essen gebracht. Sie kommt auch weiterhin fast täglich zum Tee oder achtet auf den Kleinen, damit Emilie das Nötigste einkaufen und besorgen kann.

Theodor schreibt einen entzückenden Dankesbrief an Merckels und lobt Emilie für ihre Briefe, »aus denen eine gewisse Heiterkeit oder doch eine vertrauensvolle Ergebung sprechen«. Er hat keine Ahnung, wie schwer ihr diese Briefe gefallen sind.

Freudig überrascht erfährt sie von Dr. Metzel, daß einige Feuilletons Fontanes in Berliner Zeitungen erschienen sind und einige Honorare zu erwarten seien. Es sind Schilderungen der Ereignisse, die sie noch zusammen erlebten, und es interessiert sie natürlich, wie *er* es damals gesehen und was er daraus gemacht hat. Ach, wenn die Honorare so weiterfließen, wäre eine Trennung vielleicht gar nicht nötig gewesen. Aber freilich, ihre Anwesenheit hätte ihn wahrscheinlich davon abgehalten, soviel zu schreiben. Sie verspricht ihm, mit dem Geld haushälterisch umzugehen, bittet jedoch »um monatliche Depense von 1 rtl 15 sgr für ein Klavier. Ich bin sonst gar so einsam ...«

Natürlich willigt Theodor ein: Sie möge nur ja nicht aus falsch verstandener Sparsamkeit es an irgend etwas fehlen lassen, was die Gesundheit und das Wohlbefinden erfordere, »ein Ei und ein Glas Rotwein zum Frühstück, Spazierengehn, Lektüre und viel Unterhaltung in freundlicher Gesellschaft ...«. Letztere hat sie in Hülle und Fülle bei Kuglers oder Merckels, wo sich »Rütli« und »Ellora« treffen. Alle fragen, welche Aufgaben Fontane als »litterarischer Agent« habe; darauf weiß Emilie keine rechte Antwort. Wie sollte sie auch.

Bernstorff erwartet von ihm – unter anderem – Informationen aller Art, z. B. Meinungsforschung unter den »Achtundvierzigern«: Wovon leben sie, bilden sie noch eine Gefahr für den preußischen Staat? Fontane sieht dies als Vorarbeit für die bevorstehende Amnestie und berichtet: Sie schlagen sich so durch und hoffen inständig auf Heimkehr, um ihrem Vaterland wirklich nützlich sein zu können.

Das genügt Bernstorff nicht: Details!, mahnt er wieder: Details! Keine Feuilletons!

Merckel, der sich eigentlich hinter den Kulissen des Ministeriums auskennt, weiß nichts von diesem zwielichtigen Arrangement und gibt Emilie Ratschläge, wie Fontane sein »halbamtliches Placement« ausbauen könne; mit seinen Kenntnissen in englischer und deutscher Geschichte und Literatur, mit seinem Charme und seiner Erzählkunst müßte es ihm doch gelingen, sich Graf und Gräfin Bernstorff unentbehrlich zu machen, etwa als geistreicher Schilderer des gesellschaftlichen Lebens; Menzel würde doch auch bei Hofe eingeladen, einfach aus dem Grunde, weil er die erlebten Szenen nachher malen soll. Wenn Fontane es diplomatisch genug anfinge, so könnte er bei der Gesandtschaft nicht nur als literarischer Attaché, sondern als Dichter eingeladen werden, seine Balladen vortragen und vielleicht ein wenig den Ruhm der »Argo« in England verbreiten ... Von seinen eigenen Ideen begeistert, steigert sich Merckel zu folgender Vision: Vielleicht biete sich durch den Gesandten auch Gelegenheit, dem preußischen Prinzen, der sich gerade auf Brautschau am englischen Königshof befindet, vorgestellt zu werden, dann könnte der Sänger der »Preußenlieder« nunmehr die anglo-borussische Verlobung besingen; vielleicht kehrt er dann im Gefolge der Princess Royal als deren Vorleser nach Berlin oder Potsdam zurück und kann als solcher dem »Rütli« eine Brücke zum allerhöchsten Teetisch bauen.

Ungläubig lauscht Emilie seinen Worten, und doch fühlt sie ihr Herz schneller schlagen: Theodor als eine Art Vorleser, umgeben von all den etepetetenen Damen des Hofes ... in seinem abgeschabten Frack und seinen klumpigen Lederstiefeln. Da kann sie nur lachen. Andererseits: Wenn Merckel ihm so eine Karriere zutraut ... Merckel redet nicht so daher, er ist für sie der Inbegriff der Seriosität, ein Mann von Gesetz und Recht – und eine schlesische Poetenseele. Bei aller Liebenswürdigkeit würde er nie so etwas sagen, wenn er nicht echte Chancen sähe.

Aber würde Theo überhaupt wollen? Sicher will er sich einen Namen machen, aber Karriere? Seine besten Charaktereigenschaften sind ihm dabei im Wege: Er kann nicht lügen, selbst wenn er wollte, er ist Literat, kein literarischer Geschäftsmann, und er läßt sich von niemandem vorschreiben, wie er zu denken und zu leben habe. Er ist offen, unverstellt und unter dem Einfluß der Minute stehend, er hat hinsichtlich seiner Worte und Taten eine große Unbekümmertheit, und manchmal ist er nicht Herr der Worte, sondern die Worte haben ihn, und um eines guten Bonmots willen kann er sich um Kopf und Kragen reden. Wie oft haben sie schon darüber gesprochen, aber Theo hatte stets ihre Reden mit Grandezza, amüsiert oder ärgerlich vom Tisch gefegt. Nein, er taugt nicht für ein Leben im Dunstkreis des Hofes. Henriette wirft ein, daß dies nicht zwangsläufig mit Unterwerfung unter vorgeschriebene, abgezirkelte Lebensformen identisch sein müsse. Sie hat gut reden. Aus einer angesehenen schlesischen Adelsfamilie stammend, die dem preußischen Staat ranghohe Beamte, darunter Justiz- und Kultusminister, stellte, ist ihre Stellung bei Hofe à priori eine ganz andere. Sie macht zwar keinen Gebrauch davon, aber das Bewußtsein, daß sie es könnte, wenn sie wollte, gibt ihr eine Souveränität im Auftreten, um die Emilie sie neidlos bewundert. Für Merckels zählt nur der Mensch, nicht der Titel; sein Charakter, nicht sein Vermögen; seine ideale Vorstellung vom Leben; darum fühlen sich die überwiegend aus dem Bildungsbürgertum kommenden »Rütlionen« im grünen Salon so wohl. Auch Emilie fühlt sich hier heimisch und vorurteilslos angenommen. Die beiden Frauen sprechen mit großer Behutsamkeit über Sorgen, Freuden und Ängste, vor allem natürlich über die Kinder (wobei Henriette nur Neffen und Nichten aufzuweisen hat), und natürlich über die Ehemänner. Wer den distinguierten Herrn Kammergerichtsrat nur in Gesellschaft kennt, ahnt nicht, daß er wegen seiner zu kleinen Statur voller Minderwertigkeitskomplexe steckt. Allzeit militärfrei geblieben zu sein, nicht »gedient zu haben«, ist in seinen Kreisen ein nicht zu tilgender Makel (glaubt er jedenfalls). Sein leichtes Verwachsensein versucht er durch betont aufrechte Haltung zu kaschieren, sein unerfülltes Berufsleben durch literarische Leistungen zu kompensieren. Nur im »Tunnel«, im »Rütli« und in der »Argo« findet er ein geneigtes Publikum. Er braucht dieses Echo, und der kleine Kreis von Freunden braucht ihn, mit seiner tätigen Liebenswürdigkeit hält er zusammen, was sonst – trotz allerseits guten Willens – womöglich auseinanderfallen würde.

Henriette versteht sich als die ihm von der Natur oder Gott zugedachte Ergänzung. Für ihn und den Kreis, der zu seinem Leben gehört, sorgt sie mit Umsicht und Herzensfreude. Das spüren alle, und Emilie besonders. Als Henriette, die äußerlich so streng und unnahbar wirkt, Emilie das freundschaftliche Du anbietet, nimmt sie dankbar an. Es scheint, als hätten sie keine Geheimnisse voreinander, so lesen sie sich auch Theos Briefe gegenseitig vor. (Ein Ausplaudern von Intimitäten ist nicht zu befürchten, denn es gibt keine, wenigstens keine aufgeschriebenen.) Henriette hatte Fontane den guten, wenn auch etwas einfältigen Rat gegeben, Tag für Tag und Woche für Woche von der Londoner Single-Wartezeit abzustreichen, »die Freude, je mehr sich das verringert, ist auch etwas und hilft ertragen«.

Fontane hat den praktischen Rat befolgt und ihr gedankt, aber hinzugefügt: »Im Allgemeinen aber liebe ich seine Befolgung nicht. Die meisten Menschen bringen so das ganze Leben hin, daß sie sich von Pfingsten nach Weihnachten und von Weihnachten nach Pfingsten sehnen. Eigentlich haß ich diese Art von Existenz. Ich denke, *das* heißt leben, wenn man zu jeder Zeit dem Augenblick zurufen möchte: ›Verweile doch, du bist so schön!‹.« Mit andern Worten, wer immer nur auf die Zukunft hofft, verliert die Gegenwart, die Aufgabe bestünde darin, sich des gegenwärtigen Glücks bewußt zu sein. Ein Gedanke, der für einen ganzen Abend Gesprächsstoff liefert.

Augenblicke, in denen man mit Goethes »Faust« sagen möchte: »Verweile doch, du bist so schön!«, so meint Henriette, können eben nur Momente bleiben, sonst ist ihr Zauber dahin. Es ist wie mit dem Regenbogen, diesem wundervollen Stück des Himmels. Steht er länger als eine Viertelstunde, schaut keiner mehr hin. Er ist selbstverständlich geworden und damit entwertet.

Henriette lehrt Emilie, Glücksmomente ihres Lebens wie Perlen aufzureihen und wie eine kostbare Kette zu tragen. Wenn man sich dessen bewußt ist, gibt es viele solche Momente, zum Beispiel, wenn sie mit Henriette und George bei herrlichstem Altweibersommer durch den Tiergarten kutschieren, oder wenn sie Schumanns »Kinderszenen« spielt und George sich selig an sie schmiegt und flüstert: »Wie schön, wenn Papa das hören könnte!«

Ein Glücksmoment für sie ist es, als der Geburtstagsbrief für George eintrifft, in dem der Dichter-Papa wieder mal voll in die Tasten gegriffen hat:

Oxford, 11. August 1856

Hier im Gasthof zum Robin Roy
Schreib ich dir dies, mein süßer boy,
Und wünsche, daß es am rechten Tag
Dich froh und munter treffen mag.
Es sind nun fünf Jahre, daß deine Mama
Mich wissen ließ: »du seiest da«;
Ich erinnre mich dessen, als sei es heut,
Und habe mich sehr über dich gefreut.
Du warst nicht schön, weder fleischig noch rund,
Und hattest nur einen tüchtigen Mund,
Einen Mund, der, ohne allen Spaß,
Dir genau zwischen beiden Ohren saß; –
Doch sei dem allem, wie ihm woll,
Wir waren ganz deines Ruhmes voll.

Nur in einem schuf uns zu jener Zeit
Dein Mündchen doch Bedenklichkeit,
Das machte, wir hatten selbst nicht satt
Und dachten. »ach, wenn er Hunger hat,
Einen Hunger, der diesem Mund entspricht,
So können wir ihn sättigen nicht,
Denn Mutters Vorrat ist sehr gering,
Hilf Himmel, es ist ein schlimmes Ding.«
Und der Himmel tat, was er immer tut,
Er *half,* und alles wurde gut,
Und wurde besser als in der Nacht
Wo Gott dich schickte, wir je gedacht.
Es fanden sich Milch und Mayersche Flaschen,
Zucker-Biskuite, davon zu naschen,
Es fand sich manches und allerlei,
Und so ging das erste Jahr vorbei.
Das zweite auch; – im dritten Jahr,
Als eben Mamas Geburtstag war,
Da hatten deine Eltern beid'
Um dich kleinen Kerl großes Leid.
Du wurdest uns bis zum Tode krank,
Doch der Himmel half wieder, Gott sei Dank,
Zu Weihnachten, als du eben genesen
Sind wir voll Dank und Freude gewesen ...
Seitdem, mein boy, gleich einem Alten
Hast du dich brav und wacker gehalten
und hast durchzogen wie ein Held
Zu Wasser und Lande die halbe Welt.
Du hast gespielt auf grüner Halde
Am Ufer der Nuthe in Luckenwalde,
Du hast an der Katzbach dich rumgeschlagen
Wie Vater Blücher in alten Tagen
Und bist ohne langes Federlesen
Ein Gast im großen London gewesen.
Deine Mutter schreibt mir von zu Haus:
Du zögst dich jetzt selber an und aus,
Ausziehen ginge eins, zwei, drei,

Aber anziehn immer noch schwierig sei,
Und du dächtest: »wenn ich das erst kann,
So reis ich nach London und bin ein Mann.«
Beim Lesen mir das gleich gefiel;
Steck dir beizeiten ein großes Ziel,
Wem Anziehnlernen rasch gelingt,
Der auch wohl andres rasch bezwingt.
Das kannst du heute noch nicht verstehn,
Doch funfzehn Jahre schnell vergehn,
Und wenn dich Gott am Leben läßt
Und du feierst dann wieder Geburtstagsfest,
Dann wollen wir über die Sache sprechen
Und uns den Kopf ein bißchen zerbrechen.
Heut fühl ich von allem Laufen und Sehn
Sich ein Mühlrad in meinem Kopfe drehn,
Und ich will dir nur sagen noch zum Schluß:
Sei brav und gut! Und nun einen Kuß
von deinem Papa.

Kann man einem Mann, der seinem Kind solchen Geburtstagsbrief schreibt, jemals Lieblosigkeit vorwerfen? Dem Brief liegt der von George heißersehnte Tuschkasten bei. (»Aber Vorsicht, nicht am Gelb lutschen, es ist giftig!«) Tante Merckel schenkt ihm einen kleinen Brunnen mit winzigen Eimerchen, mit denen sich wundervoll matschen läßt. Aber Georgechen darf alles, Mama ist nachsichtig gestimmt, denn obwohl ihr das Stehen und Laufen schon schwerfällt, fühlt sie sich doch gut, und außerdem weiß sie, daß sie ab August 40 Taler Wirtschaftsgeld zur Verfügung haben wird; das hört sich gut an, aber die ersten 40 Taler gehen schon für den Schneider drauf, der endlich (aus Lauras Tuch!) Rock und Weste für Emilies Herzensmann fertig hat. Ehe geklärt ist, auf welche Weise sie das gute Stück nach London expedieren soll, trifft der zukünftige Träger selbst in Berlin ein. Das Ministerium hat es gewünscht. Es sind Verhandlungen zu führen, die aber nicht Fontanes Existenz berühren. Alle Freunde finden sich ein, abwechselnd tagen »Rütli« und »Ellora«, Emilie (fast) immer dabei. Es geht ihr so gut, daß sie mit George mehrmals bei Kranzler Chocolade und Biskuits genießt und in Menzels Atelier das soeben vollendete Bild »Friedrich der Große bei Hochkirch« begutachtet.

Alles scheint so wie in alten Tagen, und doch schwebt über allen die Melancholie des Herbstes; jeder spürt, es ist ein Abschiednehmen für lange Zeit. Wie ein wehmütiges Lebewohl klingt der Toast zur letzten »Ellora«-Sitzung bei Merckels:

> Das Haus, das ich vergesse nimmer,
> Mit dem runden Tisch und dem grünen Zimmer,
> Mit dem Ungarwein und den schwimmenden Klößen,
> Die selber schon Respekt einflößen,
> Das Haus drin Rütli und Ellora
> Seit lange studirt die Humaniora,
> Das Lieblingshaus der aufgetauten
> Wieder flott gewordenen Argonauten,
> Das Haus, was soll ich zögern noch,
> Das *Merckel'sche Haus* es lebe hoch!

Sehr gefaßt, beinahe heiter läßt Emilie ihren Herzensmann von dannen ziehn. Sie ist sich sicher: Diesmal wird er in London einen Zipfel des Glücks zu fassen kriegen, und sie wird ein gesundes Kind entbinden. Alles wird gut.

Sie freut sich für ihn, daß er in Begleitung Dr. Metzels München und Heidelberg besuchen und allein eine Woche in Paris bleiben kann, ehe er wieder Posten in London bezieht.

Lepel spöttelt, es sei leichtsinnig, einen Junggesellen allein nach Paris fahren zu lassen. Emilie hält ihm triumphierend einen Brief aus Paris entgegen, geschrieben am 16. Oktober, ihrem sechsten Hochzeitstag. Darin heißt es unter anderem: »Ja, du lieber Himmel! Wenn ich 20 wäre und ein junger Graf … und eine Grisette hielte und eine Loge im Theater hätte … Um sich hier zu amüsieren, bedarf es gewisser guter und schlechter Eigenschaften, die ich beide nicht habe. Außerdem muß man Libertin sein, Hazard spielen, Mädchen nachlaufen, Rendezvous verabreden, türkischen Tabak rauchen, das Billardqueu zu handhaben wissen etc. Wer von alledem nichts hat und weiß, der ist ein verlorenes Subjekt und tut gut, seinen Koffer zu packen, wenn er sich den ganzen Schwindel angesehn und seine Kunstvisiten im Louvre und in Versailles beendigt hat. Ich geh erst wieder hierher, wenn ich genug französisch weiß, um an dem geistigen Leben und Treiben einigermaßen teilnehmen zu können und dann geh ich nicht allein her, sondern in Gesellschaft und zwar, so Gott will, mit Dir.«

»Charmant«, sagt Lepel und denkt sich im stillen: »Aber wohl doch dem Jubiläumsanlaß geschuldet.«

Der »kleine Engländer« wird geboren

Drei Wochen später wird ein Junge geboren, das fünfte Kind in sechs Ehejahren. Die Wehen folgen schnell aufeinander und sind so heftig, daß Emilie minutenlang das Bewußtsein verliert und meint, sterben zu müssen. Mama Fontane und Elise, die rechtzeitig zur Stelle sind, um jeden erdenklichen Beistand zu leisten, bescheinigen ihr eine bewundernswerte Haltung. Da sich der Vater im fernen London diesmal nicht dagegen verwahren kann, wird der Kleine an einem bitterkalten Dezembertag in einer bitterkalten Kirche auf den Namen Théodore Henri getauft, nach Vater und Großvater. Es ist ein schönes, kräftiges Kind mit großen blauen Augen. Wie hatte Theo senior noch vor Wochen geschrieben: »Alles wird dankbar akzeptiert, nur keine allzu elenden Würmerchen, es ist eine Ehrensache. Also nimm Dich zusammen und tu das Deine, man schreibt mir sonst auf den Grabstein: seine Balladen waren strammer als seine Kinder.« Damals hatte sie über diesen, wie sie meinte, herzlos-spröden Ton Tränen vergossen, jetzt lacht sie darüber. Sie hat das Ihre getan.

Bei so guten Nachrichten aus Berlin lüftet die Muse, die in den Koffer gesperrte, ein klein wenig ihre Flügel:

> Poesie, das liebe Hexchen,
> Lebt nicht länger mehr mit mir,
> Legt nur dann und wann ein Klexchen
> Still vor meine Stubentür …

Die »Rütlionen« sammeln hocherfreut die »Klexchen« für den neuen Jahrgang der »Argo« ein, das jüngste Album (mit Fontanes »Archibald Douglas«) kommt gerade zum Weihnachtsfest zurecht, auf das sich schon alle vorbereiten. Das Wetter ist umgeschlagen und fast föhnig warm. Emilie läßt sich verleiten, in der Schachtschen Apotheke für George Lebertran zu kaufen. In der Nacht darauf windet sie sich in Krämpfen.

Dr. Koblanck diagnostiziert eine Entzündung des Unterleibes, bei allen Wöchnerinnen ein gefürchtetes Übel. Er legt Blutegel an und verordnet alle zwei Stunden Umschläge mit heißem Brei. Mutter Fontane wird wieder zu Hilfe gerufen; bis sie eintrifft, schläft Henriette von Merckel nebenan auf dem Sofa, horcht ängstlich auf jeden Atemzug der Fiebernden, erneuert die Umschläge. Zu Weihnachten ist das Schlimmste überstanden. Der Appetit stellt sich ein – und ein Paket aus London, mit Samt für George und Seide für Emilie und die Mama, dazu die obligatorische Weihnachtselegie mit dem Kehrreim: »Es geht nun mal nicht anders.« Aber der letzte Vers klingt ihr doch sehr verheißungsvoll:

Die Stunden gehn, die Tage gehn,
Vergehen immer geschwinder,
Es kommt, will's Gott, ein Wiedersehn,
Es kommen Frau und Kinder,
Es ist der Trennung bald genug
Und leer wird auch ein bittrer Krug,
Es geht nun mal nicht anders.

In ihren Fieberdelirien hatte sie wohl an die hundertmal gemurmelt: »Mein Theo, mein Herzensmann, ich trenne mich nie wieder von dir!« Nun taucht aus den Nebelschwaden der Ungewißheit ein Sonnenstrahl auf: Theo kündigt an, daß er Anfang April käme »und reise entweder mit Euch zusammen oder reise vorauf, um hier alles instand zu setzen«. Dem Brief liegt ein launiges Loblied auf den Februar bei, der nicht mit 31 Tagen quält:

Ich brauch nur 28 mal
Zu meinem treuen Simpson gehn
Und kann den boy und mein Gemahl
Drei Tage früher sehn.

»Ist das nicht wundervoll?« schwärmt Emilie und reicht der Mama Brief und Vers. Die sieht es realistischer: »Es wurde auch Zeit, seine letzten Briefe waren so lau und flau, daß ich schon dachte, es wäre ihm am Ende recht gewesen, wenn du nicht am Leben geblieben wärst. Es war genau der Briefstil, den ich von Louis Henri gewöhnt bin.«

Entsetzt schaut Emilie sie an: Wie kann sie, die hilfreichste der Mütter, so etwas denken, geschweige denn aussprechen! Früher hätte sie eine solche Bemerkung erschüttert, nun nicht mehr. Sie konzentriert sich voll auf das, was nun wirklich wichtig ist: Sie muß gesund bleiben und intensiv englisch lernen, George und Theochen müssen weiter so gut gedeihen (dagegen verblassen ärgerliche Szenen zwischen dem faulen Dienstmädchen und der zänkischen Amme). George geht seit neuestem zur Schule und widmet sich mit Feuereifer dem Buchstabieren. Wilhelm von Merckel hat ihn gezeichnet, mit seinem Ranzen und der Schottenmütze. Nicht nur Merckels, alle aus »Rütli« und »Ellora« kümmern sich aufmerksam und liebevoll um sie; diese große Familie wird ihr in London fehlen. Aber dafür hat sie den Liebsten. Die Sehnsucht nach ihm wird übermächtig, denn der Frühling kommt zeitig in diesem Jahr: »Ich fühle, Du *mußt* kommen, ebenso wie die Bäume wieder grünen und die Vögel wieder singen müssen.« Seufzend klebt sie den Brief zu: Sie wird sich sehr in acht nehmen müssen, wenn er kommt, daß ihr am Jahresende nicht wieder das Wochenbett winkt …

Und dann ist er da, aber die Freunde nehmen ihn in Beschlag, so daß es kaum zu inniger Zweisamkeit und verfänglichen Situationen kommt. Die»Rütlionen« tagen bei Menzel, der sein neuestes Bild »Bon soir, Messieurs« aus dem Fridericus-Zyklus ausstellt. Dann geht es reihum zu Kuglers, Merckels, Zöllners; Lepel ist da und Lucae, Eggers und Kette, man nimmt lebhaften Anteil am Schaffen eines jeden, erfreut sich an den Erfolgen des anderen und leidet mit dem Erfolglosen. Theo und Emilie fühlen das Sicherheitsnetz, das sie davor bewahrt, in den Abgrund zu stürzen, komme, was da mag.

Auch die Wangenheims erneuern ihre Sympathien, Scherz kommt aus Kränzlin, Marie Fels aus Liegnitz ist auf der Durchreise; immer ist Trubel. Das Entscheidende aber sind Fontanes Besuche beim Ministerpräsidenten von Manteuffel und bei Metzel. Klipp und klar sagt er: Wenn ihm nicht endlich der notwendige Lebensunterhalt garantiert werden kann, steigt er aus. Soviel weiß er, daß er als Zeitungsmensch nun nicht mehr verhungern kann. Wieder hält man ihn mit Versprechen hin. Nach Wochen – Fontane ist längst in London – bestätigt man ihm einen Drei-Jahres-Vertrag (jährlich etwa 2000 Taler) und Übernahme der Umzugskosten für die Familie. Bei dieser Nachricht macht George Luftsprünge und versichert, es würde ihm gar nichts ausmachen, täglich nur Lammkoteletts essen zu müssen, wenn er nur ab und zu einen Pudding bekäme. Emilie liest den Brief immer wieder und legt ihn schließlich unters Kopfkissen wie ein verliebtes junges Mädchen.

Theo versucht, ihren Überschwang ein wenig zu dämpfen: Sie sei zum Glück eine Lady, die mehr vom Leben verlange als »essen, trinken, ein Kleid und abends in das zweischläfrige Bett zu kriechen«, für einen Menschen aber, der an Freunde, Witz, Humor, Gesellschaft und beständige Anregung gewöhnt ist, sei das Leben in London nach wie vor trostlos. »Das Gefühl der Leere kann gar nicht ausbleiben; auch die beste, ungestörteste Ehe zwischen Leuten, die sich lieben, kann das nicht hintertreiben. Geistig bewegliche Menschen bedürfen der Anregung von außen, sie müssen erleben, Stoff muß ihnen zugetragen werden; Kamin, Tee, Times und Liebe sind gut, aber sie reichen nicht aus. Hebe Du Dir diesen Brief auch auf oder, noch besser, schick ihn mir wieder, damit ich ihn Dir zu rechter Zeit vorlegen kann.«

Emilie teilt seine Bedenken absolut nicht, fegt sie übermütig vom Tisch. Diesmal wird sie ja nicht mehr dumm und stumm daneben sitzen, wenn am Kamin geplaudert wird, dafür lernt sie Englisch. Sogar in den schlimmen Wochen, in denen sie nicht aufstehn und ausgehn durfte, hat sie wenigstens Vokabeln repetiert. Den nächsten Brief schreibt sie ihm auf englisch: »Saturday May 23. My darling husband. I am tormenting myself, to write an english letter to you, but what does one not to do for love? … »und schließt nach einer Seite mit: »Your faithful and affectionate *better* half Emilie.«

Die Freunde, vor allem Merckels, passen auf, in welchen Zeitungen Artikel Fontanes erschienen sind, Emilie sammelt sie und schickt sie nach London, damit Theo ersehe, ob man sie nicht »zu sehr verstutzt« hat.

Mit unglaublicher Energie und nie gekannter Zielstrebigkeit bewältigt Emilie den Alltag. Die »Rütli«-Freunde bedauern ausnahmslos ihre »Ellora«-Mutter »an das schnöde Albion zu verlieren«, war sie doch immer so etwas wie die seelische Mitte, wie Vater und Mutter zusammen. Besonders Merckels fällt der Gedanke an Abschied schwer, aber auch Lepel. Alle nehmen mit freudiger Erleichterung wahr, daß sie mehr und mehr aufblüht. Miß Neßler, ihre Englischlehrerin, hat Fontanes »Schöne Rosamunde« gelesen und meint, ein Mann, der solche empfindsamen Verse schreibe, könne in London unmöglich treu bleiben. Früher wäre Emilie durch eine solche Anspielung vielleicht verunsichert worden, nun lacht sie und gesteht, sie halte es für das Klügste, sich gar nicht erst mit dieser Frage zu beschäftigen.

Die Kinder sind ihre ganze Freude, Theochen, so schreibt sie dem Papa, sei der geborene Humorist und so hübsch, daß sich die Leute nach ihm umdrehten, wenn sie ihn im Wagen spazierenfahre. George ließe sich nach wie vor von Tante Merckel verwöhnen. Manchmal schnappt er englische Vokabeln auf und fragt erstaunt: »Mother heißt in London Mutter? Aber Modder heißt doch Dreck! Wenn Mother Mutter heißt, wie heißt dann in London Dreck?«

Sechs Wochen vor der geplanten Abreise bekommt George die Masern und gleich danach auch der Kleine. Selbst das kann Emilie nicht aus der Balance bringen. Sie zergrübelt sich nicht, wie früher, sie konzentriert sich aufs Notwendigste, aufs Praktische. In ihren Briefen wimmelt es von konkreten Fragen: Was soll ich an Hausrat irgendwo auslagern? Was soll ich mitbringen? Matratzen? Gläser? Geschirr, Töpfe? Brauche ich für Glas und Porzellan eine Extra-Kiste?

Und als sie merkt, daß ihm der ganze Krimskrams lästig ist, organisiert sie es in eigener Regie und schreibt lakonisch: Im Grunde sei das auch alles zweitrangig, Hauptsache, es gäbe in London gute, bekömmliche Milch für den Kleinen.

Wer Masern hat, muß bekanntlich einige Zeit im dunklen Zimmer liegen; das verkraftet der Angsthase George mannhaft, auch die schrecklichen Mehlsuppen. Nur als ihm die beiden Luftballons davonfliegen und zerplatzen, die Tante Merckel ihm zur Genesung schenkte, gibt es Tränen. Und der Papa schreibt ihm einen seiner wundervollen, doppelbödigen Trostbriefe, die eigentlich für seine Mama bestimmt sind: »Über die Luftballons gräme Dich nicht, sie gehen immer entzwei, das ist ihr Schicksal, und es ist nur dann bedauerlich, wenn man mit Hilfe solcher Ballons bis in die Wolken gestiegen ist und dann plötzlich niederplautzt, bloß, weil es dem Luftballon da oben einfällt, entzweizugehn. Man muß allem Leichten in der Welt, das immer steigt und im Winde treibt und nicht weiß wohin, weil es kein Ziel und kein Steuer hat, nicht zu sehr vertraun, Deine Mutter wird dies klarer auseinandersetzen …

Ich wünsche, daß es Dir gut geht und verspreche Dir einige Zuckermandeln bei nächster Gelegenheit. Dein Papa.«

Learning by doing – mit zwei Kindern nach London

Noch ein letztes »Ellora«-Fest, ein tränenreiches Abschiednehmen bei allen Freunden, dann macht sie sich mit dem sechsjährigen George und dem acht Monate alten Theo junior auf die Reise. Am 27. Juli treffen sie in London ein, übernächtigt und zerkratzt, denn die »Countess of Lonsdale« ist ihre Wanzen immer noch nicht losgeworden ... Zu fünft (das Mädchen Rosalie mitgerechnet) drängt man sich in Fontanes höchstens für zwei Personen gedachten Chambre garnie. Der Kleine fängt gleich an zu fiebern und greint. Zwei Wochen lang fühlen sich alle wie in einem Nudeltopf, der pausenlos umgerührt wird. Aber dann geschieht das Wunder, der Einzug in das Paradies: 52 St. Augustine Road Camden Town; ein Haus für sich allein! Nördlich von Regents Park, mit schönem Blick auf Londons Dächer und Türme und nach der andern Seite hin auf die Höhendörfer Hampstead und Highgate. Sie liegen sich in den Armen und können ihr Glück kaum fassen. Selbst Fontane wird von der allgemeinen Begeisterung mitgerissen und schwärmt Henriette von Merckel gegenüber: »Unser Haus besteht aus 3 Etagen, ein Souterrain, ein Hochparterre und Eine-Treppe-hoch. Zwei Fenster Front wie fast alle englischen Häuser, die Fenster breit mit venetianischen Blenden; eine 12 Stufen zählende Sandsteintreppe, zu einem pfeilertragenden Vorbau führend, aus dem man dann in den Flur (Hochparterre) des Hauses tritt. Vor dem Hause ein kleiner Blumengarten ... hinter dem Hause ein Rasenplatz zum Spielen für die Kinder und zum Wäschetrocknen. Das Hochparterre ist der eigentliche Stolz des Hauses. Teppiche überall, eine Flurlampe, die Flurwände wie Stuck, im Hintergrunde eine Gartentür von teils mattem, teils blau und rotem Glase. Dies alles präsentiert sich zuerst, nebst einer teppichbelegten Treppe, die ins Erste-Stock führt. Zur Linken des Flurs sind die beiden drawing-rooms von großer Eleganz. Die Wände ... nach Art eines Bilder- oder Spiegelrahmens hergerichtet. Die eigentliche Tapete hat ... einen doppelten Rahmen, erst den Blumen-Rahmen, dann mehr nach außen hin den ponceau-farbenen. Ich beschreibe dies so ausführlich, weil ich es ganz reizend und *nachahmenswert* finde. Die englischen drawing-rooms sind 2 Zimmer, die aber in ihrer Zusammengehörigkeit zugleich den Charakter *eines* Saales haben. Eine torwegartige Tür verbindet beide, und wenn die letztere offensteht, gleicht das Ganze *einem* Zimmer; das Vorderfenster führt auf die Straße, das Hinterfenster auf den Rasenplatz, der sich Garten nennt. Den back-drawing-room hab ich dadurch entweiht, daß ich ihn seiner repräsentativen Hoheit entkleidet, einen großen, langen Tisch hineingestellt und ihn zu meinem Arbeitszimmer gemacht habe. Es arbeitet sich trefflich darin; ich hätte nie gedacht, daß ich angesichts solcher Tapete und mit meinen Stiefeln auf einem Teppich, der 20 £ kostet, so unbehindert Korrespondenzen schreiben könnte. Ich würde selbst Verse machen können, wenn mir anderweitig meine Mittel solche Extravaganzen noch gestatteten. Ich eile zum Schluß, es wird sonst des Guten zu viel. Die vorerwähnte Treppe führt uns in den ersten Stock, der aus 4 Schlafzimmern besteht, 2 großen und 2 kleinen. Das für meine Frau und mich bestimmte ist recht hübsch und macht mit seinem englischen Staatsbett einen guten Eindruck; das andre große Zimmer bewohnen Rosalie und die Kinder; Betsy, das englische Mädchen, schläft in einem der kleinen Räume, der vierte und letzte ist eine angehende Fremdenstube, hier spareroom geheißen. Da haben Sie unsre Wohnung von Kopf bis Fuß.«

Beim Durchlesen mag ihm doch einiges angeberisch vorgekommen sein, jedenfalls fügt er hinzu, in Deutschland mag so eine Wohnung als prächtig gelten, in London ist sie eben nur »anständig«. »Wir haben kein Fortepiano, nur einen einzigen Wandspiegel, keine Damastgardinen, kein Sofa (nur 4 Lehnstühle), keinen Kronleuchter, kein Gas, keine Ausschmückungsgegenstände, keine Blumen, keine Schränke und Mahagonyboards, keinen Groom (Diener), der in seiner mit Silberknöpfen besetzten Jacke die Tür öffnet, wenn geklingelt wird, und die Visitenkarten in Empfang nimmt. Sie werden herzlich lachen, wenn Sie das lesen: ›Fontanes und einen Groom!‹ Sie haben ganz recht, es ist zum Lachen; aber … von dem Augenblick an, wo man respectable people bei sich sehen und vor der Welt einen Gentleman repräsentieren will, ist es mit der Einschränkung und dem Sicheinpferchen in ein ärmliches Stübchen vorbei. Die Art und Weise, wie wir hier leben, ist … nach englischen Vorstellungen von jeglicher Überhebung weit, weit ab. Es bliebe noch übrig, sich selbst die Frage vorzulegen: wie wird das alles auf dich wirken? wird es deinen Sinn auf das Äußerliche und Nebensächliche des Lebens lenken? wird es dich dir selber untreu machen? Ich antworte darauf mit jener Seelenruhe, wie sie aus der vollsten Überzeugung fließt: nein! Meine Frau und ich, die wir in dieser wie in mancher andern Beziehung von einer gleichen Organisation sind, lachen über das Ganze und werden dermaleinst von diesen Blumentapeten ohne Herzschmerzen Abschied nehmen. Was ich mir in dieser Welt erobern möchte, das ist eine gesicherte Existenz und die Unabhängigkeit, die daraus fließt: ob ich mich derselben indes auf einem Brüsseler Teppich 20 £ oder auf einer Diele mit Klaffritzen erfreue, ist mir im wesentlichen gleichgültig. Ich bin kein Barbar, und ich ziehe das Feinere und Schönere vor, aber die Feinheit des Geistes und der Empfindung, jene echte Schönheit, die den Menschen und sein Tuen adelt, wird mir stets weit über Spiegelscheiben und venetianische Blenden gehn, und ich werde gern wieder in die erste beste Berliner Mansardenwohnung einrücken, wenn mir dadurch die Gelegenheit gegeben wird, unabhängig und ohne Bedürftigkeit unter den alten Freunden leben zu können. Daß die Zeit kommen wird, ist meine Freude und meine Zuversicht. Bis dahin wie heut und immer Ihr Th. Fontane.«

Emilie liest diesen enthusiasmierten Brief, freut sich über das Bekenntnishafte darin, mit dem sie sich voll übereinstimmend erklärt, aber wenn sie sich vorstellt, daß dieser Brief im »Rütli« die Runde macht, so werden die Freunde annehmen, Fontanes wohnten nunmehr in einem Feenpalast. »Mit anderen Worten, du wirfst mir Übertreibung vor!« – »Ich werfe dir überhaupt nichts vor, es ist ein wundervoller Brief, und ich unterschreibe alles, aber für Außenstehene könnte er doch etwas ... großsprecherisch klingen.« – »Hm.« – Drei Wochen später relativiert der stolze Hausherr seine Schilderung und – untertreibt diesmal: Eigentlich seien nur die beiden drawing-rooms groß, geschmackvoll, ja, elegant; alles andere wäre zwar hübsch und praktisch, aber doch nur puppenstubenhaft. »Die Speisekammer hat die Ausdehnung eines Wandschranks (kaum); der Waschkessel hält die richtige Mitte zwischen einem wirklichen Kessel und einem Fingerhut; der Garten ist gerade groß genug, um 2 Windeln und 1 Taschentuch drin zu trocknen, und das Fremdenzimmer (was aber niemanden abschrecken soll) hat die Dimensionen einer größeren Mausefalle.«

Neben den »Fingerhut« schreibt Emilie an den Briefrand: »Schreckliche Übertreibung!« Darunter Fontane: »Keineswegs!!«

Mit Schmunzeln liest Henriette von Merckel den Brief, vor allem die Randbemerkung: typisch fontanisch! Sie und er, immer im Widerspruch und doch im großen und ganzen einig.

Gerührt ist sie über die Schilderung der Kaminausschmückung, die ihr wie eine Art Heimat-und-Freundes-Altar deucht: »Wie die Jäger ihr Zimmer mit Hirschgeweihen und die Indianer ihr Wigwam mit Skalpen ausschmücken«, so haben sie ihren Kamin im Schlafzimmer mit Insignien von »Rütli« und »Ellora« drapiert. »Am Halse des großen Elefanten hängt, wie eine Glocke am Nacken einer Schweizerkuh, die zinnerne Tunnel-Medaille, und unmittelbar darunter steht mit gespannten Segeln das Argo-Boot. Hiermit schließt der poetische Teil der Kaminverzierung ab, und der praktische beginnt; rechts und links von der Argo stehen zwei Schachteln, die eine mit Insektenpulver, die andre mit Rhabarberpillen.«

Letztere stammen aus Henriettens Paket. Sie hatte, wie versprochen, die wenigen Möbel aus der Bellevue-Straße versteigern lassen und aus dem Erlös (40 Taler 18 Silbergroschen!) zuzüglich eines Honorars von Eggers (sieben Taler 22 Silbergroschen) verschiedene Dinge erstanden, die Emilie für unerläßlich hielt: Weinkaraffe, Fischbesteck, Dessert- und Salzlöffelchen, Eau de Cologne, ein Pfund Wolle, Pfefferkuchen, Insektenpulver, Rhabarber- und Magnesiapillen. Wie alle großen Kinder hatte es sich Fontane nicht nehmen lassen, beim Auspacken dabeizusein, sich aber klugerweise jeden Kommentars über die Notwendigkeit diverser Sachen enthalten. Immerhin, nichts gegen Rhabarberpillen, die sind hierzulande nicht aufzutreiben und für die Eheleute mit ihren Magen- und Darmempfindlichkeiten genauso wichtig wie für George die Mohrrübenbonbons.

Viele Pakete gehen in den nächsten Jahren hin und her: Seiden- und Kattunstoffe von London nach Berlin und in umgekehrter Richtung Wolle, Plisseestreifen, Kinderstiefel, Pflaumenmus, Marzipan. Und natürlich Bücher, Journale und – Briefe, oft ellenlang. Sie bilden die Nabelschnur zum Freundeskreis, der sie am geistigen Leben erhält.

Es ist nicht so, wie Fontane es in diesen Briefen manchmal glauben machen möchte, sie leben in London nicht völlig isoliert; er hat schon von Berufs wegen einen großen Bekanntenkreis, der sich ständig erweitert und in den auch Emilie zum Teil einbezogen wird, aber es ist doch alles nicht mit dem »Rütli« zu vergleichen, es ist alles um einige Grade zu kühl, um das Herz zu erwärmen.

Da ist Dr. Heinrich Beta, den er über Kauffmann & Schlesinger kennenlernte. Beta, auch ein »Achtundvierziger«, schlägt sich mit seiner Familie mühsam durch mit Artikeln für deutsche Zeitungen. Er spricht und schreibt ein hervorragendes Englisch, weshalb ihm Fontane seine Artikel zur Übersetzung anvertraut, denn so gut und gewandt Theo englisch spricht, vor dem kritischen Blick der Chronicle-Leser kann er noch nicht bestehen.

Gern gesehene Gäste am Teetisch vom St. Augustine Road sind auch Julius Schweitzer, Apotheker in den Diensten der »Pharmaceutical Society of Great Britain«, und das Ehepaar James und Martha Morris. Dr. Morris muß man leider ziemlich oft bitten, denn in dieser anfälligen Familie ist immer jemand krank oder unpäßlich.

Zum Bekanntenkreis wäre auch Maurice Alberts mit Ehefrau Caroline zu zählen. Alberts ist Legationssekretär bei der Gesandtschaft, Fontane hat ihm die, wie ihm schien, hochnäsige Begrüßung aus dem Jahre 52 noch nicht verziehn; deshalb gibt er Emilie die Weisung: Umgang pflegen ja, auch sehr freundlich, aber bitte so selten wie möglich.

Sunnyboy George

Ein wirklich herzliches Verhältnis entspinnt sich eigentlich nur zu den Meringtons, Nachbarn in Camden Town. Sonnyboy George ist der Vermittler, indem er mit den Kindern Martha und Charles ohne jegliche Verständigungsschwierigkeiten Freundschaft schließt.

Eine Schule für ihn zu finden, erweist sich als problematisch. Eines Nachmittags auf einem Spaziergang mit Papa durch ein Arme-Leute-Viertel erlebt er mit schreckgeweiteten Augen, wie aus einem baufälligen Hause mit zerbrochenen Fensterscheiben 30 oder 40 zerlumpte Jungen stürzen, sich boxen, zausen und mit Resten von Schiefertafeln um sich werfen. Nun glaubt er, alle englischen Schulen wären so. Er bittet darum, zusammen mit den Beta-Kindern, mit denen er ein Herz und eine Seele ist, in die Rongesche Schule gehen zu dürfen. Johannes Ronge, ehemaliger Priester, Freigeist und seit 1840 politischer Flüchtling, hat in London für die Kinder der Emigranten einen Kindergarten mit Unterstufenschule gegründet, wo er nach fröbelschen Vorstellungen unterrichtet. Fontane hält nicht viel davon, was das Lernniveau betrifft, meint, außer radschlagen wird er kaum etwas lernen und kopfstehn wird die einzige Kopfarbeit sein, aber, so tröstet er sich: »Erziehn und doktern heißt in der Regel sowieso alles verderben.« Also soll er ruhig dorthin gehen. Der Umgang mit anderen Kindern wird dem Hasenfuß George die Scheu nehmen, den Rest kann er zu Hause lernen.

Emilie nimmt die Sache sehr ernst; selbst Schreibübungen, die sie mit ihm anstellt, haben immer einen moralischen Unterboden. So diktiert sie ihm, als sie rötelnkrank zu Bette liegt: »George Fontane wurde am 14. August u. a. unter Blitz und Donner geboren, woraus seine Eltern schlossen, daß der Knabe recht mutig werden würde.«

Mit solchen psychologischen Winkelzügen versucht sie, ihn von seiner übertriebenen Furchtsamkeit zu befreien; aber er hat für die Heldenrolle offensichtlich keine Begabung. Dafür meint der Papa, eine künstlerische Ader an ihm zu entdecken. George offeriert ihm eine typische Kinderzeichnung: Haus, Bäume, dickbauchige Strichmännchen. Es ist kaum zu glauben, was der stolze Vater liebevoll hineingeheimnißt: Dieser schwarze Mann mit dem dicken Bauch ist gewiß ein Prediger, nicht wahr? Er sieht zwar eher einem Wickelkind ähnlich, aber vielleicht betrachtest du die geistlichen als Wickelkinder des lieben Gottes, während wir andern wild aufwachsen oder schiefgewickelt sind. Und dieser Baum ist wirklich fabelhaft! Zwar hat er nur eine einzige Knospe, die aber enthält, ihrer Dicke nach zu schließen, die ganze Pracht des Frühlings. Und dies Haus ist wohl ein Hotel? Der Rauch steigt gleich aus zwei Schornsteinen in die Höhe und läßt auf eine gute Küche schließen. Flasche und Glas stehn auf der Straße und scheinen anzudeuten, daß der Wirt ein splendider Mann ist, der nicht blaß wird, wenn sein Gast einen Teller zerbricht. Die beiden Bäume, von denen der eine im zweiten Stock, der andre sich gar auf dem Dach befindet, sind mir nicht völlig klar. Doch es muß nicht alles klar sein. Alles Große hüllt sich in Dunkel … Aber darüber wollen wir uns in15 Jahren unterhalten. Werde unter den Malern das, was dein Vater unter den Dichtern ist – und du wirst als Nachtwächter dein gutes Brot haben …

George ist zwar glücklich, daß der Vater ihn lobt, aber doch etwas verwirrt von seinen Worten. Er verzieht sich mit Papier und Bleistiften zu Rosalie in die Küche.

»Merkst du nicht, daß du den Kleinen nur verunsicherst mit deinem Gerede?« sagt Emilie. »Alles Große hüllt sich in Dunkel!« deklamiert sie theatralisch. »Diese Lektion hätte auch dein Papa halten können, über dessen ›sokratische Methode‹ du dich stets amüsiert hast!«

»Und doch ist er, davon bin ich heute überzeugt, der beste aller Lehrer gewesen; denn was ich von ihm lernte, hab ich behalten, alles andre ist versunken und vergessen«, entgegnet er.

Emilie weiß, daß Theo ihr in solchen Kabbeleien verbal stets überlegen ist, darum leitet sie ihren diplomatischen Rückzug mit dem Konjunktiv ein, ob es nicht angebracht wäre, sich dem Kind gegenüber etwas unmißverständlicher auszudrücken. Das nimmt er sich vor und dichtet für George eine Parodie auf Schillers »Lied des Fischerknaben«, die er Mama zum 33. Geburtstag vortragen soll.

Des Knaben Klage
(George singt, während der Eichwald brauset etc.)

Es sind miserable Zeiten jetzt
Für die Großen und die Kleinen,
Mein armer Papa wird abgehetzt,
Ich selber werde abgesetzt,
Es ist fürwahr zum Weinen.

Weihnachten zwar kommt bald heran,
Wo alle Kinder juchen,
Doch ach was werd ich haben dann?
(Der Häupter bleibt doch Buchanan)
Vielleicht ein Stückchen Kuchen.

Ich bin nicht mehr die Hauptperson,
ich bin nur noch der zweite,
So jung und so verlassen schon,
Die Tage der Herrschaft sind entflohn
Und all mein Stolz ist – pleite.

»Papa, wer ist Buchanan?« – »James Buchanan ist Rechtsanwalt und Demokrat. Am 4. November vorigen Jahres wurde er zum Präsidenten der Vereinigten Staaten gewählt. Ein großer Tag für Amerika. Darum wollte ich meinem Sohn, sollte er an diesem Tage geboren werden, den Namen Buchanan geben.« – »Da wird man bloß ausgelacht«, meint George, »Theochen find ich viel hübscher.« – »Ich auch«, lacht Emilie. »Warum hab ich mich auch beeilt und ihn einen Tag früher zur Welt gebracht.«

Ach, es ist ein schönes Leben in Camden Town, gerade so haben sie es sich immer gewünscht. »Behalt es für Dich«, schreibt er seiner Mutter, »aber unser Leben hier ist durchaus beneidenswerth. Die Vorzüge und Reize groß, die Sorgen und Unannehmlichkeiten gering.« Zwar wird er von der Gesandtschaft mit Arbeiten aller Art eingedeckt, aber einem Arbeitstier wie ihm bleibt noch genügend Zeit zur Kür. Man erwartet von ihm Leitartikel über die öffentliche Meinung in London zur Dänischen Frage oder über den Aufstand der Inder gegen die britische Kolonialmacht, man erwartet Berichte über Soireen, Hofbälle, Prinzenbesuche – und er liefert sie; doch darüber hinaus schreibt er sich selbst zur Freude und zur Erbauung über Gastspiele deutscher Künstler, über Gemäldeausstellungen, Giftmischerprozesse und die Vergnügen der wohlhabenden wie der ärmeren Londoner; vieles davon als Ergebnis gemeinsamer Familienausflüge. »Ich bin fest davon durchdrungen, daß die Schul- und Lehrzeit, die ich, noch dazu in an und für sich comfortabler Weise hier durchzumachen habe, durchaus nöthig für mein spätres Leben in der Heimath ist.«

So empfindet es auch Emilie, sie fühlt sich wie ein Fisch im Wasser, sie ist in ihrem Element: keine Migräne, keine Sturmkrankheit, keine Depressionen. Theo, der sich oft genug über sie bei seiner Mutter beklagte, kann ihr nun »nur das beste Zeugnis ausstellen«. (So lobt man ein fleißiges Dienstmädchen!) Er kann nicht umhin zuzugestehen, sie sei witzig, espritvoll, klug und umsichtig wie früher, aber doch in letzter Zeit so »hin und her huschig, so planlos, so unselbständig, so abhängig vom Moment und von jedem neuen Einfall, der ihr durch den Kopf geht, daß eine Unklarheit entsteht, die mich mitunter auf's höchste ärgert«. Zwar gibt er zu, daß er in der Beurteilung manchmal hart und ungerecht sei, aber hingeschrieben ist hingeschrieben. Und Emilie entschuldigt ihn noch vor Mama, indem sie meint, Theo sei, durch äußere Umstände bedingt, etwas kribbelig und nervös; ein sehr beschönigender Ausdruck. Fontane beklagt die »Gemüthsdürre« – aber ist er nicht zum Teil selbst dafür verantwortlich? Emilie, deren Welt enger umgrenzt ist, empfindet es nicht so stark, denn sie erfreut sich an vielen Dingen: dem schönen Haus, den vielfältigen Anregungen der Großstadt, den Landpartien, den zahlreichen Briefen aus der Heimat, sie ist glücklich über die liebevollen Verse, die ihr Theo zum Geburtstag widmet, und sie revanchiert sich zu seinem Geburtstag mit einem Weltatlas und – mit eigenen Reimen; sie erbaut sich an den Fortschritten, die George im Schreiben, Lesen und Deklamieren macht, genießt dankbar die netten Teegesellschaften am Kamin und Meringtons gute Nachbarschaft und hat ungetrübte Freude am Gedeihen des Jüngsten, der, immer lächelnd und vergnügt, mit festen Beinchen drawing-room und Garten erobert. Der Papa weiß mit dem Kleinen noch nichts anzufangen und meint, er sei wohl wie man im Norddeutschen sagt, »mit dem Dummbüdel gekloppt«.

Es wird immer schwieriger, ihm etwas recht zu machen. Früher war sein Magen oft verstimmt, und schuld war die englische Küche. Jetzt ist der ganze Mann verstimmt. Und wer ist schuld? Emilie. Aber doch nur in Einzelfällen. Schuld ist England überhaupt. »So gewiß, man in der Wüste Durst und in Spitzbergen den Skorbut kriegt, ebenso gewiß erzeugt England Apathie«, schreibt er dem treuen Merckel. In Wahrheit leidet er nicht so sehr an England als an seiner persönlichen, zwielichtigen Stellung.

Machtwechsel in Berlin

Noch vor einem halben Jahr hatte er St. Augustine Road als Paradies beschrieben, nun behauptet er, er führe hier nur noch ein kühles Amphibien-Dasein, einen dreijährigen Krötenschlaf unterm Stein. Die Berliner Freunde machen sich Sorgen um ihn, spüren, da ist Gefahr im Verzuge. Merckel rät dringend, im Ministerium einen Kurantrag zu stellen, Luftveränderung täte ihm not. Lepel erinnert ihn daran, daß sie schon vor zwölf Jahren gemeinsam auf Reisen gehen wollten. Das baut Fontane wieder auf: Er will nicht mehr Trink- oder Badekur, er will mit Lepel nach Schottland, dem Ursprungsland ihrer Balladenstoffe. Mit Freude und Erleichterung richtet Emilie das Gästezimmerchen her. Lepel kommt und bereist mit seinem alten Theo in 16 Tagen halb Schottland. Dort, angesichts von Loch Leven Castle, verdichtet sich eine Idee, die er schon drei Jahre mit sich herumträgt. Erfrischt an Leib und Seele kehrt Fontane nach London zurück: Er will mit der Wünschelrute die Mark Brandenburg durchwandern und beweisen, daß es auch dort liebliche Landschaften, sagenumwobene Burgen und Schlösser, historische Gestalten und auf Schritt und Tritt tüchtige Kerle gäbe. Er hat das bestimmte Gefühl, sein Thema gefunden zu haben.

Für eine Weile reicht die »Jenseits des Tweed« gesammelte Energie, aber eben nur für eine Weile. Er merkt, wie ihm durch höhere Gewalt der Boden unter den Füßen weggezogen wird.

Es ist allgemein bekannt, daß der preußische König Friedrich Wilhelm IV. seit längerem unheilbar krank ist. Als Nachfolger des kinderlosen Königs erhoffen sich viele liberal und demokratisch Gesinnte den siebenundzwanzigjährigen Neffen Friedrich Wilhelm. Zwar ist sein Vater, Prinzregent Wilhelm, beauftragt, im Notfall die Regierungsgeschäfte zu übernehmen, doch nur so lange – so wünschen es jedenfalls viele, die in Wilhelm noch den Kartätschenprinzen sehn –, bis der junge Prinz die Princess Royal geheiratet hat und in Berlin eingezogen ist.

Man täuscht sich gewaltig. Am 7. Oktober 1858 übernimmt Wilhelm die Macht und wird sie dreißig Jahre festhalten und erst mit neunzig als Deutscher Kaiser sterben. Da ist sein Sohn siebenundfünfzig; ein todkranker Mann, der als Kaiser Friedrich III. nur noch 99 Tage zu leben hat.

Aber wir greifen voraus. Noch steht Wilhelm am Anfang seiner Regierung, und er geht, wie nicht anders zu erwarten, forsch ran: entläßt als ersten Ministerpräsidenten Manteuffel und setzt seinen Freund Auerswald dafür ein. Jeder, der kann, ob Beamter oder Militär, vollzieht die Schwenkung mit. Auch Merckel. Auch Lepel. Fontane nicht. Wozu diese unsinnige »Nibelungen-Treue«? Er war doch eigentlich nie aus Überzeugung Manteuffelianer ... Keiner kann's begreifen.

Nur er und Emilie wissen, daß diese politische Wendung ein Wink des Schicksals ist, um mit Anstand aus seinem dubiosen »Placement« herauszukommen. Merckels halten seinen Entschluß für durchaus ehrenwert – aber unklug. Lepel gegenüber versucht Fontane, sich nonchalant und bildhaft zu erklären: »Ich befand mich in der Lage einer Frau, die ihren wenig liebenswerten Mann nie geliebt aber auch ihn nicht gehaßt hat, weil er ihr persönlich eher zu Diensten als abgeneigt gewesen ist. Was hat eine solche Frau zu thun, wenn ihr der Mann stirbt? Sie wird sich hierzulande nicht wie eine indische Witwe ... mit verbrennen lassen, aber sie wird ihr Trauerjahr anständig durchmachen, bevor sie einem andren die Hand giebt und mit ihm ihr Geschick auf's neue versucht. Danach habe ich handeln wollen.«

Das Trauerjahr ist der Knackpunkt: Laut Vertrag stehen ihm noch zwei Jahre in London zu; wenn er auf Abfindung in Höhe eines Jahresgehalts rechnen kann, wäre er aus dem Schneider und könnte sich in Ruhe in Berlin nach einer geeigneten Tätigkeit umschauen. Immanuel Hegel, Sohn des Philosophen und Geheimrat im alten wie im neuen Ministerium, hält diese, übrigens von Graf Bernstorff unterstützte Lösung für durchaus angemessen und will sich bei Auerswald dafür verwenden. So begehen Fontanes zuversichtlich ihr letztes Weihnachtsfest in London:

Im nächsten Jahr, im nächsten Jahr,
Da sind wir wieder, wo's besser war ...

dichtet Theo munter drauflos. Obwohl, sicher ist er sich nicht, daß dort alles besser werden wird. Emilie ist noch vorsichtiger in ihren Wünschen. Sie legt ihrem Herzensmann einen großen, schwarzen umbrella auf den Gabentisch und reimt dazu:

... Ein Schirm ist eine gute Sach,
Beim Regen ist man unterm Dach,
Er schützt die Kleider und die Haut,
Drum brauch ihn, wenn der Himmel graut.

Doch wünsch zu deinem Schutz ich noch
Dir Gottes Schirm, der beste doch,
Sei er mit dir, dann, bester Mann,
Kein grau Gewölk dir schaden kann.

Er wird den Schirm brauchen!

Zuerst wird erwogen, daß Emilie mit den Kindern nach Berlin fahren soll, um eine neue Wohnung zu mieten und einzurichten, während Theo bis zum 1. April die Londoner Geschäfte abwickelt und den Haushalt auflöst. Doch dann nimmt man davon Abstand, denn man weiß gar nicht, was für eine Wohnung man sich wird leisten können. Zuerst müssen in Berlin Fontanes Status und der finanzielle Punkt geklärt werden.

So trifft er denn Mitte Januar wieder im alten »Rütli«-Kreise ein, genießt die Gastfreundschaft Merckels, inklusive Hasenbraten mit Sauerkraut, legt sich einen neuen Rock und Überzieher und ein neues Gebiß zu. Aber in seinem Hotelzimmer (»eine höhere Räuberhöhle!«) überfallen ihn Zahnweh und Gliederschmerzen. Unter solch widrigen Umständen sehnt er sich nach seiner lieben guten Frau, die ihm eine Wärmflasche ins Bett packt, sweet spirit of nitre eingibt und Backpflaumen kocht. Er beendet noch schnell einen Artikel über die »Times«, dann schreibt er ihr nach London einen langen Brief; lobt sie, weil sie das Haus günstig vermietet hat, rät, die Kisten mit Hausrat an Pastor Schultz in Bethanien zu adressieren, der hätte genügend Platz, um sie für sechs oder sieben Wochen unterzustellen; er ermahnt sie, ja alles Notwendige an

Kleidung (Winter- und Frühjahrssachen) für sechs Wochen einzupacken ... Er behandelt sie manchmal eben immer noch wie ein Kind; dabei weiß sie wohl besser als er, was man für sechs Wochen braucht. Früher hätte es sie geärgert, nun lächelt sie drüber. Sie hat in England viel gewonnen; nicht nur die Sprache, auch selbstbewußteres Auftreten, den Umgang mit shopkeepers und – das Handeln und Feilschen. Mit dem furnisher, der ihnen das Haus vor anderthalb Jahren einrichtete, ist sie übereingekommen, die Möbel, mit einem entsprechenden Abschlag natürlich, wieder zurückzunehmen; so konnte sie eine Auktion ersparen und dabei noch 2 1/2 Pfund gutmachen. Meringtons standen ihr bei all den Dingen tatkräftig zur Seite. Am Schluß sind sie übereingekommen, daß George bis zum Ende des Schuljahres bei ihnen bleiben soll, im Herbst würde dann Marthachen Merington bei Fontanes in Berlin wohnen, um deutsch zu lernen. Unter der Voraussetzung, daß er einen neuen Tuschkasten bekäme, hat sich Hasenfuß George zu allem bereit erklärt.

Das alles gefällt dem Papa. Höchst überflüssigerweise ermahnt er Emilie, den Kleinen vorher noch ansprechend auszustaffieren, eine neue Zahnbürste zu kaufen (!) und eine Standrede comme il faut zu halten. Meringtons mögen ihn nicht allzuzart anfassen, aber doch auf eine »delikate, leicht zu nervösen Anfällen geneigte Constitution« Rücksicht nehmen. (Als ob das zwischen den beiden Müttern nicht längst abgesprochen wäre!) Und dann rafft sich Fontane doch wahrhaftig zu einer richtigen Liebeserklärung auf: »Ihr fehlt mir wirklich, Du, der boy und der Kleine, und daß ich's nur gestehe, Du am allermeisten. Wenn es doch bestimmt wäre, daß uns dies gute Einvernehmen, das glückliche Verhältnis der letzten anderthalb Jahre erhalten blieb! Ich würde fest daran glauben, wenn wir hier einer einigermaßen gesicherten Existenz entgegen gingen, aber es ist doch mindestens fraglich, ob unsrer eine solche harrt ...«

Sie harrt nicht! Die Vorsprachen im Ministerium sind für Fontane niederdrückend. Wer noch an seinem alten Schreibtisch sitzt, klammert sich daran fest, möchte partout keine eigenen Entscheidungen treffen und schon gar nicht für einen ehemaligen Manteuffelianer. Metzel, an den er sich als erstes wenden wollte, ist auch nicht mehr da. Das Schreiben Hegels ist bei Auerswald gelandet; der hat die Kündigung Fontanes akzeptiert, aber die Abfindung gestrichen. Wieso Abfindung? Man braucht ihn doch nicht mehr, jedenfalls nicht in London. In Berlin vielleicht. Später. Nicht so bald.

Das besagte Trauerjahr wird nun ein wirkliches Trauerjahr.

Emilie nimmt es erstaunlich gelassen. Das Chambre garnie findet sie nach St. Augustine Road in der Tat entsetzlich, läßt sich aber dadurch nicht entmutigen, sondern schlägt vor, auszuharren und zum 1. April eine billige Sommerwohnung zu mieten. Bis dahin würde sie mit dem Kleinen bei Mama in Neuruppin unterkriechen,. Fontane muß in Berlin am Ball bleiben. Da hier alles in der Schwebe ist, können auch die »Rütli«-Freunde nichts für ihn tun. Aber da kommt aus München ein Hoffnungsstrahl: Paul Heyse, einer der ältesten und treuesten »Rütlionen«, lebt seit ein paar Jahren dort, und er lebt fürstlich, mit einem Jahresgehalt von 1 000 Talern aus königlicher Schatulle. Maximilian II. ist ein Freund der Musen und der Wissenschaften, er versammelt regelmäßig einen Kreis ausgewählter Geister zu einem Männer-Symposion. Fontane soll sich dort vorstellen und sich um den frei werdenden Posten eines königlichen Bibliothekars bewerben; bei der Gelegenheit könnte er dem König einige seiner Preußenlieder und schottischen Balladen vortragen, denn dieser suche einen Poeten, der in der Lage ist, Episoden aus der bayerischen Historie in edler und volkstümlicher Form der Nachwelt zu überliefern. Wer wäre besser geeignet als Fontane? Auch habe er, Heyse, in München ein Pendant zum »Tunnel« gegründet, die »Krokodilen-Gesellschaft«, in der sich auch Emanuel Geibel und Dahn wohlfühlten. Sie würden sich freuen, wenn Fontane die Fraktion der »Nordlichter« bereichere.

Das läßt sich Fontane nicht zweimal sagen, sofort stürzt er sich ins Studium der bayerischen Geschichte und eilt bei Wind und Regen nach München – trifft Freund Paul katarrhalisch, Geibel zahnschmerzig und nichts in seiner Angelegenheit vorbereitet. Fünf Tage lang hockt er verschnupft und verstimmt in einem scheußlichen Hotelzimmer, dann bessert sich das Wetter und mit ihm die Stimmung. Fontane wird in der »Krokodilen-Gesellschaft« herzlich aufgenommen, Heyse trägt beim nächsten königlichen Symposion den »Alten Dessauer« und den »Alten Zieten« vor, der König ist »enchantirt« (sagt man); beim nächsten Mal soll Fontane selber etwas vorlesen. Wann das ist, weiß niemand. Man trifft sich auf königlichen Zuruf. Und Maximilian II. hat jetzt andere Sorgen: Österreich provoziert die sardinisch-piemontesische Regierung mit der ultimativen Forderung, die Rüstung einzustellen, was diese prompt ablehnt. Frankreich droht, sich im Ernstfall an Sardiniens Seite zu stellen. Krieg steht vor der Tür, in den sich Maximilian unweigerlich hineingezogen sieht. Da soll er noch Ohren für einen Balladendichter haben?

Fontane ist zutiefst enttäuscht und niedergeschlagen. Emilie ist es, die ihn aufrichtet: Er möge doch nicht sagen, alles sei umsonst gewesen, allein die freundliche Aufnahme bei Heyse, Geibel und den »Krokodilen« sei die Reise wert gewesen. (Ja, aber nicht in dieser finanziellen Misere, brummt Fontane.)

Ob er nun in München oder in Berlin in einem Hotelzimmer säße, das sei völlig gleich, meint Emilie; vor dem 1. April könne man in Wohnungsangelegenheiten doch nichts machen. Außerdem sei sie überzeugt, daß seine Reise, wenn auch nicht gleich, so doch später, Erfolge zeitigen werde, er dürfe nur nicht ungeduldig sein ... Der letzte Satz: »Ich habe schreckliche Sehnsucht nach Dir mein Herzensmann«, trifft seine wunde Seele; postwendend fordert er sie auf, nach München zu kommen. »Geliebte Ungeduld«, antwortet sie, »daß Du mich aufforderst zu Dir zu kommen, ist sehr lieb und gut, aber abgesehn davon, daß diese Reise durchaus unvernünftig wäre, würde ich mich auch nicht entschließen so weit von Klein Theo wegzugehen, mir ist das Herz oft recht bange nach den Kindern ...« Sie berichtet von einer Sommerwohnung, die sie endlich gefunden habe, ganz annehmbar, vor allem preiswert, mit Garten und Laube. »Freilich nicht elegant, aber Dein hochstrebender Sinn könnte sich damit beschwichtigen, daß es eben *Sommerwohnung* ist; Personen von distingtion (so!) gegenüber, könnte man in Zweifel lassen in welcher Gegend die uns gehörige Stadtwohnung liegt ...« Sie erwarte ihn Ende März in Berlin, dann würde man die ausgelagerten Kisten und Kasten zusammenholen und endlich wieder beisammen sein.

In München geschieht das so sehr erhoffte, aber nicht mehr erwartete Wunder: Der König gewährt dem Dichter Audienz, äußert sich anerkennend über dessen Balladen, gleitet schnell von den schottischen Balladen nach England über, ist eigentlich mehr an dem politischen Korrespondenten als an dem Poeten interessiert. Beim nächsten Symposion darf er noch drei Gedichte vortragen, dann ist er gnädig entlassen. Und die Stelle als königlicher Bibliothekar? Ach so, ja, die ist nun leider doch nicht frei geworden.

Beim Bezahlen der Hotelrechnung – immerhin vier Wochen Aufenthalt! – merkt Fontane, daß er sich verzählt hat: fünf Taler fehlen ihm.

Schnell pumpt er den guten Merckel an, der prompt überweist, und so trifft er am 29. März in Perlewitz' Hotel garni ein, wo Emilie für ein paar Tage Zimmer gemietet hat. Henriette von Merckel hat ein Dienstmädchen engagiert und einen Kutscher angeheuert, der die in Bethanien und auf dem Packhof lagernden Sachen zusammenholt; bei einem Trödler ersteht Emilie eine eiserne Bettstelle und drei Roßhaarmatratzen; Tisch, Sofa und Stühle finden sie noch in der Sommerwohnung vor. So kann man pünktlich am 1. April einziehen. Es stürmt und schneit. Ein Glück, daß Emilie für Holz und Kohlen gesorgt hat; ein Glück auch, daß Klein Theo bei Tante Elise in Neuruppin geblieben ist. Emilie pendelt zwischen Berlin und Ruppin, denn der große Theo braucht ihren seelischen Beistand fast nötiger als der kleine.

Nach »Sondierung des Terrains« stellt er nämlich fest, daß bei keiner der Zeitungen, die seine Londoner Artikel abgedruckt haben, eine Stelle frei ist. Im Ministerium hat er sich's verscherzt. So setzt er sich, kaum daß er einen Tisch hat, auf dem er sich ausbreiten kann, hin und schreibt aus lebhafter Erinnerung heraus »Bilder und Briefe aus Schottland«. Die »Vossische Zeitung« druckt in ihrer Sonntagsbeilage einiges davon ab, auch Cottas »Morgenblatt« und die »Kreuz-Zeitung«. Aber alle zahlen gewohnheitsgemäß ein paar Wochen später.

Die Lage wird prekär. Emilie verschwindet zu Johanna, denn was sie tun konnte, um es Theo halbwegs gemütlich zu machen, hat sie getan, nun ist sie ihm, das spürt sie, im Wege. Es ist gar zu eng in der Wohnung, und überall liegen Papiere, die nicht durcheinandergeraten dürfen. In Neuhof atmet sie »Gesundheit, Lebenslust und Kraft«. »Ach, Theo«, schreibt sie, »es ist doch schön, so ein Hauswesen, in dem man alles in Fülle hat, ohne daß verschwendet wird.« Theo verzieht beim Lesen den Mund, denn er ergänzt den Satz auf seine Weise: »Aber mit Dir werde ich es nie zu einem solchen Hauswesen bringen!« Das hat sie nicht geschrieben, das würde sie auch nie schreiben, aber der erfolglose Mann liest es heraus. Der harmloseste Satz regt ihn auf. »Wenn Du das Holz nicht bezahlen kannst, schicke wenigstens 25 rtl an Mama, da Theochen Stiefelchen haben muß.« Er kann weder das (bereits verfeuerte) Holz bezahlen noch 25 Taler für Stiefel aufbringen, er kann höchstens bei Lepel, der in Erwartung einer großen Erbschaft steht, neuen Pump aufnehmen.

Völlig entnervt faßt er den Entschluß, sich doch in den Dienst des bayerischen Königs zu stellen, nicht als Bibliothekar, sondern als – Feldapotheker, denn der Krieg um Sardinien ist tatsächlich ausgebrochen. Noch ehe Emilie davon erfährt, haben ihm die »Rütlionen« diese Verrücktheit ausgeredet; er möge sich doch lieber darum kümmern, den neuen Jahrgang der »Argo« auf Kiel zu legen. Jetzt, wo man auf Mitwirkung der »Krokodile« rechnen kann, dürfte es doch nicht schwerfallen ... Und er schreibt an diesen und jenen und weiß, daß Geld, wenn überhaupt, so doch erst im nächsten Jahr kommen kann. Bis dahin ...

Nichts ist ihm so verhaßt, wie bei Verlegern Klinken putzen zu müssen. Aber wenn er seine drei geplanten England- und Schottland-Bände nicht in Zeitungen verkleckern will, muß er einen anständigen Verleger finden. Emilie, die Ende Mai wieder in Berlin eintrifft, rät ihm, sich an Wolfsohn zu wenden. Und so sitzen sie denn in ihrer Geißblattlaube, »athmen ächte Berliner Luft (Blumen vorne und Müllkute hinten)«, gedenken vergangener Zeiten und lassen alte Freundschaften wieder aufleben. Aber einen Verleger kann Wolfsohn auch nicht zaubern. Katz hat kategorisch abgelehnt.

Erstaunlicherweise bleiben beide, Theo und Emilie, in diesem Sommer größter Unsicherheit gesund und schaffensfroh. Sie vollbringt wahre Kunststückchen, um den »Laubenpieperhaushalt« vor den Toren der Stadt so angenehm wie möglich zu machen. Wenigstens Obst, Gemüse und Eier sind hier draußen billiger als drinnen in der Stadt.

Endlich das richtige Knopfloch

Mitte Juli blättert er in seinen Tagebüchern. Da steht unter dem 19. August 1856, geschrieben in London: »Einen Plan gemacht: Die Marken, ihre Männer u. ihre Geschichte. Um Vaterlands- u. künftiger Dichtung willen gesammelt u. herausgegeben von Th. Fontane ... Wenn ich noch dazu komme, *das* Buch zu schreiben, so hab ich nicht umsonst gelebt u. kann meine Gebeine ruhig schlafen legen.«

Das Vaterland, das teure, das nichts von ihm wissen will ...

»Und du willst es immer noch schreiben?« fragt Emilie.

»Ja. – Aber anders. In Schottland kam mir eine wie ich meine bessere Idee; eine Art Wanderung durch Landschaft und Historie unter Einbeziehung der Gegenwart. Also einfach vorfahren vor dem Dorfkrug und über die Kirchhofsmauer klettern, ein Storchennest bewundern, einen

Grabstein lesen oder sich einen Spinnstubengrusel erzählen lassen und von da aus in die Geschichte vordringen und historische Gestalten, die mit dieser Örtlichkeit verbunden sind, vor dem geistigen Auge auferstehen lassen.«

»Das ist eine wunderbare Idee. So ähnlich wie Etzel, dessen Buch du neulich rezensiertest, über die Ostseeküste geschrieben hat.« – »Besser.« »Und wo willst du anfangen?«

»Vielleicht mit dem Spreewald; das ist nicht allzu weit weg, hat eine unverwechselbare, ganz eigentümliche Landschaft mit Spuren interessanter Minderheiten, die es wahrscheinlich nicht mehr lange geben wird: Sorben und Herrnhuter. Und schließlich werden sich doch auch noch einige Originale auftreiben lassen: ein alter Haudegen, der bei Großbeeren gekämpft hat, ein verrückter Sammler von Altertümern oder ein Spökenkieker, der einen Mordfall aufklärte …«

Emiliens Wangen röteten sich, sie ist ganz aufgeregt: »Oh, Theo, das ist eine großartige Idee! Und diese Art, Vergangenes mit Gegenwärtigem zu verweben, liegt dir besonders, ich weiß noch, was du alles herausgefunden hast, als wir in Oxford waren … oder in Greenwich … oder unser entzückendes Picknick in Hampton Court … Aber wo haben wir hier Oxford, wo Greenwich … wir haben doch hier eigentlich nur Sumpf und Sand, ›nüscht wie Jejend‹, wie der Berliner sagt …«

»Das ist ja der weitverbreitete Irrtum, dem ich entgegentreten möchte. Gewiß haben Havel und wendische Spree nicht so viel Kulturgeschichtliches zu bieten wie Rhein und Mosel, aber wo nichts ist, ist auch 'ne Kussel, was, und *davon* haben wir mehr als genug. Und überhaupt – ist Rheinsberg mit Kronprinz Fritz und Prinz Heinrich nichts? Und Wustrau mit dem alten Zieten? Und Gusow mit dem alten Derfflinger? Und Carwe mit dem alten Knesebeck, der selbst einem Napoleon Respekt abverlangte?«

Sie sitzen in ihrer Laube, haben kaum den Silbergroschen für die Pferdebahn, um zum Molkenmarkt zu fahren, aber sie haben den Anfang von etwas, von etwas, das ganz Fontane ist und keinem andern gehört.

Sobald die ersten Zeitungshonorare eintreffen, fährt Fontane mit Lepel und den »Rütli«-Freunden und Bormann in den Spreewald. Eine Fülle von Erlebnissen ist ihnen beschieden: eine wendische Totenfeier in wendischer Sprache, eine Heerschau malerischer Trachten, das Schloß der Grafen von Lynar, das ihn an Warwick Castle erinnert, der hochgewachsene Gondoliere, der sie durch die grün-golden flirrenden Dome stakt; die Geschichten des Kantors Klingstein, einer Spreewald-Autorität; und die Begegnung mit Kätner Post, dem letzten Getreuen einer einst Herrnhuter-Diaspora, einsamer Posten im abgelegenen Gewirr der Kanäle. Zum Abschied singt seine große Kinderschar ein Lied, das die vergnügten Herren aus der Stadt still werden läßt: »Jesu geh voran, auf der Lebensbahn ...«, eines der schönsten Lieder Zinzendorffs; hier, im Schein der sinkenden Sonne in dieser verlorenen Abgeschiedenheit von besonderer Innigkeit. Emilie kennt dieses Lied; sie hat es selbst manchmal vor sich hin gesummt, wenn ihr der Alltag allzu bedrückend schien. Besonders die zweite Strophe hat's ihr angetan: »Soll's uns hart ergehn / Laß uns feste stehn, / Und auch in den schwersten Tagen / Niemals über Lasten klagen, / Denn durch Trübsal hier / geht der Weg zu dir.« – »Woher kennst du das Lied?« fragt Theo. »Wir dachten, es sei längst vergessen. Es steht nur noch im Gesangbuch der Herrnhuter Brüdergemeinde, Bormann hat es dort gefunden und in seinem obligatorischen Amtsblatt für preußische Volksschulen veröffentlicht, um es ins Gedächtnis der Nachwelt hinüberzuretten. Er war natürlich besonders bewegt und erfreut, ›sein gerettetes Lied‹ in dieser Spreewald-Einsamkeit noch lebendig zu finden.« Emilie hat es von Mama Kummer gelernt. Sie hat es öfter gesungen, wenn sie sich über ihren leichtsinnigen Mann ärgerte. »Nur eine Strophe hat sie immer ausgelassen: ›o gib Geduld‹ ... Geduld war nicht ihre starke Seite. So stutzt sich jeder seine frommen Lieder zurecht!«

Es hat sich eingebürgert, daß Emilie die eilig hingehuschten – denn die Gedanken sind immer geschwinder als die Schwanenfeder – und von zahllosen Korrekturen strotzenden Manuskripte für den Redakteur leserlich abschreibt. Dadurch erlebt sie seine Wanderungen lebhaft mit, und es knüpfen sich stets vielfältige Gespräche daran.

Ende August erscheinen die Spreewald-Feuilletons noch als »Märkische Bilder« in der »Kreuz-Zeitung«. Der Chefredakteur Tuiscon Beutner, mit dem er schon von London aus öfter korrespondierte, zeigt sich ungewöhnlich aufgeschlossen: Fontane hat den Nerv der Leser getroffen! Das Lob tut seiner Seele wohl, doch zu Hause spielt er den Bescheidenen und meint nur: »Ja, so ist der Berliner: Er kann nicht genug über sich und die popelige Streusandbüchse spotten, aber wenn ein andrer lobend dafür in die Schranken tritt, horcht er doch hin und ist stolz. Auf *dem* Klavier werd ich weiterspielen ...«

Im September reist Emilie nach London, um George abzuholen (die Zeitungshonorare gehen dafür drauf); sie bleibt mit dem Kind in Ruppin und Kränzlin, denn dort haben sie reichlich zu essen, gute Luft und viel Auslauf. In Berlin gibt es nur einen einzigen kümmerlich verschnittenen Apfelbaum hinterm Haus, in Kränzlin eine ganze Obstbaumplantage. Hier können die Kinder nach Herzenslust toben, und sie muß nicht dauernd beschwörend den Finger auf den Mund legen und um Ruhe bitten. Und daheim kann sich der Papa ausbreiten, seine Papiere und aufgeschlagenen Bücher in den beiden Stuben verteilen, und niemand stört ihn. Er stürzt sich in die Arbeit für das große Werk, das ihm vorschwebt und in das er sich hineinversenken muß. Eins muß er Emilie aber doch ankreiden, daß sie nach London gefahren ist, ohne die Gardinen, die gewaschenen, wieder anzustecken. »Ich kann doch, wenn meine Frau auf Reisen geht, derweil nicht wie in einer Kaserne leben.«(!)

Die »Märkischen Bilder« schlagen ein, aber es ist doch ein »trauriges business«. Die Spreewald-Fahrt hat ihn zehn Taler gekostet und 21 Taler Honorar eingebracht; bleiben elf Taler für acht Tage harte Arbeit. Auf diese Weise werden sie ihre Schulden nie los. Emilie tröstet ihn: »Nimm es doch als Visitenkarte, die du bei den Redaktionen abgibst. Irgendwann muß doch ein Chefredakteur aufwachen und begreifen, was er an dir hat, oder haben könnte ...«.

Er versucht noch nebenbei ein paar Taler extra zu verdienen, bespricht Neuerscheinungen, gibt Englischunterricht, alles Pfennigkram. Davon muß er endlich loskommen.

Wenn sich die »Märkischen Bilder« rechnen sollen, müssen sie überlegt geplant werden: Das Reiseziel muß bequem mit der Eisenbahn zu erreichen sein, denn Kutschen sind zu teuer; und er muß ein Quartier in der Nähe haben, um Hotelkosten zu sparen. Also führen ihn die nächsten Fahrten ins Ruppinsche, nach Carwe, Wustrau und Rheinsberg. Da kann er bei Mama auf dem Sofa schlafen oder bei Scherz in Kränzlin in der Fremdenstube; da kann er Frau und Kinder in die Arme schließen und Alexander Gentz, Spielgefährte aus Kindheitstagen, wiedersehn. Gentz, inzwischen der reichste Unternehmer der Grafschaft, kutschiert ihn gern in eigener Equipage über Land, wohin auch immer; denn überall hat er Besitzungen. Sein Vater hat vor einem Menschenalter weite Teile des Luchs aufgekauft, um mit dem Torf die Berliner Kachelöfen zu heizen. Wen er nicht kennt, den kennt Elise; ihr Kreis rekrutiert sich überwiegend aus Landpastoren und Offizieren der Garnison. Fontane hat ihr eine lange Frageliste geschickt, wonach zu recherchieren war, und sie hat ersprießliche Arbeit geleistet.

So bekommt er sechs Kapitel aus der Grafschaft Ruppin unaufwendig und rasch »in den Kasten.«

Nur einer enttäuscht ihn: George. Er hatte gehofft, die straffe Erziehung in einem englischen Haus würde ihm guttun und er würde sich etwas vom britischen Betragen annehmen, aber er findet ihn »waschlappig wie immer«; seine affektierte Augenverdreherei und Sprechweise haben sich eher noch verstärkt. Nun ja, das auszutreiben überläßt er der Mama.

Alle wieder unter einem Dach

Zum 1. Oktober ziehen sie endlich zusammen in eine richtige Wohnung; es ist ein dreistöckiges Haus in der Tempelhofer Vorstadt; aber nicht allzuweit von den Zeitungsredaktionen entfernt. Es gehört dem Holzhändler Degebrodt und ist gerade erst fertig geworden. Die Wände sind noch nicht ganz ausgetrocknet, weshalb die ganze Familie sehr bald anfängt, im Chorus zu husten. Acht Wochen später haben sie sich so weit eingelebt, daß Fontane seine Mutter beruhigen kann: Es ist alles in Ordnung. Emilie ist zwar »etwas matt und angegriffen (zum Teil in Folge des Umzugstrubels) aber doch eigentlich wohl und, kleine Anfälle abgerechnet, heiter und zufrieden«. Was er nicht schreibt: Emilie ist im vierten Monat schwanger. Diesmal fühlt sie mit ungetrübter Freude das Kind in ihrem Leibe wachsen. Sie ist sich sicher, die Zeitungen werden seine »Märkischen Bilder« auch weiterhin mit Kußhand abnehmen, und er müßte doch dafür – zum Kuckuck! – auch einen Verleger finden.

Eine Ursache für ihre heitere Gelassenheit ist wohl Martha Merington, die für ein paar Wochen bei Fontanes zu Besuch ist. Für Emilie ein Labsal; selbst Theo fühlt sich in keiner Weise gestört und findet sie »still-freundlich wie immer, in nichts eine Last und in vielem eine Hilfe, eine wahre Himmelsgabe«. George geht gar nicht von ihrem Rockzipfel und plärrt erst eine Weile, als man ihm sagt, er sei ab Montag Schüler des Friedrich-Wilhelm-Gymnasiums. Doch dann gewöhnt er sich überraschend schnell ein, verliert den vornehmen englischen Akzent und fängt zum Entsetzen seiner Eltern an zu berlinern. »Noch 6 Wochen und man wird ihm nicht mehr anmerken, daß er auf der hohen Schule des Anstands und der guten Sitte (England) so lange gelebt hat«, schreibt Theo nach Neuruppin.

Martha Merington amüsiert sich über die rasche Verwandlung ihres Schützlings; es ist doch gut, wenn ein Kind flexibel ist und sich so quickly neuen Verhältnissen anpaßt.

Mit Klein Theo weiß der Papa noch immer nichts anzufangen, er findet ihn zwar recht zärtlich und possierlich, aber dann wieder derart bockig und störrisch, daß man ihm nur noch mit den »bekannten Vorlesungen aus Kloppstock« beikommen kann.

Zum allgemeinen häuslichen Wohlbefinden trägt auch Tilla bei, Mathilde Gerecke, das neue Dienstmädchen; eine Perle, die viele Jahre bleiben und den Kindern eine zweite Mutter werden wird. Tilla besitzt ein Gespür für das besondere Klima in der Familie Fontane, und mit herzlicher Freude übt sie in der Küche mit George das kleine Gedicht ein, das er zu Mamas Geburtstag vortragen soll:

Vor einem Jahr, vor einem Jahr
Unser Häuschen noch in London war,
Wir hatten damals englisch Brot
Fiftytwo in St. Augustine's Road,
Wir hatten mutton und english beef
Und Betsy uns zu Tische rief.

Dahin ist nun der mutton chop,
Doch gibt es Hammei auch hier, gottlob;
Statt english beef und english ale
Floriert nun Hirse und Kaneel,
Und statt der Betsy, die nun hin,
Kocht Thilde, die Berlinerin.

Sonst scheint wie dort so hier die Sonn,
Wir haben Martha Merington,
Wir haben Hoffnung und Vertraun
und müssen immer vorwärts schaun
Und glauben, – was uns auch verschwand –,
Glück blüht doch nur im Vaterland.

Für den achtjährigen George vielleicht etwas schwer zu begreifen, aber auf Mama und Miß Merington verfehlt der Vers nicht seine Wirkung.

Emilie empfängt von ihrem Herzensmann noch ein Extra-Gedicht, das nicht laut vorgetragen wird; sie liest es, zurückgezogen, an ihrem Nähtischchen – und liest es so oft, daß sie es bald auswendig kann:

An Emilie Zum 14. November 1859

An alter Stell, an neuer Stell,
Es wird noch immer nicht recht hell,
Am alten Ort, am neuen Ort,
Wolken hier und Wolken dort.

So lahmt man sich durchs Leben hin
Mit hektisch hoffnungsbangem Sinn,
Das beste Stückchen Sonnenschein
heißt: »Ach, es könnt noch schlimmer sein«!

(…)

Wieviel auch fehlt und auch gebricht,
Das Allerbeste fehlt doch nicht;
Erhalte dich der Himmel frisch,
So ist das Wein für unsren Tisch.

Und da er nun mal keinen Nerv für Feierlichkeit und Sentimentalität hat, fügt er als Nachtrag vier Zeilen im Lapidarstil hinzu:

Gestochen hat mich die Tarantel,
Nur so erklärt sich dieser Mantel.
Im übrigen raten Politici:
Man akzeptiere ein fait accompli.

Die »vollendete Tatsache« ist zierlich verpackt (offenkundig von Henriettens Hand): ein wollener Mantel. Emilie ist zu Tränen gerührt und Marthachen Merington weint aus Gesellschaft mit.

Er wird noch manchen Vers zusammenreimen in den nächsten Wochen und Monaten, denn die dunkle Jahreszeit ist auch die Zeit der gemütlichen Geselligkeit. Der »Tunnel« wählt Fontane zum »Angebeteten Haupt« für ein Jahr, der »Rütli« tagt allwöchentlich und läßt keine Gelegenheit zu feiern vorübergehn; immer hat jemand Geburtstag, da sind Toasts fällig für Lepel, Lübke, Zöllner, Lucae, Roquette und natürlich für Merckels. Da steht Launiges, Geistreiches, Beziehungsvolles neben Hochgestochenem oder an den Haaren Herbeigezogenem; aber alles ist Ausdruck herzlicher Verbundenheit. Und wenn nicht gerade die »Argonauten« in Redaktionssitzungen tagen und sich die Köpfe heiß reden, ist Emilie immer dabei. Obwohl sie runder wird, fühlt sie kaum Beschwerden. Als sie eines Abends von Merckels nach Hause kommen, sagt sie: »Ach, weißt du, Theo, wenn ich wählen könnte zwischen unserm Haus in St. Augustine's Road *ohne* Rütli und unserer Klause *mit* Rütli, ich würde mich ohne zu zögern für Tempelhof entscheiden.«

Das Weihnachtsfest fällt bescheiden aus. Theo umschreibt es seiner Mutter gegenüber vornehm: »Der Ceremonienmeister hat angeordnet: ›die Herren erscheinen mit leeren Händen und die Damen schließen sich den Herren an‹. So stehn die Sachen ... Die Heiterkeit der Kinder wird ersetzen müssen, was sonst wohl fehlt. Glücklicherweise sind wir beide nicht so geartet, daß die Abwesenheit von Samt und Seide uns besonders bedrückt ... Emilie ist pumlich, hält aber den Kopf oben und steigert nicht nutzlos das Päckchen Sorge das ich ohnehin zu tragen habe. Die Kinder sind wohl und nett, natürlich der Große mit dem üblichen Beisatz von Waschlappig-, der Kleine von Rüplichkeit.«

Emilie hat für alle, einschließlich Tilla, gestrickt, und sie bekommt dafür vom Heiligen Christ – ein Strumpfenband und ein Wirtschaftsbuch. Da muß sich Theo erheblich anstrengen, um solche Lappalien poetisch anzuputzen. Also reimt er:

> ... Empfang zuerst ein Strumpfenband,
> Das ich für 30 Pfengk erstand
> Bei Fonrobert im Laden,
> Ich wünsche dir, geliebtes Weib,
> Bald wieder einen dünnern Leib
> Und etwas dickre Waden.
>
> Empfang alsdann ein Kontobuch,
> Für's Credit ist es groß genug,

Für's Debet etwas kleine,
Indes es heißt ja: »Rund die Welt«,
Der Beutel wird mal wieder Geld
Und hilft uns auf die Beine ...

Tatsächlich scheint zum Jahresende der böse Bann, der so lange auf Fontanes verzweifelten Bemühungen lag, gebrochen. Paul Heyse, der poetische Publikumsliebling seiner Zeit, preist seinem Berliner Verleger Wilhelm Hertz Fontanes Balladen an, und Hertz zeigt sich erbötig, sie gesammelt und in ansprechender Form herauszugeben. 150 Taler für 300 Seiten. Das ist herzlich wenig, aber der arme Poet sagt zu allem ja und amen, da man ihm nachdrücklich bewußtmacht, welches Risiko ein Verleger mit Lyrik einginge.

Hertz erweist ihm aber einen Liebesdienst und empfiehlt die Schottland-Briefe (»alles novellistisch gefaßt und fast mehr Geschichten- als Reise-Buch«) an Julius Springer. Der beißt ohne Wenn und Aber an, handelt jedoch das gewünschte Honorar gleich auf ein Drittel herunter. Der Druck soll Ende April schon beginnen; das bringt Fontane in zeitliche Bredouille, denn er hält von Januar bis März zehn Vorträge über England und Schottland in Arnims Hotel Unter den Linden (er vermarktet seine Londoner Jahre also recht geschickt), und er muß die einzelnen da und dort erschienenen Kapitel zusammenholen und überarbeiten. Er weiß kaum, wo ihm der Kopf steht. Zu allem Überfluß hat George die Röteln, Theochen das Scharlachfieber, und Emilie erwartet jede Stunde ihre Niederkunft. Da heißt es denn wirklich: Ohren steifhalten! Zum Glück erscheint Elise als Bollwerk, um das häusliche Chaos von dem vielgeplagten Bruder fernzuhalten.

Am 21. März wird das langersehnte Mädchen geboren: Martha; ein gesundes, hübsches Kind, über das Vater und Mutter ins Schwärmen geraten. Lepel gratuliert typisch: »Das muß ja Ausbund von Schönheit werden, blaue Augen und schwarzes Haar sind das Gefährlichste, was einem passieren kann.« Er muß es wissen, spottet Emilie gutmütig, Lepel, der große Kenner und Verehrer der Frauenschönheiten, der bei all seinen Amouren – einschließlich Ehe – nur Reinfälle erlebt. Ein bißchen tut er ihr sogar leid.

Das Familienglück könnte ungetrübt sein, wenn nur ein paar Taler mehr im Kasten klingelten. Im Klartext: Es herrscht wieder mal fürchterliche Ebbe in der Armenkasse. Dabei winken die schönsten Aussichten: Am 1. Juni kann Fontane als Redakteur bei der »Kreuz-Zeitung« anfangen, und am 1. Juli wird das Honorar von Springer fällig; aber die Wochen bis dahin dehnen sich endlos. Er wagt nicht, bei Springer um Vorschuß zu bitten (»was macht das für einen Eindruck!«). Im Mai – der Wintervorrat an Holz ist längst aufgebraucht – wird es noch einmal so kalt, daß man es in der Wohnung kaum aushalten kann. George und Theochen sind meist bei Tante Merckel (wo George mit großem Vergnügen die ersten Klavierstunden nimmt), Emilie hält sich am liebsten bei Tilla am warmen Küchenherd auf, Fontane sitzt mit doppelten Wollsocken, zwei Cachenez' und Pelz am Schreibtisch. »Jean Paul hat recht«, knurrt er bibbernd, »der deutsche Sommer ist nichts anderes als ein grün angestrichener Winter.« – »Heinrich Heine«, sagt Emilie. – »Jean Paul«, beharrt Theo. »Ich weiß zwar nicht viel«, entgegnet sie, »aber was ich einmal gelesen habe, das behalte ich auch, und dieses Zitat stammt aus Heines ›Reise von München nach Genua‹; ich habe es in Neuhof gelesen und sehr treffend gefunden, denn es war Juni und lausig kalt.« – »Meinetwegen Heine«, räumt Theo ein; blättert aber heimlich im Jean Paul nach und – findet nichts.

Mehr als ein Spatz in der Hand

Am 1. Juni sitzt er also zum ersten Mal hinter einem Schreibtisch der »Neuen Preußischen Zeitung«, die nach dem Eisernen Kreuz im Titel nur die »Kreuz-Zeitung« genannt wird. Es ist komisch; weder die Liberalen noch die Ministeriellen wollten ihn, und ausgerechnet das stockkonservative Blatt gibt ihm eine Chance! Möglicherweise hält Tuiscon Beutner ihn für einen »ehrlich reuigen Sünder, der Gott bekanntlich lieber ist als hundert Heuchler«; außerdem kauft er die Katze ja nicht im Sack, er hat genügend Artikel Fontanes aus London gedruckt und schätzt dessen Vielseitigkeit und elegante Feder. Also wird er es mit ihm versuchen. Der letzte Anstoß zu diesem Entschluß kam wohl von George Hesekiel, einem seiner treuesten Mitarbeiter, der seit 1848, seit Gründung des Blattes, für alles zuständig ist, was Frankreich betrifft. Seit zwölf Jahren schreibt der gemütliche, trinkfeste und lebenslustige Mann unter Pseudonym über alle möglichen Vorgänge in Paris – ohne sich je von seinem Schreibtisch zu entfernen. Niemand hat diese Mogelei bemerkt, im Gegenteil, man beneidet das Blatt um den kenntnisreichen französischen Marquis, der seine charmante Feder der preußischsten aller preußischen Zeitungen leiht. Kaum einer weiß, daß sich hinter dem Signum der Bourbonenlilie der Lebenskünstler Hesekiel verbirgt, der nebenbei noch historische Romane im unterhaltenden Stil aus dem Ärmel schüttelt.

Nach einer sonntäglichen »Tunnel«-Sitzung vertraut sich Hesekiel bei der dritten Flasche Rheinwein Fontane an und meint, was er unter Pseudonym als französischer Marquis leiste, das könne Theo ebensogut als London-Korrespondent. Um einen echten zu bezahlen wäre Beutner mit 10 000 Abonnenten sowieso nicht in der Lage. Zwar sei England im Moment für die preußische Regierung etwas out of sight, doch das könne sich bald ändern. Und es wäre auch ganz schön, nicht so viel zu tun zu haben, um so mehr bliebe ihm für die Wanderungen durch die Mark Zeit, für die er Beutner ja das Vorabdrucksrecht versprechen könnte; denn diese, gesammelt und in absehbarer Zeit als Buch herausgegeben, werden ein Wurf! Davon ist Hesekiel überzeugt. »Glaub mir, ich hab' eine Nase dafür.«

Er hat überhaupt eine Nase für alles, was in der Gunst des Publikums obenauf schwimmt. In der Redaktion verausgabt er sich nicht gerade, aber heimgekommen setzt er sich an seinen Schreibtisch und füllt zügig Quartblatt für Quartblatt und läßt es mit leichtem Fingerknips auf die Erde fliegen; da sammelt dann seine Tochter Ludovika, zu der Zeit noch ein Kind, die zahllosen Blätter und ordnet sie. Von Wiederdurchsehn keine Rede, kein Wort gestrichen, alles geht so, wie es heruntergeknipst wurde, in die Druckerei. Ein Roman nach dem andern erscheint, eine Endlos-Reihe. Keiner wird sich am Leben erhalten, aber es liest sich ganz unterhaltsam und auch lehrreich und vor allem – es wird gekauft; so trägt er seinen sagenhaften Zechschuldenberg von 10 000 Talern ab. Fontane bestaunt neidlos diese unglaubliche Produktivkraft. »Mach es doch wie Hesekiel«, sagt Emilie, wenn wieder ein neuer Roman in den Buchläden erscheint. »Du bist so unerhört fleißig, aber du bist zu genau. Bis du alle Fakten gesammelt, alle historischen Details erforscht, alle Zusammenhänge ergründet hast, hat er schon ein halbes Dutzend Romane fertig.« – »Du hast nun mal einen Pußler und Bastler geheiratet, Milachen«, entgegnet er dann. »Bevor nicht alles stimmt, gebe ich nichts aus der Hand. Und so ein alter Krepel ändert sich nicht mehr.« Damit muß sie sich abfinden.

Das Jahr 1860 ist für sie das Jahr des großen Aufatmens. Das Gehalt der »Kreuz-Zeitung« ist zwar mäßig, aber regelmäßig. Endlich kommt Kontinuität in ihre Haushaltsbücher. Endlich muß sie nicht mehr zu Beginn eines neuen Quartals vor Degebrodt bangen, der pünktlich vorspricht, um die Miete zu kassieren.

Zu ihrem Geburtstag kann er ihr den Balladen-Band überreichen:

Die Hoffnung vieler Jahre und Stunden
Empfange hier grün eingebunden ...

Wenige Tage später folgt die Sammlung englischer Feuilletons als Nachhut zu dem Reisebuch aus Schottland »Jenseit des Tweed«:

Zur Erinnerung an Jahre und Wochen,
Wo wir in London untergekrochen,
Wo wir *Bilder*, viele hundert,
Und ein Dutzend *Theater* bewundert,
Und tagtäglich statt Tante Vossen
Times und *Herald* beim Frühstück genossen.

Freudig erleichtert stellt Emilie fest, daß Theo in der »Kreuz-Zeitung« nicht nur untergekrochen ist, sondern daß er sich dort zunehmend wohler fühlt. Er begegnet dort einer nicht erwarteten Meinungsfreiheit und Toleranz; die Devise des Chefs lautet: »Meine Herren, vergessen wir nicht, auch das konservativste Blatt ist immer noch mehr Blatt als konservativ.« Das heißt, Charakter und Stil der Mitarbeiter sind ihm entscheidend. Da fühlt sich Fontane am rechten Platz.

Paul Heyse tritt noch einmal mit einer handfesten Versuchung an ihn heran: Diesmal seien die Bedingungen weitaus günstiger ... Fontane lehnt dankend ab. Sosehr ihm München gefallen hat, aber auf Dauer wäre es kein Boden für ihn. Wenn es sich aber wirklich um eine glänzende Aussicht, soll heißen um viel Geld handele, würde er vielleicht ...

Der Gedanke, wieder packen zu müssen, erschreckt Emilie. Früher hätte sie sofort die Hände gehoben und gebeten: »Um Gottes willen, Theo, nein!« Inzwischen hat sie gelernt, und es entspinnt sich einer jener typischen Fontaneschen Dialoge, in denen Emilie zunächst das Gegenteil von dem sagt, was sie meint, weil sie weiß, daß Theo in seinem Widerspruchsgeist dann das macht, was sie eigentlich will. Sie sagt also nicht: Ich möchte nicht fort aus dem Berliner Freundeskreis, sondern: »Na ja, ganz unter Fremden wärest du in München nicht. Du hast Heyse und Geibel und die Krokodilen – und ganz sicher wirst du auch gebeten, wenn König Max zu seinen Symposien lädt.«

»Heyse lass' ich gelten als Freund, Geibel – na ja, auch, aber die andern ... Die Leute am königlichen Biertisch mögen, jeder auf seinem Gebiet, allererste Sahne sein, aber im Grunde sind es Herrschaften, die sich gegenseitig akademische Reden halten und dicke Bücher verfassen, die keiner liest. Aber die herzliche Geselligkeit, eben das, was den Rütli über alle gescheiten Diskussionen hinaus so sympathisch macht, heute bei *dem* kochen und nächste Woche bei *dem* – *das* gibt es dort nicht.«

Emilie zeigt sich noch nicht überzeugt. »Ich denke mir aber diese Symposien, zu denen Koryphäen aus *allen* Wissenszweigen ihre Kenntnisse beisteuern, auch für dich sehr ergiebig; du sprachst von solchen Berühmtheiten wie Justus Liebig als Chemiker, von Lingg, der ja in erster Linie Arzt ist, oder von Sybel, dem Historiker ...«

»Na, höre, die Rütlionen kommen auch aus den verschiedensten Wissensbereichen: Lazarus ist Philosoph und Völkerpsychologe, *sehr* interessant, Lübke ist Kunsthistoriker, Zöllner Jurist, Merckel dito, Lucae Architekt, Menzel und Heyden Maler ... nein, nein, meine Liebe, an Vielfalt können wir es durchaus mit dem königlich-bayrischen Stammtisch aufnehmen, und eine Argo bekämen wir *da* nicht zusammen! – Mir ist der Rütli schon des Klimas wegen lieber, auch wenn er manchmal nur als Kaffeekränzchen tagt. Es ist, abstrakt gesprochen, die Kultur des Umgangs, oder konkret: die kleinen Bowlen-Abende mit Impromptus, die Stunden, in denen wir mit Kugler ›An der Saale hellem Strande‹ sangen und Zöllner oder Henriette begleiteten; die Toasts, mit denen Lepel und ich unsere Turniere ausfechten ... das alles, wage ich zu behaupten, ist einmalig, ist unwiederbringlich. Es ist das, was bei dem galoppierenden Fortschritt mit immer höheren Geschwindigkeiten auf der Strecke bleibt.«

»Eigentlich ist es ein Wunder, daß ausgerechnet in diesem als prosaisch verschrienen Berlin mit seinem schon von Goethe bemängelten rüden Ton ein solcher Kreis bestehen kann.«

»Ja. Man fragt sich nur, wie lange noch. Wir werden immer älter; an Invaliden herrscht kein Mangel. Kugler haben wir schon verloren, wer wird der nächste sein?« Schweigen. »Also München ist für dich endgültig abgehakt?« – »Endgültig.« Emilie nimmt befriedigt ihr Strickzeug wieder auf.

Aus London hatte er einmal an Merckel geschrieben, jede Pflanze brauche den ihr gemäßen Boden; man könne sie noch so gut düngen und in Mist einpacken, in fremdem Boden geht sie ein oder mickert vor sich hin. Sein Boden ist nun mal in Berlin, wo er das Schwungrad der Geschichte sausen hört, das manchmal auch zum (Tret-)Mühlrad werden kann; sein Boden ist aber auch die Mark Brandenburg, die er auf seinen Wanderungen (bis Jahresende 16 an der Zahl!) erst richtig entdeckt und über alle Erwartung reich an historischem Material vorfindet. Und das Angenehme ist: er muß mit seinen »Märkischen Bildern« nicht Klinken putzen, Beutner oder Cotta nehmen sie mit Kußhand. Ja, Hertz selber hat angefragt, ob er sie in seinem Verlag herausbringen dürfe. Im nächsten Jahr soll bereits der erste Band erscheinen.

Unter der Weihnachtstanne liegt ein stattlicher Band mit Goldschnitt: »Männer der Zeit«, ein biographisches Lexikon. Fontane hat daran mitgearbeitet. Wolfsohn, der treue, hat ihm diese reine Fleißarbeit vermittelt. Emilie streicht behutsam über den Einband. Für einen Moment kommt ihr ein vermessener, ganz unfrommer Gedanke: »Lieber Gott, mach, daß einmal in einem solchen Lexikon auch ›Theodor Fontane‹ steht!« Aber es ist wirklich nur ein kurzer, weihnachtlicher Moment.

Das Fest der Liebe, das Fest des Ausatmens; da merkt man, wie sehr das vergangene Jahr doch an einem gezerrt hat; da ist man empfänglich für jeden Bazillus, der vorbeifliegt. Draußen 14 Grad minus und Schneesturm, drinnen Grippefieber und Kamillenbäder. Selbst die Aussicht auf Tante Merckels Silvester-Menü vermag sie nicht aus der Apathie zu reißen. Fontane schreibt den kürzesten aller Entschuldigungsbriefe. George und der kleine Theo sollen ihn zum Kasten tragen. Sie kommen heulend und zähneklappernd zurück: Ein Windstoß hat den Brief übers Brückengeländer in die Spree geweht. Mit Teepott und Wärmflasche schlafen sie sich ins neue Jahr.

Das neue Jahr wird, wie auch das nächste und übernächste, den märkischen Wanderungen gehören; die Redaktionsarbeit ist eigentlich nur Beiwerk, wenn auch lebensnotwendiges.

Fontane ist fasziniert von den verborgenen Schätzen alter Dorfkirchen und von den Anekdotenschätzen, die in den Familienarchiven märkischer Adelshäuser schlummern. Nach dem Besuch von Schloß Friedersdorf meint er mit ehrlicher Überzeugung: »Es verlohnt sich doch nur noch ›von Familie‹ zu sein. 10 Generationen von 500 Schultzes und Lehmanns sind noch lange nicht so interessant wie 3 Generationen eines einzigen Marwitz-Zweiges. Wer den Adel abschaffen will, der schafft den letzten Rest von Poesie aus der Welt.«

Was drei Generationen von der Marwitz betrifft, so gibt ihm Emilie unbestritten recht (sie kennt sich aus, denn Fontane hat sich deren Memoiren ausgeliehen, und sie hat ellenlange Auszüge anfertigen müssen). »Aber ich wette, unzählige Generationen anderer Adelsfamilien haben ebenso interessant dahingelebt wie die 500 Lehmanns und Schultzes. Und ich meine, viele Nicht-Adlige haben mehr für das Allgemeinwohl geleistet, ich denke nur an Gentz in Ruppin, an Borsig oder an meinen Kinderfreund Bleichröder ...« Er hält ihr einen langen Vortrag über den Adel der Geburt und den Adel des Geistes; nur letzteren ließe er gelten, und den träfe man in allen Schichten der Gesellschaft an. Es ist eins seiner Lieblingsthemen, und Emilie unterbricht ihn nicht, erstens, weil sie mit ihm darin übereinstimmt, und zweitens, weil er sonst noch länger redet. (Seine Freunde haben ihm nicht umsonst den Necknamen »Noehl« gegeben!)

Mit dem Adel der Geburt macht Fontane seine Erfahrungen. Nicht überall begegnet ihm so viel Verständnis und Freundlichkeit wie beim Herrn von der Marwitz auf Friedersdorf; er stößt auch auf Ignoranz und blasierte Ablehnung, auf dumpfes Mißtrauen: Was will dieser bürgerliche Skribifax von uns? Warum interessiert ihn das Bild von Tante Henriette im Salon? Vielleicht will er uns nur eine neue Hagelversicherung andrehen?

Wenn er über die Freitreppe ins Herrenhaus kommen will, braucht er Empfehlungsschreiben. Die verschafft ihm Fräulein von Rohr.

Mathilde von Rohr ist ein Unikum, liebenswürdig, hilfsbereit und ein Anekdotenschatz mit Sinn für das Höhere und Faible für junge Dichter. In den vierziger Jahren unterhielt sie in Berlin einen literarischen Salon, in dem sich Poeten und solche, die sich dafür hielten, vor einem geistreichelnden, aber im Grunde gelangweilten Publikum produzieren durften. Die Eintagsfliegen verblichen, nur Lepel und Fontane blieben. An diese beiden hing Mathilde nun ihr großes, urmärkisches Herz.

Emilie kann Fräulein von Rohr nicht leiden, sie hat nichts gegen sie, aber noch weniger für sie. Mit einem Wort: Sie ist schlichtweg eifersüchtig. Da kann Theo nur lachen: Sie ist sechs Jahre älter (»Na und, Lübke hat auch eine sieben Jahre ältere Frau geheiratet!«). »Sie hat zwar ein Gemüt wie 'ne Nachtigall, aber das Äußere eines Fleischerhundes. Und wenn man sie in die Erbsen stellt, geht bestimmt kein Spatz ran!« – Das wiederum findet Emilie gemein, für sein Äußeres kann der Mensch nichts. Trotzdem gelingt es ihr nicht, in all den Jahren ein herzliches Verhältnis zu dem Fräulein aufzubauen, es geht nie über den Austausch von Höflichkeiten hinaus.

Für Fontane ist sie nicht nur eine unterhaltsame, sondern auch eine sehr wichtige Person. Sie kennt fast den gesamten märkischen Adel und mit mindestens der Hälfte davon ist sie verwandt. Ein Empfehlungsschreiben von ihrer Hand öffnet dem märkischen Wanderer Türen, die ihm sonst wohl verschlossen geblieben wären. So macht er auch die Bekanntschaft der Gräfin von Schwerin, geborene Dönhoff, die Urenkelin der schönen Frau von Wreech, an die Kronprinz Friedrich aus der Festung Küstrin schmachtende Briefe richtete. Die Gräfin ist im Besitz dieser Briefe und vertraut die kostbaren Papiere dem Dichter an. Er besucht sie des öfteren in ihrem Berliner Salon und auf Schloß Tamsel, wo er, völlig unprätentiös, zwischen der Dame des Hauses und Gräfin Finckenstein plaziert wird.

»Oh, là, là!« meint Emilie, »du wirst mir doch bei solchem Umgang nicht vornehm werden und von oben auf unsern bescheidenen Hausstand herabblicken?«

»Keineswegs«, beruhigt sie Theo, »wenn du mich gesehn hättest in meinem klumsigen Überzieher und den staubigen und noch klumsigeren Stiefeln ... Da ist kein Grund zum Übermütigwerden. Denn so nett sie auch mit unsereinem umgehn, die Kluft ist da, und kein Lackstiefel der Welt ist imstande, sie auszufüllen. Man ist nicht ihresgleichen, und weil man es nicht ist, ist es gleichgültig, ob man in Büffel oder Kaschmir vor ihnen erscheint.« – »Trotzdem brauchst du unbedingt einen neuen Überzieher, der alte glänzt schon an den Nähten. Und elegantere Stiefeletten brauchst du auch«, entscheidet Emilie.

»By the way, sind denn die alten Schulden beim Schneider schon bezahlt?«

»Aber ja; wir haben jetzt nur noch Mama Scherz und Lepel als Gläubiger.«

»Na, mit Lepel, das hat Zeit, das trifft keinen Armen.«

Emilie hat nicht nur die Regelung aller Geldangelegenheiten übernommen, die in einem Sechs-Personen-Haushalt anfallen, sie nimmt ihm auch mehr und mehr alle zeitraubenden oder unangenehmen Dinge ab: Schriftwechsel mit dem großen Bekanntenkreis, Anstandsbesuche, Exzerpieren und Abschreiben der Manuskripte (letztere immer unter Zeitdruck). So kann Fontane die Kraft auf die Wanderungen verwenden, die zum Jahresende erscheinen. Mit Emilie bespricht er die Liste derer, die Dedikationsexemplare bekommen müssen (er selbst hätte sicher einige vergessen!). Es gibt eine kleine »Ellora«-Feier in der Tempelhofer Straße (sonst gehen Fontanes lieber zu Besuch, als Gastgeber zu sein), und Roquette widmet der »theuren Ellora-Mutter« einen liebenswürdigen Sechszeiler. (Ihr Herzensmann rafft sich lediglich seiner Mutter gegenüber zu den Sätzen auf: »Meine Frau ist, unberufen und unbeschrieben, recht gut. Gott mache sie nicht schlimmer.«)

Die Kinder gedeihen, die Jungen sind oft bei Tante Merckel, und so ist Emilie mit sich und der Welt zufrieden. Nur Theo macht ihr zunehmend Sorgen. Anstatt froh zu sein, daß der erste Band der »Wanderungen« rechtzeitig fertig geworden ist, fühlt er sich wie eine ausgepreßte Zitrone. Nichts kann ihn recht erfreuen. Dabei gäbe es so viele Anlässe: Das Kultusministerium bewilligt ihm für zukünftige Arbeiten über die Mark Brandenburg eine jährliche Beihilfe von 300 Talern. Im Jahr zuvor hatte man ihn schnöde abblitzen lassen, nun ist dank Fürsprache von Hertz und Fräulein von Rohr der Durchbruch erzielt. Adolph Stahr, der bekannte Literaturhistoriker und Kritiker, bescheinigt Fontane »ein liebevolles Sich-Versenken in die Geschichte und Natur der nächsten Heimat, feinen Natursinn und lebhafte Darstellung«; dies alles würde den Leser gewiß ansprechen. Das sonst so strahlende Auge des Autors leuchtet auf, aber nur für einen flüchtigen Augenblick. Das Gros der Rezensionen ärgert ihn, weil sie meist nicht mehr sind als lieblos-lapidare Verlagsanzeigen, wo dreizehn auf ein Dutzend gehen.

Fräulein von Rohr, die öfter zum Fünfuhrtee bei der Witwe Friedrich Wilhelms IV. in Charlottenburg eingeladen ist, will Fontane etwas Gutes tun und erzählt, man lese jetzt der Hohen Frau aus den Wanderungen vor. »Und?« – »Sie hat des öfteren beifällig genickt und ist noch nie darüber eingeschlafen.« – »Superb!« bemerkt Fontane ironisch.

Familienidyll mit kleinen Kratzern

Im November ging es noch, da hatte er in fünf Minuten den obligaten Geburtstagsvers für Emilie geschmiedet:

Ich wünsch uns zwein an diesem Tag,
Daß es nicht schlimmer kommen mag,
Kein Grund liegt vor zum Zanken,
Viel Grund liegt vor zum Danken ...

Auch dem fünfjährigen Theo hatte er acht Zeilen eingetrichtert:

Ich bin der kleine Theodor,
Erkältung wirft sich mir aufs Ohr,
Denn hab im Ohr ich großen Schmerz,
Doch hab ich sonst ein gutes Herz.

Von ganzem Herzen wünsch ich hier:
Bin schußlich ich – vergib es mir,
Und gebe Gott, daß dieser Tag
Dir oft noch wiederkehren mag.

George hatte die 20 für ihn gedachten Zeilen nur maulend angenommen: Der Papa hätte ruhig seine guten Schulzensuren erwähnen können oder die Tatsache, daß er sich bei Tante Merckel erfolgreich durch den Czerny, die Fibel aller Klavierschüler, geackert und die erste leichte Mozart-Sonate gemeistert hat; aber nein, immer wird er gehänselt, weil er nun mal nicht als Held geboren ist. Mit etwas stumpfen Zähnen trug er seinen Part vor:

Der George ist dir wohlbekannt,
Er wird Gorilla auch genannt,
Er ist ein tapfrer Bube,
Da frage nur Fritz Nube.

Jetzt samml' ich Marken Tag und Nacht,
Doch kommt ein Krieg und kommt die Schlacht,

So werd ich plötzlich kecker
und ziehe mit als Bäcker.

Neun Jahre später wird er in den Krieg ziehen, nicht als Bäcker, sondern als Fähnrich; er wird sich zwar nicht als Held aufspielen, aber auch nicht mehr als andere zittern, wenn Granaten rechts und links einschlagen. Zum Glück weiß er noch nichts davon, wenn er, an Mama gewandt, weiterdeklamiert:

Ich habe keinen Heldentrieb,
Ich habe mehr mein Leben lieb,
Ich liebe sehr mein Leben,
Doch deines gleich daneben.

Ich wünsche, daß du leben bleibst
Und abends mich mit Salbe reibst;
Ich lieb dich auch am meisten,
Soviel mein Herz kann leisten.

Und wenn's auch nicht viel leisten kann,
So stimmt es doch mit Freuden an:
Zu deinem Wiegenfeste
Wünscht George dir das Beste!

Und die erst zwanzig Monate alte Mete hatte zum Vergnügen aller, die da beisammen waren, dazwischen gekräht: »Mama, Mama, Mete auch!«

Aber von dann an ist es mit Fontane bergab gegangen; er lebt nicht mehr wie sonst, sondern irgendwie – verhaltener; kein Spaß mehr an einem guten Bonmot, selbst die Ironie verblaßt. Er absolviert zwar sein Tagespensum auf der Redaktion, zieht wie ein geübter Magier ein paar Toasts aus dem Ärmel für Zöllner, den dicken Hesekiel und – auf Anraten Emiliens – auch für die Gattin des Chefredakteurs. Dennoch spürt sie: der Wagen rollt zwar noch, aber die Pferde ziehen nicht mehr. Diese »Taubheit der Seele«, wie sie es heimlich nennt, lähmt auch sie. Die Galle rebelliert. Zwei Stunden lang würgt sie bittere, grüne Flüssigkeit aus sich heraus, ihr ist zumute, als würde das Rückgrat gebrochen. Danach ist sie tagelang zu Tode erschöpft. Auch Klein Theo und Marthachen liegen in Fieberphantasien. Und in drei Tagen ist Weihnachten.

Fontane wartet dringend auf Dr. Koblanck, dann wird er George zur Apotheke schicken. Eigentlich tagt der »Rütli«, und George hat Klavierstunde bei Tante Henriette. Beides fällt aus. Und so wissen sie nicht, daß das Schicksal im Hause Merckel zur gleichen Zeit noch höher zugeschlagen hat. Im »Rütli« war Wilhelm von Merckel noch munter gewesen wie immer, am Tage darauf fällt er in merkwürdige Krämpfe und fühlt den Tod nahen. An den Feiertagen geht es wieder etwas besser, aber der Schatten des Abschiednehmens liegt über den beiden Eheleuten. Es sind just die Tage, in denen es im Hause Fontane langsam wieder aufwärtsgeht und Theo seiner Mila – und wahrscheinlich auch zur eigenen Aufrichtung – beschwörend dichtet:

Sei heiter!
Es ist gescheiter
Als alles Gegrübel;
Gott hilft weiter, –
Zur Himmelsleiter
Werden die Übel.

Sei heiter!, das ist leicht gesagt. Aber immerhin »berappeln« sie sich wieder, und Emilie ergeht es wie so oft, wenn ein ihr nahestehender lieber Mensch großen Kummer hat, wachsen ihr, die sonst von jedem kalten Luftzug umgeweht wird, ungeahnte Kräfte zu. Sie eilt zu Henriette, um mit ihr zu weinen um den selbstlosesten, gütigsten und feinfühligsten Menschen, der ihnen je begegnete. Um sich aus heilloser Traurigkeit zu retten, setzt sich Emilie ans Klavier, und wie von ungefähr erklingt das alte Lied:

Befiehl du deine Wege, und was dein Herze kränkt,
Der allertreusten Pflege des, der den Himmel lenkt.
Der Wolken, Luft und Winden gibt Wege, Lauf und Bahn,
Der wird auch Wege finden, da dein Fuß gehen kann.

Paul Gerhardt hat es gedichtet, als ihm das langersehnte Kind starb und bald danach auch seine Frau Maria. Mit diesem Lied schrieb er sich aus seiner schwarzen Verzweiflung. Es tröstet in den folgenden 200 Jahren viele, viele. Auch Henriette und Emilie.

Am 30. Dezember soll Wilhelm von Merckel auf dem Matthäi-Friedhof in Schöneberg zur letzten Ruhe gebettet werden. Selbst im tiefsten Schmerz denkt Henriette an andere: Es ist ja Fontanes Geburtstag, und er soll doch nicht mit einem Leichenzug ins neue Lebensjahr treten. So wird die Beisetzung um einen Tag verschoben. Der bescheidene »kleine Merckel« hegte Zeit seines Lebens einen großen Wunsch, den er sich nie erfüllen konnte: Er hätte gern ein Bändchen herausgegeben mit den besten seiner literarischen Werke. Posthum erfüllt ihm Fontane diesen Wunsch, um auf diese Weise Dank abzustatten für alle Wohltaten, die ihm der Getreue erwiesen. Er sucht einen Verleger (was ihm in eigener Sache immer außerordentlich schwerfällt), er sammelt die schönsten, von Humor und feiner Ironie getränkten Kostbarkeiten – Aphorismen, Noveletten, Skizzen – und schreibt aus tiefstem Seelengrund ein Geleitwort, das Henriette zu Tränen der Dankbarkeit rührt. Es ist das zartfühlendste Geschenk, das er ihr verehren kann, und es ist ganz im Sinne Emiliens.

Mit steigender Sonne sind auch die Lebensgeister wieder geweckt. Mit Vehemenz nimmt Fontane den zweiten Band der »Wanderungen« in Angriff: »Das Oderland«.

Theochen, das Vorschulkind, fährt nach Neuruppin zur Großmama; Emilie mit der kleinen Mete nach Neuhof, nur George, der Gymnasiast, muß in Berlin bleiben bei Tilla oder Tante Henriette. Die Eheleute wechseln zweimal wöchentlich lange Briefe, in denen sie Gedanken austauschen, als säßen sie daheim am Teetisch. »Achte darauf, daß George täglich mindestens drei Seiten laut liest und daß er mit Henriette die drei Märsche einübt, er weiß schon, welche, Tilla möchte doch bitte das Sofa der Kinder ausbessern, und Du, mein guter Alter, genieße Deine Freiheit. Niemand steht Dir im Wege, niemand stört Dich bei Deiner Arbeit. Und hat Beutner Dir denn die Zulage gezahlt, die man Dir nach einem Jahr versprach?«

Beutner hat nicht gezahlt, und Fontane ist eigentlich froh darüber, denn bislang bekam er 900 Taler jährlich, »ein höchst anständiges Gehalt für das, was ich leiste (täglich drei Stunden, von 9½ bis 12½) ... Ich leiste das Nötige, das, was gewünscht und gebraucht wird, aber diese Leistung ist mit 600 Talern bezahlt.« Außerdem: Hesekiel, das alte Streitroß, bekäme auch nur 1000 Taler und leistet viel mehr. Wenn er 1000 Taler bekäme, fühle er sich verpflichtet auch mehr zu leisten, das ginge aber auf Kosten der »Wanderungen«. Das sieht Emilie vollkommen ein.

Ende Juni kommt Hesekiel aus dem Urlaub zurück, und der Chefredakteur läßt Fontane wissen, daß es ihm sehr recht wäre, wenn er dann seinen Urlaub nähme. Dem ist es zwar nicht recht, aber er fügt sich, bei so viel Entgegenkommen muß auch er sich erbötig zeigen. Er zerstückelt seinen Jahresurlaub in viermal eine Woche, in denen er so effektiv wie möglich für seine »Wanderungs«-Kapitel recherchiert. Vorher hat er sich eine Unmenge an Fakten angelesen – von der Eiszeit angefangen über Landwirtschaft, Krebsfang bis zur Genealogie alteingesessener Adelsfamilien. Durch Empfehlung Fräulein von Rohrs lernt er Herrn von Massow auf Steinhöfel kennen. »Du bist wohl ganz ins Lager der Feudalen übergetreten?« spöttelt Emilie. Er antwortet allen Ernstes mit einer kleinen Lektion, daß Poeten und Künstler zu allen Zeiten mit Fürsten, Adel und Patriziat verkehrten. Heutzutage sei zwar die Macht des Adels gebrochen, der Grundbesitz gelte nur noch wenig, und das Kapital sei an dessen Stelle getreten, aber sein Metier erfordere es, sich im Lager der Feudalen umzutun. (Diese Replik scheint im Hinblick auf die Tatsache verfaßt, daß seine Briefe auf Neuhof interessant sind.) In einem anderen Brief relativiert er sein Statement für den Umgang mit dem Adel wieder und meint: »Ich sehe doch den Tag kommen, wo ich mich aus diesem Krimskrams wieder zurückziehen werde. Als *Schule* haben solche Gesellschaften Wert, als *Vergnügen* stehen sie meist ... auf sehr niedriger Stufe. Ich glaube, daß ich jetzt den ›Ton‹ einigermaßen gelernt habe Bis zur *Perfektion* werd' ich es nicht bringen, ist aber auch nicht nötig; nur das Stolperstadium (körperlich wie geistig) muß man hinter sich haben. Und so weit bin ich am Ende.«

Mit dieser Version ist Emilie sehr einverstanden, prägt sie doch ihren Söhnen immer wieder ein: Gutes Benehmen, gute Bildung, gute Ausdrucksformen sind das A und O! »Benehmt euch zu Hause, als wäret ihr beim König, dann könnt ihr euch beim König benehmen, als wäret ihr zu Hause!«

Den größten Teil ihrer Briefe aus Neuhof bilden Schilderungen ländlicher Idylle und vor allem: Mete! Mete bekommt ohne viel Aufhebens zwei Augenzähne; Mete überwindet die Scheu vor dem Senner Hütehund; Mete geht morgens mit einem Kännchen in den Kuhstall, um ihre Milch für das Frühstück selbst zu holen; Mete schlesiert schon mit den

Kutscherkindern um die Wette und fragt nicht mehr: »Wo ist mein Hut?«, sondern »Wu is mei Hitel?« Da Mete in diesen Wochen offenbar stubenrein geworden ist, bekommt sie die ersten Höschen angemessen. »Es ist, als ob sie männlichen Trotz und Eigensinn damit angezogen hätte«, schreibt Emilie. Mete zerschlägt mutwillig Eier im Nest, mopst den Schinken von Mamas Brot, hält ihr die kahle Butterstulle hin und sagt: »Nu ette du mal!« Sie boxt andere kleine Mädchen und klettert über Zäune: Kurzum, sie ähnelt sehr dem kleinen Mädchen aus der Großen Hamburger, das sich auch mit bösen Buben auf dem Spielplatz balgte. Doch das hat Emilie vergessen, sonst würde sie nicht so oft die Rute auf Metes Hinterchen tanzen lassen. Daheim geht ihr der Wildfang mit seinen überschüssigen Energien oft auf die Nerven, hier kann er sich mit Treutlers und Kutschers Kindern austoben. Wie wird sie nur das Kind in Berlin bändigen können?

Je weiter mein Schätzel, desto größer die Freude …

Emilie lebt in Neuhof streng nach den Vorschriften des Liegnitzer Arztes, um ihr vegetatives Nervensystem, vor allem den Verdauungsapparat, in Ordnung zu bringen; sie trinkt Vichy-Wasser, was ungeheures Kollern im Bauch verursacht, aber sonst wenig Wirkung zeigt; sie wird täglich von Kopf bis Fuß kalt abgerieben, nimmt Bäder und verschiedene Pillen, die genauso wenig helfen wie die vorangegangenen. Zu Haus legt sich die chronische Verstopfung oft aufs Gemüt; in Neuhof bei Johanna ist alles so voller Lebensfreude und Harmonie, daß sie sich rundherum wohl fühlt.

Es ist Beeren- und Spargelzeit. Zweimal zwei Stunden am Tag hilft sie mit im Garten oder beim Einkochen in der Küche oder beim großen Backofenfest, zu dem hundert Kuchen gebacken werden. Nach dem Kaffeetrinken kutschiert man gern durch die blühenden Felder, die Kinder vorweg mit dem Ponygespann; man pflückt Kornblumen und Vergißmeinnicht (»Ach, Theo, einen ganzen Arm voll möchte ich Dir bringen!«). Man besucht die Schlachtfelder von Hochkirch und an der Katzbach, wo Blücher die Grande Armee geschlagen; am Abend wird musiziert oder gelesen. Zum Beispiel Goethes »Benvenuto Cellini« (»auch die unanständigen Stellen; haben wir gelacht!«) oder Paul Heyses Novellen und

»Jenseit des Tweed«, denn Treutler will demnächst nach England fahren und sich literarisch darauf vorbereiten.

Um die englische Sprache nicht zu verlernen, liest Emilie einen Roman der George Eliot im Original und beschreibt Theo ihren Eindruck. Der lobt die Treffsicherheit ihres Urteils und bestätigt ihr: »Gegen die Qualität des Ganzen ist nichts zu sagen, nur die Quantität der Beobachtungen und Einzelschilderungen wirkt bedrückend. Das Buch ist wie eine wohlanständige, regelrecht und sauber gekleidete Dame, die ihren Schmuck auch an der rechten Stelle trägt, nur hat sie die Eigentümlichkeit, an einem Ohrring noch einen andern anzuhängen und so fort und fort, bis das halbe Dutzend voll ist.«

Einmal ist Emilie auch in Liegnitz bei Frau Apotheker zum Kaffeekränzchen eingeladen. Ihre Schilderung ist köstlich: »Lauter alte Tanten und Muhmen, Johanna und ich wie Pipijungen dazwischen.« Sie lauscht den ungeheuren Lebensweisheiten alter Jungfern und muß sich sehr zusammennehmen, um nicht laut loszulachen. In einem solchen Kreis wäre sie vermutlich gelandet, wenn sie in Liegnitz geblieben wäre ... »Ich bin doch recht dankbar, daß ich trotz mancher Ängste und Sorgen so weit, weit umhergeflogen bin, so daß ich trotz meiner relativen Jugend tausendmal mehr erlebt habe wie solch arme alte Schachteln.«

Obwohl sie bei Johanna lebt »wie in Abrahams Schoß«, kommen doch immer wieder Tage, an denen sie vor Kopfschmerzen nicht aus den Augen gucken kann, und Nächte, in denen sie sich in Krämpfen windet. Nach vier Wochen fühlt sie sich einigermaßen gestärkt. Sie dankt ihrem Herzensmann, der so splendid ist, ihr so lange Urlaub zu geben, möchte aber doch gern von ihm hören, daß er sie vermisse, und er antwortet mit einem bekenntnisreichen, recht Fontaneschen Liebesbrief »Meine liebe, gute Frau ... Du fragst, ob Du mir fehlst? Allerdings fehlst Du mir, nicht wegen Suppe und Braten (was wirklich für halbwegs anständige Menschen ein zu spießbürgerlicher Standpunkt ist) sondern aus allen möglichen andren Gründen. Es würde dies noch viel mehr der Fall sein, wenn ich nicht gerade in diesen Wochen wieder gesehn hätte, daß unsereins ein vollständiges Hetzleben führt und daß, wie es Frauen giebt, die sich beständig fragen: was kochst Du heute? Unsereins die Fieber-erzeugende Frage nicht los wird: was arbeitest Du heute? Der innerliche Mensch ist immer in einer Art Aufregung und Aktion, immer in der Angst: wie wird das werden? Welches Buch brauchst Du? An wen mußt Du noch schreiben, wer weiß etwas davon? wie componirst Du dies, wie gruppirst Du das etc. etc. Dies ist die *Aufregung* bei der Arbeit; aber diese Aufregung ist lange nicht das schlimmste, das schlimmste ist die Sorge: wird es auch nicht dummes Zeug sein! oder das bestimmte Gefühl ›so geht es nicht, das ist albern, das ist verbraucht‹ und in Folge davon die Notwendigkeit, oft schon mit angegriffenen Nerven, etwas andres, neues, an die Stelle des alten zu setzen. Ich schreibe Dir über diesen Prozeß so ausführlich, um dadurch, allen Ernstes, Dein Mitleid zu erwecken. Denke Dir einen innerlich derart abgehetzten Menschen, der mit Recht verstimmt ist, weil die Sachen nicht so kommen wollen wie er möchte und solch armer Kerl soll nun wegen Lieblosigkeit, Mangel an Aufmerksamkeit etc. angeklagt werden. Es ist eine wirkliche Grausamkeit, der Essigschwamm für den Durstigen. Ich versichre Dich, daß ich oft viel lieber spatzieren ginge, oder plauderte, oder im Fenster läge, aber es geht nicht, und ich bitte Dich, mich in Zukunft nach *dieser* Seite hin etwas besser zu behandeln. Jeder geistig thätige Mann, dessen geistige Beschäftigung noch dazu das tägliche Brot schaffen muß, kann seine Zeit zwischen Arbeit und Familie nur sehr ungleich theilen; die Familie wird, was Zahl der Stunden angeht, immer etwa zu kurz kommen, man sollte sich vielleicht öfter *Ferien* gönnen und alle Monate mal sagen: ›nun wird 8 Tage lang nicht gearbeitet‹. Weiß es Gott, daß mir das sehr angenehm sein würde; aber ich habe bis jetzt zu dieser ruhigen Vertheilung meiner Zeit nicht kommen können. Auch ist es deshalb schwer, weil man innerlich eigentlich nie fertig wird und Neues gleich nachrückt (und zwar unaufgefordert) wenn das Alte abgearbeitet ist. Ich will diese lange Abhandlung doch mit einer trostreichen Betrachtung schließen. So unbequem dies beständige innerliche Engagirtsein für mich und so empfindlich es gelegentlich für Dich ist, so ist auf die Dauer – in a long run wie die Engländer sagen – eine solche Existenz doch für beide Theile die allein glücklich machende. Wer immer bei ›Muttern‹ ist, wird nothwendig ein Philister, ein lederner Patron, dessen Langeweile nachher viel verdrießlicher wirkt, als die Unruhe des immer Beschäftigten, der eben nur Stunden und Tage hat, wo er zur Ruhe kommt, in solchen Stunden aber auch die Ruhe und alles Glück des Familienlebens doppelt genießt. Da hast Du's!«

Emilie findet diesen Brief wundervoll; zwar ein bißchen zu sachlich, aber doch immerhin liebevoll um Verständnis werbend. Genau so ist ihre Ehesituation. Darauf muß sie sich einstellen und nicht etwas erwarten oder gar verlangen, was er unter diesen Umständen gar nicht leisten kann. Und wenn ihr das Einsehn manchmal schwerfällt, wenn sie zum Beispiel wehmütig den Familien hinterherblickt, die alljährlich nach Brunshaupten oder in den Harz in die Sommerfrische fahren, wird sie sich künftig herzhaft einreden: So wie es ist, ist es gut; jedenfalls besser als ein Alte-Schachtel-Leben im Liegnitzer Kränzchen. Irgendwann, wenn sich die »Wanderungen« weiter so gut verkaufen, werden sie auch zusammen verreisen. Sie muß nur gesund bleiben, um Theo den Rücken zu stärken.

Glücklich wie eine junge Braut schläft sie ein und träumt in der Nacht einen sehr lebhaften erotischen Traum, »so unanständig, daß ich ihn Dir, lieber Herzensmann, nicht schreiben, höchstens andeutungsweise erzählen kann«.(!) In der darauffolgenden Nacht träumt sie dafür weniger angenehm, wirres Zeug, viel Aufregung, viel Durcheinander. Angstvoll wacht sie auf: Ist eines der Kinder krank? Oder Theo? Er beruhigt sie brieflich: es ist alles in Ordnung; er hat auch die Fliegenfenster einbauen lassen – nur werde man sich nicht mehr lange daran erfreuen können, denn Degebrodt hat zu Michaeli gekündigt.

Emilie ist außer sich: Wieso das? Die Leute müssen doch denken, wir hätten die Miete nicht pünktlich bezahlt! Degebrodt meint, die Kinder brächten zuviel Unruhe ins Haus. Impertinent, dieser Grobian!

Fontane bittet sie, ruhig Blut zu bewahren, so großartig sei die Wohnung ja auch nicht, zwar billig und parterre und in angenehmer Gegend, aber doch im Grunde genommen zu klein und die Vorderzimmer immer schattig und kalt, keine Speisekammer und die Commodité auf dem Hof … Und es stünden zwischen Potsdamer Straße und Johannistisch so viele Wohnungen leer, da wäre es kein Problem, eine andere, bessere zu finden.

Nur nicht am Johannistisch!, wehrt sie ab, da stehen drei Gasometer, und es kann immer mal was passieren …

Sie beneidet ihren Mann um die Fähigkeit, sich sofort in eine neue Situation hineinzufinden. Ihr fällt das schwerer, sie muß sich sehr zusammennehmen, um, mit der Sorge um die Wohnung im Hinterkopf, die letzten zwei Wochen ihrer Trink- und Badekur in Neuhof durchzuhalten. Im nächsten Brief rückt Theo mit einem Plan heraus: Er will ein Haus bauen. Tempelhofer Vorstadt oder Köpenicker Feld. Hesekiel hat das mal für sich ausgerechnet: Der Baugrund wäre für 1 000 Taler zu haben; 3 000, um mit dem Bau anfangen zu können, bekommt man ohne weiteres als Hypothek. Hat man dann noch 5 000 Taler mit vier oder fünf Prozent zu verzinsen, so kommt die Sache nicht teurer als für 200 bis 250 Taler zur Miete zu wohnen. Man wäre sein eigener Herr und könnte endgültig den trouble mit Vermietern vergessen. Außerdem würden die Grundstücke in den nächsten zehn bis 20 Jahren garantiert im Wert um 100 Prozent steigen.

Ach, Theo! Papa Louis Henri hätte keine schönere Milchmädchenrechnung aufmachen können! Trotzdem spricht sie mit Treutler, dem erfahrenen Ökonomen darüber. Er bestätigt, daß Baugrundstücke vor den Toren Berlins, wenn sich die Stadt weiter so explosionsartig ausdehnt, enorm im Werte steigen werden, doch bis dahin hat sich ein mittelloser Häuslebauer an Zinsen und Nebenkosten längst totgezahlt. »Poetenspinnerei« nennt er das Ganze.

Als Emilie heimkommt, hat Theo seinen schönen Plan längst ad acta gelegt. Man sucht weiter nach einer bezahlbaren Wohnung. Sie fährt nach Neuruppin, um Klein Theo abzuholen, der pausbäckig und manierlich geworden ist. Da der Hausherr vergessen hat, den Tapezierer zu bestellen, der die Roßhaarmatratzen neu stopfen soll, bleibt sie noch ein paar Tage länger und läßt den Dichter mit dem »Krimskrams« allein. Zuerst ärgert ihn das ein bißchen, doch dann macht er das Beste daraus und schildert das Ganze als Komödie: »Am Sonntag schlief ich noch an alter Stelle und unter den alten gesicherten Verhältnissen, wenn man ein Liegen auf den Sprungfedern, die alle auf dem Punkt stehn einem ihre Spitzen in den Leib zu bohren, noch ›gesicherte Verhältnisse‹ nennen kann ... Schon am Montag ändert sich die Sache. Der Tapezierer hatte meine Matratze abgeholt und so zog ich in *Dein* Bett. Am Dinstag kehrte meine Matratze zurück, ohngefähr so wie Du von Deiner schlesischen Reise – jung und dick geworden und *Deine* Matratze wanderte nunmehr den Weg des Tapezierers ... Während ich die Nacht vorher wie in einem sicheren Trog gelegen hatte, lag ich jetzt auf der strammen, neuen Matratze wie auf einem *umgestülpten* Troge, jeden Augenblick in Gefahr von der Rundung herunterzukollern. Endlich stellt' ich den Nachttisch in die Höhle hinein, um eine Art Gegenhalt zu gewinnen und so vor dem Äußersten gesichert, schlief ich ein. Die Matratzen selbst sind aber durch die neue Polsterung so hoch geworden, daß ich gestern das Gefühl hatte, ich stiege in eine Art von Hängeboden oder schliefe in einer zweiten Etage. Du wirst einräumen, daß ich von wirklichen Nacht-Erlebnissen sprechen und die Einförmigkeit der Tage schon ertragen kann, wenn die Nächte so viel Wechsel bieten.«

Das nächste Nacht-Erlebnis wird von Mete ausgelöst, deren Bettchen im elterlichen Schlafzimmer steht. Als Emilie aus Neuhof schrieb, die Kleine schrecke manchmal aus dem Schlaf hoch, schreie und schlage wild um sich, beruhige sich dann aber wieder, hatte er das nur sehr beiläufig zur Kenntnis genommen. Nun erlebt er es selber und weiß sich nicht anders zu helfen, als nach Tilla zu rufen. »Mehr in die Schleier der Nacht als in sonstige starke Hüllen gekleidet« packen sie die kleine Bettstelle und bugsieren sie in Tillas Stube, nicht ohne sich dabei einige Finger zu quetschen.

»Das geschieht ihm recht«, sagt Elise lachend, »mein Bruderherz merkt doch sonst überhaupt nicht, daß ein Haushalt, noch dazu mit drei Kindern, nicht wie ein Uhrwerk ablaufen kann!«

Fontane hatte richtig vermutet: Die drei Kinder waren Holzhändler Degebrodt nur Vorwand zur Kündigung. Er will, in Erwartung des großen Booms, sein Haus komfortabler gestalten und seinen neuen Mietern dann den doppelten Mietzins abnehmen. Während Fontanes noch dort wohnen, beginnen schon Handwerker an allen Ecken und Enden zu bohren, zu scharren und zu klopfen. Ein Arbeiten am Schreibtisch ist unmöglich. Wie gut, daß noch weite Teile des Oderlandes für die »Wanderungen« zu recherchieren sind. Theo nimmt also eine Woche Urlaub und dampft ab nach Bad Freienwalde, macht einen Abstecher zum Papa, der im nahen Schiffmühle ein winziges Haus als Altersdomizil gefunden hat, in dem er nach wie vor die phantastischsten Pläne schmiedet. Bei ihm kann er nicht wohnen, er muß weiter in ein verwanztes Hotel in Wriezen; tags drauf schläft er um so behaglicher im Schloß Kunersdorf, das auch einmal Chamissos Heimstatt war. Täglich schreibt er an Emilie, nennt sie, nach einem alten Lied, »mein Schatz, mein Augentrost«. Sie soll nicht auf den Gedanken kommen, er kutschiere lustig durch schöne Gegenden, derweil sie sich mit unangenehmen Leuten herumärgern muß.

Seine ungewohnte Behutsamkeit läßt darauf schließen, daß der Haussegen seit ihrer Rückkehr aus Schlesien hübsch grade hängt. Am 16. September 1862 schreibt er ihr sogar zweimal: »Meine liebe gute Frau. Als feuriger Liebhaber der ich doch nun mal bin, genügt es mir nicht heute

Morgen geschrieben zu haben, – ich schreibe heut Abend wieder. Es geht mir ganz gut, – aber ich bin doch sehr hin und diese Strapatzen, so ungern ich es auch einräume, übersteigen doch meine Kräfte. Es soll Erholung sein und ist eigentlich eine riesige Arbeit. Schlösser, Kirchen, Kirchhöfe, Inschriften, Grabschriften, Bilder, Statuen, Parks, Grafen, Kutscher, Haushälterinnen, Vater, poetische Drechslermeister – alles das und hundert andres dazu, tanzt mir hurly burly im Kopf herum, dazu die Landschaftsbilder, die alle beschrieben werden müssen, dazu gestern die Strapatze des Marschirens und Bergkletterns und nun schließlich ein verdorbener Magen – das halte aus wer kann. Ich habe in diesen 3 Tagen so viel gesehn, daß das bloße Sehen eine Arbeit wäre, aber es sehen und dabei beständig ordnen, schreiben, arbeiten, einreihen in andres, ist wirklich eine große Anstrengung. Zum Glück ist hier niemand im Schloß als ein alter Bedienter und eine freundliche Haushälterin … sonst könnt ich es, wenn ich mich auch noch gesellschaftlich abstrapzieren müßte, geradezu nicht leisten. Ich werde in einer Stunde zu Bett gehen und hoffe dann endlich mal wieder auszuschlafen.«

(Die freundliche Haushälterin, vergißt er nicht zu bemerken, ist über 50 und kein Grund zur Eifersucht!)

Aber nicht der Liebe allein ist dieser zweite Brief geschuldet, sondern seiner Schusseligkeit. Fontane hat vergessen, daß in diesen Tagen brandeilige Korrekturbogen eintreffen müssen. Falls sie kommen, liebe gute Frau, dann schreibe doch dem Drucker (»natürlich nur 3 Zeilen, aber artig!«) daß ich verreist sei und am 21. zurückkäme.

Wieder mal Trockenwohner

Zum 1. Oktober 1862 ziehen sie ein paar Ecken weiter in die Alte Jakob Straße 171. Das vierstöckige Haus mit den zwei Seitenflügeln und einem winzigen Rasenstück als Hof ist gerade bezugsfertig geworden. Die Wände sind noch nicht ganz ausgetrocknet, weshalb Maurermeister Corsalli, der Hausbesitzer, im ersten Quartal ein wenig die Miete nachläßt, danach nimmt er 62 Rthl 15 sgr In ihr Wirtschaftsbuch trägt Emilie 10 Rthl 5 sgr ein als Umzugskosten. Für sie steht fest, daß sie in dieser Behausung nicht alt werden. Das einzig Gute: Die Wege für Theo zur Redaktion und für George zum Gymnasium sind etwas kürzer. Es ist eine politisch brisante Zeit. In der Redaktion geht es hoch her: Wilhelm I., vor 22 Monaten zum König von Preußen gekrönt, erlebt im Parlament eine gewaltige Schlappe, Liberale und Fortschrittspartei widersetzen sich seinen Plänen zur Heeresreform, widersetzen sich überhaupt! Wilhelm, vor einem Jahr noch auf hohem Roß, ist drauf und dran, das Handtuch zu werfen.

Wenn ein König sich im eigenen Land nicht mehr durchsetzen kann, ist es Zeit zu gehen; soll sich sein Sohn mit den Querulanten weiter herumschlagen. Da erscheint Otto von Bismarck auf der Bildfläche, übernimmt alle Vollmachten, wird am 24. September zum preußischen Ministerpräsidenten und wenig später auch zum Außenminister ernannt. Er wird fortan mit eisernem Besen die Geschicke des Landes lenken.

Da die hohe Politik sich quasi vor der Haustür abspielt, ist der englische Artikel in der Redaktion der »Kreuz-Zeitung« so gut wie abgemeldet. Fontane bleibt genügend Zeit, an den »Wanderungen« durch das Oderland weiterzuarbeiten. Dabei stößt er auf ein Thema, das er unbedingt in einem Roman behandeln möchte: Es geht um das Denken und Fühlen der Menschen zwischen Oder und Spree am Vorabend der Befreiungskriege. Schon beginnt er, Journale aus dieser Zeit zu durchforsten, vor allem auf Memoiren ist er aus, Memoiren von Menschen aller Stände und Schichten. Die Beschäftigung mit von der Marwitz hat ihn darauf gebracht. Er geht seinen weiten Bekanntenkreis durch, wer etwas darüber haben könnte. Leiht Bücher aus, die er nur begrenzte Zeit behalten darf. Er überfliegt, liest sich fest, legt Zettel mit Notaten zwischen die Seiten, und Emilie darf Auszüge machen, Dutzende, Hunderte von Seiten. Sie glaubt nicht recht an dieses große Werk, das ihm da vorschwebt, aber sie kopiert und kopiert, wie ein mittelalterlicher Mönch in seiner Klause.

Zum Dank erhält sie zum Geburtstag die obligate Zwei-Groschen-Blume mit dem Zwei-Groschen-Vers, in dem der fromme Wunsch ausgesprochen wird, »die Zukunft möge weiter passabel hell bleiben«. Und das bleibt sie auch. Die Kinder haben keine schlimmen Krankheiten zu überstehn; George und Theo sind oft bei Tante Merckel, die dem Großen neben dem Klavierspiel nun auch das Schachspielen beibringt und in dem Kleinen die Liebe zu Blumen und Vögeln weckt. Nur Mete, das Quecksilber, ist nach wie vor eine Nervensäge, aber dabei so drollig, daß man ihr nicht böse sein kann.

Da Emilie gesundheitlich auf der Höhe ist, kann sie mit ihrem ausgleichenden Temperament alle aufkommenden oder gar vorausgeahnten Mißlaunen abfangen. Sie redet Theo nicht nach dem Munde, das würde ihn auch nur zum Widerspruch reizen, nein, sie nennt seine Schwächen ruhig beim Namen, wobei sie die ironische Spitze natürlich immer etwas mit Samt umwickelt. Sie kennt seine Empfindlichkeit zur Genüge. So macht sie ihm eines Abends, als sie – sehr spät! – von einer Gesellschaft heimkommen, den Vorwurf, er habe sich wieder mal in sein Lieblingsthema verbissen und kein Ende gefunden, obgleich sich einige der Anwesenden schon sichtlich gelangweilt hätten. Der Hausherr sei schon aufgestanden, er, Theo, aber wäre immer noch sitzen geblieben und habe auf sein Gegenüber eingeredet. »Herrgott, ja, so bin ich nun mal«, gesteht er reuemütig.

»Ich kenne dich«, sagt Emilie und tätschelt beruhigend seine Hand, »trotzdem solltest du der Dame des Hauses gentlemenlike ein Entschuldigungsbriefchen schreiben.«

»Meinst du wirklich?« Und er setzt sich am nächsten Tag hin und schreibt: »Hochgeehrte gnädige Frau. Meine Frau hat mir gestern abend noch eine Strafpredigt gehalten und meine allerneuesten Verstöße gegen Gentlemenschaft etc. aufgezählt. Ich hätte noch ruhig auf dem Stuhl gesessen, als Sie zum Aufbruch schon bereit gewesen wären, und hätte dabei ›in der mir eigentümlichen unangenehmen Weise gestritten‹. Ich fürchte fast, daß meine Frau recht hat, hoffe aber, daß Sie in Ihrer Milde nicht allzu streng mit mir ins Gericht gehen und längst wissen werden, weshalb mir solche Verstöße immer wieder passieren. Jeder kleine Disput engagiert mich vollständig, nimmt selbst von meinen Sinnen Besitz und läßt mich kaum sehen, ob mein Gegner noch steht oder sitzt. Sie wissen das längst. Übrigens unterhalt ich die Hoffnung, daß es allmählich besser wird; man wird zuletzt ruhiger über alles, und mit der Ruhe kommen Rücksicht und Haltung. Die Deutschen sagen zwar: ›ein alter Star lernt nicht mehr pfeifen‹, aber die Engländer sagen: never too late to mend. Lübkes letzte Entschuldigung eines Angeklagten war immer: ›er ist noch *bildungsfähig*‹. In der Hoffnung, ähnlich ausgerüstet zu sein, wie immer Ihr ...«

Emilie lächelt, als er ihr dies Glanzstück von Diplomatie zu lesen gibt: Wer könnte einem so »reuigen Sünder« noch etwas nachtragen? »Rütli« und »Ellora« kennen seine Schwäche zur Genüge, die sind selber äußerst diskutierfreudig, und wenn's ihnen zuviel wird, reimt jemand: »Die Lampe hat ja kaum noch Oel,/Drum laß es gut sein, liebster Noehl!« (oder so ähnlich). Das nimmt niemand übel; aber wenn er sich in Gesellschaft wie bei Wangenheims oder Fräulein von Rohr festredet, vor aller dort versammelten Gräflichkeit und Geistlichkeit und nicht einmal bemerkt, daß Emilie ihm unterm Tisch diskrete Tritte versetzt, dann wird es für sie peinlich.

Im übrigen setzt sie wenig Hoffnung in seine »Bildungsfähigkeit«.

Fontane ist immer froh, wenn er nicht erziehn muß, wenn Emilie mit den Kindern der Berliner Kloakenluft entfliehen und die Sommerwochen im Ruppinschen verbringen kann. Dann schreibt er auch die schönsten Briefe: »Meine liebe, gute Frau. Wiewohl ich keineswegs immer in Einsamkeit leben möchte, muß ich doch andrerseits gestehn, daß man, auf kurze Zeit, in solcher Einsamkeit ordentlich aufathmet. Als glücklicher Familienvater mit Frau und drei Kindern befind ich mich eigentlich konstant in der nervösen Aufregung einer Besatzung, die jeden Augenblick einen Angriff erwartet, und ich darf wirklich sagen, daß ich das Gefühl der Ruhe, des Ungestörtseins dankbar genieße. Des Morgens kann ich ruhig eine Viertelstunde lang gurgeln, ohne irgendwen zu belästigen und meinerseits durch Zeichen des Mißfallens belästigt zu werden. Auch bei Tische ist es mir eine Erquickung, nichts von Erziehung zu hören oder selber erziehen zu müssen. Ich habe für diese Parthien des Familienlebens keinen Sinn ... Ich habe eine Abneigung gegen den Krimskrams des engsten Zirkels, dessen Abgeschlossenheit von selbst dafür sorgt, daß aus jedem P- ein Donnerschlag wird. Ich weiß alles, was dagegen zu sagen ist, aber ich kann mir nicht helfen ... »

Der Krimskrams des engsten Zirkels, der ja doch irgendwie bewältigt werden muß, ist ausschließlich Emiliens Angelegenheit. Er würde gern einmal mit ihr verreisen (schreibt er ihr), aber erstens kostet es das Doppelte und zweitens sei sie doch bei aller Anspruchslosigkeit bisweilen sehr kritisch; schlechtes Wetter, muffige Hotelzimmer oder unangenehme Gäste an der Table d'hôte würden sie langweilen oder ärgern, und das käme dann auf *sein* Konto. Um sie und sich selbst vor solchem Ungemach zu bewahren, fährt er also lieber allein. Zum Beispiel an die Ostsee, wo Lepels Familie Besitzungen hat. Er besucht auch die alte Apotheke in Swinemünde, in der er die wildesten und schönsten Jahre seiner Kindheit verbrachte, findet Haus und Garten heruntergekommen und absolut ruppig. Von Hause aus unsentimental, beschleicht ihn bei diesem Anblick doch Zypressenstimmung. (Mit 43 eigentlich zu früh.) Die frische Brise, die vom Meer herweht, vertreibt die Wehmut, er atmet tief durch und denkt mit Schauder an den Mief im Corsalli'schen Hof, der vor allem dann unerträglich ist, wenn allwöchentlich die Inhalte der Nachtstühle eimerweise »entsorgt« und abgefahren werden.

Lepel setzt ihm den Floh ins Ohr, sich hier oben, zwischen Ahlbeck und Heringsdorf, ein Sommerhaus bauen zu lassen, mit 4 bis 5 Zimmern; wenn man es mit einem der »Rütli«-Freunde teilte, wäre es erschwinglich, ach was, für den Vorteil, den es böte, fast geschenkt! Die Phantasie breitet wieder mal ihre Schwingen aus, doch in Berlin landet er schnell auf dem Boden der Realität.

Erst dreißig Jahre später wird er – wenigstens in Gedanken – an diesen Ort zurückkehren, ein Spukhaus mit einem toten Chinesen entwerfen und den ehrgeizigen Landrat von Innstetten mit seiner blutjungen Frau Effi dort einziehen lassen.

Alle Reisen, die er allein und scheinbar nur zu seinem Vergnügen unternimmt, werden später in den Romanen ihren Niederschlag finden, und Emilie wird sich beim Abschreiben daran erinnern. Aber zu diesem Zeitpunkt kann das noch keiner wissen; darum hat er bisweilen während und nach der Reise ein kleines schlechtes Gewissen Emilie gegenüber. Allerdings verfliegt es ziemlich rasch, denn, so redet er sich ein, Emilie trennt sich sowieso nicht gern von den Kindern, eins muß sie wenigstens um sich haben, und ein Urlaub mit Kindern ist keine Erholung für ihn.

Umzug ins Geheimratsviertel

Während er also mit Lepel durch die Dünen wandert, den sandigen Hohlweg zur Mühle hoch, den Weg, den dreißig Jahre später Effi Briest mit Crampas reiten wird, packt Emilie wieder einmal ihre Siebensachen zusammen. Die Familie zieht zum 1. Oktober 1863 wieder ein paar Ecken weiter stadteinwärts, ganz in die Nähe der »Kreuz-Zeitungs«-Redaktion: Hirschelstraße 14; ein durchaus gutbürgerliches Haus, erst ein paar Jahre alt, eines der ersten im späteren Geheimratsviertel.

»Vorneraus« liegen Fontanes Arbeitszimmer, Emiliens »Salon« mit dem Pianino und das große Berliner Zimmer. Von einem langen, dunklen

Gang getrennt, nach »hintenraus« das elterliche Schlafzimmer mit Metes Bettchen am Fußende der Ehebetten, daneben das Kinderzimmer, in dem George und Theo junior ihre kleinen Machtkämpfe austragen. Tilla bewohnt ein Durchgangsstübchen zur Küche hin. Von den vorderen Fenstern aus kann man noch die Reste der alten Stadtmauer sehen, die hinteren Fenster geben den Blick frei auf einen wenig vertrauenerwekkenden Hof mit den unvermeidlichen Herzhäuschen. (Erst im Jahr darauf sollen WCs eingebaut werden.) Da schaut man lieber in die Weite, auf ein Gewirr von Geleisen der Anhalter Bahn und in der Ferne der Kreuzberg und der sanfte Hügel des Matthäi-Friedhofs, auf dem nun der »kleine Merckel« ruht.

Zur Jahreswende 1863 auf 64, Fontane sitzt gerade über den ersten Kapiteln seines ersten Romans, erzittert das Haus plötzlich von einem dumpfen Poltern und Grollen. Er eilt ans hintere Fenster – ein endlos scheinender Zug mit Geschützen rollt vorüber; Lowries, Kanonen, Kanoniere auf den Lafetten lagernd, alles in trübem, schwankendem Gaslicht, das wirkt gespenstisch. Es sind österreichische Brigaden, die nach Nordnordwesten rollen.

Was ist geschehen? Dänemark hatte zwar 1851 den Sieg über die Schleswig-Holsteinische Unabhängigkeitsbewegung errungen, aber der Deutsche Bund und Österreich wollten sich auf Dauer damit nicht abfinden. Nun sind sie auf dem Wege, die Sache für sich zu entscheiden. Preußen mit dabei. Sie erobern das Danewerk, das ein Jahrtausend lang allen Anstürmen trotzte, sie graben sich vor den Düppeler Schanzen ein, beißen sich daran fast die Zähne aus. Als sie im April endlich gestürmt werden, ist der Krieg so gut wie gewonnen.

In der »Kreuz-Zeitungs«-Redaktion werden die Ereignisse aufmerksam verfolgt, Prinz Friedrich Karl als Oberkommandierender begeistert gefeiert, ebenso König Wilhelm I., obwohl der erst, als alles vorbei ist, nach Gravenstein ins Hauptquartier fährt, um sich als Sieger feiern zu lassen. *Er* hat der Welt gezeigt, daß preußische Truppen in der Lage sind, die stärksten Schanzen zu erobern, *er* hat die Schmach von Jena und Auerstedt getilgt und an die Siege Friedrichs des Großen angeknüpft!

Fontane kann sich dem allgemeinen patriotischen Hurra nicht recht anschließen aus einem naheliegenden Grund: Am 4. Februar hat ihm Emilie einen stämmigen Jungen geboren: Friedrich, genannt Friedel, wie sich zeigen wird, ein stilles, gemütliches Kind. (Der Vater wird von dem

Fünfjährigen sagen, er sähe schon jetzt so bräsig aus wie ein abgemusterter Käpt'n. Aber gerade Friedel, von dem er es zuletzt erwartet hat, wird noch zu Lebzeiten des Vaters einen eigenen Verlag gründen und dessen gesammelte Werke herausgeben.)

Seine Geburt hat Emilie so schwer erschüttert, daß sie wochenlang nicht zu Kräften kommen kann und immer nur dumpf vor sich hin brütet. Und Fontane leidet mit – denn er hat nun keinen, der ihm die leidigen Dinge des Alltags fernhält. Natürlich tut sie ihm leid, natürlich läge es zum Teil auch an ihm – räumt er seiner Mama gegenüber ein –, er sei nun mal etwas nüchtern und kann »den süßen Klageton nicht treffen, den Frauenherzen so gern hören«, auch sei er immer mit Lesen und Schreiben beschäftigt und oft nicht ansprechbar, aber deshalb dürfe sie sich doch nicht derart gehenlassen ... (!)

»Ich müßte sie aus ihrem jetzigen Leben herausreißen, sie in ein warmes Klima, in ein stilles Tal setzen können, mit zwei, drei sanften Menschen, die ihr angenehme Dinge sagen und ihr viel Liebe erweisen, dann würde ihr wohler werden, aber das kann ich ihr nicht verschaffen, selbst dann nicht, wenn die Geldmittel dazu vorhanden wären. Denn das Leben ist hart und rauh und Aergernisse lassen sich durch keine Summe Geldes wegkaufen ...«

Er selbst, versichert er der Mama, gäbe niemals Anlaß zur Verstimmung. Es verdrieße ihn auch nicht mehr allzusehr, er habe sich daran gewöhnt. »Es ist mir *absolut gleichgültig* geworden und *langweilt* mich nur dann, wenn es zu Erörterungen darüber kommt. Ich suche sie deshalb zu vermeiden, man wird älter, lebt seinen Büchern und seinem Beruf und läßt im Uebrigen die Dinge laufen wie sie laufen wollen; Sonnenschein – gut, Regen – auch gut.«

Ob dieser Brief die Mama beruhigte, steht dahin.

Dabei liegen die Dinge, von außen betrachtet, gar nicht so übel: In der »Kreuz-Zeitung« ist er anerkannt. Verleger Hertz wartet auf den nächsten Band der »Wanderungen« und hat schon eine 2. Auflage des ersten angekündigt; die Einnahmen sind nicht überwältigend, aber regelmäßig. Sie haben das, was sie sich gewünscht haben. Haben sie das wirklich?

Von der Kunst, den richtigen Abstand zu finden

Für Emiliens spinnwebfeines Nervenkostüm waren drei Kinder schon zu viel, jetzt noch das vierte ... und ein Mann, der zwar nicht trinkt, keine Schulden macht, nicht pokert und nicht fremdgeht, der aber eigentlich in seiner eigenen Welt lebt und dabei nicht gestört sein will. Wie kann sie das ändern? Kann man es überhaupt ändern?

Tilla – ach, wenn sie Tilla nicht hätten! – hat Auerbachs »Kinderkalender« mitgebracht; Emilie schmökert darin und findet eine Geschichte, die sie erst lachen, dann nachdenklich macht: »Eine Rotte Stacheltiere lebte den Sommer über friedlich zusammen; als der Winter kam und mit ihm die Kälte, froren sie jämmerlich und rückten eng aneinander, um sich gegenseitig zu wärmen; aber die Stacheln erwiesen sich als hinderlich, sie stachen sich mehr als sie sich wärmten. Es gab Streit, einer beschuldigte den andern; verbittert liefen sie auseinander – und froren wieder, jedes für sich. Da versuchten sie es noch einmal, näherten sich so weit, daß sie sich nicht weh taten, aber doch Schutz fanden vor den Unbilden der Witterung.«

Diese Distanz zu finden, das ist die Kunst in der Ehe. Sie muß nicht immer gleich groß sein, aber sie muß vorhanden sein. Ja, das ist das Geheimnis jeder Ehe. Sich entfernen und wieder zusammenkommen.

Als Braut und junge Frau hatte sie gedacht, größte Nähe sei das Erstrebenswerte; aber wenn sie zurückblickt, so war ihre Ehe immer dann am harmonischsten, wenn sie sich eine Zeitlang nicht sahen und dann wieder zusammenkamen.

Die Trennung läßt nicht lange auf sich warten. Im Mai 1864, Emilie und das Jüngste haben gerade die kritischen ersten drei Monate überstanden, schickt die »Kreuz-Zeitung« ihre Mitarbeiter Dr. Heffter und Fontane auf den nordischen Kriegsschauplatz. Heffter obliegt die aktuelle Berichterstattung. Der Waffenstillstand ist soeben unterzeichnet, die Trümmer schwelen noch. Fontane liefert »Reisebriefe aus Jütland«, in denen der Krieg nur noch den Hintergrund bildet, und doch erfährt der Leser mehr über Land und Leute, kann sich ein eigenes Urteil bilden.

Im Herbst führt ihn eine zweite Reise über Flensburg nach Kopenhagen. An den Straßenrändern zwischen Düpppel und Fredericia stehen zerschossene Gehöfte und viele frische Holzkreuze. Er besucht Christiansfeld, die Herrnhuter-Kolonie, wo der Waffenstillstand ausgehandelt wurde. Dann Kopenhagen. Sein Traumziel. (Fontane bezeichnet sich stets als »Nordlandmensch«. So erlebt er Kopenhagen viel intensiver als damals Paris.) Er zieht die Zwangsjacke des Kriegsberichterstatters aus und läßt seinem Sinn für Historie und Poesie freien Lauf. In drei Wochen nimmt er wie ein ausgetrockneter Schwamm alle geschichtsträchtigen Orte in sich auf, auch das Thorvaldsen-Museum und Christiansborg, besucht Roeskilde, die traditionelle Begräbnisstätte der dänischen Könige, und Schloß Frederiksborg. Bei Rinkenis schaut er, von Düppel kommend, noch einmal über die schimmernde Wasserfläche der Flensburger Förde: im Osten die Hügel, von denen preußische Kanoniere die Schanzen von Düppel und Alsen beschossen; im Süden, am jenseitigen Ufer, steil und hellgelb aufragend, die hohe Düne von Holnis. Eine Traumreise zwischen Krieg und Frieden, zwischen sagenumwobener Vergangenheit und blutiger Gegenwart.

Sein Lieblingssatz: »Aus allem saug' ich meinen Honig«, bewahrheitet sich wieder einmal: Außer der aktuellen Publizistik bringt er Stoff für zwölf »Nordische Balladen« mit nach Haus; und Jahrzehnte später wird er sich der Hohen Düne von Holnis erinnern und dort das Schloß des Grafen Holk und seiner Frau, einer Herrnhuterin, ansiedeln und den Roman »Unwiederbringlich« nennen.

Heimgekommen, findet er Frau und Kinder überraschend munter. Verleger Hertz avisiert ihm die zweite Auflage der »Wanderungen«. Tuiscon Beutner gratuliert ihm zur Überreichung der Gedenk Medaillen für Düppel und Alsen. (»Cincaillerie«, brummt Fontane.) Aber noch ein anderer ist auf seine Berichte aufmerksam geworden: Hofbuchdrucker von Decker. Er trägt ihm an, ein großes, reich illustriertes Buch über den »preußisch-dänischen Krieg« zu verfassen. Prachtband natürlich. Und Druckbeginn möglichst vorgestern.

Es gibt ein monatelanges Tauziehen um das, was das Buch leisten kann und soll. Decker will eine königlich-preußische Jubelfanfare, Fontane will ein *lesbares* Buch, das nicht nur den Krieg mit allen Tapferkeiten und Leiden (wohlgemerkt auf *beiden* Seiten!) schildert, sondern auch dessen weitreichende Vorgeschichte, nebst Schilderung von Land und Leuten, Charakteristik der einheimischen Volksstämme, die über weite Zeiträume friedlich miteinander auskamen. Auf Faktentreue kommt es ihm wohl an, aber auch auf das, was er »die poetische Wahrheit« nennt. (Bei diesem Begriff runzelt Decker gleich die Stirn!) Er will dem Leser diesen Krieg, in dem Österreicher und Preußen und Dänen mit gleichem Heldentum fochten (die Dänen nur ohne Glück), begreifbar machen; er will das offizielle Schwarzweißbild bereichern durch vielerlei Farben und Facetten, die ihm Offiziere, einfache Soldaten, verwundete und Zivilisten aus eigenem Erleben lieferten. Er gräbt sich in einen Wall von Material. Noch ist unklar, wie er aus der Fülle oft widersprüchlicher Darstellungen diejenige herausfiltern soll, die vor der Geschichte bestehen kann. In einem solchen Zustand, in dem er noch nicht weiß, wie er verfahren soll, ist er besonders kribbelig und, wie Emilie zu sagen pflegt, »nicht mit Pfeffer und Salz zu genießen«.

Eines steht fest: Den Roman, an dem sein Herz hängt, muß er mindestens für ein Jahr in die unterste Schublade packen, und die märkischen Wanderungen dazu. Nun wandert er weit im Norden, zwischen Kopenhagen und Roeskilde. Cotta und das Wochenblatt der Johanniter-Ordens-Balley Brandenburg drucken seine Feuilletons und kulturhistorischen Aufsätze, »Reisebriefe aus Jütland« erscheinen in der »Kreuz-Zeitung«. So pirscht sich der Autor geographisch und gedanklich an die Düppeler Schanzen heran.

Familienleben auf Eis gelegt

Im Sommer 1865 hat er Decker das Manuskript versprochen, nicht unter dem Titel »Der Deutsch-Dänische Krieg«, wie Decker wollte, sondern, sehr viel zurückhaltender: »Der Schleswig-Holsteinische Krieg im Jahre 1864«. Die drei Stunden täglich in der Zeitungsredaktion nimmt er als reine Erholung, die eigentliche Arbeit beginnt an seinem Schreibtisch in der Hirschelstraße und endet selten vor Mitternacht. Familienleben ist für ihn auf Eis gelegt. Er hat getan, was er tun konnte, um Emilie zu entlasten und ein zweites Dienstmädchen engagiert, eine Luise. Damit jedes eine halbwegs abgeschlossene Schlafstätte hat, ließ Emilie rechts und links im Durchgangszimmer zur Küche grüne Plüschvorhänge anbringen. Bei fünf Zimmern und acht Personen muß man sich zu helfen wissen. Friedel schampert schon auf sicheren Füßen durch die Wohnung, nur Papas Arbeitszimmer ist absolut tabu, denn dort sieht es, im verkleinerten Maßstab, fast so aus wie in einem Generalstab: Lageskizzen, Aufmarschpläne, haufenweise Aufzeichnungen von Befragungen,

Einsatzberichte; brisantes Material darunter, das um Himmels willen nicht in unbefugte Hände kommen darf.

Friedel ist ein völlig unproblematisches Kind, das gerne ißt und schläft. Sein Bett steht im elterlichen Schlafzimmer, aber man merkt ihn fast gar nicht, Mete wurde ins Eßzimmer umquartiert, wo sie mit dem Sofa vorliebnehmen muß. Sie ist noch immer ein Quecksilberkügelchen und schreckt nicht selten aus dem Schlaf und ängstigt sich und ruft nach Tilla, die auch gleich zur Stelle ist. Der Große ist nun dreizehn, musikalisch und rhetorisch begabt, introvertiert. Für ihn ist es wie Sonntag, wenn er der Mama vorspielen darf, was er bei Tante Merckel gelernt hat, und wenn sie sich dann zu ihm setzt und sie vierhändig spielen. Schumanns »Kinderszenen« hat er längst hinter sich, Mozart ist seine neue Leidenschaft; beim Üben zeigt er erstaunliche Ausdauer. Zeichnen, Musik und Literatur sind seine Lieblingsfächer, in denen er auch fleißig ist. Schlechte Noten in ungeliebten Fächern wetzt er in Rezitationswettbewerben aus, wo er lange Passagen aus »Wilhelm Tell« oder »Herrmann und Dorothea« auswendig deklamieren kann. Tante Merckel ist derart hingerissen von seinem Vortrag, daß sie ihn mit fünf Silbergroschen belohnt, die er allerdings in seiner kindlichen Naschsucht sofort in Bonbons und Lakritzen umsetzt. Als der Papa durch Zufall davon erfährt, reagiert er ungehalten: Wer sein Geld so bedenkenlos zum Fenster hinauswirft, wird es nie zu etwas bringen! Die Mama schweigt. George schmollt: Geld, das man für Lakritzen ausgibt, ist nie zum Fenster rausgeworfen.

Den achtjährigen Theodor bekommt man höchstens am Abendbrottisch zu sehn; wobei, stereotyp, die Fragen nach Zensuren und Hausaufgaben gestellt werden. Jedesmal kann er mit ruhigem Gewissen antworten: »Alles erledigt, Diktat zurückbekommen: Gut.«

Dem Vater ist dieser Pflichteifer geradezu unheimlich. In dem Alter ist er auf dem Swinemünder Bollwerk herumgetobt und hat in Störtebeckers Kuhl Ringkämpfe ausgetragen. Nach Pflichten hat er sich nie gedrängt. Der Junge scheint völlig aus der Art geschlagen. »Was willst du denn eigentlich mal werden?« – »Kunstgärtner.« – »Was für eine fixe Idee!« – Die Gärtner, die er kennt, sind sämtlich dumm, mürrisch und maulfaul. Emilie wendet ein, daß es ja auch Gartenkünstler gäbe wie Pückler oder Lenné … Das stünde auf einem ganz anderen Blatt, entgegnet Theo, aber ein Gärtner, der immer nur in der Erde rumbuddelt, brauche kein Gymnasium.

In einer guten Stunde erzählt Theochen dem Papa von dem Beet, das ihm Tante Merckel überlassen hat. Er hat selbst Samen ausstreuen und Blumen pflanzen dürfen, und nun gehe er jeden Tag hin, um zu gießen, zu jäten und neuerdings leider auch Blattläuse abzukratzen. »Igitt!« sagt der Vater, »das ist kein Thema bei Tisch. Hast du dir wenigstens gründlich die Hände gewaschen?« – »Aber ja, Papa.« Um abzulenken wirft Emilie ein, Theochen habe bei Tante Merckel nicht nur Blumen, sondern auch zwei Stieglitze, mit denen er sich unterhalten könne. »O ja«, ruft Mete über den Tisch hinweg, »pfeif doch mal wie Flori und Arabella!« Und der Junge, froh, daß ihn jemand nach seinen Lieblingen fragt, spitzt die Lippen und gibt wirklich kunstvolle Töne von sich.

»Doch nicht beim Essen!« mahnt der Vater, »wie leicht kann man sich verschlucken!« Aber Mete schaut ihren Bruder, mit dem sie sonst meist wie Katz und Hund lebt, begeistert an und bittet: »Noch mal!«

Mete darf bei Papa alles, und so darf auch Theochen noch einmal die Stieglitze nachahmen.

Im Sommer 1865 ist das Manuskript für Decker tatsächlich fertig; nun müssen die Illustratoren ans Werk gehen. Fontane atmet tief durch (und mit ihm die ganze Familie!). Als er das Honorar abholt, lädt er Emilie spontan zu einer Reise ein, den Rhein entlang bis Interlaken. »Oh, Theo, mein guter Alter! Liebster! ... Aber ich hab ja gar nichts anzuziehn!« – »Tja, da wirst du wohl im Melusinen-Kostüm neben dem Dampfer herschwimmen müssen ...« In einem euphorischen Augenblick bekommt sie sogar zwei Kleider, eine Mantille und – trittfeste Schuhe, denn er will wandern.

Am 26. August brechen sie auf. Die Kinder bleiben bei Tilla und Luise, Theochen fährt mit Tante Merckel nach Schlesien, wo ihre Verwandtschaft wohnt mit zahlreichen Cousins und Cousinen. Da wird er sich bestimmt nicht langweilen.

Klassische Rheinreise

In Köln beginnt die Rhein-Tour. Fontane hat sich anhand des Baedeckers gut präpariert und alle Sehenswürdigkeiten herausgeschrieben, die man unbedingt besichtigen muß. »Es sieht grad so aus, als wolltest du überprüfen, ob alles stimmt!« meint Emilie. Angesichts der ellenlangen Liste wird ihr schwarz vor Augen. Das kann ja heiter werden! Drei Tage Köln. Der Dom hat für ihn etwas Überwältigendes. Emilie stört, daß sie gleich von einem salbungsvollen Mann überfallen werden, der ihnen einen Messingteller vor die Nase hält und um ein Scherflein bittet für den Prachtbau, an dem man seit 500 Jahren werkelt. Noch mehr stören sie die Tabulettkrämer, die ungeniert zwischen den Betenden ihre Waren feilbieten. Und niemand vertreibt sie, Verkauf ist offenbar wichtiger als Andacht. Am vierten Tag nach Koblenz und am fünften geht es mit dem Dampfschiff »Elisabeth« weiter. Die klassische Tour. Fontane will sich nicht pflichtgemäß imponieren lassen, aber dann packt es ihn doch. Sie gleiten wie von Zauberhand gezogen durch tausend Jahre deutscher Geschichte: auf hoch aufragenden Felsen, für die Ewigkeit gebaut und doch meist nur noch als Ruinen erhalten: Burg Stolzenfels; Königsstuhl; Marksburg, Katz und Maus, die Bastionen der feindlichen Brüder; Schloß Rheinfels; Caub, wo Blücher in der Neujahrsnacht 1813 auf 14 mit seiner schlesischen Armee den Strom überquerte und die napoleonischen Truppen nach Hause trieb, bis Paris. Assmannshausen und Rüdesheim, Dorado der Weinliebhaber. Von Assmannshausen geht es auf Mauleseln zur Bergkuppe. Im sogenannten Jagdschloß wird ein vorzüglicher Hasenbraten serviert, und dann kommen Emiliens Wanderschuhe zur Geltung. Über die Zauberhöhle, den Rossel-Turm, Eremitage und Tempel geht es abwärts bis Rüdesheim. Den Rüdesheimer Wein empfinden sie als angenehm leicht und spritzig; aber der Assmannshäuser am Abend hat's in sich. Er ist dunkelrot, vollmundig, würzig, »wie aromatische Tinte!«, befindet Fontane. Er nippt nur daran und meint, der ginge ihm wie Feuer ins Blut! »Oh, bitte, Theo, dann trink nicht so viel davon!« wehrt Emilie ab. »Keine Angst, Milachen«, er patschelt beruhigend ihre Hand, »ich habe dir etwas versprochen und das halt' ich auch.« – »Was hast du mir versprochen?« – »Bei der Geburt unseres Friedel habe ich dir versprochen: jetzt wird der Laden geschlossen!« Sie zieht ihre Hand zurück: »Mußt du dich in solch intimen Dingen einer so … vulgären Ausdrucksweise befleißigen?« – »So bin ich nun mal, ich sag's heraus, wie's ist.« Sie schaut ihn vorwurfsvoll an: »Wenn ich als Braut gewußt hätte, daß du derart … derart … also, dann hätte ich …« – »Was hättest du?« Er nähert sich herausfordernd lächelnd ihrem Gesicht, küßt flüchtig die Seide ihrer Schulter. Diese langentbehrte Zärtlichkeit macht sie wehrlos: »Ich hätte … ich glaube, ich hätte dich trotzdem geheiratet.« –

»Na, also!« Den Rest der Unterhaltung übernimmt für diesen Abend – der Assmannshäuser.

Bleiben von den Fettweiden für Sehenswürdigkeitshungrige noch Mainz, Worms und Speyer. Das Blau der Glasfenster im Wormser Dom erinnert sie an das unwahrscheinliche Blau von Westminster Abbey. Dann möchte sie die Stelle des Domplatzes sehen, wo laut Nibelungensage Brünhild und Kriemhild sich stritten, wer zuerst den Dom betreten dürfe; und den Platz, wo Luther vor dem Reichstag die berühmten Worte sprach: »Hier stehe ich! Ich kann nicht anders, Gott helfe mir. Amen.«

Im Dom zu Speyer werden sie stumm vor tausend Jahren deutscher Geschichte: Hier ruhen die Gebeine von Saliern und Stauffern, die einst ein Riesenreich beherrschten und sich, oft mit den abscheulichsten Mitteln, zu Herren des christlichen Abendlandes erhoben. »Hoheit und Erniedrigung, Bannfluch und Vaterfluch und zwiefacher Mord«, schreibt Fontane in sein Reisetagebuch. »Ring dich nicht ab, es wird doch alles vergessen.« … An solcher Stelle verblassen die gegenwärtigen Probleme, schmelzen eigene Sorgen zur Winzigkeit. Auch für diese Erkenntnis ist Emilie dankbar; denn es ist ein ander Ding, etwas theoretisch zu wissen oder in realiter davor zu stehn.

Als politischem Menschen bleibt Fontane nicht verborgen, daß Preußen hier im Denken und Fühlen der Rheinländer so gut wie gar nicht existiert. Auf dem rechten Ufer fühlt man kosmopolitisch, lebt behaglich, selbstbewußt, vielleicht leidlich deutsch, aber sicherlich nicht preußisch; auf dem linken Rheinufer, in Rheinhessen und Rheinpfalz, zeigen die Leute offen ihre Sympathie für Frankreich, obgleich Franzosen zweimal ihr Land verwüsteten, einmal unter Ludwig XIV. und zuletzt unter Napoleon, am Ende besiegt; aber das scheinen sie vergessen zu haben.

Werden die Völkerstämme des Deutschen Bundes überhaupt jemals zusammenwachsen und sich wie ein Volk fühlen? Das ist für Fontane ein unerschöpfliches Thema; es tangiert nicht zuletzt sein Kriegsbuch. Darauf kommt er immer wieder zurück, selbst als sie in Interlaken ein paar Tage wirklich ausspannen und, kathedralenmüde, den lieben Gott einen frommen Mann sein lassen. Am 21. September kehren sie erholt und mit sich und der Welt zufrieden heim; Emilie schließt ihre Lieblinge in die Arme, Theo eilt an den Schreibtisch und holt mit vor Ungeduld kribbelnden Händen das Roman-Manuskript hervor, dem er später den Titel »Vor dem Sturm« geben wird.

»Mög es das ganze Jahr so sein« – (Frommer Wunsch)

Briefträger setzen sich in Trab,
Sie reißen fast die Klingel ab,
Sogar *Pakete* treffen ein –
Mög es das ganze Jahr so sein!

Herren, Damen kommen zu Hauf,
Sie setzen die besten Gesichter auf,
Du selber blickst gutlaunig drein –
Mög es das ganze Jahr so sein!

Im Hause ruht der Bruderstreit,
George, Theo markieren Artigkeit,
Sanfte Stimmung bei groß und klein –
Mög es das ganze Jahr so sein!

Unter dem Weihnachtsbaum liegt zwar wieder das obligate Wirtschaftsbuch für Emilie, aber daneben ein sehr hübsch ausgestattetes Gesangbuch, denn sie besucht gern die Predigten von Fournier oder Büchsel, während Fontane in dieser Zeit lieber mit Menzel zum Frühschoppen geht. Kirchen besucht er meist nur aus kunsthistorischem Interesse.

Die vier Zeilen, mit denen er beide Bücher überreicht, sind ein Meisterstück prägnanter Situationsbeschreibung:

An Emilie mit Gesang- und Wirtschaftsbuch
zu Weihnachten 1865

Wenn das Wirtschaftsbuch nicht stimmt
Und das Debet das Credit überklimmt,
Geben die alten Luther-Lieder
Trost und Contenance wieder.

Die Wirtschaftslage des Fontaneschen Haushalts ist endlich so weit gediehen, daß die Haben-Seite schwerer wiegt als die Soll-Seite. Emilie ist nicht mehr ministre sans portefeuille, sondern ministre de finance (wenn auch bescheidener Finanzen). So verkraftet sie auch leichter die strapaziösen Wochen, in denen alle Kinder (mit Ausnahme von George) nacheinander an Masern erkranken.

Fontane ist nicht ansprechbar. Der Kalender zeigt Mai 1866, er lebt ganz und gar im Dezember 1812; vergißt Essen und Trinken und alles andere. Emilie muß erahnen, wann sie ihn mal stören und einen Tee oder ein Sandwich servieren darf. Manchmal, meist Sonntag vormittags, besucht ihn Wilhelm Hertz, zu dem sich nach anfänglichem Mißtrauen (»Buchhändler und Verleger sind alle Schubiaks!«) ein fast freundschaftliches Verhältnis entwickelt. Hertz ist zwar auch ein Fuchs als Geschäftsmann, aber er ist auch ein Mensch, der auf seine Autoren eingeht. Er spürt die Unsicherheit Fontanes, was die Form des Romans betrifft und redet mit ihm über die Dramaturgie, Aufbau und Personage. Fontane winkt ab: *Er* habe nicht die Absicht, sich an Regeln und Gesetze zu halten, er wolle nur »sich und dem Stoff gerecht« werden. Diese Antwort macht Hertz skeptisch; da möchte er doch bitte Genaueres wissen. Und so gibt ihm der Autor Mitte Juni seine Vorstellungen schriftlich: »Ohne Mord und Brand und große Leidenschaftsgeschichten, hab ich mir einfach vorgesetzt, eine große Anzahl märkischer (d. h. *deutsch-wendischer*, denn hierin liegt ihre Eigenthümlichkeit) Figuren aus dem Winter 12 auf 13 vorzuführen ... Es war mir nicht um Conflikte zu thun, sondern um Schilderung davon, wie das große Fühlen, das damals geboren wurde, die verschiedenartigsten Menschen vorfand und wie es auf sie wirkte. Es ist das Eintreten einer großen Idee, eines großen Moments in an und für sich sehr einfache Lebenskreise, ich beabsichtige nicht zu erschüttern, kaum stark zu fesseln, nur liebenswürdige Gestalten, die durch einen historischen Hintergrund gehoben werden, sollen den Leser unterhalten, wo möglich seine Liebe gewinnen; aber ohne allen Lärm und Eclat. Anregendes, heitres, wenns sein kann geistvolles Geplauder, wie es hierlandes üblich ist, ist die Hauptsache an dem Buch.«

Eine solche Ankündigung dürfte keinen erfahrenen Verleger zu Begeisterungsstürmen veranlassen; um so höher ist zu werten, daß Hertz sich vertraglich verpflichtet, dem Autor zur besseren Absicherung seiner Lebensumstände 100 Taler im Quartal als Vorschuß zu zahlen, der mit dem endgültigen Honorar verrechnet werden soll. Wann er denn glaube, fertig zu sein? »In zwei Jahren«, antwortet Fontane entschlossen.

Er macht die Rechnung ohne den Wirt. Just in den Wochen, da »Der Schleswig-Holsteinische Krieg von1864« endlich bei Decker erscheint, bricht der nächste Krieg aus, gewissermaßen die Fortsetzung des voraufgegangenen, aus dem Österreich *und* Preußen als Sieger hervorgegangen waren. Seitdem schwelte, diplomatisch mehr oder weniger verdeckt, der Kampf beider um die Vormachtstellung. Eine Entscheidung wurde unausweichlich. Im Juni schien Österreich die besseren Karten zu haben, denn alle »Mittelstaaten«, von Bayern bis Niedersachsen, standen auf seiner Seite. Doch Moltkes Plan, drei preußische Armeen »getrennt marschieren und vereint schlagen« zu lassen, führte nach mehreren Vorgefechten von dramatischen Ausmaßen zum Sieg von Königgrätz.

Fontane packt seufzend die ersten Romankapitel in die Schublade, bittet Hertz um Geduld, nimmt bei der Zeitung zwei Wochen Urlaub und begibt sich zu den böhmischen Kriegsschauplätzen. Der Friedensvertrag ist noch nicht bestätigt, in den Wäldern hausen marodierende Banden, in den Städten wütet die Cholera, aber, so sagt er der barmenden Emilie, »Bücher machen aus Büchern ist nicht mein Fall, ich muß es selber sehen und erleben«. Rudolf von Decker, Besitzer der Königlichen Geheimen Ober-Hofdruckerei, erwartet von ihm ein Buch über Ursachen und Verlauf des Krieges. Etwa 30 Bögen.

Zunächst schickt er »Reisebriefe vom böhmischen Kriegsschauplatz« für Deckers »Fremdenblatt«, darin führt er das in Offizierskreisen weit verbreitete Vorurteil ad absurdum, »hinter Elsterwerda, spätestens aber hinterm Riesengebirge beginne der finsterste Balkan«. Zeitungen berichten von der Arglist der Tschechen, von vergifteten Brunnen und Meuchelmord. Er nennt sie (wohl auch zur Beruhigung Emiliens) »ein fein gebautes Volk mit guten Manieren« und das Land kein Bild des Elends, sondern fruchtbar und angenehm. Decker bekommt daraufhin Ärger mit gewissen Leserkreisen; Fontane soll sich revidieren. Er denkt nicht daran, schließlich hat *er* nur geschrieben, was er mit eigenen Augen sah. Er will den Krieg so darstellen, daß allen Beteiligten, auch den in Mitleidenschaft gezogenen Zivilisten, Gerechtigkeit widerfährt.

Der preußische Generalstab, der das größte Interesse daran haben müßte, den Autor mit Informationen zu versorgen, hält sich merkwürdig bedeckt; was er nicht von den wenigen, ihm wohlwollenden hohen Offizieren erfahren kann, muß er aus hannoverschen, sächsischen und österreichischen Quellen zusammensuchen. Er durchforstet und ordnet Zehntausende Seiten, führt umfangreiche Korrespondenzen mit Kommandeuren jener Bataillone und Regimenter, denen im Kampfgeschehen Schlüsselpositionen zufielen. Manche würdigen ihn nicht einmal einer Antwort; für sie ist er ein »pequin«, ein Chinese, das ist im Offiziersjargon ein verächtlicher Ausdruck für einen »gewöhnlichen Zivilisten«. Im Januar 1867 hängt man ihm den Kronenorden an: IV. Klasse, also unterste Stufe. Fontane sieht darin keine Auszeichnung, eher eine Beleidigung.

Spätestens im Frühjahr schlägt das Material über ihm zusammen. Übelkeit und gastrische Störungen hindern ihn am Weiterarbeiten. Er ist nervös, unleidlich, nicht ansprechbar. Prompt wird auch Emilie krank. Da hilft nur eins: Neuhof! Mete und Friedel nimmt sie mit, die beiden Großen bleiben in Berlin. Luise wird für sie sorgen, auf Luise ist Verlaß; außerdem ist ja auch noch Tante Merckel da, die gute Fee der Familie. In den Sommerferien sollen George und Theochen dann nach Ruppin und Kränzlin. Die Mama ermahnt sie in jedem Brief, sich auch ja der Auszeichnung würdig zu erweisen.

Es steht kein guter Stern über Neuhof: Zuerst stirbt Mama Triepke im nahen Forsthaus Dammersdorf, dann regnet es zwei Wochen lang ununterbrochen, das Rauschen der Katzbach, das Emilie stets so behaglich und beruhigend empfand, ist einem beängstigenden Tosen gewichen; das sonst so harmlos plätschernde Flüßchen führt Hochwasser. Die Kinder, die mit Gleichaltrigen in Ställen und Scheunen herumtoben, finden es aufregend und abenteuerlich, wenn da plötzlich in den Fluten eine Batterie Heuhaufen oder eine Hundehütte angeschwommen kommen. Emilie wird ihre Kopfschmerzen nicht los; Gliederreißen kommt hinzu. Ihre Gereiztheit überträgt sich auf die Kinder. Friedel wirft sich, sobald es nicht nach seinem Dickkopf geht, auf die Erde und schlägt mit Armen und Beinen um sich. Mete balgt sich mit Kutschers Kindern und bringt jeden Tag neue Beulen und Schrunden heim. Sie verwildert, jedenfalls nach Mamas Meinung. Wenn sie schon Stelzenlaufen dem Briefeschreiben vorzieht, dann soll sie sich doch wenigstens bei Luise für die Bonbons bedanken! Nach einer Woche tut sie's endlich, aber so krakelig, daß sie es selbst nicht mehr lesen kann. Normalerweise würde sich Mama sagen, »na ja, sie ist ja auch erst sieben«, aber Mama reagiert eben nicht wie sonst, sondern überzogen.

Mete hat die Standpauke nach ein paar Minuten schon vergessen, aber Emilie ärgert sich tagelang. Dagegen kann selbst Johannas Klavierspiel nicht an. Emilie ist derart entnervt und depressiv, daß sie am liebsten keinen Menschen sehen möchte und sich mit ihrem Strickzeug ins abgelegene Zimmer der verreisten Hauslehrerin flüchtet. Dort vermutet sie niemand.

In den Briefen an Theo ist von ihrer Verstimmung kaum etwas zu spüren. Wenn sich das Eheleben auf wöchentlich zwei Briefe reduziert, funktioniert alles vorzüglich. Der Extrakt aus ihren meist vier bis acht Seiten langen Briefen lautet:

1. Friedel hat den Senner Hütehund geärgert, und der hat ihn gebissen.
2. Der König hat Frau von Natzmer besucht, deren Mann bei Skalitz gefallen ist. Er hinterließ allgemein einen leutseligen, angenehmen Eindruck. So fragte er den Wirt: »Wie heißen Sie?« – »König.« – »Nun, da sind Sie ja früher König gewesen als ich.«
3. Ich habe Hermann Grimms »Eleazar« gelesen – mit Überwindung. Deine Rezension war in ihrer Diskretion ein Meisterstück.
4. Die Kinder zerreißen hier auf den spitzen Steinen ihre Schuhe, schicke bitte 10 Rthl, damit ich ihnen neue kaufen kann.
5. Johannas Tochter wird siebzehn, suche doch bitte geeignete Lektüre aus.
6. Vergiß nicht, zu Merckels Geburtstag einen Kranz aufs Grab zu legen.
7. Grüße meine liebe Merckel, die verehrten Wangenheims und die zärtlich geliebten Zöllners.

Theodor antwortete: Die zehn Taler lege er bei, was sein muß, das muß sein. Aber er habe eben 7 Rthl 15 sgr Schulgeld für Mete bezahlt. Im übrigen sei er einsam, bis auf einen Tee-Nachmittag mit Lepel und Fräulein von Rohr; sonst sei alles in Ferien. Die Kinder freuen sich auf Kränzlin. Er schließt mit der Bitte, Emilie möge sich doch einmal erkundigen, ob über das 7. Niederschlesische Regiment, das sich bei Nachod so tapfer schlug, eine Festschrift oder Ähnliches herausgegeben wurde. Es müsse nicht literarisch sein, aber informativ.

Nach vier Wochen tut Neuhof dann doch seine Wirkung. Die Sonne scheint wieder, Emilie blüht auf Man fährt zum nächsten Marktflecken, die sieben Kinder mit der Ponykutsche voraus. Es ist eine Art Kirmes, Mete schließt sofort Freundschaft mit der kleinen Seiltänzerin und möchte am liebsten mit dem Zirkus weiterziehn. Es jubelt und paukt und trompetet; Emilie läßt sich von der allgemeinen Heiterkeit anstecken und spielt sogar »Haltet den Gänsedieb!« mit. Auch Friedel zeigt sich von der besten Seite und entschuldigt seine Tobsuchtsanfälle mit dem Satz:

»Ich immer umfalle. Kann nix dafür. Du sollst mir nich schlagen, daß mein Fleisch nich weh thue!« Alles ist eitel Sonnenschein.

Da kommt die Hiobsbotschaft, die beiden Großen führen nicht nach Kränzlin, sie seien dort nicht erwünscht. Sofort fällt die gute Stimmung Emiliens in sich zusammen. Sie sinniert, was passiert sein könnte; hat Schwägerin Elise wieder mal Unfrieden gesät? Sie hatte sie schon öfter in Verdacht, hinter dem Rücken zu intrigieren; aber Theo nimmt seine Schwester ja immer in Schutz! Und wer ist am Ende die Böse? Emilie! In höchster Erregung zittert und krakelt sie einen acht Seiten langen Empörungsbrief an Theo.

Danach ist sie erschöpft wie nach einer tagelangen Gebirgswanderung. Nur daß sie der Schlaf danach flieht und stechender Schmerz sich in den Schläfen einnistet. Auch die Übelkeit ist wieder da. Es ist merkwürdig: Emilie hat sich in neunzig von hundert Fällen streng in der Gewalt, oder, um einen Fontaneschen Lieblingsausdruck zu benutzen, sie verliert in neunzig von hundert Fällen nicht die Contenance. Aber wenn es bei ihr einen neuralgischen Punkt trifft, dann wirft es sie ohne Vorwarnung um, und es kostet sie bei ihrer Überempfindlichkeit sieben Tage ihres Lebens.

Was war eigentlich geschehen? Nichts! Oder doch so gut wie nichts. Fontane hatte seinen Jugendfreund Scherz im Frühjahr en passant gefragt, ob die beiden Großen in den Sommerferien wieder nach Kränzlin kommen könnten, und er hatte geantwortet: Natürlich, warum nicht; aber vergessen, seiner Frau Lisbeth davon zu erzählen. Die fällt nun, als es soweit ist, aus allen Wolken, hat im Prinzip auch nichts dagegen, ärgert sich nur, daß ihr Mann nichts hat verlauten lassen.

Der lädt sein schlechtes Gewissen auf Fontane ab: Ja, seine Alte sei nicht da, und da wisse er nichts mit den Kindern anzufangen und wollte sie darum zu uns schicken ... Lisbeth fühlt sich als Lückenbüßer, erzählt es Elise, die schreibt es Emilie und so weiter und so weiter. Der bekannte P-, aus dem ein Donnerschlag geworden ist. »Nie wieder schicke ich *meine* Kinder nach Kränzlin!« schmetterte er.

Es wechseln einige Briefe zwischen Neuhof und Neuruppin, erst anklagend, dann einsichtig. Alles stellt sich als Mißverständnis heraus. Der Frieden ist wiederhergestellt.

Theo beglückwünscht seine liebe Mila, die alles so gescheit und diplomatisch einrenkte, und gerät regelrecht ins Schwärmen:

»Ich werde mich *sehr herzlich* freuen, Dich wiederzusehn. Aber ich bin so geartet, daß ich bei großer Freude an der Geselligkeit, sie doch auch sehr gut missen kann. Das eigentliche Glück liegt nur in der Familie und es bleibt nur tief zu beklagen, daß dies Glück eigentlich doch recht selten ist. Aber die Familie ist doch wenigstens der Acker, auf dem das Glück, wenn es *überhaupt* gedeiht, am schönsten gedeiht.«

Auf der Goldwaage würde sich der Satz wohl nicht halten können, doch für Emilie ist er Lebenselixier: »Dein soeben empfangener Brief hat mich ganz berauscht; das Blut stieg mir in's Gesicht und ich lief schleunigst in mein Zimmer um allein zu sein. Wie wunderbar doch geschriebene Worte wirken, es war mir als umfaßtest Du mich so liebevoll und als empfände ich Deine Nähe und doch sind viele Meilen zwischen uns. Ich habe ein kindisches Gefühl der Freude daß man noch so empfinden kann und werde Dich für diesen Brief ganz besonders herzen und Dir danken.« Vor allem erfreut sie der Vorschlag, eine gemeinsame Reise zu machen.

»Sieh nur, Du hast die alte 42jährige Frau ganz aus der Contenance gebracht; aber ich bin wohl jugendlicher wie viele meines Alters; hier finden sie mich unverändert, freilich mit liebevollen Augen gesehen, innerlich bin ich es gewiß, durch unseren Umgang, durch Dich, Du liebstes Herz.«

Die Reise sieht dann so aus, daß Theo, aufgrund einer Einladung zweier Damen aus dem Wangenheim-Kreis, Gelegenheit bekommt, recht günstig in der Altmark zu recherchieren. Die Damen öffnen ihm die Tore zum Schloß des Herrn von Alvensleben auf Redekin, zum Schloß Schönhausen, in dem Bismarck 1815 das Licht der Welt erblickte, und zum Herrenhaus in Wust, wo er den streng gehüteten Sarg des enthaupteten Hans Hermann von Katte besichtigen und im Familienarchiv die sorgsam verwahrten Briefe einsehen darf, in denen Hans Heinrich von Katte vergeblich seinen König um Gnade für seinen Sohn bittet, und unter welchen Schmerzen er sich ins Unvermeidliche fügt. Nach diesem Besuch beschließt Fontane, sein Küstrin-Kapitel neu zu fassen und die wohlbekannte Geschichte nicht mehr unter dem Gesichtswinkel des

Kronprinzen Friedrich, sondern seines Freundes Katte umzuschreiben. Er wird sich damit beeilen müssen, denn Hertz will schon im Oktober den Wanderungsband »Das Oderland« in zweiter Auflage herausbringen.

Frohgemut über die reiche altmärkische Ausbeute fährt er weiter nach Bad Kösen, wo »Rütli«- und »Ellora«-Freund Karl Zöllner mit Frau auf ihn wartet und wohin er auch Emilie bestellt. Drei Tage lang unternimmt man zu viert reizende Partien nach Schulpforta, Naumburg und zur Rudelsburg, reist am vierten Tage weiter nach Weimar. Trifft am Abend Fräulein von Rohr zum feuchtfröhlichen Forellen-Souper. Unternimmt am fünften Tage Kutschfahrten nach Ilmenau und zum Kickelhahn; besucht pflichtschuldigst mit dem Baedecker in der Hand in Weimar Fürstengruft, Wieland-, Goethe- und Schiller-Haus, Schloß, Bibliothek und Goethes Gartenhaus; kurzum, man absolviert alles, was ein Bildungsbürger gesehen haben muß. In so heiterer Gesellschaft stehen Bildungsbeflissenheit und Vergnügen allerdings in höchst angenehmem Verhältnis.

Am achten Tage fahren Theo und Emilie allein weiter nach Eisenach. Den Eisenbahnaufenthalt in Erfurt nutzen sie, um schnell noch den Dom zu besichtigen, dann in die Wartburg-Stadt. Dort ist alles überfüllt: Anderntags soll »Die Heilige Elisabeth« von Franz Liszt aufgeführt werden. (Text von »Rütli«-Freund Otto Roquette!) Prinzen und Prinzessinnen sind angekündigt, das Hotel heillos überfordert: »Alles, was zwischen Tuba und Pickelflöte liegt, zahllose Primadonnen ungerechnet, fallen wie ein Volk Hühner in den Eisenacher ›Halben Mond‹ ein. Alles, was zu dem Triumvirat: Liszt, Wagner, Bülow hält, war da; Virtuosen mit Feldherrnattitüde, junge Genies mit langem und Altistinnen mit kurzem Haar – nichts fehlte.« Fontanes nehmen dieses Spektakel von der lustigen Seite, aber bei aller Liebe zur »Heiligen Elisabeth« und zu »Rütli«-Freund Roquette – deshalb zu bleiben ist zuviel verlangt. Sie eilen hoch zur Wartburg, wo die letzten Rüstungen geputzt und die Fasanenpasteten für den großen Empfang schon in Reih und Glied aufgebaut werden. Nur mit Mühe erkämpfen sie sich den Zutritt zu einigen Räumen, in denen Scharen von Tapezierern hantieren. Auf dem Rückweg wollen sie Fritz Reuter einen Besuch abstatten, dessen derb-humorvolle Romangestalten ihnen seit langem vertraut sind. Vor allem Emilie ist gespannt auf den geistigen Vater von Mining und Lining, von Bräsig und Dörchläuchting. Verwundert stehen sie vor der stattlichen Villa, die Reuter zu seinem Alterssitz erkor. So wohnt also ein Dichter! Sie klopfen, es öffnet eine liebenswürdige, etwas verhärmt wirkende Frau und stottert verlegen, Fritz Reuter sei krank, verhindert ... könne leider zur Zeit niemanden empfangen. Ja, dann: Gute Besserung! sagt Fontane. Kaum außer Hörweite, bekommt er einen regelrechten Lachanfall: »Reuter und krank? Ich will dir sagen, was er hat: Sturzbesoffen ist er!« Also stimmt es, was man in Insider-Kreisen munkelt: Der Erfolg, das Geld, die Villa haben ihm kein Glück gebracht. König Alkohol hat den Demokraten Reuter besiegt! Emilie findet es tragisch. Theo lacht noch immer: Ihm könnte das nicht passieren, seine Honorare reichten nur ab und zu für eine Flasche Markobrunner! »Theochen, nun untertreib mal nicht!« meint Emilie.

Am nächsten Tag kehrt sie allein nach Bad Kösen zurück, um noch eine Woche mit Zöllners zu verbringen. Fontane reist weiter nach Kissingen, das vor einem Jahr Nebenschauplatz des Krieges war, den er zu beschreiben hat und von dem er sich gerade mal für zwei Wochen erholen möchte. Ach, seine Erholung besteht eigentlich nur im Wechsel des Themas.

Auf dem Kickelhahn hatten sie andächtig vor den berühmten Zeilen gestanden, die Goethe vor fast einem Menschenalter, plötzlicher Eingebung folgend, an die Wand schrieb:

Über allen Gipfeln
Ist Ruh;
Über allen Wipfeln
Spürest du
Kaum einen Hauch,
Die Vöglein schweigen im Walde.
Warte nur, balde
Ruhest du auch.

Jeder dachte, aber keiner sprach es aus: Wer wird der nächste von uns sein, der sich zur ewigen Ruhe legt?

Der nächste ist Papa Louis Henri. Am Abend des 5. Oktober 1867 fühlt er sich plötzlich unbehaglich, legt sich zu Bett und ist eine Stunde später für immer eingeschlafen, ohne Schmerzen, ohne Todesangst. Wenige Wochen zuvor hatte ihn Theo noch besucht. Wie immer hatten sie über tausenderlei geplaudert, davon mehrere Stunden ganz gemütlich von Tod und Sterben und sich gegenseitig versichert, daß es eigentlich gar nichts und kaum der Rede wert sei; dabei mit großen Weingläsern angestoßen auf ein langes Leben und eine gute Gesundheit. Den letzten Hauch von Vorwurf über Papas von naivem Egoismus geprägten Lebensstil hatten sie hinweggespült und sich in herzlicher Übereinstimmung getrennt.

Nun stehen Kinder und Enkel an seinem Grab und verabschieden sich von dem skurrilen Alten, der »im Grunde ein schiefgewickelter oder ins Apothekerhafte übersetzter Weltweiser gewesen«. Selbst im Tode bleibt er ein Eigenbrötler: Sein Platz liegt abseits von den übrigen Gräbern, hinter der Kolonistenkirche, an der Berglehne, von der aus man die von gelben Mummeln besäte Alte Oder sehen kann.

Emilie ist nach Neuruppin geeilt, um Mama Fontane beizustehn; zwar lebt sie seit siebzehn Jahren von ihrem Mann getrennt, doch ist sie noch immer in seltsamer Haßliebe mit ihm verbunden. Sie nimmt das Unabänderliche gefaßt, ist aber dankbar, daß wenigstens einer aus der Familie an sie denkt. Am dritten Tag besteht sie allerdings darauf, allein sein zu wollen.

Flucht aus der Tretmühle

Herbst und Winter vergehen (wie Fontane an Mama schreibt) »in bekannter Tretmühlenart«: Emilie kämpft mit Grippe und Sturmkrankheit, Theo mit der Hydra der Kriegsberichte. Das Frühjahr bringt allerlei Ärgerliches: Das Ministerium streicht ihm die 300 Taler Zuschuß; sie seien als Unterstützung für märkische Forschungen gedacht gewesen, da er sich aber fast ausschließlich mit Kriegsbüchern beschäftige, möge er sich nunmehr ans Kriegsministerium wenden. Fontane denkt nicht daran, den Bittsteller zu spielen, und beendet die unerfreuliche Sache mit dem für ihn typischen Satz: »Enfin, es muß auch *so* gehen!«

George sorgt für zusätzliche Aufregung, indem er sitzenbleibt. Aus der Traum von Abitur und Studium. Na ja, vielleicht auch gut. Kostet es weniger. Aber welche Möglichkeiten bleiben ihm? Klavierlehrer oder Offizierslaufbahn. Emilie ringt die Hände: »Um Himmels willen nicht noch einen in der Familie, der sein Brot als freischwebender Künstler verdienen will!« Also Offizierslaufbahn. Der Vater kennt ja nun zum Glück genügend hohe Militärs, die ihm helfen, George in der »Fähnrichspresse« unterzubringen, wo Offiziersanwärter im Schnellverfahren herangebildet werden.

Im Mai steigt der Stimmungspegel der Eheleute. Fontane mietet sich, um die Seele von all dem Kriegskrempel auszulüften, für eine Woche in dem renommierten Hôtel Zehnpfund in Thale ein.

In diesen acht Tagen erhält Emilie drei Briefe, entzückende Feuilletons, die ihr Herz erfreuen; worüber sie sich vor allem wie ein Kind freuen kann, ist die lapidare Mitteilung, er habe soeben zu seiner Erbauung zwei nordische Balladen geschrieben. Wenn er dichtet, ist das ein untrügliches Zeichen für Wohlbefinden. Ach, er fühlt sich immer dann am wohlsten, wenn er gesund ist und ungestört arbeiten kann. Am dritten Tag schwärmt er geradezu: »Es ist doch ein himmlisches Arbeiten in solcher Berges- und Feiertagsstille. Dann und wann ein Eisenbahnpfiff, ein Läuten an der Hütelglocke, eine kurze Korridorunterhaltung, und – alles ist wieder still. Man empfindet dabei doch schmerzlich und beinah ärgerlich, was unserm großstädtischen Leben fehlt … Vergleich zu Haus mein Zimmer damit: Entree, Durchgang, Empfangszimmer usw. Nimm dies übrigens nicht als einen kleinen Seitenhieb. – Es ist noch nicht voll hier. Aber eben dadurch angenehm. Auf dem großen, zeltartig überspannten Balkon mit der Aussicht auf Roßtrappe und Bodetal sitzen einzelne Paare mit und ohne Kinder, und ich empfinde dabei mit flüchtigem Schmerz, um wie viele schöne Wochen wir uns dadurch gebracht haben, daß wir nicht können oder reisen konnten. Wen die Schuld trifft, magst Du selbst entscheiden. Was wir jetzt noch davon haben können, ist ein Herbstestag. Man genießt ihn freilich doppelt, er ist schöner als der Sommer, aber es mischt sich das Gefühl ein: es ist bald vorbei. Bald vorbei, auch wenn man lebt.«

Beim Lesen dieser Zeilen zerdrückt Emilie eine kleine Träne. Wie selten konnten sie zusammen verreisen und wie oft haben sie sich durch Krittelei und Verstimmung mancher Art den Spaß verdorben. Wen die Schuld daran trifft? Die Frage wird wohl nie geklärt werden; schließlich, nach stundenlanger Erörterung, behielt der rhetorisch Stärkere immer recht, und das ist allemal Theo.

Am vierten Tag ist es aus mit der himmlischen Ruhe. Es ist Himmelfahrt und wundervolles Ausflugswetter, und es gibt durchfahrende Züge von Berlin bis Thale: »Von 8 bis 1 kamen fünf Züge, im ganzen vielleicht tausend Menschen. Wenn die Coupétüren geöffnet wurden und alles in weißen Kleidern auf den Kies sprang, ... so sah es aus, als würde der Sommer ausgegossen.« Touristen beobachten ist eine von Fontanes Lieblingsbeschäftigungen auf Reisen. So beschreibt er Emilie vier verschiedene Gruppen: die Kraftmeier, die Renommisten, die Elegants und die Dicken, die mit roter Blume im Knopfloch, kurzbeinig, apoplektisch und schweißtriefend daherkommen, als wollten sie den Harz im Sturm erobern, und die nach den Freuden der Table d'hôte höchstens noch bis zur nächsten Parkbank schnaufen. Fontane kann sich gut amüsieren, ist er doch selber noch ganz gut zu Fuß; im dritten Brief berichtet er von einer 7-Stunden-Tour über den Hexentanzplatz nach Treseburg, durchs Bodetal und über die Teufelsbrücke zurück.

(An Bahnhofsszene und Bodetal-Tour wird er sich fünfzehn Jahre später erinnern, wenn er »Cécile« schreibt.)

Wenn es Emilie gesundheitlich gutgeht, fühlt sie durchaus keine Herbstesstimmung, sondern stürzt sich mit kribbelndem Vergnügen in Geselligkeit. Sie nutzt die Harzer Woche weidlich aus: Dienstag mit Wangenheims zum Konzert in den »Hofjäger«, Mittwoch erscheint Lepel zum Tee, Donnerstag ist eine Partie zum Spandauer Bock angesagt (von der sie fuß- und kreuzlahm heimkehrt) und Freitag ist sie mit den Kindern bei Henriette von Merckel eingeladen. Theo kann über solche übertriebenen Aktivitäten nur den Kopf schütteln: »Ausgerechnet Spandauer Bock, das ist nur was für rustikale Figuren, das können nur Brunhilden leisten. Aber es ist ein Fehler aller Brunhilden, daß sie glauben, *jeder* könne Rollsteine werfen und Bären bezwingen.« Emilie und Brunhilde – über diesen Vergleich kann sie nur lachen. Außerdem sitzt Theo ihrer Meinung nach in demselben Glashaus, auch er wirft sich mit Volldampf ins Zeug, sobald es ihm gutgeht, und liegt früher oder später ausgelaugt am Boden. Im Moment ist wieder die Auslaugephase dran: Er will unbedingt bis zum Herbst den ersten Band des Kriegsbuches von 1866 fertig haben. So vergräbt er sich Juni, Juli, August in seine Materialien, bis er fühlt: nun ist Schluß! Noch eine Woche und der Kessel platzt! Er muß raus. Von allen Seiten wird ihm das Hirschberger Tal empfohlen; die Hohenzollern und ihnen nahestehende Familien haben diese liebliche Gegend längst für sich entdeckt und zahlreiche Jagdschlösser und Sommervillen erbauen lassen. Schloß Erdmannsdorf zum Beispiel gehört Prinzessin Luise, der einzigen Tochter des regierenden Königs. In ihrer

Abwesenheit wacht Schloßhauptmann Oberst von Münchhausen über das Wohl und Wehe. Seine Frau Agnes, geborene von Scharnhorst, hat sich 1866 bei Freund und Feind wegen ihres bewundernswürdigen Einsatzes für die Verwundeten den Ehrennamen »Engel von Trautenau« erworben. Für Fontane ein Glücksfall, ihre Bekanntschaft zu machen, denn er will nach einer Woche Erholung die böhmischen Kriegsschauplätze aufsuchen, die ihm noch ausstehen, unter anderem Trautenau, Nachod und Skalitz.

Fontane fühlt sich durch die freundliche Aufnahme im Schloß geehrt (obwohl es kellerkalt ist und er sich prompt erkältet), aber auch Münchhausens fühlen sich geehrt, denn in seinem Kriegsbuch verewigt, wird ihr Name im schönsten patriotischen Glanze der Nachwelt überliefert. Hinzu kommt wachsende persönliche Sympathie. Noch Jahre später wird man sich gegenseitig in Berlin besuchen, und der Wanderer durch die Mark wird ihnen für die Scharnhorst-, Groeben- und Siethen-Kapitel wertvolles Material verdanken.

Emilie macht sich Sorgen um ihren Herzensmann; Bekannte haben ihr erzählt, im Riesengebirge sei es plötzlich sehr herbstlich geworden, und Theo in seiner Schusseligkeit ist nur mit dem leichten Sommerüberzieher losgefahren. Er vergißt jedesmal etwas, wenn sie ihm nicht den Koffer packt. Sie hatte aber diesmal den Kopf so voll, Luise ist für eine Zeit an gute Bekannte ausgeliehen, und Johanne, das neue Dienstmädchen, ist unzuverlässig, so muß sich Emilie um alles kümmern. Auch George bereitet ihr schlaflose Nächte. Dr. Metzler gab ihm zwar etliche Nachhilfestunden in Mathematik, aber wenn er nun auch noch durchs Fähnrich-Examen fällt, ist die Offizierslaufbahn passé ... Wie immer, wenn sie sich große Sorgen macht, läßt die Migräne nicht lange auf sich warten.

Nun ängstige dich nicht allzusehr, versucht Theo sie von Erdmannsdorf aus zu beruhigen, »Examen bleibt unter allen Umständen immer eine Art Lotto. Natürlich kann George durchfallen, aber der Junge hat sich Mühe gegeben, mehr können wir nicht verlangen.«

Ach ja, seufzt Emilie, wenn ich doch auch alles auf eine so leichte Schulter nehmen könnte ... Gegen ihre Kopfschmerzen, die höchstwahrscheinlich von chronischer Verstopfung herrühren, empfiehlt der Apotheker Fontane »morgens, gleich nach dem Aufstehn, einen Theelöffel Rhabarberwein und Magnesia mit Sodawasser«. Und den Vichy solle sie am besten halb und halb mit Soda- oder Selterswasser trinken, das bekäme ihm besser als pur. Um ihre Sorgenfalten durch die Aussicht auf etwas Freundliches zu glätten, schlägt er ihr eine Drei- oder Vier-Tage-Reise nach Dresden vor. Es tut ihr gut, daß er überhaupt auf diesen Gedanken gekommen ist, sie lehnt aber ab, denn sie kann unmöglich den vierjährigen Friedel, die achtjährige Mete und den zwölfjährigen Theo mit der unbedarften Johanne allein lassen.

Natürlich möchte sie gern wieder einmal mit ihm im Coupé sitzen und irgendwohin fahren, aber ihr würde Babelsberg genügen. Sie kennt ja noch nicht einmal das neogotische Zauberschloß, das Schinkel nach Vorstellungen der Königin Augusta baute; wie eine Illustration aus einem romantischen Märchenbuch soll es sein. Sie ist gespannt, wie es auf sie wirken wird nach aller Neogotik, die sie in England erlebte.

So gehen ihre Reisepläne meistens aus: großer Anlauf und dann – ein Hopser, und das war's.

Anfang Oktober trifft die »ausgeliehene« Luise wieder ein, George hat das Fähnrich-Examen bestanden und wird dem 84. Regiment in Kassel zugeteilt; nun kann Emilie ruhig nach Neuhof fahren.

Die Damen des Liegnitzer Kaffeekränzchens verhehlen nicht ihre Verwunderung darüber, daß Emilie so lange zur Erholung fahren darf, ob sich der Herr Gemahl nicht einsam oder zurückgesetzt fühle oder sich gar schadlos halte, denkt manche, spricht es aber wohlweislich nicht aus. Emilie lächelt nur, holt aus ihrem Pompadour einen Brief, der ihr an diesem Morgen erst überbracht wurde, und liest daraus statt einer Antwort zehn Zeilen vor: »Meine liebe Frau ... mit großer Freude erseh ich nicht nur aus Deinen Worten, sondern was wichtiger ist, aus dem Ton Deiner Briefe, daß es Dir besser geht ... bedarfst der Ruhe, nicht bloß in diesem Augenblick, sondern überhaupt. Du mußt versuchen, Dein Leben etwas bequemer einzurichten und mußt Dir namentlich häufiger kleine Erholungen gönnen. Neue Eindrücke, keine Wirthschaftssorgen, keine Repräsentation, Heiterkeit, gute Pflege und change of air – das ist es, womit ich Dich verpflichte Dich jederzeit wieder zu kurieren. Solche schönen Tage wie jetzt in Schlesien müßtest Du alljährlich 3, 4 mal genießen; verführe ich nicht nach demselben Prinzip, so wär ich längst used up ...«

Die Damen schauen stumm und mit großen Augen in die Runde und lassen den Kaffee kalt werden. Emilie genießt ihre momentane Sprachlosigkeit; sie ist in diesem Augenblick sehr stolz auf ihren Dichter-Mann und ein bißchen auch auf sich selbst. Am liebsten möchte sie herausplatzen: »Ja, unsere Ehe *ist* etwas Besonderes!«, aber sie verkneift es sich. Johanna Treutler deutet ihr Schweigen falsch und glaubt, ihr beispringen zu sollen: »Es gibt viele Ehen, in denen Mann und Frau sich 365 Tage im Jahr gegenübersitzen und warten, daß der andere ihn glücklich machen soll; und sie warten so lange, bis beide allein und unglücklich sitzen bleiben. 365 Tage beieinandersein ist noch lange keine Garantie für Glück, eher das Gegenteil.« Nun ist das Thema angeschlagen, zu dem jeder seine Weisheiten beisteuern will: »Ich habe einmal gelesen«, lispelt eine der verschrobenen Schachteln, »Heirat verwandle Nachtigallen in Hausvögel!« Alles gluckst vor Lachen. »Oh, ja«, erwidert Johanna, »sehen Sie denn nicht, meine Teure, uns wachsen schon Gänsefedern!«

Emilie, sonst stets zu Scherzen aufgelegt, verspürt plötzlich das Bedürfnis, etwas Ernsthaftes dazu zu sagen. Sie kann nicht erwarten, daß diese Kränzchenschwestern, von denen wohl kaum eine die Höhen und Tiefen erlebte, die sie hinter sich hat, sie wirklich begreift, aber sie will sich doch bemühen, ihnen das Besondere ihrer Ehe verständlich zu machen. Das ist nicht einfach, aber sie hat in stillen Stunden, in denen sie an der Katzbach »so für sich hin ging«, oft darüber nachgedacht, und darum fallen ihr die rechten Worte ein. »Liebe, Glück und Ehe, darüber kann man tagelang plaudern, aber ich denke, daß neun Zehntel des wahren Glücks auf der Gesundheit beruhen. Mit ihr wird alles eine Quelle des Genusses, ohne sie wird so ziemlich alles ungenießbar. Wer von Natur aus rustikal und kraftvoll ist, wird diese Dinge vielleicht anders beurteilen, wenn aber Mann *und* Frau mit solcher Robustheit *nicht* ausgerüstet und drei oder vier Monate im Jahr leidend sind, was ist dann zu tun?«

Alle schauen sie erwartungsvoll an, und da sie auf keinem Gesicht so etwas wie Bosheit entdecken kann, faßt sie Mut, weiterzusprechen. Nicht alle klugen Worte sind auf ihrem Acker gewachsen, manches hat sie von Theo angenommen, anderes stammt von Schopenhauer, über den sie bei Wangenheims gern und ausgiebig diskutierten, aber in dem Augenblick kommen sie aus ihrem Herzen: »Ich meine, jeder Mensch, und vor allem der verheiratete, hat die Pflicht, so zu leben, daß er sich möglichst gesund erhält; auf jeden Fall sollte er nicht länger krank sein als eben unvermeidlich ist; man kürzt sich und andern dadurch die frohen Lebensstunden ab und gibt gar nichts dafür. Daß es an Bangen und Sorgen im Leben nicht fehlt, dafür ist ohnehin gesorgt; aber man sollte dies Trübsalsmaß nicht voller machen als nötig. Leicht zu leben ohne Leichtsinn, heiter zu sein ohne Ausgelassenheit, Mut zu haben ohne Übermut, Vertrauen und freudige Ergebung zu zeigen ohne türkischen Fatalismus – das ist die Kunst des Lebens.«

»Und auf Gott vertrauen!« wirft die Predigersgattin vorwurfsvoll ein, »*das* haben Sie vergessen.« – »Das habe ich nicht vergessen«, entgegnet Emilie, »aber Gott ist der Steuermann, der unser Schifflein lenkt, rudern müssen wir selber!« – »Bravo!« ruft Johanna und klatscht in die Hände. »Das war die Kunst des Lebens, auf die kürzeste Formel gebracht, gibt es auch so eine handfeste Formel für die Kunst, eine glückliche Ehe zu führen?«

»Eine glückliche Ehe«, da braucht Emilie nicht lange zu überlegen, »besteht aus Vertrauen, Höflichkeit und feiner Sitte.« In diesem Augenblick fällt ihr blitzartig die Schopenhauer-Geschichte mit den Stacheltieren ein, und so fügt sie hinzu: »Und aus der Kunst, die mittlere Entfernung herauszufinden, bei welcher Zusammensein bestehen kann. Wer sich nicht an diese Entfernung hält, dem ruft man in England zu: ›Keep your distance!‹ Bleib mir vom Leibe!«

Nun klatschen tatsächlich alle anwesenden Damen Beifall. Emilie fühlt, wie die Röte vom Herzen an aufwärts steigt, und während sie sich erhoben fühlt, denkt sie: »Sehr schön hab ich das gesagt, wenn ich mich nur immer dran halten könnte!«

Neuhof hat auch in diesem Herbst seine Schuldigkeit getan: Emilie kommt ausgefuttert, mit gesunder Farbe und gut erholt nach Berlin zurück; selbst die Sturmnächte übersteht sie, ohne »wie Lady Macbeth durch die Zimmer zu schleichen«. Die einzigen, die ihr manchmal auf die Nerven gehen, sind Theo junior und Mete mit ihrer beständigen Kriegführung. Wörter wie »Biest!« und ausgerissene Haare sind alltäglich; mitunter versteigen sie sich aber auch zu Ausdrücken, die sie noch von den schrecklichen Bengels aus der Großen Hamburger her kennt. Selbst diese Entgleisungen (eigentlich unverzeihlich bei diesem Elternhaus!) erträgt sie mit relativer Gelassenheit. Auch Theo senior ist heiteren Gemüts, weil er zum Jahresende den Krieg von 1866 (wenigstens in Rohfassung) hinter sich gebracht hat. So kann er denn zu ihrem Geburtstag, zu Schal und Filzschuhen reimen:

Ja, ja, Geliebte, man wird alt,
Trotz Filz und Wolle hat man kalt
An Sohlen und an Füßen,
Und ißt am Schlusse des Soupers
Man gar noch etwas Schweizer Käs,
So muß man dafür büßen.

Die Nerven, – – ach du lieber Gott!
Die Leber wird zum Kinderspott,
Die Leber und der Magen,
Doch würd auch alles weh und wund,
Eh bien, bleibt nur das *Herz* gesund,
So wollen wir's ertragen.

(Die »Geliebte Alte« wird, beiläufig, an diesem Tage 44 Jahre!)

Zum Jahresanfang ackert Fontane noch einmal beide Bände des Kriegsbuches durch, feilt, ergänzt, versucht, es flüssiger, lesbarer zu machen. Es ist fertig, doch Illustrator Burger läßt sich Zeit. Zu Ostern drängt Fontane den Verleger, wenigstens für die Vignetten Hilfskräfte zu engagieren, schließlich sollte Band eins bereits zum vergangenen Weihnachtsgeschäft in den Läden gewesen sein. Decker läßt sich nicht drängeln und verbittet sich jedwede Einmischung in seine Angelegenheiten.

Um die Zeit bis zum Eintreffen der Korrekturbögen zu nutzen, nimmt Fontane die Wanderungen durchs Havelland wieder auf, die sind ihm Freude und Erholung und bringen durch Vorabdruck in der Zeitung Geld in die Kasse.

Ehemond-Tabellen

Zu Hause geht alles »unberufen und unbeschrien leidlich«, wie er seiner Mutter nach Neuruppin berichtet. Emilie hat zwar wieder von Weihnachten bis Ostern »durchgehangen«, aber nun sähe sie die Welt im allgemeinen und ihr Ehegespons im besonderen wieder mit anderen Augen an. »Ich könnte Mondstabellen herausgeben. Von November an abnehmend, Weihnachten letztes Viertel, dann vier Monate totale Verfinsterung, zu Ostern der erste goldne Sichelstreifen, der holde Mondkahn, um nun in den Stillen Ocean des Frühlings und des Sommers einzuschiffen. Nach Pfingsten Vollmond. Ich nehme dies alles jetzt wie Natur-Erscheinungen hin, freue mich des blauen Himmels und murre nicht, wenn es regnet. Ich weiß, alles hat seine Zeit.«

Immer, wenn er mit solch betonter Forsche schreibt, will er etwas verbergen; diesmal ist es die Angst um den Gesundheitszustand der Mutter. Eigentlich hustet sie, mit kleinen Unterbrechungen, schon seit zwei Jahren. In jedem Brief hatte er, launig-heiter, die verschiedensten Hausmittel empfohlen; nichts hat geholfen. »Sie hustet sich die Seele aus dem Leibe«, befürchtet Emilie. Auch er spürt, daß ihre Lebenskraft aufgebraucht ist, will es nur noch nicht eingestehn. Der Tod des Vaters hatte ihn schon schwerer getroffen, als er zugeben wollte, nun wird er also die Mutter hergeben müssen. Er hat das Verlangen, sie noch einmal in seine Arme zu schließen, ihr Dank zu sagen für alle Fürsorge. Aber was schreibt er statt dessen? Er werde seinen Lesern demnächst das Ländchen Bellin vorstellen und dabei nicht versäumen, »einen Abstecher zu Mütterchen und Schwesterchen« zu machen. Bis Neuruppin reiche zwar die Zeit nicht, »am besten wäre es, ich führe bis Wustrau, fände Euch dort, promenirte mit Euch auf Zieten-Schwerinschem Parkgrund, tränke einen mäßigen Wirthshauskaffe und verschwände wieder, mit dem Hute winkend, am Horizont.«

Und so geschieht's. Es ist das letzte Mal, daß er Mama lebend sieht. Im Spätherbst beginnt ihr Lebenslicht zu flackern; immer öfter versinkt sie in einen apathischen Dämmerzustand. Elise kann die Pflege Tag und Nacht nicht mehr allein leisten, so eilt Emilie, um zu helfen. Es ist wie immer: Wenn ein noch Schwächerer ihrer Hilfe bedarf, wachsen ihr ungeahnte Kräfte zu. Wochenlang wechselt sie sich mit Elise in der Krankenpflege ab, bis das Lebenslicht der »guten Alten« Mitte Dezember verlischt. Nun muß Fontane Zeit haben, um nach Neuruppin zu fahren. In sein Tagebuch schreibt er: »... den dritten Tag begruben wir sie bei stürmischem Wetter auf dem schönen *alten* Kirchhofe, an der Stelle wo sie zu ruhen gewünscht hatte. Die ganze Stadt nahm an dem Tode der alten Frau Theil und die schönsten Kränze und Guirlanden wurden ihr mit ins Grab gegeben. Wie sie friedensvoll, *erlöst* im Sarge lag – dies Bild von ihr wird mir bleiben.«

Zu Weihnachten sitzen sie etwas beklommen unter der Tanne und sagen sich: Ja, nun sind wir die Alten; was wird das Leben für uns noch bereithalten? Rückwirkend kann dieses Jahr wieder einmal unter »Vermischtes« abgelegt werden. Was hat es gebracht? Der erste Band von »1866« ist endlich erschienen; eine Prachtausgabe davon ist dem König überreicht worden, der sich mit 80 Friedrichs d'or recht spendabel zeigte. Damit wird man gut über den Winter kommen. Aber sonst, resümiert Fontane, war alles nur lirum larum Löffelstiel ...

»Du versündigst dich«, meint Emilie, »immerhin sind wir halbwegs gesund geblieben, du hast arbeiten können, und über die Kinder ist nicht zu klagen.«

»Doch, George macht mir Sorgen, ständig in Geldnöten, wo soll das hinführen; ich bin kein Goldesel ...«

»Man muß bedenken, daß er sich zur Zeit in einer unerfreulichen Interimssituation befindet, wenn er erst in Offizierskreisen aufgenommen ist ...«

»Ach – es heißt nicht umsonst ›Der hat Schulden wie ein Major!‹. Schuldenmachen kann man überall, wenn's in einem drinsteckt ... Viel ärgerlicher scheint mir, daß er sich in dieser ›Interimsgesellschaft‹ wohl fühlt. Man kann sich manches erlauben, aber zu versacken und am andern Tag die Parade zu verschlafen, das geht nicht! So hart es für George gewesen sein mag, ich kann seinen Rausschmiß verstehn.«

»Ein Glück, daß du mit Oberst Zychlinsky so gut stehst, sonst wäre es mit der Offizierslaufbahn vorbei gewesen.«

»Ja, aber so ein Regimentswechsel geht nur einmal, noch so eine Schote und ihm kann keiner mehr helfen.«

Um von dem leidigen Thema abzulenken, bringt Emilie nun Mete, ihrer beider Liebling, ins Spiel: Sie sei zwar ein bißchen zu putzsüchtig und eitel, aber sonst überaus graziös. »Und ihre Fortschritte am Klavier können sich hören lassen«, sekundiert der stolze Papa, »selbst in ihrer Schulschnabberigkeit ist sie noch witzig und espritvoll.«

»Wenn sie nur nicht immer mit Theochen zanken würde! Mit ihrer Huschigkeit hindert sie ihn oft beim Hausaufgabenmachen. Kein Wunder, daß er sich zu Tante Merckel hingezogen fühlt. Dort hat er seine Ruhe, dort wird auf ihn eingegangen; und seit Henriette diese Probleme mit den Augen hat, liest er ihr jeden Tag aus der Zeitung vor. Ist das nicht reizend?«

»Er ist eigentlich mehr ihr Kind als das unsere«, meint der Papa sachlich, »na ja, vielleicht auch gut, da hat er mehr Platz für seine Marotten.«

»Und auch mehr Ansprache. Neulich beklagte er sich bei mir, du kämest ihm immer vor wie Phöbus über den Wolken, wenn du am Schreibtisch säßest; er wollte dir seine Eins in Mathematik zeigen, und du habest dich nicht mal umgedreht, sondern nur gerufen: ›Ruhe! Ich bin jetzt in Königgrätz!‹« Fontane lacht. Er kann sich gar nicht an diesen Zwischenfall erinnern. War eben wirklich »in Königgrätz«, nicht am Schreibtisch in der Hirschelstraße.

»Es ist mir eigentlich lieb, daß wir den Friedel noch bekommen haben«, fährt Emilie fort, »so ein nettes Kind, und immer vergnügt ...«

»Mir kommt er etwas – altbacken vor, gar nicht kindlich; wie ein durchs Vergrößerungsglas angesehener Gutspächter ...«

»Ach, Theo, wie du von unsern Kindern redest ...«

»Also, um auch mal was Positives anzumerken: Neulich treff' ich Theos Turnlehrer im Tiergarten, und der erzählt mir – nein, das will ich ihm selber sagen; ruf doch das Bürschchen mal herein.«

Und Theo, dreizehn Jahre, kommt mit seiner funkelnagelneuen Militärmütze auf dem Kopf ins Zimmer, etwas verhalten, abwartend, denn meistens bedeutet es nichts Gutes, wenn er gerufen wird, aber diesmal wird es ihn überraschen: Papa erzählt, der Turnlehrer habe ihm berichtet, Theo, obwohl einer der Jüngsten und Schwächsten in der Klasse, habe sich bei einer Mutprobe durchaus couragiert gezeigt. »Und nun sage, was daraufhin passiert ist!«

»Nichts ist passiert; ich weiß nicht, worauf du hinauswillst, Papa.«

»Nun, was hat der Stärkste aus deiner Klasse zu dir gesagt?«

»Ach so. Karl Wenzel hat mir jovial auf die Schulter geklopft und so von oben herab gesagt: ›Na, Fontane, schwach biste ja, aber Mut haste!‹«

»Und was hast du ihm geantwortet?«

Theochen reißt militärisch exakt die Mütze vom Kopf, nimmt Haltung an und sagt: »›Besser schwach und mutig als stark und feige‹, hab ich gesagt.«

»Bravo, mein Junge. Ich bin stolz auf dich!«

Dieses Lob ist so selten und kommt dem Dreizehnjährigen so überraschend, daß er spontan die väterliche Hand ergreift, um sie zu küssen. »Na, na, is ja gut«, brummt der Papa und zieht, von dem Gefühlsüberschwang peinlich berührt, die Hand zurück.

Als sie wieder allein sind, macht er seiner Herzens-Mila doch beinahe eine Liebeserklärung. (Auslöser ist einerseits die Hochachtung für ihren bedingungslosen Einsatz in Neuruppin und andererseits die Sorge, daß dieser Einsatz gewiß seinen Tribut fordern wird.)

»Ja, Milachen«, beginnt er, »ich schätze mich glücklich, dich zu besitzen …« Emiliens Augen funkeln, erwartungsvoll rückt sie näher. »Aber *ganz* glücklich und zufrieden würde ich sein, wenn du gleichmäßiger wärest und mehr Macht über deine Stimmungen hättest. Dieses Manko ist mitunter für mich sehr betrüblich; da es aber erheblich besser geworden ist, so will ich weiter hoffen und wie mit achtzehn Jahren denken: Die goldne Zeit, sie kommt noch.«

»Danke. Gleichfalls!« entgegnet Emilie pikiert.

Er versucht einzulenken: »Ich weiß wohl, daß deine körperliche Verfassung ein gut Teil Schuld trägt an deinen Verstimmungen, darum bitt' ich dich: Übernimm dich nicht und gehe pfleglich mit diesem empfindlichen Instrument um.«

»I'll do my best, Sir!« sagt sie, und er glaubt, einen sehr ironischen Unterton herauszuhören.

Wie soll sie sich pflegen und fröhlich in den Tag hineinleben, wenn immer noch nicht geklärt ist, ob ihm die »Kreuz-Zeitung« eine Pension sichern wird oder nicht. Immerhin feiert man in der nächsten Woche Fontanes 50. Geburtstag, da liegt es nahe, an die völlig unsichere Altersversorgung zu denken. Alle »Rütli«-Freunde feiern mit ihm und betoasten »auf Deibel komm raus« die nächsten 50 Jahre. Bei Lepel reimt sich Krokodil auf Nil, bei Eggers Danaiden auf Pyramiden, denn es hat sich herumgesprochen, daß Theo im Gefolge des Prinzen Carl für ein paar Monate den Orient bereisen soll. Aber der Auserwählte winkt ab: »Ich bleib lieber heeme!«

Nein, im Ernst, für ein paar Stunden reizte ihn der Lockruf schon, doch dann hatte er sich zur Ordnung gerufen und sich gesagt: »Ich muß Prioritäten setzen. Ich will bis Pfingsten meinen 3. Band ›Wanderungen‹ beenden und dann endlich an meinem Roman weiterarbeiten. Die Kriegsbücher waren weiß Gott Unterbrechung genug. Jetzt nicht schon wieder etwas Neues.«

So bleibt er im Lande und nährt sich redlich; sitzt täglich seine drei Stunden in der Redaktion ab, immer mit dem Gefühl: Eigentlich solltest du an deinem eigenen Schreibtisch sitzen und dein Eigenes schreiben! Etwas Bleibendes zu hinterlassen ist ihm Herzenssache. Die Spalten, die er täglich für die »Kreuz-Zeitung« füllt, sind dagegen Staub im Wind.

Die Nichtigkeit seiner Tätigkeit steht ihm von Tag zu Tag deutlicher vor Augen. Er weiß, Emilie denkt anders darüber, sie sieht nur den sicheren Broterwerb. *So* sicher sei er auch nicht, versucht er ihr klarzumachen: »Man hat nur den Wert eines Maschinenrades, das man mit Öl schmiert, solange das Ding überhaupt noch zu brauchen ist, und als altes Eisen in die Rumpelkammer wirft, wenn die Radzähne endlich abgebrochen sind.«

»Aber *so* brutal kannst du das doch nicht sehen«, wendet Emilie ein.

»Es *ist* so brutal, und zwar überall hierzulande. Man hat nur so lange für sie einen Wert, als man tagtäglich und immer wieder aufs neue seine Brauchbarkeit beweisen kann. Erinnerst du dich, wie ich mich im vorigen Winter sechs Wochen lang mit der Grippe herumgequält habe? Und trotzdem hab' ich keinen Vormittag auf der Zeitung gefehlt. Mit Bibelsprüchen und christlichen Redensarten sind sie stets bei der Hand und sehr freigiebig, dabei beuten sie nur unsere geistigen Kräfte aus, und es ist ihnen völlig gleichgültig, was auf unsere alten Tage aus uns wird. Ich gehe sogar soweit zu sagen, daß Juden und Industrielle, die in dieser Zeitung ständig bekämpft werden, in der Hinsicht humaner und rücksichtsvoller handeln.«

Emilie seufzt. Wieder mal das leidige Thema. Sie kann ihm immer nur ans Herz legen, einen Beamtenstatus anzustreben, erst dann wären sie aller Sorgen ledig.

Er lacht bitter: »›Beamter‹ oder ›Wie sich der kleine Moritz die höchste Stufe der Glückseligkeit vorstellt‹!« Eilt zum Schreibtisch und kritzelt in Rage zehn Punkte aufs Papier:

Wie sich meine Frau einen Beamten denkt.

1. Ein Beamter lebt lange.
2. Solange er lebt, hat er ein auskömmliches Gehalt.
3. Ist er krank, so wird er vertreten. Je öfter, desto besser.
4. Badereisen sind garantirt.
5. Der Dispositionsfonds ist unerschöpflich und wird nur durch die unergründliche Güte seines Verwalters übertroffen.
6. Arbeit Chimäre.
7. Dienststunden werden gehalten oder nicht gehalten. Werden sie gehalten, so wechselt die Lektüre der »National-Zeitung« mit der der »Vossischen«.
8. Fehler sind gleichgültig, solange nur nach außen die eigene und des Standes Unfehlbarkeit gewahrt bleibt.

9. Zum Ordensfest und zu des Königs Geburtstag muß der Beamte gesund sein. (Weiße Binde.)
10. Erfüllt er dies, so verdoppelt der König die Witwenpension aus dem Schatullen-Fonds; für die Töchter: Erziehungsgelder; für die Söhne: drei Kadettenstellen frei.

Er überreicht ihr den Bogen mit demonstrativer Geste: »Hier, lies. Damit ist mein Beitrag zu diesem Thema endgültig erschöpft!«

Emilie hat Mühe, die in fliegender Hast hingehuschten Zeilen zu entziffern. Erkennt sie die bissige Ironie nicht, oder will sie sie nicht erkennen? Jedenfalls reicht sie ihm das Blatt mit den Worten zurück: »Trotzdem wäre es für uns alle das beste; allein die Kadettenstellen wären eine große Erleichterung.« Damit ist das Thema – vorerst – vom Tisch.

Parties unterm Damoklesschwert

Es ist zum Lachen, wenn es nicht so ernst wäre: da lernen die Schulkinder Fontanes Gedichte auswendig, da schmettert die gefeierte Künstlerin Johanna Jachmann den »Archibald Douglas« vor illustrem Publikum, da widmet ihm Heinrich Kurz in der »Deutschen Literaturgeschichte« ein ganzes Kapitel, da wird er – ohne Ironie – als »der berühmte Balladendichter« vorgestellt, aber darüber hinaus erwartet man von ihm Bescheidenheit. Er wird nicht in die Defensive gehen und sich auf einem 40-Taler-Posten verkriechen. En avent! Das ist die beste Losung. Auch wenn er es sich finanziell eigentlich nicht leisten kann, er schickt Emilie mit Mete zu Meringtons nach London, die Frau für ein paar Wochen, das zehnjährige Kind für mindestens ein Jahr. In der Verwandtschaft schüttelt man nur die Köpfe, aber er handelt wohlüberlegt, und Emilie muß ihm recht geben: Wenn sie ihren Kindern schon keine große Erbschaft hinterlassen können, so sollen sie doch wenigstens eine innerliche Ausrüstung mitbekommen, die ihnen im Leben weiterhilft. Die volle Kenntnis einer fremden Sprache zum Beispiel ist wie ein Kapital, von dessen Zinsen man leben kann. Für die geistig bewegliche, musisch und sprachbegabte Mete schwebt den Eltern eine Zukunft als Lehrerin in einer Höheren Töchterschule, Erzieherin in einem gebildeten Hause oder als Gesellschaftsdame vor, die reiche Engländer oder Amerikaner auf Reisen begleitet.

Mitte April 1870 begibt sich Emilie also mit Mete auf den Weg über Köln, Brüssel, Lille nach Calais. Die Überfahrt ist prächtig, Mete »very interested«, niemals quengelnd. Das Herz schlägt schneller, als die Kreidefelsen von Dover auftauchen; dann die Eisenbahnfahrt durch die Tunnel; dann Charing, Cross Station. Aufatmend erkennt sie schon von weitem im Menschengewühl die hohe Gestalt Mr. Meringtons. Der kümmert sich um cab und baggage. Meringtons sind umgezogen in eine noch elegantere Straße, und sie verwöhnen ihre deutschen Freundinnen über alle Maßen. Emilie kann gar nicht genug schwärmen von »toast and tea in bed« oder von der »dinner bell«, die zum Essen ruft. Jeden Tag gibt es zwei Stunden Sprachunterricht, sie unterweist die Gastgeberin in deutscher Sprache, diese revanchiert sich in Englisch. Je eine Stunde. Mete lernt spielend leicht. Schon nach zwei Wochen schreibt sie dem Papa den ersten Brief in Englisch, in dem das »vater-closet« und ein »plumpudding« die Hauptrollen spielen.

Sehr abwechslungsreich ist das gesellschaftliche Leben, so recht nach Emiliens Geschmack.

Parties, oft mit siebzig bis neunzig Personen »high dressed and homely«. Für solche Gelegenheiten ist sie gar nicht ausgerüstet, darum bittet sie Luise, ihr das braunseidene und das weißseidene Kleid nachzuschicken, dazu zwei Hauben und das Crêpe-de-Chine-Tuch.

Lieblingsthemen, vornehmlich in Damen-Gesellschaften, scheinen die Einführung des Schulzwangs (in Preußen schon 130 Jahre früher!) und das Stimmrecht für die Frauen zu sein. Auch Emilie wird dazu um ihre Meinung befragt. Sie antwortet lachend, sie habe noch gar nicht darüber nachgedacht, denn: »I had such a good position as the wife of you, that I don't wont another.«

Mit Vergnügen liest der Daheimgebliebene, was Emilie zu erzählen weiß, lobt, ihre Briefe seien so unterhaltsam wie Fürst Pücklers Reisebriefe. An allen Ecken und Enden erinnert sie sich ihrer gemeinsamen Besuche in Kirchen, Theatern, Galerien, sie weiß, was ihn am lebhaftesten interessiert, und berichtet zum Beispiel von einer Ausstellung moderner englischer Maler: die Genrebilder findet sie »steif und etwas langweilig«, die Porträts »alle gut, manche first rate«, die Historienbilder »oft lächerlich und mit frömmelndem Anstrich, wenig Natur, Alles bekleidet.« (Es ist das prüde viktorianische Zeitalter, in dem sogar die Tischbeine verhüllt werden müssen!)

»Schön sind die Landschaften, noch schöner Schafe und Hunde, am schönsten Seestücke. Die christlichen Bilder sind gar nicht anzusehn.« Der Umgang mit den »Rütli«-Freunden Menzel und Heyden hat ihren Blick für vieles geschärft, so greift sie denn ein Historienbild von Marcus Stone heraus: »Sehr fleißig und gut und fein gemalt, im Detail, aber das Ganze macht keinen Eindruck ... König Heinrich VIII. nähert sich der Anna Boleyn, Höflinge und Damen sehen erstaunt auf die beiden, während im Hintergrund Katharina, mit dem Gebetbuch in der Hand, im Vorübergehen die Scene belauscht. Der König macht geradezu einen unangenehmen und Anna mindestens keinen sehr verführerischen Eindruck ... Die Leute hier sind fond of historical pictures. Stone's Bild, welches ungefähr so groß ist wie Menzels Krönungsbild, hat er für 1 000 Pfund verkauft; solche Preise erhält er für alle Bilder, die sich verkaufen wie die warmen Semmeln.«

Drei Wochen lang schreibt Fontane nette, freundliche Briefe nach London, heiter, nichtssagend; sie können Emilie nicht täuschen:

»Du erwähnst die Zeitungsaffaire nicht; mir ist als schwebte ein Gewitter über unseren Häuptern, und doch kann ich nicht denken, daß wir immer neue Enttäuschungen erleben sollen. Schreibe mir doch die Wahrheit, ich glaube, ich denke schlimmere Dinge als in Wirklichkeit Dir begegnet sind.«

Endlich, Mitte Mai, gesteht Fontane, die »Kreuz-Zeitungs«-Stelle aufgegeben zu haben, und zwar schon am Ostersonnabend, dem Tag ihrer Abreise aus Berlin. Die Unfreiheit, die Dürre und Ledernheit des Dienstes seien ihm schon lange unerträglich gewesen, dazu die ungelöste Pensionsfrage, da habe es nur einer geringfügigen Veranlassung bedurft, um das Faß zum Überlaufen zu bringen. Es sei aber kein Grund zur Aufregung, denn er habe vom 1. Juli 1870 bis 1. Januar 71 Honorare in Höhe von 2 200 Talern zu erwarten, davon 500 Taler für den 3. Band der »Wanderungen« und 1 200 Taler für den Roman. Der müsse zwar größtenteils noch geschrieben werden, doch wenn er in einhundertachtzig Tagen nur vier Seiten täglich zu Papier brächte, wäre er zu Neujahr im großen und ganzen damit fertig. »Also, sei guten Mutes! Cheer up! Immer Dein alter Th. F.«

Es ist ein Glück, daß Martha Merington zugegen ist, um Emilie aufzufangen. Die Zeilen verschwimmen vor ihren Augen, sie fühlt sich einer Ohnmacht nahe. Ihre Hände zittern. Erst am andern Tag hat sie sich soweit in der Gewalt, daß sie ihm antworten kann: »Du scheinst ebenso wenig zu fühlen wie beschämend es für mich ist, daß Du einen so entscheidenden Schritt für unser Leben gethan hast, ohne Dir die Mühe zu nehmen, mit mir darüber zu berathschlagen … aber dieses neue Erlebnis läßt mich wieder recht schmerzlich fühlen, daß Du liebst, allein zu entscheiden und doch müssen wir zusammen handeln.«

Nach einer schlaflosen Nacht, Martha Merington hat ihr ein Beruhigungsmittel gegeben, greift sie noch einmal zur Feder. »Liebster Theodor. Du wirst nicht erwarten, daß mich Dein gestriger Brief erfreut hat; dazu blickst auch Du zu dankbar auf die letzten 10 glücklichsten Jahre unseres Lebens zurück. Noch bitte ich Gott mir die Ueberzeugung zu geben, daß Du richtig gehandelt hast; möge das Gefühl der Freiheit, welches Dich jetzt erquickt, Dir Kraft und Mut zu dem neuen Lebensweg geben.«

Sie muß erst einmal verschnaufen, um die Gedanken zu ordnen. Das Wort »unerträglich« drängt sich vor; alles, was ihm nicht paßt, was nicht seinen Vorstellungen entspricht, wird sofort »unerträglich«. Als sie einmal bei Wangenheims eine ihm konträre Position in der Diskussion einnahm, fand er, heimgekommen, sogleich ihre ganze zwanzigjährige Ehe »unerträglich«! Dasselbe gilt von seinen Freunden. Wie oft fand er Lepel oder Friede Eggers »un-er-träg-lich«. Wie oft hat sie die Wogen glätten müssen. Wie wohl die Freunde seinen Schritt aufnehmen? Ob sie ihn billigen? Gewiß nicht, denn jeder hat in seiner Stellung etwas zu ertragen. Die Freiheit, die Theo anstrebt, kann nur mit anderen Opfern erkauft werden. Hoffentlich nicht mit allzu schweren. Und was wird, wenn er Wochen und Monate lang wegen Krankheit ausfällt? In 180 Tagen den Roman beenden, den er schon vor drei Jahren fertig haben wollte! Milchmädchenrechnung. Bei Lichte besehen kann Luise, der er in ihrer Abwesenheit die Haushaltung anvertraute, überlegter rechnen als der Hausherr. Aber geschehene Dinge sind nicht zu ändern; sie kann nur ihre Pflicht tun und ihm beistehn, so gut es geht. Auf keinen Fall wird sie eher nach Hause fahren als geplant. Das würde auch keinem nützen.

Vielleicht, so greift sie einen alten Gedanken wieder auf, kann sie sich mit Hilfe Meringtons nach Pensionärinnen umsehen, um etwas hinzuzuverdienen und sich im Englischen weiter zu üben; aber dann müßten sie eine größere Wohnung nehmen, denn in der Hirschelstraße ist kein Platz für ein zusätzliches Bett. Und eine größere Wohnung kostet auch wieder mehr. So beißt sich die Schlange immer wieder in den Schwanz. Nein, sie kann nichts anderes tun, als ihm und sich Mut und Kraft und vor allem Gesundheit zu wünschen. »In herzlichster Liebe Deine alte Emilie« schließt sie den Brief.

Dieser aus ehrlichem Herzen geschriebene und den Umständen nach sehr gemäßigte Brief verärgert Fontane maßlos. Er wirft ihr noch am selben Tag die Antwort gleichsam vor die Füße. Mit ihr über »gewisse Punkte« zu streiten sei ebenso nutzlos wie mit George über Sparsamkeit zu reden. »Frauen haben die Tugend immer auf ihr erstes Wort zurückzukommen und Du hast diese Gabe eminent … Du thust so, als hätte ich Verlangen nach Veränderung und in Folge eines kleinen Streites eine *gesicherte* Lebensstellung aufgegeben. Ich habe eine nach außen hin leidlich aussehende, aber in ihrem Kern perfide Stellung aufgegeben, die mich jetzt halb ernährte und – nach 10 Jahren – nach langem geduldigen Einstecken von Kränkungen die sicher nicht ausgeblieben wären, *gar nicht mehr* ernährt haben würde …

Natürlich kann ich mich auch verrechnet haben, aber muthmaßlich wird es *nicht* der Fall sein und Du wirst hoffentlich (natürlich ohne Erfolg) wieder mal einsehen können, daß neben der Gnade Gottes, unsre Existenz mehr auf meiner Frische und Schaffensfreudigkeit als wie auf Deiner Unken-Prophetie beruht … Du hast bisher *nichts* dadurch erreicht als das Eine, mir in kritischen Momenten das Schwere meiner Aufgabe noch schwerer gemacht zu haben. Denn das Gesicht mit dem *Du mit*trägst, hat noch niemals eine Last leichter gemacht. Dein Theo!«

Nun sind die Klingen gekreuzt, ungleiche Klingen, Florett gegen Degen, und die Eheleute gehen wieder zur Tagesordnung über. Emilie beschreibt einen Ausflug nach Greenwich. »In der unterirdischen Eisenbahn lagen Deine Worte noch schwer wie Blei in meinem Geist, doch auf dem Wasser begann ich schon freier zu athmen.« In Westminster und an den sieben Brücken mußte sie lebhaft an die Zeit denken, als sie gemeinsam hier waren. In der Bilder-Galerie seien Marmorstatuen aufgestellt worden: Glaube, Liebe, Hoffnung, und die Liebe sei die Schönste von allen … Auch habe sie einen Mann erleben können, der durch Mesmerismus Blinde, Lahme und Taube heilt. Hunderte defilierten an ihm vorbei und ließen sich von ihm berühren – und alle Zeitungen berichteten darüber, und keine nannte es Humbug. Wie können Gazetten solchen Aberglauben fördern!

(Ach, Kindchen, denkt Theo beim Lesen, wenn du wüßtest, *welchen* Humbug Gazetten befördern! Und doch kann man nicht gänzlich ohne sie auskommen, man bliebe sonst hinterm Mond.)

Bewußt oder unbewußt schlägt er in seinem Briefwechsel mit Emilie dieselbe Taktik ein: er tut so, als wäre gar nichts vorgefallen, erzählt launig von einer märkischen Wanderung mit Lepel durch den Brieselang, die mit kolossalem Gewitter abschloß. »Auf der Fahrt von Spandau bis Berlin schlug es zweimal dicht neben dem Zug ein; es wäre nichts für Dich gewesen!«

Bewußt oder unbewußt richtet er sich zum ersten Mal an seine »liebe, kleine Mete« als Vermittlerin zwischen Mama und Papa. Er freut sich über ihre beachtlichen Fortschritte und dankt ihr sogleich für den Brief »in dem der Pudding eine so hervorragende Rolle spielt. Etwas gekränkt hat es mich, daß das Vater-closet (wie Du geschrieben hast) so sehr spritzt; diese eine Untugend hat das Kämmerchen nicht.«

Von den Geschwistern hat er nicht viel zu berichten: George ist out of sight auf der Kriegsschule in Hannover, Friedel bekäme als guter Schüler alle Woche ein Lob, Theo sei jetzt alle Sonnabend-Nachmittage Soldat und sähe aus, daß man sagen kann: da läuft ein Gewehr mit einem Jungen. Dies dürfe sie ihm aber nicht wiedersagen, denn »er hat bereits die militairische Ehre (beiläufig überhaupt ein fabelhaftes Ding) und ist sehr empfindlich«. Übrigens sei er dreimal mit Freibillett im Theater gewesen.

Am Schluß des Briefes wird er deutlich: »Gieb Deiner lieben Mama einen Kuß von mir, recht herzlich, und sage ihr, sie solle nur Vertrauen haben und den Kopf oben behalten; ich wäre fest überzeugt, daß sich alles ganz gut machen werde. Wie immer Dein alter Papa.«

Nicht nur Emilie ist bange vor der unsicheren Zukunft, auch die »Ellora«-Frauen Clara Kugler und Henriette von Merckel teilen ihre Sorgen. Sie äußern sie nicht laut, aber ihrem Tagebuch vertraut Henriette an: »Die Genies haben für ihre Angehörigen doch zuweilen recht schwer zu ertragende Einfälle! Fontane hat mir mit seiner gewohnten Offenheit seine Gründe auseinandergesetzt – es läßt sich nichts dagegen sagen, ja, ich war ergriffen von der Macht seines Glaubens an sein Genie, daß aber der Frau sich bange Besorgnisse aufdrängen, vermag ich zu begreifen, bin ich doch selber nicht frei davon.«

Die einzige, die ihn uneingeschränkt zu seinem Entschluß beglückwünscht, ist Fräulein von Rohr. Ihr gegenüber gesteht er auch, sich gar nicht ernsthaft um eine neue Stelle zu bemühen: »Meine Lage ist freier, angenehmer, heitrer, produktiver, als sie war, aber nicht um ein Haar schlechter.« Bis zum nächsten Sommer sei das Auskommen gesichert, danach werde man weitersehn. »So schlecht stehen die literarischen Dinge nicht mehr in Deutschland, daß ein Mann von Wissen Lebenserfahrung, Sprachkenntniß, Talent und Fleiß sich schließlich nicht seinen Lebensunterhalt erwerben könnte.«

Mathilde von Rohr hat ihren Salon in der Berliner Behrenstraße aufgegeben und sich in ein adliges Fräuleinstift in dem mecklenburgischen Ort Dobbertin eingekauft. Dort verfügt sie über ein ganzes Damenhaus; zwei Zimmer darin bietet sie Fontane als Zufluchtsort an, wenn er das Bedürfnis habe, ungestört an seinem Roman weiter zu arbeiten. Er nimmt ihr Angebot dankend an. Mitte Juli will er mit Emilie, Luise, Theo und Friedel für drei Wochen nach Warnemünde; Anfang August soll die Familie nach Berlin zurückkehren, während er sich in Dobbertiner Einsamkeit mit seinem Herzenskind, dem Roman, beschäftigen wird.

Zunächst aber muß er mit Emilie ins reine kommen. Zwar schreibt sie zuletzt aus London, sie habe den festen Vorsatz, ihm das Leben leichtzumachen, und empfinde es inzwischen als gut, daß er die Stellung bei der Zeitung in ihrer Abwesenheit aufgegeben hat; »es hat Dir und mir schwere Stunden gegenseitiger Anklagen erspart«.

Na also! denkt er beim Lesen. Ihr Versprechen, »mit keinem Wort mehr diesen Wechsel unsres Geschicks zu beklagen«, quittiert er mit Goethe: »Die Botschaft hör ich wohl, allein mir fehlt der Glaube.«

Aussicht auf Freibilletts

Das Wiedersehen verläuft über alle Erwartung gut und friedlich. Kein Wunder, denn Fontane kann mit zwei Überraschungen aufwarten: Erstens hat der König bei Überreichung des zweiten Bandes von »1866« ihm erneut eine Ehrengabe überweisen lassen; immerhin 50 Friedrichs d'or; zweitens möchte die »Vossische Zeitung«, daß er für den verstorbenen Gubitz den Parkettplatz 23 im Königlichen Schauspielhaus als Theaterkritiker übernimmt; alle Premieren und besonderen Gastspiele müssen besprochen werden, im übrigen kann er über seine Zeit frei verfügen. Und außerdem – dieses Bonbon hebt er sich als Clou für die theaterbegeisterte Emilie auf – bekämen sie dann garantiert Freibilletts!

Milachen fällt ein Stein vom Herzen.

Natürlich kommen sie wieder auf das leidige Thema zurück, aber doch in so abgeklärter Form, daß es keinem mehr weh tut. Bei einem guten Tropfen Medoc sitzen sie in Emiliens Salon, sie freut sich, daß er mit dem zweiten Teil seines Romans gut vorangekommen ist; wie viele Teile es denn werden sollen? – Vier. – Hm. Das bedeutet doch nicht etwa noch einmal fünf Jahre Arbeit?

Er will nicht darüber sprechen. Die Henne gackert auch erst, wenn die Eier im Nest liegen. »Du wirst noch früh genug damit Bekanntschaft machen, wenn ich es dir zum Abschreiben gebe.«

»Wenn ich nur wüßte, wie und womit ich dein Los erleichtern könnte«, beginnt sie. Die Idee, Pensionärinnen aufzunehmen, hat sie rasch fallenlassen; wenn Theo nur noch zu Hause arbeitet, braucht er unbedingte Ruhe, selbst Metes Klavierspiel oder Luises Teppichklopfen kann ihm schon die Schreibstimmung vergällen. »Ich werde dir schon nicht permanent auf der Pelle sitzen und den Hausfrieden stören«, versucht er sie zu beschwichtigen, »sondern mich immer mal für ein paar Wochen irgendwo einquartieren, wo ich frische Luft habe und ungestört arbeiten kann.« O Gott! Der Gedanke beruhigt sie keineswegs: Wo will er denn hin? Das kostet doch wieder extra!

Er will alles, nur keine Auseinandersetzung, darum ergreift er ihre Hand und sagt so behutsam wie möglich: »Ich weiß ja, daß du mich liebst und mich nicht kränken willst, daß du die besten Absichten hast, aber deine in Blut und Nerven wurzelnden Stimmungen sind oft stärker als deine guten Absichten. Man kann seine an- und eingeborene Natur nicht ganz austreiben … Bitte, laß mich aussprechen: Du hast Angst vor einem armen, unsicheren Leben. Das klingt dramatisch. Vielleicht nicht zu unrecht; aber haben wir nicht zwanzig Jahre lang nach diesem Rezept gelebt? Möchtest du vielleicht mit meiner Schwester Jenny tauschen? Oder mit der Frau Geheimrätin Kraatz? Oder mit hundert anderen, die reich sind und einen sicheren Posten innehaben? So paradox es klingen mag, aber wir haben gerade durch diese unsichere Existenz auch viel Schönes, Apartes und Poetisches erlebt; schau, ich hätte niemals die weiße Klippe von Hastings erklettert oder Shakespeares Hexenblachfeld von Culloden überschritten, du hättest nie Marthchen Merington kennengelernt, und die blauen Fenster von Westminster Abbey hätten nie ihren Zauber auf dich ausgeübt. Vergleiche dein Leben, deine gesellschaftliche Stellung, deine Freiheit der Bewegung mit dem, was Frau Geheimrätin Kraatz von dem allen aufzuweisen hat. Nun?«

Emilie schweigt. *So* betrachtet hat Theo natürlich recht. Oh, er weiß immer so zu formulieren, daß nichts dagegen einzuwenden ist. »Trotzdem«, sagt sie, »bis jetzt ging es wohl, mit 1 000 Talern fest im Jahr kann man Pläne machen, aber nun ...«

»Wir sind zwanzig Jahre lang auf einem zerbrechlichen Kahn über den Ozean der Unwägbarkeiten gesegelt, wir werden uns auch weiterhin über Wasser halten; und mehr als das. Und wenn das Schifflein – was ich nicht annehme – leckschlägt, dann kommen immer noch genügend viele Schiffe vorbei, die uns auffischen; man muß nur ein klein wenig schwimmen können oder in Momenten der äußersten Gefahr sich an einem Brett oder Balken über Wasser halten.«

Emilie lächelt. »Ein fabelhaftes Bild; Theodor Fontane in schwarzem Gehrock mit weißer Fliege, schwimmend im Ozean ...«

»Der Parkettplatz 23 im Königlichen Schauspielhaus ist mehr als ein Balken, an den man sich klammern kann ...«

Zuversichtlich und frohgestimmt fahren sie Mitte Juli nach Warnemünde, wo Fräulein von Rohr drei Zimmer mit Küchenbenutzung vorbestellt hat. Fräulein von Rohr selbst kann leider nicht mit von der Partie sein, was Emilie keineswegs bedauert. Zwischen den Eheleuten herrscht eitel Friede und Sonnenschein. Dafür kriselt es mächtig in der großen Politik, die schon so oft Fontanes persönliche Pläne durchkreuzte. Noch nimmt er es nicht ernst, spaziert mit seinen Söhnen Theo und Friedel jeden Nachmittag die Mole hinunter zum Spill, um einen Seehund zu erspähen oder auch nur die Segel am Horizont zu zählen. Bei Tisch und auch sonst herrscht himmlischer Frieden, da sich der kleine Stichling und Zankteufel Mete ja auf der Schule des Anstands und der guten Sitten in London befindet und Theo allein ganz verträglich ist, denn mit dem acht Jahre jüngeren Friedel zu zanken hält er für unter seiner Würde.

Die Unruhe kommt von außen, Gerüchte schwirren umher, die französische Kriegsflotte kreuze in der Ostsee und nähme Kurs auf Warnemünde.

Fontane neckt seine ängstliche Frau: »Ja, ja, die Franzosen können jede Nacht hier landen und dich entführen. Und was mach' ich dann – ohne dich?« Als erfahrener Kriegsberichterstatter ist ihm oberstes Gebot: »Laß dir nicht imponieren! Laß dir keinen Schrecken einjagen!«

Noch sitzt er gemütlich mit seinem Manuskript in der verglasten Veranda, schaut aufs Meer hinaus oder »flieht in den allgemeinen Nöthen – zu Göthen«. Emilie liest: »Die natürliche Tochter«, Theo »Die Wahlverwandtschaften«. – »Alles gut beobachtet und lebensweise«, findet er, »aber ... farblos.«

Manchmal halten sie beide im Lesen inne und weisen den andern auf einen Satz, einen Gedanken hin, der ihnen besonders treffend erscheint. Emilie zu Theo: »Wahre Liebe ist die, die immer und immer sich gleich bleibt, ob man ihr alles gewährt, ob man ihr alles versagt.« Theo zu Emilie: »Leider haben Heiraten überhaupt etwas Tölpelhaftes; sie verderben die zartesten Verhältnisse.« Emilie wiederum zu Theo: »Die Ehe ist der Anfang und der Gipfel aller Kultur. Sie macht den Rohen mild, und der Gebildetste hat keine bessere Gelegenheit, seine Milde zu beweisen. Unauflöslich muß sie sein; denn sie bringt so vieles Glück, daß alles einzelne Unglück dagegen gar nicht zu rechnen ist. Und was will man von Unglück reden? Ungeduld ist es, die den Menschen von Zeit zu Zeit anfällt, und dann beliebt er sich unglücklich zu finden. Lasse man den Augenblick vorübergehen, und man wird sich glücklich preisen, daß ein so lange Bestandenes noch besteht.« – »Da hast du's!« sagen beide aus einem Munde und müssen lachen, weil jeder den anderen ertappt.

In diese Idylle platzt die Nachricht, Frankreich habe Preußen offiziell den Krieg erklärt. (Es betrifft den Norddeutschen Bund genauso wie Bayern, Baden und Württemberg, aber Preußen empfindet es mehr als alle andern als seine höchsteigene Angelegenheit.)

Die Wellen patriotischer Begeisterung schlagen hoch und schwemmen ruhige und verständige Überlegungen über Bord. George ist vom allgemeinen Fieber ergriffen, in sechs Tagen schreibt er siebenmal: Man habe sie innerhalb von 48 Stunden durchs Offiziersexamen geschleift, nun würden sie als frischgebackene Leutnants ihren Regimentern zugeteilt und den Franzosen, »diesen Pflaumenscheißern, schon zeigen, was eine preußische Harke ist«. Fontane runzelt die Stirn über solch vulgäre Ausdrucksweise. Runzelt sie noch mehr, als er zu Ende liest: George benötigt dringend 100 Taler, um sich zu equipieren und ein paar kleinere Schulden zu begleichen.

Emilie ringt die Hände. Theo bleibt ruhig: »Es wird noch mehr zum Teufel gehn, da kommt es auf die 100 Taler auch nicht mehr an. Aber wenn er zurückkommt, werde ich ihm schon die Leviten lesen!« – »Ja, *wenn* er zurückkommt«, barmt Emilie. Und er ist auch noch stolz, der Avantgarde zugeteilt worden zu sein!

Es hält sie nichts mehr in dieser scheinbaren Idylle; sie fährt mit Luise und den beiden Söhnen nach Berlin zurück; Fontane bleibt noch ein paar Tage in Dobbertin. In klösterlicher Abgeschiedenheit erscheint ihm der ganze von den Gazetten angeheizte hysterische Trubel »wie eine kolossale Vision, eine vorüberbrausende Wilde Jagd, man steht und staunt und weiß nicht recht, was man damit machen soll. Es ist, wie wenn es im Theater heißt: ›es brennt!‹ fortgerissen einem Ausgang zu, der vielleicht keiner ist, mitleidslos gedrückt, gestoßen, gewürgt, ein Opfer dunkler Triebe und Gewalten. Manche lieben das, weil es ein ›excitement‹ ist; – ich bin zu künstlerisch organisiert, als daß mir dabei wohl werden könnte.« So schreibt er aus seiner mittelalterlichen Klause an Emilie. Das fahnengeschmückte Berlin versinkt in einem Taumel blindwütig-patriotischen Überschwangs. Aus allen Häusern der Hirschelstraße (die übrigens seit 1866 Königgrätzer Straße heißt) strömen die Menschen zu den Eisenbahnwaggons, um die ausziehenden Truppen mit Blumen zu schmücken. Luise und Theochen verteilen körbeweise Kirschen und kannenweise Kirschlimonade.

Fontane kann es nicht erwarten, Lepel zu treffen, der als Hauptmann der Landwehr ja mehr wissen muß, als in der Zeitung steht. »Nun sage mir, mein Bester, wie sieht es da draußen wirklich aus?« Lepel antwortet kurz und bündig: »Noch zwei solcher Siege und – wir sind ruiniert. Die Eroberung Weißenburgs hat mehr als 2 000 Tote gekostet, Wörth und Spichern an die 13 000 Tote und Verwundete auf unserer Seite. Und wenn die Festung Metz nicht bald kapituliert …« Er hält inne, weil Emilie mit einer Karaffe Rotwein das Zimmer betritt; sie wirkt bleich und übernächtigt, sorgt sich um George, der bei Toul im Feuer gewesen. Gestern hat er geschrieben, in seinem Bataillon hat es Gott sei Dank nur ein paar Leichtverwundete gegeben, aber die 93er und die 27er unter General von Zychlinski hatten erhebliche Verluste. »In einigen Corps ist die Hälfte der Offiziere gefallen oder blessiert, es gibt schon Companien, die von Fähnrichen oder Feldwebeln geführt werden. Tolle Aufstiegschancen also. Und zum Trost sei gesagt, Fußvolk und Generäle gibt's noch genügend!« Emilie hat keinen Nerv für derart schwarzen Humor; sie sagt leise: »Dennoch ziehen Tag und Nacht immer neue Truppen hinaus, singend und heiter, um in die geschlagenen Breschen zu springen.«

»Tja«, sagt Fontane, »ohne einen gewissen Leichtsinn wäre es jetzt gar nicht auszuhalten.«

Sie tröstet sich bei dem Gedanken, daß wenigstens Theo auf seinem Parkettplatz 23 sicher sitzt und höchstens über Theaterdonner zu schreiben hat. Am 17. August debütiert er als Theaterkritiker der »Vossischen Zeitung« mit Schillers »Wilhelm Tell«. Er findet die ganze Aufführung ziemlich langweilig, aber in den Zwischenakten spielt man »einem tiefgefühlten Bedürfnis entsprechend, den ›Pariser Einzugsmarsch‹, ›Die Wacht am Rhein‹ und ›Ich bin ein Preuße, kennt ihr meine Farben‹«; das Publikum bringt standing ovations aus für den König und das tapfere Heer. Da windet sich der Kritiker in Gewissensnöten: Wenn er das hingerissene Publikum nicht echauffieren will, muß er loben; also lobt er, vor allem die schauspielerische Leistung Geßlers. Da sage noch jemand, Theater sei eine Welt für sich ...!

Tags darauf bittet ihn Decker zu sich: »Ja, mein lieber Herr Fontane«, beginnt er und hat alle Querelen, die sie miteinander ausgefochten, vergessen: »Alles steht nun zum dritten Mal im Feld, da werden auch wir nichts anders können ...« Der Autor hat so was kommen sehn. Diesmal ist er gewitzter in seinen Honorarforderungen, besteht auf 50 Rthl pro Bogen; denn niemand kann voraussehen, wie viele Bogen es werden. 200 Rthl Vorschuß als Reisekosten und ab Oktober monatlich 100 Rthl Vorschuß; sagen wir bis Ostern 72, das müßte gerade aufgehn.

Hermann Kletke, Chefredakteur der Vossin, hütet sich, seinem frisch gekürten Mitarbeiter bei der Erfüllung einer solch patriotischen Aufgabe hindernd im Wege zu stehn. Für die paar Wochen, meint er, würde sich schon eine Vertretung finden lassen. Lange kann der Krieg ja nicht mehr dauern. Sedan ist bereits gefallen, 100 000 Franzosen in deutsche Gefangenschaft geraten, darunter auch Kaiser Napoleon III. Der Einzug der siegreichen deutschen Truppen in Paris ist nur noch eine Frage der Zeit.

So macht sich Fontane erwartungsfroh auf zum französischen Kriegsschauplatz. Der barmenden Emilie verspricht er, so oft wie möglich zu schreiben, hält sich auch daran. Am 4. Oktober meldet er sich aus Toul: »Toul ist eigentlich ein Nest, etwa wie Spandau vor dreißig Jahren ... In etwa einer Stunde will ich nach Vaucouleurs und Domremy fahren, ... den poetischen Kreis der Jeanne d'Arc, morgen aber den Berg St. Michel, von dem aus Toul bombardiert wurde, und die Gartenmauer aufsuchen, hinter der George und sein Bataillon lag ...«

Unter Spionageverdacht

Dann herrscht plötzlich Schweigen im Walde. Eisiges Schweigen. Elise, die aus Neuruppin gekommen ist, um Emilie in der bangen Wartezeit beizustehn, tröstet: Es können doch immer mal Briefe verlorengehen ... Aber Lepel, dem sie diesen letzten Brief zeigt, kraust die Stirn: Vaucouleurs und Domremy – das liegt ja in der unbesetzten Zone! Der verrückte Kerl wird doch nicht etwa dahin gefahren sein, nur um der Heldenjungfrau seine Aufwartung zu machen! Zuzutrauen wär' ihm dieser Leichtsinn schon. Na ja, bis jetzt hat er immer noch in der tollsten Situation seinen Kopf aus der Schlinge gezogen ... Emilie greift sich erschrokken an den Hals: »Lepel, Lepel, Sie treiben wieder mal mit Entsetzen Scherz!« Aber es ist kein Scherz. Gestern erst hat er gehört, daß ein dreiundzwanzigjähriger Fähnrich vom 4. Ulanen-Regiment versehentlich hinter die Linien geraten und ratzbatz von einem französischen Exekutionskommando in Thionville füsiliert worden war. Das erzählt er Emilie lieber nicht. Die Anklage lautete nämlich: »Spionageverdacht«. Auch bei den Preußen macht man in solchen Fällen kurzen Prozeß.

Am 8. Tag des Schweigens hat Emilie gegen Morgen einen sonderbaren Traum: Sie ist auf einem Kirchhof und erfreut sich an den schönen Blumen auf den Gräbern; da kommt die Frau des Totengräbers, nimmt sie am Arm und sagt: »Diese Perlen soll ich noch dem Kind um den Hals binden, das gestern in die Gruft gestellt ist«; Emilie sträubt sich, muß ihr aber folgen und sogar behilflich sein, den kleinen Sargdeckel, der aber schwer wie Granit war, zu öffnen; da, anstatt des toten Kindes liegt ein reizendes Wesen schlafend darin, öffnet die Augen und springt fröhlich lachend aus dem Grabe.

Irgend etwas hat dieser Traum zu bedeuten. Aber was? »Daß du dich umsonst ängstigst«, meint Elise. Doch am selben Tag erhält Emilie von einem ihr unbekannten Offizier die Nachricht, daß Theodor Fontane von Franktireurs als preußischer Spion gefangengenommen worden sei. Man möge nur die energischsten und schleunigsten Schritte tun, um den Unglücklichen zu retten …

Mit Erstaunen nimmt Elise wahr, daß Emilie nicht weinend zusammenbricht, sondern sich ans Klavier setzt, um die Kreislerina von Schumann zu spielen; danach sitzt sie, scheinbar gedankenverloren, die Hände auf das Instrument gestützt. In Wahrheit sucht sie in den wirbelnden, widersprüchlichen Gefühlen einen klaren Gedanken zu fassen. Das Wichtigste: Er lebt! Das nächste: Wer kann etwas zu seiner Rettung tun? Sie wirft sich die Mantille um, dann zu Lepel, dann mit ihm zusammen zu Lazarus und Friedrich Eggers. Jeder verspricht, das Menschenmögliche zu tun. Erst dann kann sie nach Hause gehen, sich ins Bett legen und den Tränen ihren Lauf lassen.

Friedrich Eggers, der »Kunstblatt«-Enthusiast, hat ganz privat eine karitative Hilfsstrecke aufgebaut, um seine an der Front stehenden Studenten nicht nur moralisch, sondern auch mit Socken, Büchern und Leibbinden aufzurüsten; noch in derselben Nacht fährt er mit einem Lazarettzug in Richtung Toul, um vor Ort Erkundungen über Fontanes Verbleib anzustellen; wenig später kehrt er zurück mit der Nachricht: der lebe als Gefangener auf der Zitadelle von Besançon. Wangenheims wenden sich nun über bekannte katholische Würdenträger in der Schweiz an den Kardinalerzbischof Mathieu in Besançon, der erreicht, daß Fontane ab sofort »comme officier supérieur« behandelt wird. Rütlifreund Lazarus, Philosoph und Präsident der israelischen Synode, kennt den französischen Justizminister Crémieux und verbürgt sich bei ihm dafür, daß der ehrenwerte Dichterfreund nur seiner romantischen Neigung folgend und nur zu literarischen Zwecken die Stätten der Jungfrau von Orleans aufgesucht habe. Lepel hat einen guten Bekannten im Kriegsministerium, der bei Kriegsminister Roon ein und aus geht, Roon wiederum steht in ständigem Kontakt mit Bismarck. Wenn Bismarck ein Machtwort spräche …

Am 20. Oktober erhält Emilie endlich den Brief, den Fontane am 6. in Langres geschrieben hat. »Seit gestern bin ich ein Gefangener«, heißt es darin. »In Domremy, eben in voller Jeanne d'Arc-Bewunderung, wurde ich verhaftet. Man hielt mich für einen verkappten preußischen

Offizier; und alles, was Deinerseits geschehen kann, ist, durch Hülfe von Gesandtschaften … die französische Regierung wissen zu lassen, daß ich eben nichts weiter als ein Schriftsteller pur et simple bin, der seines Buches halber den Kriegsschauplatz bereist … Wie immer Dein Theodor Fontane.«

Sie küßt immer wieder das Seidenpapier mit den geliebten Schriftzügen und denkt nur eins: »Er lebt!« Er lebt, und sie hat in ihrer Angst und Unwissenheit genau das Richtige getan. Darauf ist sie stolz. Schließlich fällt ihr siedendheiß ein, daß inzwischen ja zwei Wochen vergangen sind. Was kann in dieser Zeit nicht alles passiert sein …

In der Tat stand das Leben des Gefangenen mehr als einmal auf des Messers Schneide. In Langres zum Beispiel wünschte ihm der joviale Gefängnisaufseher eine ›Gute Nacht‹ mit den Worten, morgen früh würde der Herr General über sein Schicksal befinden. Fontane überdachte noch einmal alles, was in den Augen des Generals für ihn sprechen würde und was gegen ihn. Er mochte es drehn und wenden, wie er wollte, er sah nur schwarze Kugeln in seine Urne fallen. »Eine halbe Stunde lag ich so oder vielleicht länger, ich weiß es nicht. Dann hatt ich mich mit der Gewißheit meines Schicksals auch wieder gefunden. Eine Fassung kam über mich, deren ich mich nicht für fähig gehalten hätte. Ich war fertig mit allem und bat Gott, mich bei Kraft zu erhalten und mich nicht klein und verächtlich sterben zu lassen. Genug davon. War es Erschöpfung, oder war es die Ruhe vollster Ergebung, – ich schlief wieder ein.«

Es mußte die Nacht gewesen sein, in der sie den seltsamen Traum mit dem toten Kind hatte, das dann fröhlich aus der Grube gesprungen war … Man hatte ihn am nächsten Morgen also nicht mit verbundenen Augen zur Wand geführt, sondern weiter nach Besançon transportiert, wo der Kardinalerzbischof seine schützende Hand über ihn hielt; und nach drei Wochen weiter in Richtung Südwesten, bis auf die Atlantikinsel Oléron … Immer wieder hatte er an Emilie und alle möglichen Freunde geschrieben und nur ein einziges Mal, auf verschlungenen katholischen Wegen, einen Brief von Wangenheims erhalten.

Er weiß nicht, was alles zu seiner Rettung unternommen wird, erfährt auch nicht, daß das letzte, wohl ausschlaggebende Machtwort von Otto von Bismarck gesprochen wurde. Vier Wochen später, nun schon auf der Felsenfestung Oléron, teilt er Emilie mit, er habe schon sieben Kapitel, insgesamt hundert Druckseiten, über seine Erlebnisse niedergeschrieben.

»Es liest sich wie ein Roman, der er ja eigentlich auch ist. Dazwischen mach ich Verse ... »So schrieb er, noch auf der Zitadelle von Besançon, zum 20. Hochzeitstag für Emilie:

O trübe diese Tage nicht,
Sie sind der letzte Sonnenschein;
Wie lange, und es lischt das Licht,
Und unser Winter bricht herein.

Dies ist die Zeit, wo jeder Tag
Viel Tage gilt in seinem Wert,
Weil man's nicht mehr erhoffen mag,
Daß so die Stunde wiederkehrt.

Die Flut des Lebens ist dahin,
Es ebbt in seinem Stolz und Reiz,
Und sieh, es schleicht in unsern Sinn
Ein banger, nie gekannter Geiz;

Ein süßer Geiz, der Stunden zählt
Und jede prüft auf ihren Glanz –
O sorge, daß uns keine fehlt,
Und gönn uns jede Stunde *ganz*.

»Monsieur, êtes libre!«

Am 24. November teilt ihm der Commandante der Festung Oléron mit: »Monsieur Fontane, Vous êtes libre!« Er macht keinen Hehl daraus, daß er diesen homme de lettres schätzt, der sich mit Würde in sein Los schickt, der so etwas wie cercle hielt und an jedem etwas Interessantes findet; der selbst mit einem emaillierten Kaffeetöpfchen in der Hand stets weit über den alltäglichen Dingen zu stehen schien. »Ich sehe den Tag heraufziehen«, sagt er ihm darum zum Abschied, »wo Sie die Gefangenschaft auf der Isle d'Oléron segnen werden. Sie werden einen guten Stoff gewinnen und Ihr zukünftiger Biograph einen noch besseren.«

Na, na, denkt Fontane, das soll wohl ein Scherz sein; doch der Commandant meint es ernst, zu recht; wie sich erweisen wird.

In sechs Tagesreisen kehrt Fontane über die Schweiz nach Berlin zurück. Emilie ist ihm bis Genf entgegengekommen. Das Wiedersehen wühlt beide auf; wie immer in bewegenden Augenblicken wird kaum gesprochen. Wie geht es zu Haus? Man lebt. Die Kinder sind gesund. George unverletzt. Mete happy. In der ersten Nacht, als er durch einen klappernden Fensterladen aufschreckt, bemerkt er, daß auch Emilie nicht schlafen kann, und er erzählt von der Nacht in Langres und den schwarzen und weißen Kugeln. »Und wenn ich jetzt meinen Romanhelden Lewin von Vitzewitz in napoleonische Gefangenschaft geraten lasse und gebe ihm noch eine Nacht vor der unausweichlich scheinenden Hinrichtung, dann weiß ich nun, wie ihm zumute gewesen sein mag, und kann es glaubhaft schildern. So hat alles sein Gutes.«

Emilie schüttelt nur den Kopf: »Ja, wenn es dir nur einen Stoff abwirft, dann ist dir alles recht, sogar die eigene Exekution. Oh, Theo, dir ist nicht zu helfen! Und ausgerechnet so einen unverbesserlichen Mann muß ich lieben ...« – »Du mußt nicht.« – »Doch, ich muß, ich kann nichts anders ...« Und schmiegt sich an seine Brust.

Am zweiten Tag können sie schon wieder unbefangen miteinander plaudern. Emilie hat so viele Fragen auf dem Herzen. In seinen Briefen wurde – im Hinblick auf die Militärzensur – manches ausgespart oder nur angedeutet. »In deinem ersten Brief hieß es zum Beispiel: ›Der Hohn des Volkes ist furchtbar.‹ Das hat mich sehr beunruhigt. Ist es nicht für einen, dem der Ehrenstandpunkt über allem steht, schrecklich, als Gefangener durch die Straßen geschleppt, angegafft oder gar angepöbelt zu werden?«

»Ach, weißt du, Milachen, das hab ich gleich nach meiner Verhaftung geschrieben; damals empfand ich es noch als furchtbar. Aber es ist erstaunlich, wie schnell man gegen den Wechsel der äußeren Glücksumstände gleichgültig wird. Ein Beispiel: Es gab in der ersten Zeit nur eine dünne Fleischbrühe, ein Glas Landwein und ein paar Scheiben Weißbrot; und ich fand sehr schnell, daß es sich dabei im Grunde genommen besser leben läßt als bei Mayonnaise und Nußtorte.«

»Bei der nächsten Nußtorte werde ich dich daran erinnern«, sagt sie, erheitert über diesen Vergleich, »aber was den Ehrenstandpunkt betrifft ...«

»Ja, natürlich ist das Durch-die-Straße-Geschlepptwerden, das Geschrei und Gejohle des Pöbels lästig und zuzeiten sehr unangenehm, aber ehrenrührig? Mir blieb es zwar erspart, in Ketten gelegt zu werden, aber auch das hätte, so meine ich, meinen Gleichmut wenig gestört. Man hat das Gefühl eines völligen Preisgegebenseins und empfindet deutlich, daß die Übergriffe, die sich der Machthaber erlaubt, wohl die Ehre dieses Machthabers, nicht aber die eigene treffen können. Der Stein des Gassenbuben der gegen uns erhoben wird, mag alles treffen, nur nicht unsere Ehre …« Sie schaut ihn ungläubig an. »Ja, siehst du«, fährt er fort, »das ist auch so eine Erfahrung, die man unter gewöhnlichen Umständen niemals machen wird. Das einzige, worunter ich in den ersten Wochen litt, war die Unmöglichkeit auch nur der bescheidensten Körperpflege; aber auch hier kann man – wie die Geschichte der Märtyrer und Heiligen lehrt – zu einem Erhabenheitsstandpunkt kommen. Zum Glück änderte sich diese als mißlich empfundene Lage durch das Eintreten des Kardinalerzbischofs – ich kann Wangenheims schnellem Handeln nicht dankbar genug sein – und auch über den Festungskommandanten kann ich mich eigentlich nicht beklagen. Er lud mich jeden Nachmittag, um seine Langeweile zu vertreiben, zum Tee, und ich mußte ihn mindestens zwei Stunden lang unterhalten, manchmal sogar länger.« – »Theo als Scheherazade. Und alles in französisch?« – »Was denn sonst. Ich war danach jedesmal fix und fertig; aber ich habe dadurch soviel gelernt wie nie vorher.« – »Oh, Theo, wie oft habe ich in schlaflosen Nächten versucht, mir deine nächste Umgebung auszumalen und die Menschen, mit denen du Umgang hattest.«

»Das war ein hübsches Panorama der zivilisierten und unzivilisierten Menschheit: vom polnischen Schneider bis zum böhmischen Grafen, vom bayerischen Ulanen bis zum jüdischen Juwelenhändler, vom kleinen Taschendieb bis zum Kardinalerzbischof; aber das wirst du demnächst alles in der Tante Voss lesen können …«

Daheim angekommen, eilt er zu Wangenheims, Dank zu sagen. Anderntags stellen sich alle irgendwie erreichbaren »Rütli«-Freunde ein. Aus übervollem Herzen sprudeln Stegreifverse, in den sich »vielgeehrt« auf »heimgekehrt« reimt; Toasts auf den Sieg, Toasts auf das Leben. Als sie endlich in aufgräumtester Stimmung wieder alleine sind, meint Theo, sich lustvoll räkelnd: »Ach, es tut doch gut, solche Freunde zu haben, auf die man sich bedingungslos verlassen kann.«

»Ja; wenn man bedenkt, daß du dich mit jedem mindestens schon einmal verzankt hast, um Kleinigkeiten …«

»Nicht mit allen; mit Lazarus zum Beispiel nicht.«

»Dafür mit Friedrich Eggers und mit Lepel um so öfter. Du kränkst sie mit deinem ewigen Gekränktsein.«

»Also gut, wenn wir in Gesellschaft wieder mal so eine heikle Situation haben, mußt du mir eben ein dezentes Zeichen geben.«

»Ha, wenn du dich erst mal engagiert hast, achtest du doch nicht mehr auf dezente Zeichen meinerseits. Da müßte ich schon eine Kanone abfeuern!«

»Dann sag es mir hinterher und ich schreibe einen Entschuldigungsbrief. Darin habe ich inzwischen schon Übung ... Jedenfalls danke ich dir, daß du so sorgsam alle Maschen aufhebst, die ich in meinem Strickstrumpf fallen lasse.«

»Ach, du nimmst mich wieder mal nicht ernst.«

»Doch, diesmal nehme ich dich ernst.«

»Diesmal – das ist schon wieder eine ungehörige Einschränkung.«

»Sollte ich wirklich jedes Wort auf die Goldwaage legen?«

Sie spürt, daß er im Begriff ist, rhetorisch Oberwasser zu kriegen, und tritt den diplomatischen Rückzug an: »Natürlich nicht, wenn in jeder Ehe jedes Wort auf die Goldwaage gelegt würde, dann gäbe es wohl nur noch Singles und Waisenkinder ...«

»Also was war dann deiner Rede dunkler Sinn?«

Sie hat keine Lust, ihre gute Laune aufzugeben, und meint: »Es heißt, man redet und alles bleibt beim alten!«

»C'est ça!« entgegnet er trocken, und der häusliche Frieden bleibt erhalten.

In weniger als zwei Wochen formt Fontane aus dem Konvolut seiner Tagebuchaufzeichnungen einen Tatsachenbericht, der sich liest wie eine liebenswürdige Mischung zwischen Abenteuerroman und sentimental journey. »Kriegsgefangen. Erlebtes 1870« nennt er es schlicht.

Das erste Kapitel erscheint in der Weihnachtsausgabe der »Vossischen Zeitung«, das 32. und letzte Kapitel im Februar. Zeitgleich kommt »Kriegsgefangen« als Buch bei Decker heraus. Man muß das Eisen schmieden, solange es heiß ist. Der Autor ist über Nacht zu einer Berlin-Berühmtheit geworden, um die sich Zeitungen und Verleger reißen. Emilie genießt diesen Zustand, Theo natürlich auch, nur er versucht es herunterzuspielen: »Ein Rhinozeros am Potsdamer Platz würde ebensolches Aufsehen erregen«, meint er, und diese Aufregung um ihn als ein nine days wonder habe nicht viel zu bedeuten. Die »Gartenlaube« beabsichtigt sogar, ihn mit Text und Holzschnitt unter die »Berühmten Zeitgenossen« aufzunehmen, läßt es aber dann doch bleiben. Emilie tröstet ihn: »Ein heiler Mann zu Hause ist mir tausendmal lieber als ein zerschossener in der Prominenten-Galerie der ›Gartenlaube‹.« Dem ist nicht zu widersprechen.

»Kriegsgefangen« ist nicht nur sein bisher persönlichstes, sondern auch sein bekenntnisreichstes Buch; es überragt wohltuend den massenweise produzierten pathetischen oder haßverzerrten Schwulst. Viele Leser, die einen nahen Angehörigen in Gefangenschaft wissen, erfahren zu ihrer Beruhigung, »daß hinter den Bergen eben auch Menschen wohnen«. Es kommt vor, daß Fontane von dankbaren Leserinnen auf der Straße umarmt und geküßt wird.

Doch es gibt auch genügend Leute, die es dem Autor in ihrem chauvinistischen Dünkel übelnehmen, daß er nicht Gift und Galle über die Franzosen, Bewacher und Mitgefangene, auskippt; er könne sich wohl in der Abgeschiedenheit seines Kerkers gar kein Urteil erlauben. »Doch«, erwidert er, »erstens lebte ich nicht in Einzelhaft, sondern konnte mich innerhalb der Festung frei bewegen, zweitens lebte ich mit 70 oder 80 Gefangenen zusammen, die in der Zeit meiner Anwesenheit zwei oder drei Mal wechselten (so daß ich etwa 200 verschiedene Personen kennenlernte), und nicht die geringste Unannehmlichkeit, geschweige denn Unart habe ich zu erfahren gehabt ... Wir könnten nach dieser Seite hin viel von ihnen lernen. Es offenbarte sich mir ein unerschöpflicher Schatz von Gutmütigkeit, leichtem Sinn und heiterer Laune. Lauter Sanguiniker. Viele waren eitel, andere ruhmredig. Wenn ich aber die Rodomontaden dieser letzteren scherzhaft erwiderte, hatte ich jedesmal die Lacher auf meiner Seite ... Auch ihr Bildungsgrad ... hatte mindestens ... das Niveau der Unsrigen, wie ich denn überhaupt glaube, daß wir uns nach *dieser* Seite hin allzu selbstgefälligen Vorstellungen hingeben.«

Dem Gros der preußischen Militärs paßt die ganze Richtung des Buches nicht.

Selbst Leutnant George meint, als er im Jahr darauf dem Papa gegenübersteht: »Bei uns wärest du unter *diesem* Verdacht an die nächste Wand gestellt worden. Das sagen alle!« Er wirft ihm vor, die Franzosen »zu sehr geschönt« zu haben, *er* habe nur schmutzige und nachlässig gekleidete Leute getroffen, die nach Knoblauch und Zwiebeln stanken. »Das tut mir leid für dich, mein Sohn«, antwortet der Papa ungerührt, »aber deshalb werde ich mein Buch nicht ändern.«

Noch einmal in die Höhle des Löwen

Am 18. Januar 1871 wird Wilhelm I., König von Preußen, im Spiegelsaal von Versailles zum Deutschen Kaiser proklamiert. Anton von Werner wird es historisch getreu, aber poetisch überhöht, der Nachwelt überliefern.

Am 26. Februar wird in Versailles mit der Regierung Thiers der Präliminarfrieden unterzeichnet. Befriedigt legt Fontane die Morgenzeitung beiseite und sagt zu Emilie. »Die Sache ist gelaufen. Paris wird sich nun nicht länger halten können.« – »Es ist überhaupt ein Wunder, daß es sich so lange gehalten hat«, meint sie, »wenn man bedenkt, seit September belagert, abgeschottet von der übrigen Welt: Wie mag es den Menschen da drinnen ergehen?« – »Sie darben, und ab und zu schlägt eine Granate ein, das ist alles. Daran kann man sich gewöhnen. Übrigens sind die Wohlhabenden längst fort, auf ihren Gütern oder im Ausland ... Tja, ich hätte gern den Einzug unsrer siegreichen Truppen in Paris miterlebt. Vielleicht – oder ganz sicher – ist George dabei.« –

»Du willst doch nicht etwa noch einmal in die Höhle des Löwen? Reicht es dir nicht, einmal den Kopf aus der Schlinge gezogen zu haben? Theo, ein zweites Mal stehen die Schutzengel einem so Leichtfertigen wie dir gewiß nicht bei!«

»Ach was«, wehrt er ab, »der Löwe Napoleon sitzt als illustrer Gefangener auf der Wilhelmshöhe in Kassel; Schlingen sind für unsereinen nicht ausgelegt. Natürlich kann man überall einen Stein an den Kopf kriegen, aber man kann sich auch in der eigenen Westentasche den Finger brechen.«

Der Fall von Paris verzögert sich. Am 18. März bricht in der ausgehungerten Stadt die Revolution aus. Gambetta, der im Oktober mit Hilfe eines Heißluftballons aus dem belagerten Paris entkommen war, um in den nicht besetzten Teilen Frankreichs ein Volksheer zu mobilisieren, rückt auf Paris zu. In einem genialen Schachzug sorgen Bismarck und Roon dafür, daß sich die Franzosen gegenseitig die Köpfe einschlagen: Alle französischen Kriegsgefangenen werden freigelassen, und sie marschieren unter ihrem alten Feldherrn Mac Mahon unbehelligt nach Paris, um die Commune niederzuschlagen. So ist die Lage, als Fontane Ende März 1871 das Honorar für die letzten Kapitel von »Kriegsgefangen« von der »Vossischen Zeitung« kassiert, um sich erneut nach Frankreich zu begeben. Er will da weiter recherchieren, wo er vor sechs Monaten gezwungenermaßen aufhören mußte. Emilie hat es aufgegeben, ihn davon abzuhalten. Es ist nun mal nicht seine Sache, am heimischen Tisch mit Schere und Kleistertopf ein Kriegsbuch zusammenzubasteln, er muß die umstrittenen Gegenden selber sehen und erleben. So bittet sie ihn nur noch, sich nach George umzusehen. Das verspricht er gern. Jeden zweiten Tag erhält sie Post, es sind echte »Wanderungs«-Briefe mit humorvollen Schilderungen von Land und Leuten, aber auch von dem Leid ist die Rede, das der Krieg überall hinterließ. Die Unschuldigsten traf es stets am härtesten.

Am 19. April steht er an der Mühle von Sannois, blickt zusammen mit anderen Herren und sogar einigen Damen der Gesellschaft vom Rande des Vorsprungs nieder in die Arena von Paris, sie sehen zu, »wie die dreifarbige und die rote Republik miteinander ringen«. (Viele Jahre später wird Fontane in dem Roman »Quitt« diese Szene wieder schildern, diesmal aus der Sicht der Kommunarden.) Noch gehört er zu denen, die von oben nach unten schauen. Ein Gewittersturm fegt mit dunklen Wolkenmassen über die goldene Kuppel des Invalidendomes, löscht den Arc de Triomphe aus und erreicht Sekunden später auch die Mühle von Sannois. »Sauve qui peut!« heißt es nun auch hier, und alles flüchtet in das einzige Gasthaus, wo preußische Gardeoffiziere befehlsgewohnt »Knickebein-Shake!« bestellen.

Länger als das Donnergrollen ist das dumpfe Rollen der Kanonenschüsse in der regenschweren Luft zu vernehmen. Doch niemand achtet darauf. Gewohnheit ist alles. Fontane prägt sich diesen Blick von der Höhe auf Paris fürs Leben ein und auch den Gedanken, der ihn dabei durchzuckte: Wie eine gewisse Entfernung und eine gewisse Beleuchtung uns täuschend beeinflussen können; man sieht kein Blut, hört kein Röcheln, alles ist malerisch. Ein Historienbild, nicht die Wirklichkeit.

Von diesem nicht ganz ungefährlichen Ausflug schreibt er Emilie natürlich nicht, auch nicht davon, daß er einmal aus Versehen in einem Zug sitzen blieb, der statt nach St. Denis nach Paris weiterfuhr, und daß er gerade noch auf einer kleinen Station 20 Kilometer vor der Stadtgrenze in den Gegenzug springen konnte. Um so ausführlicher schildert er seine

Begegnung mit George. Mit detektivischem Spürsinn hatte er ihn draußen im Gelände bei einer Übung entdeckt. Selbst durch eine Böschung verdeckt, vernahm er die vertraute Stimme (unter Beimischung einer gewissen Schnauzbärtigkeit), sah seine Umrisse, breitbeinig, in Befehlspose. Nichts erinnerte mehr an den verzärtelten Hasenfuß, der nicht mit Bleisoldaten spielen wollte.

Beim Kommandeur kann Fontane einen halben Tag Urlaub für seinen Sohn erwirken. Sie treffen sich im Hôtel von St. Denis. Nichts trübt ihr Zusammensein. Danach schreibt der (doch ein wenig stolze) Vater an Emilie: »Er war sehr nett; eigentlich wenig verändert. Er ist noch ganz im Werden. Was aus ihm sich bilden wird, ist schwer zu sagen und wird von Fügungen abhängen. Er ist gar nicht ohne Selbstgefühl, oder noch richtiger, er hätte nichts dagegen, eine Rolle zu spielen; ich zweifle aber fast, daß er die rechte Dampfkraft dahintersetzen wird. Und davon hängt *alles* ab. Begabt ist jeder dritte Mensch. Er kann ein einfacher ›bon camarade‹ werden, der Billard und Kegel spielt und eigentlich nicht recht von der Kneipe herunterkommt; er kann es aber auch zu einer feinen Künstlernatur und speziell zum Humoristen bringen. Nous verrons! (...)«

Fontane erlebt die jungen Leutnants in der Etappe, wie sie bramabarsieren, sich spreizen, die französischen Wirtsleute wie den letzten Schuhputz behandeln; befürchtet, auch George könnte in diesen Sog hineingezogen werden. Solche Gefahren sieht Emilie nicht. Ihre einzige Sorge dreht sich um seine Gesundheit. Jeden Abend betet sie, daß sie ihren Herzensmann und ihren Herzenssohn wohlbehalten in die Arme schließen kann.

Dies geschieht Anfang Mai. Fontane kehrt heim, zufrieden mit seiner Ausbeute. Er hat genügend Stoff für das Kriegsbuch, das ihn nun die nächsten Jahre beschäftigen wird. Zuvor aber, solange der Krieg noch in Köpfen und Herzen gegenwärtig ist, schreibt er in unglaublicher Geschwindigkeit: »Aus den Tagen der Okkupation. Eine Osterreise durch Nordfrankreich und Elsaß-Lothringen«. Schlichter und unprätentiöser geht es nicht.

Emilie hat in diesem Jahr nicht allzuviel von ihrem Herzensmann gesehn, meist nur den über den Schreibtisch gebeugten Rücken. Doch, ja, im August sind sie vier Tage in Dresden gewesen, um die Holbein-Ausstellung anzusehen, dann in Dobbertin, wo Theo zehn Kapitel der »Osterreise« schrieb. Ursprünglich hatte er nur die Vormittagsstunden für sich reklamiert, aber dann hieß es: »Ich muß erst aus Charleville heraus sein« oder: »Ich will erst noch den Ritt über das Schlachtfeld von Sedan zu Ende bringen«, und Emilie war sehr viel Zeit geblieben, um mit Fräulein von Rohr oder deren älterer Schwester plaudernd den Kreuzgang abzuschreiten oder um den See zu promenieren. Zu viel Zeit. Um ehrlich zu sein: sie hatte sich gelangweilt und an die Aufgaben gedacht, die ihrer zu Hause harrten. Theo junior sollte zu Michaeli ins Internat, da war einiges an Ausrüstung vorzubereiten; Mete probierte mit ihrer Lieblingslehrerin für eine Theateraufführung; Friedel kämpfte mit großen und kleinen Buchstaben. Also war sie früher heimgefahren, während sich der in nervöser Schaffenserregung befindliche Autor nach Warnemünde wandte, um in der Pension Hübner einen Gewaltritt von vierundzwanzig Kapiteln in drei Wochen zu absolvieren.

So weit haben sie es immerhin in ihrer Ehe gebracht, daß ohne Krach und böse Worte jeder dahin geht, wo er seine im Moment wichtigste Aufgabe sieht – oder die größte Wohltat erwartet; und jeder respektiert den Entschluß des andern. Es sind nur wenige Freunde, die das verstehn, mancher schüttelt über diese ungewohnte Form der Partnerschaft den Kopf (verwundert vor den Augen, mißbilligend hinter dem Rücken). Doch das ficht sie nicht an und ihn schon gar nicht.

Wieder geborgen, wieder daheim

Im November, zu Emiliens 47. Geburtstag, sind alle wieder beisammen (bis auf George, der keinen Urlaub bekommen hat): Theo junior erscheint in der Montur eines Seminaristen des Collège der Französischen Colonie; Mete, lang aufgeschossen, kapriziös und vor Theaterbegeisterung sprühend – sie schließt sogar zur Feier des Tages Frieden mit ihrem großen Bruder; Marthchen Merington, die bis über Weihnachten hinaus in Berlin bleiben wird und mit Mete das frei gewordene Jungen-Zimmer teilt; zu guter Letzt Friedel, der mit seiner Schotten-Mütze nun ganz und gar wie Käpt'n Bräsig aussieht. Natürlich erscheinen auch Zöllners, Lucae, Henriette von Merckel und Lepel. Letzterer etwas bedeckt. Die Scheidung von seiner Frau Hedwig scheint ihm doch an die Nieren zu gehen, aber wohl mehr das Procedere als die Trennung selbst, die sich gefühlsmäßig längst vollzogen hat. Emilie, die alle Stationen der Erkaltung als »Ellora« – das heißt als Beichtmutter, miterlebte, fühlt mit ihm; Theo geht mit einem »Na endlich, altes Haus!« zur Tagesordnung über. Wie der Festungskommandant von Oléron vor einem Jahr, so klopft er nun Lepel auf die Schulter und spricht die bedeutungsschweren Worte: »Monsieur, Vous êtes libre!«

Hauptpunkt der Tagesordnung ist natürlich Emilie. Er hat ihr neben einem grauseidenen Kleid den obligaten Vers gestiftet, in dem er charmanterweise die Ehe mit seiner Gefangenschaft vergleicht:

Vor einem Jahre, weit davon
»In the Atlantic« auf Oléron!
Nun wieder geborgen, nun wieder daheim,
Fest auf dem alten Rutenleim,
Statt franco-oléronischer Haft
Eine andre Sorte Gefangenschaft.

Gefangen, gekettet, ob nah, ob fern,
Doch trage ich *diese* Kette gern,
Und wünsch all' Stunde jeden Tag,
Daß sie noch lange halten mag!

Emilie weiß zwar nicht recht, wie sie sich zu diesem Vergleich stellen soll, beschließt dann aber doch, ihn als Kompliment aufzufassen. Immerhin es ist ja ihr Geburtstag.

Zu Weihnachten erweitert sich der Kreis: Miß Merington ist gekommen, um Marthchen abzuholen. Natürlich möchte sie ganz genau wissen, wie das mit Fontanes Verhaftung und Festungshaft war. Er überreicht ihr ein Exemplar von »Kriegsgefangen« und entschuldigt sich für den Rest des Abends; Emilie aber ist glücklich, einer verstehenden Seele von ihren Ängsten erzählen zu können, die sie ausgestanden, und von den Rettungsaktionen der treuen Freunde. »Und denke dir nur, er hat für das letzte Kriegsbuch sogar einen Orden bekommen, das ›Ritterkreuz der wendischen Krone‹.« In dem Moment schaut Fontane herein, hört noch den letzten Satz, winkt ab: »Believe me, all these things are vanities, absolutly trivialities«, und verschwindet wieder.

Das Theater nimmt ihn mehr in Anspruch als gedacht: Dreißig Aufführungen in diesem Jahr, und im nächsten sollen es noch mehr werden. »Du solltest dir wirklich öfter Erholung gönnen«, sagt Emilie, »all das

Kriegsgetöse macht dich ja taub und blind für die Schönheiten des Lebens.« Es ist Fontanes Geburtstag, und er ist milde gestimmt, darum entgegnet er: »Was die Erholung betrifft, so geb' ich dir recht; wir wollen das im neuen Jahr ändern.«

»Ach, Theo, ich meinte es ernst.« – »Ich auch, meine Liebe.«

Sie hat ihm Goethes »West-Östlichen Divan« geschenkt und in dem Buch der Liebe ein Zeichen eingelegt:

Wunderlichstes Buch der Bücher
Ist das Buch der Liebe;
Aufmerksam hab ich's gelesen:
Wenig Blätter Freuden,
Ganze Hefte Leiden;
Ein Abschnitt macht die Trennung,
Wiedersehn ein klein Kapitel.
Fragmentarisch.

»Trennungen«, sagt er, ihre Hand ergreifend, »sollen nur noch sein, soweit sie von *beiden* gewünscht sind.« – »Ja«, erwidert sie, und man hört deutlich Unglauben heraus.

Zwei Tage später wedelt er vergnügt am Teetisch mit einem Brief: »Hier ist bereits die erste Erholung vom Kriegsgetöse! Rodenberg will für seinen ›Salon‹ einen Essay über Willibald Alexis. Das übernehm' ich gern. Das wird mir ebensolche Freude machen wie im vorigen Jahr der Aufsatz über Walter Scott. Und in Rodenbergs ›Salon‹ zu erscheinen – hm, eine bessere Visitenkarte kann man nicht abgeben!« –

»Das heißt doch nicht etwa, daß du dich wie ein Lederwurm durch alle seine dickleibigen Bände durchfressen willst? Das wird in der Tat *sehr* erholsam!«

»Nun, ich denke, wir kooperieren. *Du* liest alles, was fünf Bände und mehr hat, und ich übernehme ›Die Hosen des Herrn von Bredow‹ und ›Isegrim‹.«

Noch eh' sie sich von ihrem gelinden Schrecken erholt hat, lacht er: Der ganze Alexis hintereinander sei überhaupt keinem Menschen zuzumuten, für ihn sei jedoch die Auseinandersetzung mit den historischen Romanen wichtig in bezug auf den eigenen. Ach ja, der Roman, er taucht immer wieder zu unvermuteten Zeiten auf, um wieder zu verschwinden.

Das verdammte Kriegsbuch hat Priorität. An zweiter Stelle steht das Theater. Anfangs beneidet ihn Emilie, daß er viermal in der Woche mit Shakespeare, Goethe, Schiller, ihretwegen auch mit Grabbe oder Raupach verbringen kann; bald begreift sie den himmelweiten Unterschied zwischen Parkettplatz 22 und 23. Auf Platz 22 ist man einer von 400 Kunstgenießern; auf Platz 23 ist man ein Außenseiter; das ist kein eigentlicher Parkettplatz, sondern eine Art Vorposten in der scharfen Ecke zwischen Proszeniums- und Parkettloge. Für eitle Leute ein fürstlicher Stuhl, auf dem man unweigerlich Gegenstand allgemeiner Aufmerksamkeit wird. Fontane fühlt sich aber oft genug wie auf der Armsünderbank, fühlt sich eher als Angeklagter denn als Richter. Und auf manchen Mienen vermeint er zu lesen: »Da sitzt das Scheusal wieder!« Bei aller Liebe zum Metier und bei allem Wissen um die Empfindlichkeiten der Künstler kann er nicht immer loben. Peinlich wird es, wenn er um der Wahrheit willen Leuten, die als Größen und Berühmtheiten gelten, fatale Sachen sagen muß. Da gibt man zum Beispiel von Karl Gutzkow »Der Gefangene von Metz«. Fontane schätzt Gutzkow aus seiner Vormärz-Zeit. Aber dies hier ist wirklich das Letzte. »Sei froh, daß dir *das* erspart geblieben ist!« sagt er zu Emilie, als er innerlich zerrissen und vergrätzt heimkommt. »Das einzige, was mich noch retten kann, ist ein großer Cognac!« Kaum hat sie sich zu ihm gesetzt, legt er los: »Ein furchtbares Machwerk! Antifranzösisch und borniert antikatholisch! Es wimmelt von grobschlächtigen Erzfeind-Bildern! Nur ein Imbecile kann so etwas auf den Spielplan des Königlichen Theaters setzen! Ich weiß nicht, was mir mehr auf die Nerven fiel: der Intendant oder der Dichter oder der Darsteller mit seinem Obszönitätsrüssel. Ich saß auf meinem Platz und wand mich vor seelischem und physischem Unbehagen. Es muß dies auch andern aufgefallen sein, denn als der Vorhang nach dem zweiten oder dritten Akt fiel, ergriff von seinem Parkettplatz her ein Herr meine Hand und sagte: ›Lieber Fontane, wenn Sie morgen darüber schreiben, vergessen Sie nicht, daß Gutzkow ein kranker Mann ist. Oder wenigstens sehr krank war.‹ Nun bitte ich dich, soll ich vielleicht immer erst ein ärztliches Attest anfordern, ehe ich meine Kritik schreibe? Schlecht ist schlecht, und es muß gesagt werden; sonst ist es mit aller Kritik vorbei.«

»Aber du kannst doch nicht mir nichts, dir nichts den Stab brechen über einen Mann, der, solange ich lesen kann, unangefochten seinen Platz behauptet hat, in der Journalistik und auf der Bühne.«

»Er hat selbst den Stab über sich gebrochen, indem er die Maßstäbe verlor.«

»Das werden auch andere bemerken, aber du sprichst es aus. Das wird er dir nie verzeihn.« (Was das anbelangt, wird Emilie recht behalten; der gekränkte Gutzkow wird noch etliche Jahre leben und Fontanes Werke in allen Provinzblättern, die ihm noch zur Verfügung stehen, verreißen.)

Ende Mai fährt Emilie wieder zu Johanna nach Neuhof, in ihren seelischen und körperlichen Gesundbrunnen. Der »Haushalt« bleibt in Berlin; die Kinder müssen zur Schule; doch auf Luise ist Verlaß.

Fontane schlägt sich durch vom Schlachtfeld bei Wörth bis Gravelotte. Zwischendurch ins Schauspielhaus, wo der emphatisch gefeierte Bühnenstar Clara Ziegler mehrere Gastspiele gibt. Er bedauert, nicht in den Chor der Enthusiasten einstimmen zu können: Sie gibt Grillparzers »Medea«, aber sie spielt Kaulbach. Ihr ganzes Auftreten wirkt wie die Treppenhausbilder im Museum. Ein anmutig vor- oder zurückgebeugter Körper, eine schöne Kopf- oder Armhaltung – das ist alles sehr ästhetisch anzusehn, hat aber mit dem, was Medea durchlebt und durchleidet, kaum etwas zu tun.

»Wieder eine, die ihn am liebsten massakrieren möchte«, lacht Treutler, als Emilie ihm Fontanes Kritik zu lesen gibt. Von den zahlreichen Briefen, die zwischen Berlin und Neuhof wechseln, trägt einer an Johanna gewissermaßen konspirativen Charakter. Theo hat erfahren, daß Treutlers nach Karlsbad fahren wollen und bittet, Emilie mitzunehmen, auch wenn sie einwenden sollte: »Dazu haben wir kein Geld« oder »Ich weiß ja gar nicht, ob mir Karlsbad gut ist«. Wer wie sie an träger Verdauung leidet, »nicht herzkrank und nicht schlagflüssig ist, für den paßt Karlsbad allemal. Wenn es zufällig *nicht* paßt, so ist kein Dutzenddoktor imstande, das vorher festzustellen. Sie ordonnieren, ganz besonders was Brunnenkuren angeht, drauflos und müssen so gut wie der Patient selber abwarten, ob es helfen oder schaden wird. Ich habe von Jugend auf zu viel unter Ärzten gelebt, zu oft ihre eigenen Geständnisse gehört, um über diese Dinge noch im geringsten Zweifel zu sein.« (Auch Treutlers wird es nicht gelingen, Emilie von der Notwendigkeit und den Vorzügen Karlsbads zu überzeugen. Erst Jahre später wird sie – mit Theo zusammen – dorthin fahren und tatsächlich Linderung ihrer Leiden finden.)

Schlesische Sommerfrische

Mit Schulferienbeginn fährt Fontane mit dem ganzen Haushalt, das heißt mit dem Mädchen Luise, drei Kindern, Kochtöpfen und Federbetten nach Krummhübel in die Sommerfrische. Sein wichtigstes Gepäckstück, das er nicht aus den Augen läßt, ist das Manuskript zum dritten Band der »Wanderungen«, mit den Landschaften um Spandau, Potsdam und Brandenburg. Es war fast fertig, als er das erste Mal nach Frankreich zog; nach so langer Zwangspause nimmt er es wie einen wiedergefundenen Schatz an seine Brust. Am Ufer des rauschenden Bober will er in Muße ein Vorwort schreiben. Es gerät ihm unversehens zu jubelnden Versen:

> Grüß Gott dich, Heimat! ... Nach langem Säumen
> In deinem Schatten wieder zu träumen,
> Erfüllt in dieser Maienlust
> Eine tiefe Sehnsucht mir die Brust.
> Ade nun, Bilder der letzten Jahre,
> Ihr Ufer der Somme, der Seine, der Loire,
> Nach Kriegs- und fremder Wässer Lauf
> Nimm, heimische Havel, mich wieder auf ...

Emilie kommt von Neuhof herüber, und sie verleben alle zusammen eine schöne Zeit. In den Nachbarhäusern, die am Bober oder an den Berghängen hinauf verstreut liegen, quartieren sich Henriette von Merckel mit ihren schlesischen Verwandten und Treutlers ein. Es herrscht allgemeines Einvernehmen. Wenn Fontane am Vormittag arbeitet, sitzen die Damen strickend, stickend oder lesend im Garten, und natürlich kommt das Gespräch immer wieder auf die Kinder. Dabei erfährt Emilie von Henriette Erstaunliches über Theo: »Ich wundere mich oft im stillen über die geheimen Wirkungen der Natur. Merkst du nicht, daß Theo seinem Vater immer ähnlicher wird?« Das ist Emilie noch nicht aufgefallen. »Er hat auch die Noblesse, die ja ein Hauptwesenszug seines Vaters ist. Und sparsam ist er, unglaublich! Von seinen erlernten Geldern kauft er sich eine Tüte Bonbons, ißt sie aber nicht, sondern hebt sie auf. Und wenn er von seinen Sommerfeldt-Cousins, die ja mehr haben als er, zu Kroll eingeladen wird, kann er sich revanchieren und wenigstens Bonbons anbieten.« Das zu hören tut Emilie wohl. Johanna findet es »äußerst edel«. In dem Augenblick ertönt weit hinten im Garten Wehgeschrei: Die zwölfjährige Mete hat ihren großen Bruder wieder mal verbal bis zur Weißglut gereizt, er hat sie »Pulverhexe!« genannt und an den Haaren gezogen, sie ist ihm nichts schuldig geblieben, so daß er, um nicht völlig auszurasten, sich vor ihr aufbaut in ganzer Untersekundanergröße und mit schneidend-verächtlicher Stimme zischt: »Ich bin nicht mehr dein Bruder! Nenne mich in Zukunft ›Sie‹!« Mete kommt angesprungen und will sich ausschütten vor Lachen, und alle andern werden von diesem Lachen angesteckt; nur Henriette ergreift Theos Partei und meint, es sei doch eine bemerkenswerte moralische Leistung von einem Sechzehnjährigen, daß er nicht mehr, wenn seine jähzornige Ader gekitzelt wird, blaurot anläuft und schreit oder knufft, sondern, weil er sich nicht anders zu helfen weiß, seiner Schwester das vertraute Du verbietet. Emilie stutzt: *so* hat sie es noch gar nicht gesehn! Jetzt, im nachhinein, fällt ihr auf, daß Theo im letzten Jahr, seit er im Seminar der Französischen Kolonie lebt, bedeutend ruhiger geworden ist. Früher konnte er sich bei seinen Wutausbrüchen derart erregen, daß er nicht nur blaurot anlief, sondern auch Gesicht und Hände eigenartig verkrampfte. Richtig Angst hatte sie manchmal um ihn ausgestanden, und ihr war nichts Besseres eingefallen, als ihn so, mit wutverzerrtem Gesicht, vor den Spiegel zu stellen und zu drohen: Bei einem solchen Anfall kann man sterben, und dann muß man in alle Ewigkeit da oben im Himmel mit dieser Fratze herumlaufen! Für kurze Zeit nur hatte es genutzt. Nun schien er in der Lage, seine Gefühle besser steuern zu können und so seinen Jähzorn zu besiegen. In dem Alter könne man das gar nicht hoch genug schätzen, meint Henriette, und Johanna pflichtet ihr bei. Ihr kommt erst jetzt zum Bewußtsein, daß Emilie eigentlich viel zu selten von Theo erzählte, sie weiß nur, daß er im vergangenen Jahr zum Entsetzen seiner Eltern in Untersekunda sitzengeblieben ist.

»Ja, aber warum?« tritt Henriette wieder für ihn ein. »Sitzenbleiben kann man das wohl nicht nennen, er wechselte vom Friedrich-Wilhelm-Gymnasium, wo normaler Französisch-Unterricht erteilt wird, zum Collège Royal Français, wo mit Ausnahme von Deutsch, Religion und Hebräisch alle Fächer in Französisch abgehalten werden. Das ist doch eine gewaltige Umstellung! Aber er gehört jetzt zu den Besten in der Klasse.« Das kann Emilie stolz bestätigen.

Merkwürdig, wenn es um Theo geht, ist ihr sonst so ausgeprägtes Einfühlungsvermögen wie abgeschaltet: Er ist und bleibt für sie »das beste, aber auch das unsympathischste ihrer Kinder«.

Zweites Hauptthema der Krummhübel-Saison ist das Umzugsproblem. Der Besitzer der Königgrätzer Straße 25 hat mit Wirkung vom 1. September 1872 das ganze Gebäude samt Hinterhöfen an einen Bankier verkauft, der höchstwahrscheinlich abreißen oder sanieren und dreimal so teuer wiedervermieten will. Emilie war daraufhin, wie erwartet, in Panik ausgebrochen: Woher sollte man so schnell eine gute, bequem gelegene und vor allem bezahlbare Wohnung nehmen? Schließlich haben sie hier neun glückliche Jahre verlebt ... (die angstvollen sind bei der Gelegenheit vergessen).

Theodor hatte sie in der bekannten Art getröstet: Bei Lichte besehen sei die Wohnung zwar annehmbar, aber Flure, Korridore und Treppenhaus ziemlich verkommen und der Hof dazu angetan, das ganze Geheimratsviertel mit Thyphus zu versorgen. Nein, man könne froh sein, da endlich wegzuziehen. Und wieder einmal helfen ihm die vielseitigen Beziehungen: Als Kriegsberichterstatter ist er öfter den Rittern des Johanniter-Ordens begegnet; da er stets anerkennend über ihren Einsatz bei der Pflege der Verwundeten schrieb, genießt er bei ihnen gutes Ansehen; manche Reisebriefe, die den Tageszeitungen zu abwegig erschienen, wurden im Wochenblatt der Johanniter-Ordens-Balley Brandenburg gedruckt. Außerdem hatte er in der Erdmannsdorfer Sommerfrische den Hofrat Herrlich, Ersten Sekretär und Rendant des Ordens, näher kennen- und schätzengelernt. Durch ihn bekommen sie nun im sogenannten Johanniterhaus Potsdamer Straße 134 c eine Vier-Zimmer-Wohnung mit Küche und Kammer, nicht, wie Emilie befürchtete, zu 100, sondern zu 70 Taler pro Quartal. Allerdings drei Treppen hoch. Fünfundsiebzig Stufen!

Einzug ins Johanniterhaus

Ob sie die Wohnung vor dem Einzug gar nicht oder nur oberflächlich gesehen haben steht dahin, jedenfalls fallen sie aus allen Wolken, als sie, gewissermaßen den Möbelkarren schon im Rücken, von ihren vier Wänden Besitz ergreifen wollen: Es starrt ihnen der aufgespeicherte Schmutz von Jahren entgegen; und im dunklen Treppenhaus zischt ihnen eine alte Vettel, vermutlich die vormalige Mieterin, hinterher: »Se solln hier keene Freede nich erläbn!« Die allerschlimmste Hinterlassenschaft birgt jener eigentümliche Schlafraum, Alkoven genannt, der die Verbindung zwischen Vorder- und Hinterstuben herstellt. Hier wimmelt es nur so von Ungetier, hier feiert die Bettwanze ungestörte, ewige Brautnacht. In allen Fugen und Ritzen ist es lebendig. An den Wänden hängen Fetzen vielfach übereinander geklebter Tapeten, hinter denen hatten sie seit Aeonen ihre Nester gebaut. Dazu gesellen sich in der Küche, durchaus ebenbürtig, die Schaben in kaum übersehbarer Heerschau.

Emilie fällt von einer Ohnmacht in die andere. Fontane flüchtet ins Theater. Luise heuert ein Bataillon dienstbarer Schrubbergeister an, die mit radikalsten Mitteln der furchtbaren Hinterlassenschaft zu Leibe rücken. Und wieder ist es ein Rütlione, der entscheidende Hilfe leistet: Richard Lucae, hochangesehener Architekt und frischgebackener Direktor der Berliner Bauakademie, erbarmt sich ihrer und läßt – unter anderem – eine Wand niederlegen, damit der schreckliche Alkoven Luft und Licht bekommt.

Im Jahr darauf wird sich Fontane revanchieren – mit einem entzückenden Hochzeitsgedicht; denn Lucae, Sohn eines Berliner Apothekers, heiratet Marie, die zweite Tochter des Apothekers Schacht, dem ehemaligen Prinzipal Fontanes, dessen älteste Tochter Anna seit Jahren schon mit Friedrich Witte in Rostock einen glücklichen Hausstand führt.

So verbinden sich alte und neue Fäden und bilden ein haltbares Geflecht und auch ein soziales Netz, das manchen in schwierigen Lebenssituationen auffangen kann.

Das Jahr 1872 endet, nachdem die Wohnung behaglich und besuchsfähig eingerichtet ist, für Fontanes recht erfreulich: Die Vossin erhöht ihr Fixum von 500 auf 700 Taler, »Das Havelland« erscheint bei Hertz, bei Decker der erste Halbband des Kriegsbuches von 1870. Da hält Emilie die Zeit für gekommen, ihren Herzensmann an die versprochenen Erholungspausen zu erinnern. Er hat auch gleich eine Idee: Hertz will im nächsten Jahr die dritte Auflage der ersten »Wanderungen« herausbringen; er will sie jedoch entscheidend umarbeiten, nur auf die Grafschaft Ruppin beschränken und durch einige »bürgerliche« Kapitel erweitern. Da könnte man doch für ein paar Wochen in irgendeinem Lehrer- oder

Pfarrhaus im Ruppinschen wohnen, während er von dort aus seine Kreise zöge. Emilie stellt sich unter Sommerfrische etwas anderes vor, behält es aber für sich. Es bringt nichts ein, ihm gleich zu widersprechen.

»Die Wintermonate vergehen wie gewöhnlich, unter Arbeit, Gesellschafts-Mayonnaise und Krankheit«, trägt Fontane in sein Tagebuch ein. Zu Ostern wird Theo junior eingesegnet. George kommt zu diesem Anlaß zwei Tage auf Urlaub, barmt über das teure Leben in einer Garnisonstadt und schnorrt 100 Taler. Am Abend hat Emilie ein festliches Diner angerichtet; anschließend plaudert man bei einem guten Tropfen über die nun zurückliegende Kindheit. »Bedenke, was du schon alles von der Welt gesehn hast«, beginnt der Papa: »Hamburg, Brüssel, Dover, die Kreidefelsen von Calais, London, St. Paul's Kathedrale, Camden Town. Erinnerst du dich an den Sonntag in Greenwich?« Er vergißt, daß Theo drei Jahre alt war, als er London verließ. Aber an Greenwich kann er sich erinnern, das war da, wo der arme Finkenvogel mit dem gebrochenen Flügel am Wege lag. Er hatte ihm so leid getan: ein Vogel sein und nie mehr fliegen können ...

»Und erinnerst du dich noch an die Geschichte mit den Maikäfern?« grinst Mete vergnügt. Sie kennt sie zwar nur vom Hörensagen, aber es macht ihr immer wieder Spaß, sie aufzuwärmen: »Theo muß damals etwa sechs Jahre alt gewesen sein, als er mit seinem Freund in die Hasenheide ging, um Maikäfer zu fangen, vergißt darüber die Zeit, man wartet mit dem Abendbrot, Theochen kommt nicht. Er ist doch sonst immer brav und pünktlich, da muß etwas Fürchterliches geschehen sein! Papa klappert mit George die Wohnungen seiner Freunde ab – nichts. Mama läuft in ihrer Angst zu Tante Merckel – auch nicht. Da endlich erscheint Theochen, glückstrahlend, unterm Arm eine Zigarrenkiste mit Maikäfern, prächtige, goldglänzende Exemplare. Aber keiner hat Augen dafür. Im Gegenteil! Papa läßt sein indisches Stöckchen auf Theochens Allerwertestem tanzen, nicht ohne den belehrenden Kommentar: Dies sei in erster Linie nicht für sein unentschuldigtes Zuspätkommen, sondern für die Angst, die Mama unnötigerweise um ihn ausgestanden. – Prost, Theo!«

Und der große Bruder, der ab heute, wie es hieß, in den Kreis der Erwachsenen aufgenommen worden ist, beherrscht sich und streckt seiner maliziösen Schwester nicht die Zunge raus, sondern sagt, scheinbar unbeeindruckt: »Merke dir diese Geschichte gut, damit du sie noch zu meiner Hochzeit zum besten geben kannst! Und noch etwas: Ich freue mich schon auf den Tag, an dem du eingesegnet wirst!« Nun ist es an Mete, zu stutzen. Er kostet diesen Moment aus: »Ja, dann wirst du endlich erwachsen sein und dir hoffentlich deine unglaubliche Schulschnabberigkeit abgewöhnen!«

Das Diner zu Theos Ehren ist Luises letzte großartige Leistung. Sie hat sich entschlossen, endlich für einen eigenen Herd zu sorgen und wird einen Witwer mit mehreren Kindern heiraten. Man will ihrem Glück (wenn es sich denn als Glück erweisen sollte) nicht im Wege stehn, aber alle bedauern ihren Weggang. Die neue Luise (hinter dem Rücken respektlos »die Ente« genannt) wird es nicht leicht haben, sich in diesen unkonventionellen Haushalt einzufinden. Um sie entsprechend anzuleiten, verzichtet Emilie in diesem Sommer auf Neuhof; dafür kommt Johannas Tochter Lischen für ein paar Wochen nach Berlin, zur Freude Metes; die beiden haben unentwegt etwas zu kichern.

En famille in Thüringen

Tante Merckel hat den Fontanes so viel von Friedrichroda vorgeschwärmt, daß Fontane sich entschließt, den Sommer mit der Familie in Thüringen zu verbringen. (Es ist ihm entgangen, daß hinter der Schwärmerei Emilie steckt.) Zufrieden mit der Ausbeute seiner Ruppiner Recherchen, ist er gutgelaunt. Als sie schließlich im Juli mit einer Art Kremser von Fröttstedt aus in Richtung Friedrichroda fahren, weist er auf die Hörselberge im Hintergrund: »Der Sage nach soll Frau Venus den Tannhäuser hier einige Nächte gefangengehalten haben. Nun ja, mich hätte sie vermutlich etwas eher entlassen.« Emilie hütet sich, darauf zu erwidern, nicht nur der Kinder wegen.

In Kabarz bei Tabarz bewohnen sie ein eigenes Häuschen, das einem Webermeister gehört. Im Garten gackern Hühner, meckern Ziegen; in einer von Pfeifenkraut umrankten Laube serviert man ihnen ein köstliches Mahl: Erdbeeren mit Milch, frische Eier mit beinahe rötlichem Dotter, Schwarzbrot und Butter; dazu Wasser aus dem Thilo-Brunnen. Mete und Friedel machen die ersten Kletterversuche; alles deutet auf eine Reihe sorgloser Tage hin. Doch wenig später klagt Emilie, es drücke ihr etwas auf den Magen. Zunächst zeigt sich Fontane unbeeindruckt; er kennt sich und seine Pappenheimer und hat vorsichtshalber eine Abzweigung der Sommerfeldtschen Apotheke mitgenommen. Das Übel steigert sich und mit ihm steigert Fontane die Mittel zu seiner Bekämpfung: Bei einer safranhaltigen Opiumtinktur angekommen, hat er das Böse ausgerottet. Am dritten Tag lacht Emilie wieder; dafür fängt die neue Luise an zu humpeln. Ein angeschnapster Dorfbarbier stellt die abenteuerlichsten Diagnosen, beläßt es schließlich bei Schröpfköpfen, und siehe da, kaum fließt das Blut, fällt die Geschwulst in sich zusammen, das Barometer steigt wieder und mit ihm der Glaube an die sittliche Weltordnung. (Sie lesen gerade Arthur Schopenhauer, da werden solche Begriffe wie »Trieb und Intellekt« oder »Welt als Wille und Vorstellung« zu Haushaltswörtern.) Im kommenden Winter wollen Wangenheims Schopenhauer-Abende veranstalten, da wollen sie mitreden können.

Fontane versucht, die Philosophie des »Thronerben Kants« und Schülers von Fichte und Schleiermacher von Grund auf zu begreifen; Emilie begnügt sich mit der Ausdeutung seiner Aphorismen. Wenn ihr einer besonders treffend für ihre Lebenslage erscheint, hält sie ihn Fontane unter die Nase, und es knüpfen sich (sofern *er* es für notwendig erachtet) lange und oft genug kontroverse Gespräche daran. In manchem sind sie sich a priori einig. Zum Beispiel: »Der Glaube ist wie die Liebe: Er läßt sich nicht erzwingen. Daher ist es ein mißliches Unternehmen, ihn durch Staatsregeln einführen oder befestigen zu wollen.« Bei diesem Satz wird es heikel: »Was uns am unmittelbarsten beglückt, ist die Heiterkeit des Sinnes; denn diese gute Eigenschaft belohnt sich augenblicklich selbst. Wer fröhlich ist, hat allemal Ursache, es zu sein – nämlich eben diese, daß er es ist.« Jeder bezieht es auf den andern, jeder erwartet vom andern diese Heiterkeit des Sinnes; aber mit Bauchweh oder Migräne hat alle Philosophie ihr Recht verloren.

Dann doch lieber etwas Einfacheres: »Erziehen heißt natürliche Anlagen entwickeln. Was nicht im Menschen ist, kommt nicht hinein. Wenn Erziehung und Ermahnung irgend etwas fruchteten, wie könnte dann Senecas Zögling Nero sein?« Die Wahrheit dieses Satzes läßt sich auch an den eigenen Kindern ablesen: George war vom ersten Taschengeld an der Meinung: Geld ist zum Ausgeben da. Theo legte seinen ersten Groschen (und viele andere danach) auf die hohe Kante. Mete, das Küken, wußte von Anfang an alles besser als die Henne. Und Friedel, ja bei Friedel fällt ihnen partout nichts ein. Aber der liebe Gott wird ihn doch auch mit irgend etwas ausgerüstet haben außer mit Bierruhe.

Mete schnappt von diesen Schopenhauereien auch einiges auf. Sie sagt nun nicht mehr: »Theo, du bist dumm!«, sondern: »Theo, suche doch das Mißverhältnis zwischen deinem Willen und deinem Intellekt auszugleichen!«

Da kann man nur schmunzeln – oder verzweifeln.

Zum Verzweifeln ist Kabarz viel zu schön und wird noch angenehmer, als sich Tante Merckel und Mathilde von Rohr in der Nachbarschaft einmieten. Mit ihnen gemeinsam durchstreift man Thüringen bis Gotha und Schmalkalden, Coburg und Eisenach. Sie besuchen die Stätten, an denen Luther, Goethe, Friedrich Rückert und Jean Paul wirkten, und der Bildungshunger hält sich mit dem Konditorappetit durchaus die Waage.

Ein Ausflug nach Schwarzburg endet beinah dramatisch: Emilie und Mete verirren sich im Wald, werden von einem Unwetter überrascht und erst bei einbrechender Dunkelheit verängstigt, erschöpft und frierend aufgefunden. »Vollständiges Romankapitel«, trägt Fontane lakonisch in sein Tagebuch ein. Zu Hause hätten beide nach einer solchen Strapaze völlig abattu für eine Woche auf dem Sofa gelegen; aber die einfühlsame Henriette und die burschikose Mathilde lassen keine Stubenhockerei zu. Gleich anderntags geht's auf nach Arnstadt.

Auf dem Heimweg nach Berlin, auf dem Wege zum Bahnhof, gerät das Handpferd mit dem Fuß in die Speichen der Kutschenräder, stürzt und liegt hilflos mit gebrochener Fessel und verrenktem Bein. Die Kutsche kippelte natürlich beträchtlich; Emilie ist einer Ohnmacht nahe, alle anderen aufgeschreckt. Den Rest des Weges müssen sie per pedes zurücklegen.

Fontane ist derart angetan von dem kulturgeschichtlichen Reichtum Thüringens, daß er erwägt, ein vierbändiges Werk über die »Örtlichkeiten deutscher Sage und Geschichte« zu schreiben; doch heimgekehrt, siegt Brandenburg-Preußen über Thüringen, die Grafschaft Ruppin über Coburg-Gotha.

Für Emilie wird es die einzige thüringische Sommerfrische bleiben, denn »wo man sich *immer* bei Unwetter im Walde verirrt und wo *immer* die Pferde in Speichen geraten« will sie nicht wieder hin. Da ist Schlesien doch gemütlicher, da ist ihr so etwas noch nie passiert! Der Sommer ist dem Ehefrieden gut bekommen; daheim und wieder im Ruppinschen und in den Rohrschen Dörfern zu Recherchen unterwegs, schreibt er an Emilie heitere, plauderhafte Briefe in der Art:

Das tollste, was man sich denken kann,
Ist ein zärtlicher Ehemann …

Die gute Stimmung hält an, obwohl es in den wenigen Tagen, die er sich von Kriegsbuch und Theater abgeknapst hat, fast ununterbrochen regnet. »Meine Situation hier würden einige als eine verzweifelte ansehn; ich behandle diese Dinge aber wie unser Sohn George. Als er zur 1. Compagnie kam, schrieb er: ›er habe nun den Vortheil, der Musik am nächsten zu marschiren‹, eine Version, die er, als er einige Wochen später zur 4. und letzten Compagnie kam, dahin abänderte: ›er habe *nun* den Vortheil die Musik des unmittelbar folgenden Bataillons zu hören‹. Er hat ganz Recht; es kommt immer nur darauf an, daß, wie und wo man auch marschirt, man allerorten die *Musik* des Lebens hört. Die meisten hören nur die Dissonanzen.« Der große schwarze Alpaka-Schirm bleibt das wichtigste Requisit in diesen zweimal sieben Tagen; dennoch betrachtet er sie als eine der gelungensten Landpartien. Daß er gute Ausbeute fand, verdankt er nicht zuletzt seiner Schwester Elise, die gut vorgearbeitet hat.

Der Parkettplatz 23 färbt ab

Es passiert immer wieder, daß Schauspieler, vor allem junge, ihre Karte bei dem Kritiker Fontane abgeben und um ein Gespräch bitten. Emilie sieht in solchen Besuchen eine willkommene Abwechslung, da lernt sie neue, interessante Menschen kennen (denn nur interessante Leute kann es ihrer Meinung nach zu den Brettern ziehen, die die Welt bedeuten), und nebenbei erfährt man allerlei pikante Dinge, die sich hinter den Kulissen abspielen. Von Animositäten hinter der Bühne zu erfahren, sei schließlich auch für einen Kritiker nicht unwichtig, meint sie. Fontane mag solche Besuche nicht, denn meistens geht es so aus: Ein Herr, gut aussehend, mit fein gestochener Visitenkarte, sitzt einem im Plüschfauteuil gegenüber. Er will auftreten (in der Regel Don Carlos) und wünscht, sich vorher zu präsentieren. Keine zwei Minuten, und aus dem anfänglich geschäftlichen Gespräch ist eine freundschaftliche Konversation geworden, in der sich der Künstler als eine durchaus liebenswürdige Natur entpuppt, gebildet, ohne Dünkel, mitunter sogar von einem glücklichen Humor; man trennt sich in vollem Behagen. »Ein allerliebster Herr«, sagt

Emilie, und der Herr Kritiker findet das auch und ist voll aufrichtigen Willens, dem jungen Künstler so viel Nettes wie möglich zu sagen. Nun endlich bricht der Abend seines ersten Auftretens an, und der Zauber ist hin, und alle guten Vorsätze fallen zu Boden. Ein verkleideter Mensch tritt aus den Kulissen, schlenkert hin und her und behauptet, der oder jener zu sein. Aber er ist nicht der und jener, ja, nicht einmal er selbst. Und dann schmerzt es den Kritiker, dem liebenswürdigen jungen Mann, der so hoffnungsvoll auf dem Plüschfauteuil gesessen, etwas Unangenehmes sagen zu müssen. Darum wimmelt er diese Besucher meistens ab, das heißt, er läßt abwimmeln. Er will unbefangen bleiben. Im Gegensatz zu Emilie kümmert es ihn überhaupt nicht oder nur sehr am Rande, wer gerade mit wem oder wer von wem protegiert wird; dieses Nicht-Wissen läßt ihn natürlich manchmal in hoch angebundene Fettnäpfchen treten. Als er einmal eine der gefeiertsten Berliner Künstlerinnen leise getadelt hatte, droht ihm ein Freund und Gönner, ein Mann aus der Obersphäre der Gesellschaft, halb schelmisch, aber auch halb ernsthaft mit dem Finger: »Hören Sie, Sie haben Fräulein M. wieder getadelt!« – »Ja, ich mußte, leider, sie war nicht schön in der Rolle«, erwidert der Kritikus wahrheitsgemäß. »Fräulein M. ist immer schön!« wird ihm entgegengehalten, und der Unterton, mit dem dies gesprochen ist, bereitet Unbehagen.

»Was soll ich machen«, sagt er zu Emilie, »was wahr ist, ist weder gut noch böse, sondern einfach nur wahr. Und ich fühle mich verpflichtet, es auszusprechen.« – »Hauptsache, du kannst immer das Echo vertragen«, erwidert Emilie besorgt.

Manchmal ist sie hingerissen von der Originalität seiner Kritiken und geht selbst hin, um sich zu überzeugen, ob sie es auch so empfindet. Da schreibt er zum Beispiel über Shakespeares »Sommernachtstraum« im Königlichen Schauspielhaus: »Fräulein Buska weide wie ein Reh auf grüner Waldeslichtung, während Elfenkönig Oberon wie ein Sechzehnender durchs Gehege bricht«; sie schaut sich die Inszenierung an und findet sie wirklich trampelig und kein bißchen elfenhaft. Sie hat genügend andere Shakespeare-Aufführungen in London erlebt. Theo behauptet, Emilies Urteil sei zwar spontan und unwissenschaftlich, aber doch meist von naiver Treffsicherheit. Manchmal übernimmt er sogar ihre Vergleiche in seine Kritiken; so nennt er zum Beispiel den alten Hamlet unfreiwillig komisch »mit seinem Helm, auf dem ein halber Truthahn drapiert war«, und Julius Cäsar im Zelt des Brutus sah aus »wie ein aufgeschreckter

Gymnasialdirektor, der mit hastig übergeworfenem Schlafrock ans Fenster tritt«. In anderen Fällen gehen ihre Meinungen auseinander. Sie schwelgt beispielsweise in Brachvogels Drama »Narziß«, während er meint: Wenn sich dieses Stück dreißig Jahre lang auf dem Spielplan halten könnte, so spräche das nicht für Brachvogel, sondern gegen das Berliner Publikum. Für ihn sei das ein trefflicher Gegenbeweis zu Professor Vogts Theorie, daß der moderne Mensch durch seine Ernährung vermehrt Phosphor ins Gehirn aufnähme und dadurch klüger würde.

»Sein oder Nichtsein, das ist hier die Frage ...«

Sie spotten beide für ihr Leben gern, Theo noch viel unbekümmerter als Emilie; und sie finden noch komisch, was andere schon »dramatisch« oder »schocking« nennen. Nur manchmal werden sie ganz still: Wenn vertraute Menschen, jünger und gesünder als sie beide, plötzlich nicht mehr da sind. So erging es ihnen, als sie 1870 die Nachricht erhielten, daß die Söhne von Hermann Scherz und Clara Below, Emiliens Halbschwester, gefallen waren. Noch jäher trifft es sie, als sie erfahren, daß Clara Kugler, die gütige, sanfte Trösterin und Helferin in ihren ersten schweren Ehejahren, sich das Leben genommen hat. Sie war nach dem Tode ihres Mannes Franz Kugler, den die jungen »Rütlionen« wegen seines liebenswert altfränkischen Goetheflairs als eine Art Über-Vater betrachtet hatten, zu ihrer Tochter gezogen, die in München mit Paul Heyse, dem schönen, strahlenden, erfolgreichen Dichter, verheiratet war. Als auch die Tochter langsam und qualvoll starb und Heyse sich bald darauf ein blutjunges Mädchen zur Frau nahm, fühlte sie eine furchtbare Leere in sich, auch um sich; sie sah keinen Sinn mehr im Weiterleben. Wenige Wochen später folgte ihr der unheilbar erkrankte Sohn Hans in die Ewigkeit.

Bei solchen Nachrichten gewinnen die berühmten Worte Hamlets plötzlich ganz persönliche, bestürzende Bedeutung:

> Sein oder Nichtsein, das ist hier die Frage:
> Ob's edler im Gemüt, die Pfeil' und Schleudern
> des wütenden Geschicks erdulden, oder
> sich waffnend gegen eine See von Plagen,
> im Widerstand zu enden ...

In langen Gesprächen erörtern Theo und Emilie, ob es dem Menschen erlaubt ist, über sein Leben oder Sterben selbst zu entscheiden. Die Kirche nennt den Selbstmord eine der schwersten Sünden, vielleicht die schwerste, weil sie nicht gesühnt werden kann. Schließlich kommen beide zu dem Schluß: Solange ein Mensch, schiffbrüchig in einer See von Plagen, noch Aussicht auf einen Balken hat, an den er sich klammern kann, hat er nicht das Recht, sich aufzugeben; ist er aber unheilbar krank und sich gewiß, daß nirgends mehr ein Ufer winkt, so muß es in seiner Entscheidung liegen, ob er die Qualen enden will oder nicht.

»Aber vielleicht gibt es doch ein Ufer, und er sieht es nur nicht?« wirft Emilie ein. »Es geschehen doch immer wieder Wunder. Jonas wurde auch aus dem Bauch des Walfischs gerettet.«

»Das ist eine fromme Legende, die nichts weiter besagen will als: aufgeben is nich!« Für Theo gibt es nur eine Rechtfertigung für Suizid: unheilbare Krankheit mit keiner anderen Aussicht als unter Schmerzen und Stöhnen sich und anderen zur Last zu fallen. »Und darum«, versucht er dem Gespräch eine positive Wendung zu geben, »darum haben wir die Pflicht, uns gesund und widerstandskräftig zu erhalten. Wobei wir in Liegnitz wären: Du wirst doch in diesem Sommer wieder hinfahren?«

»Ja, gern, wenn du mich in Berlin entbehren kannst.«

»Entbehren kann ich dich nie und immer. Ich habe bis Jahresende stramm mit dem dritten Halbband des siebziger Kriegsbuches zu tun; im Herbst soll der umgearbeitete Band »Ruppin« herauskommen und überdies will Hertz – wie gütig! – eine zweite Auflage meiner Gedichte auflegen, die ich alle noch mal durchsehen muß. Aber ich kann dir ja die fertigen Kapitel ebensogut nach Neuhof schicken zum Abschreiben.«

»Das kannst du. Dort habe ich auch genügend Zeit und Muße, denn ich möchte diesmal nur Mete mitnehmen. Friedel wird dich hier nicht allzusehr inkommodieren.«

»Nein, den merkt man fast gar nicht. Solche pflegeleichten Mitbewohner hat man gern.«

Sie schweigen eine Weile. Die Kerze flackert. Das Glas ist ausgetrunken. Emilie nimmt mit Rührung die ersten grauen Strähnen in seiner dichten Mähne wahr, und die Geheimratsecken nehmen auch immer mehr Raum ein. »Du solltest dich wirklich mehr schonen«, hebt sie an. »Ja«, sagt er und faßt mit großer Geste den Entschluß, die »Gesellschafts-Mayonnaise« drastisch zu reduzieren. Sie werden nur noch jeden Mittwoch zu Lazarus in die Vorlesungen über Völkerpsychologie gehen und alle vierzehn Tage zu den Schopenhauer-Abenden bei Wangenheims; und im März ist das große Schinkel-Fest und alle Woche einmal der »Rütli«. Keiner von denen, die einmal unter diesem Banner angetreten sind, möchte ihn aufgeben, obwohl man manchmal »viele sieht, die nicht da sind«. Neulich erst hatte er mit Menzel alleine gesessen und drei Tage lang den auf Vorrat gekochten Kaffee trinken müssen.

Und wie sieht es mit der drastisch beschnittenen Gesellschaftsgeherei aus? Sie gehen nur zu Pietsch, der einen Abend lang von St. Petersburg erzählt, wohin er im Gefolge des preußischen Kronprinzen gereist war; und nur zu Lucae, der Professor geworden ist; und nur zu Lepel, der so vernarrt ist in seine neue »Königin der Nacht«, daß er ihr sogar zwischen Entenbraten und Dessert Kußhändchen zuwirft; und nur zu Hertz, mit dem man befreundet sein könnte, wenn er nicht gerade der Verleger wär; und nur zum Geburtstag zu Zöllners; und zur Familienfeier zu Sommerfeldts (wobei neben Kalbsnierenbraten und Moselwein die Beobachtung Jennys und ihrer Entwicklung zum Prototyp einer Bourgeoise für Theo zum Hauptvergnügen zählt).

Im August fährt Emilie mit Mete – wie geplant – nach Neuhof, und Theo schreibt ihr fast täglich. (Übrigens von Friedel kein Wort.) Einmal tritt eine Pause von drei Tagen ein. Die verwöhnte Emilie läßt etwas von »Lieblosigkeit« oder »Unaufmerksamkeit« durchblicken; bemerkenswerterweise reagiert er nicht wie üblich, sondern schildert einfach die Hetzjagd, in der er lebt: »... Mitunter thu ich mir selber leid; gestern Abend hatt' ich die Empfindung: von einem Menschen, der mitunter an einem Tage 1 Kritik und 7 Briefe schreiben, 3 Correkturbogen durchsehn, Fahnen lesen, Karten zeichnen, Holzstöcke revidiren, Schauspielerinnen empfangen, Zeitungen überfliegen, Bücher lesen und schließlich doch vor allem auch welche *schreiben* soll (und zwar, dem Umfang nach, *was* für welche) von solchem Menschen kann man nicht gut verlangen, daß er auch noch voll Zartheiten und Aufmerksamkeiten ist. Er *muß* zerstreut ... sein, weil beständig 15 verschiedene Dinge an seiner Seele zerren und ihn nervös machen. Nun giebt es ja einzelne Gottbegnadete, die es dann schließlich *doch* leisten und nicht blos große Feldherrn und Staatsmänner sondern auch große Gatten und Väter sind, aber sie sind rar, müssen *sehr* gute Nerven und wie Muhamed die Kraft von 30 Männern haben ... Verzeih diesen Essay. Aber ich schreib ihn in bester Absicht und mit der herzlichen Bitte: nimm nicht immer gleich alles als Lieblosig- oder Rücksichtslosigkeit, ich weiß wirklich oft kaum wie mir der Kopf steht ...«

Wenn er diesen Ton anschlägt, schmilzt Emilie wie Butter in der Augustsonne. Und ihr Herzensmann teilt ihr ferner mit, er sei fest entschlossen, von dem Geld, das die dritte Auflage der »Wanderungen« und die Gedichte einbringen, mit ihr nach Italien zu fahren. Andere machen ihre Hochzeitsreise nach Venedig oder Florenz, da werden sie sich doch nach 24 Jahren Ehe und Plackerei ehrlichen Anspruch auf Italien erworben haben.

Natürlich ist Emilie selig. Natürlich denkt sie als erstes: Aber können wir uns das leisten? Theo wartet schon auf diesen Einwand und rechnet ihr vor, daß das alles gar nicht so teuer sein muß: »... das *Wichtigste* hat man, beinah ausnahmslos, immer ganz billig ... Ueber die Piazza del Populo oder den Corso fahren, den Vatican und die Peterskirche sehn, durch das Collosseum schreiten und auf dem Forum romanum unter Trümmern Umschau halten, kostet zunächst gar nichts. Der Tiber fließt kostenlos an mir vorbei und die sieben Hügel präsentiren sich mir, ohne Entrée zu verlangen. Man muß ja nicht unbedingt, wie Jenny Sommerfeldt, von Interlaken aus eine Parthie machen, die mit Pferd und drei (!) Trägern für Jenny 30 Rthl gekostet hätte ...« Emilie liest diesen Brief in Neuhof vor, und Johanna sagt lachend, in reinstem Schlesisch: »Italien – ver umsunste! Theodor hat eine wundervolle Art, Rechnungen aufzumachen!« – »Ja«, ergänzt Emilie, »ganz wie sein seliger Papa!«

Hochzeitsreise mit 24 Jahren Verspätung

Aber Rechnung hin, Rechnung her, sie fahren nach Italien.

Das Inn-Tal hinauf, das Etsch-Tal hinunter regnet es in Strömen. Jeder denkt für sich: Das hätten wir auch zu Hause haben können! Doch in Verona weht es ihnen wie Maienluft entgegen. Und erst in Venedig! Sie sind wie verzaubert, wollten eigentlich nur zwei Tage bleiben, daraus werden fünf, denn sie treffen beim abendlichen Konzert auf dem Markusplatz zwischen den berühmten Cafés von Florian und Quadri – Berliner Bekannte, darunter den italophilen Baumeister Schwechten, der Fontane ein paar gute, handfeste Ratschläge für den Rest der Reise gibt.

Gemeinsam fahren sie zum Lido hinüber, zu den mächtigen Arsenalen der Serenissima, zur zypressenbesäumten Toteninsel von San Michele. Am Markusplatz und der angrenzenden Piazetta können sie sich nicht satt sehen.

»Hier ist nicht nur alles interessant, malerisch, poetisch, hier ist auch alles *in jedem Sinne schön* und es bedarf keiner romantischen Prise Schnupftabacks, um uns die Augen übergehn zu machen. Es verlohnt sich 1000 Meilen zu reisen, um dies eine Stunde zu sehn …«, schreibt er an Zöllners.

»Meinetwegen kannst du deinen Baedecker in den Canale Grande werfen«, meint Emilie überwältigt nach dem Besuch der Basilika San Marco, »für mich ist hier alle Büchergelehrsamkeit zu Ende. Ich will gar nicht wissen, was daran byzantinisch, romanisch oder gotisch ist, ich will nur stehn und den Gedanken auf mich wirken lassen: um mich her und über mir weben tausend Jahre Menschheitsgeschichte …« Und wie so manches Mal auf dieser Reise gibt Theo seiner Mila recht: »So kolossale Sachen, die in einem Jahrtausend geworden, gewachsen und gemodelt sind, liegen über jede Kritik hinaus. Man hat sich lediglich vor ihnen zu verneigen.« Der Dogenpalast mit seiner Überfülle an berühmten, Glanz, Ruhm und Gerechtigkeit der alten Serenissima verherrlichenden Bildern bietet mehr, als man erfassen kann. Das monströse Wandgemälde im Saal des Großen Rates kommt ihnen am Schluß nur noch »wie ein Salat aus Engelbeinen« vor; es ist ein Schwelgen in Tintorettos und Veroneses, dazwischen Tizian und ein paar Niederländer.

Bei sinkender Sonne besteigen sie eine der lackschwarzen Gondeln und lassen in elegantem Defilee die weißen Marmorpaläste am Canale Grande vorübergleiten, die roten, die zimtfarbenen, die blaugoldenen Palazzi mit ihren zierlichen Spitzbögen und den filigranen Galerien. Da ist der schmalbrüstige Palazzo Contarini, in dessen Mauern das Drama um Desdemona geschah; dort die düstere Ca'Mocenigo Vecchia, in der der Geist Giordano Brunos spuken soll; da der Palazzo Benzon, wo Lord Byron ein- und ausging … Sie erleben die ganze Skala der Gefühle, von der Erhabenheit der zum Himmel auffahrenden »Maria Assunta« Tizians bis zu den deftigen Sinnenfreuden des Rialto-Marktes, wo allmorgendlich die Früchte des Meeres und der Erde wie aus einem riesigen Füllhorn ausgeschüttet werden.

Geheimnisvoll, phantastisch und gruselig zugleich sind die nächtlichen Spaziergänge durch das Gewirr der Gäßchen, erhellt nur ab und zu von einem schwankenden Laternenlicht; allgegenwärtig das Glucksen des Wassers an altersschwarzen Mauern; wehmutsvoll das Lied des unsichtbaren Gondoliere. Etwas huscht vom Dunkel ins Dunkel: Ist es eine der zahlreichen Katzen? Oder eine der zahllosen Ratten? Plötzlich steht, wie aus der Mauer erwachsen, ein breitschultriger, tätowierter Matrose vor Emilie; das Herz setzt aus vor Schreck. Horrible Vorstellung, wie es erst zur Karnevalszeit hier sein muß, wenn alles Spukhafte durch die Vogelmasken noch gespenstischer wird! Bei dem Gedanken greift sie nach der Hand Theos, um sie nicht wieder loszulassen, auch wenn sie immer einen halben Schritt hinter ihm her laufen muß, weil die Gäßchen für zwei nebeneinander oft zu schmal sind. »Am schönsten ist Venedig im Mondlicht«, befinden beide, »wenn ein gnädiger Schleier die Bilder der Verwahrlosung und des unaufhaltsamen Verfalls verhüllt.« In den letzten Stunden lassen sie sich noch einmal, gondeltrunken, durch das Gewirr der Seitenkanäle staken. Im zweiten Stock eines halb verfallenen Hauses lehnt eine junge Frau im Fenster, schaut träumerisch-faul mit schmachtenden Augen zu ihnen hinunter. Sie ist schön, das halbgekräuselte Haar umrahmt sie wie eine Mähne, mit den Spitzen nach vorn hin über die halb entblößte Brust fallend. »Wie von Murillo gemalt«, durchzuckt es beide. Doch ein verirrter Sonnenstrahl enthüllt: Sie ist nicht gewaschen und gekämmt und scheint von der idealen Liebe ebensoweit entfernt wie von feiner Seife. »Ein Wesen, nur mit den Augen zu genießen; mit ihr zu leben – ein Gedanke, nicht ausgedacht zu werden!« Diese schöne, schwarzlockige Schwester Struwwelpeters erscheint ihnen wie ein Sinnbild Venezias: nur zum Anschaun, nicht, um mit ihr zu leben.

Auf dem Wege nach Florenz rechnet Theo Emilie vor, daß diese fünf wundervollen Tage eigentlich geschenkt waren; sie haben nur 40 Taler ausgegeben, wovon 20 Taler auf das Hôtel Bauer, zehn Taler auf das vorzügliche, dem Hôtel attachierten Restaurant entfallen, die restlichen zehn für Eis, Kaffee, Gondelfahrten, Trinkgelder und Bettler-Dreier.

Damit es dem Venedig-Schwärmer nicht zu wohl ergehen sollte, waren am vorletzten Tag noch die letzten Korrekturbogen von Decker eingetroffen, und in Florenz erwartete ihn ein Schreiben von Hertz: Fontanes Begleitbriefe für die Dedikations-Exemplare seiner Gedichte sind überfällig!

Das Florentiner Quartier ist nicht dazu angetan, um geistreich-pointierte Briefe zu schreiben; die Betten sind gut, die Wirtsleute freundlich, dafür werden sie aber allnächtlich von Flöhen geplagt. Tagsüber vergessen sie alles Ungemach, der Zauber der Stadt nimmt sie gefangen: So großartig, dabei wohlproportioniert und harmonisch, wird sie von Fontane spontan zur kulturellen Hauptstadt Europas erklärt. Diesen Charme, diese Vollendung kann Berlin nie erreichen, und wenn es zehnmal zur Reichshauptstadt avancierte! Sie besuchen die Uffizien, Santa Croce und den Palazzo Pitti, immer mit Baedecker und Notizbuch, aber die ganz große Begeisterungsfähigkeit scheint doch etwas abgeflaut.

Mitte Oktober erreichen sie Rom, mieten sich für drei Wochen ein, bezahlen auch für drei Wochen, halten es jedoch »wegen unerträglicher hygienischer Zustände« nur 48 Stunden aus; bekommen aber das Geld nicht zurück. Der Ärger schlägt Fontane voll auf den Magen. Emilie nimmt es merkwürdigerweise leichter. Und wenn ihren Mann das Trümmer-Rom hundertmal mehr interessiert als das, was da steht und prunkt, so marschiert sie tapfer mit durch die Thermen des Diokletian, durchs Colosseum, über die via appia antiqua. Natürlich auch Petersdom und Engelsburg, Villa Farnese und Palazzo Borghese und San Clemente; vier Tage allein für die Schätze des Vatikan. Nach drei Wochen sagen sie sich: Mehr kann man nicht bezwingen; das Landschaftliche, das Genrehafte, die Lage der Straßen und Plätze, die Brunnen, Paläste und Kirchen haben sie in sich aufgenommen, mehr kann auch der Beharrlichste nicht leisten, der Stoff ist unendlich. »Es mag pappstofflich klingen«, resümiert Theo am zwanzigsten Tag, »aber für unsere Verhältnisse haben wir genug gesehn; mehr verkraften wir nicht.« Und die müdgelaufene Mila pflichtet ihm aus vollem Herzen bei.

In Süditalien erweist es sich als segensreich, daß sie vieles daheim gemeinsam gelesen haben: Kopischs »Entdeckung der Blauen Grotte«; Platens »Fischer von Capri« und Heyses Sorrenter Sonette. So hören sie überall an dieser schönen Erdenstelle »das Rauschen des deutschen Dichterwaldes«. Der Golf von Neapel wirkt auf Fontane so überwältigend, daß er »seine Choleratropfen freudig ergeben weiternimmt und die Table d'hôte, obwohl er sie nur als Zuschauer mitmacht, in verklärtem Schmerz bezahlt«. Noch bevor er den Vesuv erblickt, fühlt er ihn schon in seinem Innern. Das unheimliche Grollen und Rollen kann er nur mit Hilfe höllischer Tinkturen austreiben. Trotzdem wagt er am dritten Tag einen Ausflug nach Paestum; unterwegs begegnet man Räubern und Schlangen, Emilie erweist sich als heroisch, was von dem angeknackten Theo dankbar anerkannt wird. So erreichen sie spätabends wieder per Eisenbahn Neapel. Anderntags geht es, koste es, was es wolle, von rechts und von links gestützt hoch zum Vesuv. Es wäre unverzeihlich, ihn nicht bestiegen zu haben.

Danach wenden sie sich auf schnellstem Wege heimwärts, denn Emilie ist nun doch erschöpft, Theo immer noch leidend. Es fehlt nicht nur das in Rom schändlich eingebüßte Geld. Auf dem Toledo hat ein geschickter Langfinger auch Fontanes Portefeuille aus der Brusttasche gezogen. Dennoch meint er: »Die Reise hat sich gelohnt! Sieben Wochen auf Reisen ganz ohne Störungen und Fatalitäten sind eben nicht zu haben. Vor dreißig Jahren«, resümiert er im Eisenbahncoupé, »hätten mich nicht zehn Pferde von Neapel weggekriegt, und ich würde ein gut Stück meines Lebens darangesetzt haben, mich dem Studium Pompejis und seiner ausgegrabenen wunderbaren Schätze zu widmen. Jetzt empfinde ich gegenüber all dieser Herrlichkeit deutlich, daß meine bescheidene Lebensaufgabe nicht am Golf von Neapel, sondern an Spree und Havel, nicht am Vesuv, sondern an den Müggelsbergen liegt.«

»Und diese Erkenntnis schmerzt dich nicht?«

»Nein. Es ist nur eine Bestätigung dessen, was ich immer gefühlt habe: Ich bin ein Nordlandsmensch, die Magnetnadel meiner Natur zeigt nach Norden, und Italien kann, für *mich*, nicht dagegen an.«

»Aber es ist doch schön, daß wir es gesehen haben.«

»Ja. Und nun tun wir diese Bilder hübsch sorgfältig in den Kasten unserer ›Anschauungen‹ und kehren an die Stelle zurück, wo wir eigentlich hingehören.«

»So schön und herrlich Italien sein mag, es ist doch mehr für junge Menschen«, meint Emilie und massiert seufzend ihre wandermüden Füße.

Daheim freut sich alles, endlich mal wieder vollzählig beisammen zu sein: George ist auf Urlaub, Mete von Schlesien zurück, Theo hat solange auf Wohnung und Friedel aufgepaßt. Man genießt den trauten Familienkreis in der Gewißheit: noch ehe er zu anstrengend wird, stiebt man wieder auseinander – George zu seinem Regiment, Theo ins Seminar, die beiden Italien-Reisenden in Gesellschaften. Denn ob Wangenheims, Heyden, Lucae, alle waren schon dort und sind nun gespannt, was die beiden, Meister der Erzählkunst, zu berichten haben.

Es regnet Einladungen in der Art:

Willkommen, Ihr alten Römer, willkomm!
Seid gegrüßt Ihr lieben Antiken! ...

Zeigt, was in Italien N° 1
Oder 2, 3, 4 und so weiter,
Damit man alles übersieht
An der Werte Stufenleiter.

Doch manchen artigen Reisebericht
Laßt auch mit unter fließen,
Wie die Reisenden zwar gefunden viel,
Doch auch was sie sich stehlen ließen.

Zeigt uns das Land, als ob's um uns blüh'
Und das Meer um uns heule und hadre,
Drum rufen wir träumend – und wachend erst recht:
Hoch Noelli, so padre als madre!

Zu Weihnachten stellt Schwester Elise ihren Bräutigam vor, einen Kaufmann namens Weber. Fontane ist nicht erbaut von dieser Wahl: »Ausgerechnet ein Koofmich, und garantiert einer, der aus dem Schneider kommen will und auf Elises Mitgift spekuliert. Na, der wird sich umgucken!« meint er zu Emilie. Er kann nicht begreifen, daß seine schöne, geistreiche Schwester nichts Besseres finden sollte. Emilie ist nachsichtiger. Haben ihre Verwandten damals nicht dasselbe von ihrem Dichter-Mann gesagt? Vielleicht ist Torschlußpanik mit im Spiel, Elise ist immerhin sechsunddreißig, aber kann es nicht wirkliche Zuneigung sein? Wer will das als Außenstehender schon entscheiden, wissen es oft doch nicht einmal die Beteiligten selbst. Sie wünscht ihrer Schwägerin von Herzen alles Gute, denn sie hat sich mehr als einmal als Retter in der Not erwiesen, damals, als Theo in London war, oder später, wenn sie die Kinder übernahm, damit Emilie sich auskurieren konnte ... Sie ist lieb und aufmerksam zu den beiden, während Theo im Nebenzimmer »Ein letzter Tag in Italien« schreibt, ein Feuilleton für die Vossin. Es kostet ihn mehr Zeit, als die Sache einbringt, hat aber zwei Dinge für sich: Erstens muß er sich nicht durch die Weihnachtskonversation haspeln und zweitens bestärkt es ihn in seinem Entschluß, nichts über Italien zu schreiben.

Das neue Jahr beginnt wie üblich – mit Husten, Schnupfen, Magenverstimmung.

Aber man kann sich nicht hängen lassen, denn Elises Hochzeit will vorbereitet sein. Wie immer in ernsten Situationen – und dies ist eine! – besinnen sich die Fontane-Geschwister aufeinander. Theo und Emilie gestalten eine kleine Vorfeier, Pfarrer Schultz von Bethanien übernimmt die Trauung, Schwester Jenny richtet das Festmahl aus. Weil man es nun mal von ihm erwartet, reimt Theo auch einen »Toast auf Elise und Hermann Weber«, worin er das Thema »Schiffe« variiert, von der Korvette bis zur Brigantine, und schließt:

> … Von allen Schiffen in der Welt,
> Mir das Weberschiff am besten gefällt.
> Ohne Lärmen und ohne Prahlen,
> Ohne in Flaggen und Wimpeln zu strahlen,
> Schafft dies Schiff mit stiller Hand
> Dem Leben sein schützendes Gewand:
> Und ist das Weberschiff auch nur klein,
> Schwester, steige mutig ein.
> Gott wolle gute Fahrt euch geben,
> Hurra, das Weberschiff soll leben!

(Ehrlich gesagt, ein bißchen Korvette oder wenigstens Wimpel und Flaggen hätte er Elise schon gegönnt, aber er verkneift sich jegliche Anspielung.)

Nun folgt allergrauester Alltag, in dem als einzige Abwechslung zu den Mühen des vierten und letzten Bandes des 70er Kriegsbuches – der Parkettplatz 23 winkt. Um die Theatersaison so recht auszukosten, hat Emilie zu ihrer und Metes Freude Clara, die Tochter Johannas, eingeladen. Mitte Februar erkrankt das junge Mädchen an einem gastrisch-nervösen Fieber, schwebt acht Tage zwischen Leben und Tod; die Mama kommt zur Pflege, eine Zeitlang auch der (Arzt-)Großpapa. Dann ist die Krisis glücklich überstanden. Die drei Wochen Rekonvaleszenz genießen Emilie und Johanna, aber auch Clara und Mete, wie ein fortwährendes Plauderstündchen. Obwohl drangvoll-fürchterliche Enge in der Wohnung herrscht, empfindet es der Hausherr nicht als nervend. Das Zimmer mit seinem Schreibtisch ist tabu; da sitzt er in seine Arbeit versunken, und nur manchmal tönt ein vergnügliches Lachen an sein Ohr, das ihn eher erfrischt als stört.

»Ach, Milachen, warum kann es bei uns nicht immer so heiter zugehn?« – »Weil wir wahrscheinlich beide von Natur aus nicht heiter sind.«

»Ich schon! Ich möchte, wenn ich könnte, jeden Tag Purzelbaum schlagen; aber die äußeren Lebensumstände ...«

»Hör damit auf! In den schweren Anfangsjahren mochte das zutreffen, aber nun haben wir doch eigentlich nichts auszustehn. Wir sollten einsehen, daß es an uns, in uns selber liegt, in unserm Wesen; und das kann man nicht ändern. Du ermahnst mich immer, heiter zu sein, bist es aber im Grunde genommen selber nicht, höchstens, wenn wir in Gesellschaft sind.«

»Es kommt auf die Gesellschaft an«, meint Theo doppeldeutig.

Zu Ostern verkündet Theo junior zur allgemeinen freudigen Überraschung, er sei zum primus omnium des Collèges avanciert. Emilie ist selig. »Ich hab's ja immer gesagt, er ist völlig aus der Art geschlagen«, brummt der Papa, kann aber seinen Stolz nicht unterdrücken. Vor Pfingsten beschließt Fontane, kriegsbuchmüde, ein paar Tage mit Emilie ins Grüne zu fahren, um auszuspannen. Kein besserer Platz fällt ihm ein als Plaue bei Brandenburg. Der Margarethenhof gehört Carl Ferdinand Wiesike, einer merkwürdigen Mischung von Pfadfinder und Sokrates, von Diogenes und Lukull. Ein Charakter, so recht dazu angetan, Geist und Seele zu laben. Alles, was er anfaßt, gelingt, er war Kaufmann, Landwirt, Ziegeleibesitzer, eine Gründernatur. Nun ist er nur noch Wunderdoktor, der sich der Homöopathie und – Schopenhauer verschrieben hat. Nach den Schopenhauer-Abenden bei Wangenheims war man auf ihn neugierig geworden und »in großer Kumpanei« zu ihm hinausgefahren. Jeder hatte dankbar die harmonische Übereinstimmung von Natur und Kultur bei ihm empfunden. So wird sein weinumranktes Fachwerkhaus an der Havel, gegenüber der alten Quitzow-Burg, zu einem Vier-Tage-Refugium auch für Emilie.

Ausgelüftet und erfrischt reicht die angesammelte Energie für ein paar Wochen.

Im September will er diesen Bandwurm von Kriegsbuch endgültig hinter sich haben, doch das Theater fordert immer wieder seinen Tribut mit Gastspielen der Wiener und Meininger. Zwar spielt, wegen der brütenden Hitze, selbst der berühmte und in Wien gefeierte Hofschauspieler Josef Lewinsky vor halbleerem Haus, aber Fontane muß hin. Die einzigen, die sich über großzügig vergebene Freikarten freuen, sind Emilie und Theo junior. Sie nutzen es weidlich aus. Emilie findet Lewinsky als Clavigo und mehr noch als Don Carlos hinreißend; Fontane schreibt, sein Spiel sei »sehr fein, aber zu sehr im Styl eines Nachmittagspredigers, nicht eines Spaniers«. Beim Abschreiben der Rezension fragt Emilie, woher er denn so genau wisse, wie ein echter Spanier agiere, er kenne doch gar keinen. Seine Antwort weiß sie im voraus; sie lautet wie immer: »Mila, davon verstehst du nichts.«

Mitte Juli ist er von der anhaltenden Hitze und der Kloakenluft des nahen Landwehrkanals derart abattu, daß er pausieren muß. Er fühlt sich wie ausgepreßt und ausgewrungen. Von einem Tag auf den andern entschließt er sich, noch einmal nach Italien zu fahren, diesmal nach Norditalien und in die Toscana. Emilie ist hin- und hergerissen von widersprüchlichen Gefühlen: Einesteils würde sie natürlich liebend gern mitfahren, gerade hatte sie die Schneiderin für drei Tage im Haus, um die ältere Garderobe ein wenig anzuputzen und noch für eine Saison tragbar zu machen; andererseits sagt sie sich: Zwei Jahre hintereinander können wir uns Italien nicht leisten. Im Oktober steht die Silberne Hochzeit ins Haus, die sie en famille und mit den Freunden feiern will, das kostet auch ...

Theo enthebt sie einer Gewissensentscheidung: Er hat Emilie gar nicht einkalkuliert; verspricht ihr aber, von jeder Station anschaulichen Bericht zu geben. Was soll sie machen? Sie schluckt ihre Enttäuschung runter und sagt sich: Es ist die vernünftigste Lösung und freut sich auf seine Briefe.

Ohne Emilie ist selbst Milano nichts

Wenn man diesen Glauben schenken darf – und sie sieht keinen Grund, daran zu zweifeln –, so besteht diese Allein-Reise, abgesehen von großartigen Naturerlebnissen wie Rheinfall von Schaffhausen, Garda- und Comer See und zwei höchst erquicklichen Tagen mit Wangenheims in Ragaz, überwiegend aus kleineren und größeren Unliebsamkeiten: In Basel stinkt eine Droschkenlaterne so penetrant nach frischer Zinnober-Oelfarbe, daß er Kopfschmerzen bekommt; im Hôtel schlägt ihm der Fettwrasen von drei Jahrhunderten entgegen; der Tee schmeckt nur nach Teekannen-Patina; es regnet seit Tagen, und er hat wegen verdorbenen Magens seit 27 Stunden nichts gegessen und getrunken, Konstanz, Chur, Bellinzona ... Er findet die nationalen Albergos viel billiger und freundlicher als die großen Hotels, nur halten Nase und Magen den allgegenwärtigen Geruch von Knoblauch und Parmesankäse nicht aus. Mailand versetzt ihn in einen Schönheitsrausch. Angesichts der Galleria Vittore Emanuele, einer 200 Meter langen Passage mit Rundbögen und gläsern gekuppeltem Dach, zieht er den Vergleich zur Berliner Friedrichstraßen-Passage und kommt zu dem Schluß: »Oh, Berlin, wie weit ab bist du von einer wirklichen Hauptstadt des Deutschen Reiches! Du bist durch politische Verhältnisse über Nacht dazu geworden, aber nicht durch dich selbst. Wirst es nach dieser Seite hin auch noch lange nicht werden.«

Eigentlich sollte er jetzt heimfahren. Mailand und das »Abendmahl« Leonardo da Vincis sind nicht mehr zu übertreffen an Genie, Schönheit und Lieblichkeit; aber er fährt weiter auf seiner Baedecker-Bildungstour. Mantua, Modena, Parma – irgendwie ähneln sich ihm alle norditalienischen Städte: »Eine Hauptstraße, ein paar Plätze, ein Dom, ein paar Kirchen und Paläste, eine Bildergalerie, ein leidliches Gasthaus, ein gutes Café, wenig Leben, wenig Reichtum, aber freundlich zivilisierte, durch Weniges zufrieden gestellte Menschen.« Ehrlich gesagt, es macht ihm keinen Spaß mehr, weil ihm die Möglichkeit fehlt, Gedanken und Empfindungen auszutauschen, sich an unterschiedlichen Ansichten und Urteilen zu reiben. Kurz: Ihm fehlt Emilie. In Genua bittet er sie, ihm entgegenzukommen. »Betracht' es als vorweggenommene silberne Hochzeitsreise.« Sie treffen sich in München, besuchen Museen und Galerien, sind bei Paul Heyse und seiner jungen Frau zu Gast, hören Mozarts »Don Giovanni«. In Berchtesgaden mieten sie eine kleine Wohnung, wollen eine Woche lang nur Ruhe und Frieden. Aber es regnet und es ist kalt, und Emilie wird das beklemmende Gefühl nicht los, die Berge ringsum würden über ihr zusammenbrechen. Also fahren sie weiter nach Wien, das sie mit k. u. k-Flair empfängt. Es bleibt ihnen nur ein langes Wochenende, das sie weidlich nutzen: Freitag abend im Hôtel Müller Am Graben Ecke Kohlmarkt abgestiegen; Samstag ein Spaziergang durch die Stadt, Hofburg, Spanische Reitschule, Ringstraße, Leopoldstadt. Das »Küß-die-Hand-Gnädige-Frau« empfindet Emilie als durchaus angenehm. Am Abend kann der Kritiker der »Vossischen Zeitung« Burgtheaterstil pur studieren. Am Sonntag eine bunte Gefühlsmischung: vom Hochamt in der Hofkapelle zum Stephansdom, zum Belvedere und in den Prater. Abends wieder Theater, dazwischen Eis schnabuliert, Melange oder Tee getrunken, Atmosphäre genossen. Am Montag noch einmal ausgedehntes Frühstück im Hôtel, danach kleine Besorgungen. Emilie erinnert daran, daß Theo junior in ihrer Abwesenheit das Abitur mit Auszeichnungen bestanden hat, man müßte ihm doch als Zeichen elterlicher Anerkennung ... Und sie erstehen – ein Paar rot-weiße Hosenträger! Das dürfte selbst den anspruchslosen jungen Seminaristen etwas enttäuscht haben. Immerhin wertet der Papa das mehr als bescheidene Mitbringsel mit einem dem gewichtigen Anlaß geschuldeten Brief auf: »Ich *glaube* nicht nur, daß Du der erste ›primus omnium‹ in der Familie bist, ich bin dessen gewiß. Nach meiner nun durch 4 Generationen gehenden Kenntnis zählt es zu den fragwürdigen Vorzügen unsres Geschlechts, daß nie ein Fontane das Abiturientenexamen gemacht, geschweige vorher die Stelle eines primus omnium bekleidet hat. Der Durchschnitts-Fontane ist immer aus Ober-Quarta abgegangen und hat sich dann weiter geschwindelt, das beste Teil seiner Bildung aus Journalen 3. Ranges zusammenlesend. *Ich* war schon eine Ausnahme, ein abnormer Zustand, der nun durch Dich seinen Abschluß gefunden hat.«

Zur Silbernen Hochzeit rückt neben der ganzen Familie und Treutlers auch der »Rütli« an, beziehungsweise der kleine Rest, der übriggeblieben ist. (Auch Friedrich Eggers mit seinem guten, hilfsbereiten Herzen und seinen 75 Shawls und Westen hatte das Zeitliche gesegnet.) Man toastet in bekannter »Rütli«-Manier und besingt die Liebe, die Treue und die allen Gewalten trotzende Kraft des Silbernen Paares:

Ihr blieb die Kraft,
Zu tragen das Haus
In jedem Sturm und Drange,
Ihm aber die hohe Kraft
Zu jedem hohen Gange ...
Ihn beugt nicht Zeit, nicht Laune des Glücks,
Im Wechsel des Steigens und Fallens, –
Fest ist er sich seiner Ziele bewußt
Und fühlt, »es jeht noch Allens«.

Es konnte keiner ihn bisher
Auf leichtem Pfad ertappen,
Doch fehlt ihm Raum, – gefall' es Gott,
Ihm das Kriegsbuch zuzuklappen.
Ertönen soll beiden der Rütliruf
Im Himmel wie auf Erden:
Hoch leben unsre Silber-Nöhls,
Sie sollen Gold- Nöhls werden!

Sie werden weiterhin Kraft nötig haben.

Ende 1875 scheint im Hause Fontane alles zum besten bestellt: Emilie fühlt sich wohl, George scheint sich in seinem Offiziers-Dasein eingerichtet zu haben, Mete entwickelt sich zum Liebling aller, und der Hausherr bringt endlich den letzten Teil des Kriegsbuchs zum Abschluß und atmet auf.

Die professionelle Kritik bestätigt ihm »lauteren Gerechtigkeitssinn, freie, ruhige Objektivität und in beispielhafter Weise um Leichtigkeit bemühte literarische Form. Ein Volksbuch im besten Sinne.« (Was es aber nicht wird, denn die hektischen Gründerjahre haben die Gedanken an die vergangenen Kriege längst verdrängt.)

Den preußischen Militärs kann er mit diesen gewaltigen vier Bänden nicht Genüge tun, denn sie kreiden ihm an, was die professionelle Kritik als Vorzüge nennt.

Fontane rechnet so: Wenn Wilhelm I. ihm als Anerkennung für das zweibändige Kriegsbuch 130 Friedrich d'or dedizierte, so wird er sich bei dem vierbändigen nicht lumpen lassen und wenigstens ebensoviel herausrücken. Die Widmung hat er jedenfalls angenommen. Er wartet – nichts geschieht. Eh bien, man wird auch so über den Winter kommen.

Aber da ist noch etwas, was Unruhe in seine Kalkulationen bringt. Theo junior, nunmehr stud. theol., muß erleben, daß seine romantischen Vorstellungen vom künftigen Beruf und dessen Würdenträgern der Realität nicht standhalten. Im Klartext gesprochen: Wer ernsthaft auf der Suche nach Wahrheit und Gerechtigkeit ist, muß sich entweder selbst verleugnen – oder den Abschied nehmen. Er spricht mit dem Papa darüber, und der begreift es nur allzugut; willigt ein, daß der stud. theol. auf stud. jur. umsattelt. Der Haken dabei ist nur: Wo soll er wohnen? In der Potsdamer Straße 134c ist kein Platz.

Der Familienrat tagt. Papa erklärt sich bereit, für Studiengebühren, Kleidung und Wäsche aufzukommen, aber für Wohnung mit Frühstück, Fachbücher und alles andere müsse er selber sorgen.

»Sieh zu, daß du ein Zimmer nahe der Universität findest, aber auch nahe unserm Mittags- und Abendtisch«, fügt die Mama hinzu. Es ist das einzige, was sie für ihn tun kann. Theo ist zunächst froh, das Einverständnis der Eltern zu haben. Im Seminar schiebt er stimmliche Probleme vor. (Mete hatte ihn ungewollt darauf gebracht, wenn sie ihn mit seiner »pimperigen« Stimme aufzog.) Ein Prediger müsse ein volltönendes Organ haben, argumentiert er, sonst würde es ihm nicht gelingen, das Wort Gottes an die Ohren und Herzen der Gläubigen zu bringen. Die Französische Kolonie akzeptiert seinen Entschluß, erklärt sich auch bereit, ihm weiter Unterkunft und Verpflegung zu bieten, allerdings gegen Bezahlung; und die bereits entstandenen Kosten von 960 Mark müßten zurückgezahlt werden. 960 Mark! Eine unvorstellbare Summe.

Innerhalb kurzer Frist findet Theo ein geräumiges Zimmer mit Frühstück und – durch Vermittlung seines ehemaligen Klassenlehrers – eine Stelle als Nachhilfelehrer im Hause des Geheimen Kommerzienrates namens Herz. Dafür erhält er monatlich 75 Mark. Für das Zimmer sind 30 Mark zu berappen; da er es aber mit seinem Freund Edwin Litty teilt, bleiben ihm noch 60 Mark, mit denen er tatsächlich auskommt. »Ein Finanzgenie«, meint die Mama anerkennend. »Von wem er das nur hat?« fragt sich der Papa. »Von den Fontanes gewiß nicht«, denkt Emilie, behält es aber lieber für sich.

Nachdem sich dieses Problem so unerwartet rasch gelöst hat, tastet sich Fontane wieder an sein Schmerzenskind, den Roman, heran.

Halb zogen sie ihn, halb sank er hin

Das neue Jahr beginnt verheißungsvoll. Drei tintenfrische Roman-Kapitel liegen auf dem ausladenden Schreibtisch, der auf drei Seiten von einem wenige Zentimeter hohen, gedrechselten Geländer umgeben ist, so daß sich, sehr praktisch, mehrere Stöße beschriebenen und unbeschriebenen Papiers stapeln lassen, ohne davonzuflattern.

Gut gelaunt, begeben sich Theo und Emilie zu »Rütli«-Freund August von Heyden, der einmal im Winter Haus und Atelier für seine Ballgäste ausstaffiert. Für Berlin jedesmal ein Ereignis. Neben Sternen und Sternchen trifft man dort auch würdige Herren mit Geld und Einfluß, nicht wenige Akademiemitglieder darunter.

Zu vorgerückter Stunde nimmt Karl Zöllner Fontane in eine Fensternische beiseite und raunt ihm zu, Professor Gruppe sei unlängst verstorben, nun suche man dringend einen Nachfolger als Sekretär der Akademie der Künste. Ob das nicht etwas für ihn wäre?

Fontane überlegt nicht lange: Wenn das Amt nicht mit allzuviel Arbeit verbunden ist, er seinen Parkettplatz 23 behalten darf und nebenher seinen Roman zu Ende schreiben kann, wäre er nicht abgeneigt ...

Bei solchen Worten klopft Emiliens Herz Alarm: »Theo, begreifst du nicht, daß dir eine solche Chance nur einmal im Leben geboten wird? Du bist 56, wie lange willst du noch warten, und worauf?« Sie muß sich setzen, die Freude macht sie schwindlig: Endlich ein festes Gehalt und die Gewißheit einer ehrenvollen Pension! Nun können sie in Ruhe alt werden. Und vielleicht wird Theo sogar noch Geheimrat oder Professor! Oh, es ist wundervoll – fast zu schön, um wahr zu sein. Und um die Ausbildung der Kinder brauchte man sich dann auch nicht mehr zu sorgen ...

»Ja, ja«, holt Theo sie in die Wirklichkeit zurück und bedient sich – ganz ungewöhnlich – des Kutscherjargons: »Nu hat de Madam, wat se immer wollte: een Beamten!« Und fügt sarkastisch hinzu: »Witwenpension aus kaiserlichem Schatullenfonds gesichert!«

Aber noch ist er es nicht. Zöllner bespricht es beim nächsten »Rütli«-Treff, Lazarus unterstützt ihn, und Lucae als Mitglied des Akademie-Senats, schlägt ihn dem Kaiser als obersten Schirmherrn der Akademie als einzigen Kandidaten vor. So wird Fontane am 9. März 1876 als Sekretär vereidigt.

Die Freunde haben ihn, was die schwierige personelle Konstellation angeht, vorgewarnt. »Also«, hieß es, »du mußt wissen, der Senat zerfällt in ebenso viele Parteien, als er Mitglieder hat. Als Präsident herrscht der alte Hitzig, selbstgefällig wie ein Pascha; als Akademie-Direktor soll Anton von Werner frischen Wind in die verknöcherte Institution bringen. Er ist erst zweiunddreißig, wird von der kaiserlichen Familie protegiert und ist entsprechend verwöhnt. Widerspruch kann er nicht vertragen, also widerspricht ihm auch niemand, wenigstens offiziell nicht.

Zwischen diese Fronten gerät nun der frisch vereidigte Sekretär. Von wegen »der Dritte im Bunde«! Er wird behandelt wie der letzte Aktenschreiber, soll sich um alles kümmern: Ordnung in die Akten bringen, Protokoll führen, für den Sitzungssaal Ventilation und für den Malsaal Skelette beschaffen und überdies zwei Kollegen, den Inspektor und den Schreiber, vertreten, die krankheitshalber für längere Zeit ausfallen.

Alles ist so unerfreulich wie nur denkbar. Mit wachsender Besorgnis beobachtet Emilie, daß Theo immer einsilbiger heimkommt, immer reizbarer wird. Aber er hatte doch versprochen, »als Sekretär der Akademie zu leben, bis sie ihn, mit einem Ordenskissen voraus, zu Grabe tragen«.

Nach kurzer Zeit wird ihm klar, daß er sich auf diesem Posten zwischen allen Stühlen nur halten kann, wenn er ohne eigene Meinung, stumm wie ein Rädchen in dem großen, undurchschaubaren Verwaltungsapparat funktioniert und jährlich soundso viel Papier in die verschiedensten Aktenbündel liefert. Was er wirklich einbringen könnte, wird ihm nicht abverlangt; was man von ihm erwartet, kann oder will er nicht leisten. Das Desaster ist vorprogrammiert. Bereits im Mai reicht er die Kündigung ein. Noch bevor sie ihren bürokratischen Lauf nimmt, fragt er bei Lessing, dem Besitzer der »Vossischen Zeitung« an (und zwar »ganz ergebenst!«), ob er ihn nicht wieder in einer Referentenstelle brauchen könnte, er würde auch als N° 2 mit Vorstadttheatern vorliebnehmen. Denn seine jetzige Stelle sei »in jeder Beziehung unklar, langweilig, inferior und dabei einen Menschen total absorbirend«. Lessing begreift, wie schwer Fontane dieser Weg gefallen sein mochte, er schließt die Möglichkeit nicht aus, ihn in die alten Rechte wieder einzusetzen. Das ist der Balken für den Schiffbrüchigen.

Daheim aber herrscht Weltuntergangsstimmung. Nur eine kurze Zeit hatte sich Emilie in Sicherheit gewiegt, den größten Wunsch ihres Lebens erfüllt gesehn, und nun ist alles aus. Das Vegetativum versagt seinen Dienst, der Kreislauf schwankt zwischen zu hoch und zu tief, sie fühlt im Kopf eisige Leere, beherrscht nicht mehr ihre Sinne; es ist aus, aus, aus. Wilde Anklagen wechseln mit dumpfem Vor-sich-hin-Brüten.

Fontane weiß sich nicht anders zu helfen, als Mete auf schnellstem Wege nach Rostock zu schicken. Anna Witte ist ihr wie eine zweite Mutter und Tochter Lise Metes beste Freundin. Der liebende Papa will die Sechzehnjährige aus allem heraushalten, doch sie hat viel mehr von den Spannungen zwischen den Eltern mitbekommen, als diese wahrhaben wollen. Mitte Juni schreibt sie aus Rostock zum erstenmal, sie habe Angst, unter Menschen zu gehen, schreckliche Angst vor etwas Unbenennbarem; am liebsten würde sie sich unter die Bettdecke verkriechen und nie wieder zum Vorschein kommen. Das erschreckt den Papa sehr. Seine quicklebendige Mete wird doch nicht etwa die Nervosität der Mama geerbt haben? An seine eigene Überempfindlichkeit denkt er nicht; betrachtet die Sache als eine vorübergehende Erscheinung, den Aufregungen im Elternhaus geschuldet. Er ahnt nicht, daß es das erste Aufflackern einer Krankheit ist, der sie nie wieder entrinnen wird.

Als Emilie wieder halbwegs zur Besinnung kommt, rafft sie sich auf und fragt – hinter Theos Rücken – den getreuen Lazarus, was denn überhaupt konkret in der Akademie vorgefallen sei und ob der Präsident der Akademie Hitzig wirklich coram publico Fontane die Befähigung für diese Stellung abgesprochen habe; vielleicht ließe sich alles einrenken, und ihre Angst und seine krankhafte Aufregung malten die Dinge düsterer, als sie sind ... Noch einmal bauen Lazarus und Lucae Fontane eine Brücke; er verspricht, Emilie zuliebe, sich mit den »höheren Gewalten« arrangieren zu wollen, es wenigstens zu versuchen.

Mit dieser Hoffnung fährt Emilie nach Neuhof. Vorab hatte Fontane Johanna gebeten, Emilie ein Wort des Trostes zuzusprechen, sie sei »ganz und gar gebrochen und sehr unglücklich«. Er räumt sogar ein, sie habe von ihrem Standpunkt aus recht, sehe aber die Dinge zu sehr durch die schwarze Brille des Trübsinns. Im Grunde genommen hätten sie doch ohne Akademie auch glücklich und sorgenfrei gelebt, er sehe nicht ein, warum es nicht weitergehen sollte ...

Johanna läßt sich auf keine Argumentation ein, sie will weiter nichts als Ruhe und Frieden für Emilie, die erst einmal zu sich selber kommen und ein bißchen Zuversicht schöpfen muß.

Fontane steht in diesen Wochen sehr einsam da: Seine Schwestern Jenny und Elise verzeihen ihm seine Haltung nicht, und die Freunde, die sich vorbehaltlos für ihn eingesetzt haben, sehen sich in höchstem Grade brüskiert und machen ihm Vorwürfe. (Jedenfalls glaubt er diese aus jedem Wort herauszuhören.)

Die einzige, die ihn versteht, die seinen Entschluß gutheißt, ist Mathilde von Rohr. Ihr vertraut er sich rückhaltlos an: »... ich bin jetzt 3½ Monate im Dienst; in dieser ganzen Zeit hab ich auch nicht eine Freude erlebt, nicht einen angenehmen Eindruck empfangen. Die Stelle ist mir, nach der persönlichen wie nach der sachlichen Seite hin, gleich sehr zuwider; alles verdrießt mich ... alles ekelt mich an. Ich fühlte deutlich, daß ich immer unglücklich sein, daß ich gemüthskrank, schwermüthig werden würde. Vom ersten Tage an bis zu dieser Stunde ist meine Empfindung dieselbe geblieben. Ich benutzte eine mir darbietende Gelegenheit, erklärte, mein Amt niederlegen zu wollen und kam Tags darauf beim Minister um meinen Abschied ein. Bis dieser erfolgt sein wird – worüber noch ein paar Monate vergehn – führe ich die Geschäfte fort. Ich habe furchtbare Zeiten durchgemacht, namentlich in meinem Hause; meine Frau ist tief-unglücklich und von *ihrem* Standpunkt aus hat sie Recht. Andrerseits konnte ich ihr diese schmerzlichen Wochen nicht ersparen ... Die Weisheit der Menschen nutzt mir nichts. Was sie mir sagen können, hab ich mir in hundert schlaflosen Stunden längst selbst gesagt. Die Glücksarten der Menschen sind eben verschieden; ›den eenen sin Uhl is den annern sin Nachtigall.‹ Mir ist die Freiheit Nachtigall, den andern Leuten das Gehalt. Wenn Sie es über sich vermögen, so schreiben Sie meiner Frau ein paar freundliche, tröstreiche Worte; ein paar Hiebe gegen mich können immer dabei abfallen ... Eh ein Vierteljahr um ist, wird sie sich mit dem Geschehenen insoweit ausgesöhnt haben, daß sie es als das meiner Natur Entsprechende gelten läßt.«

Jede andere würde diese Zeilen als hochmütig und anmaßend empfunden haben, nicht so Fräulein von Rohr. Für sie hat er das seiner Natur Entsprechende getan, das versteht sie, danach hat auch sie ihr Leben lang gehandelt und nicht aus familiären Rücksichten einen ungeliebten Mann geheiratet, sondern das ihr gemäße Leben gelebt.

In der Akademie hat sich die Szene zwischen Fontane und Hitzig herumgesprochen. Mancher reibt sich heimlich die Hände, hätte auch mal gerne die Zähne gezeigt, sich nur nicht getraut. Daß es so ein armer Teufel über sich bringt, den Ehrenstandpunkt über den Geldstandpunkt zu stellen – à la bonneheure! Fontane spürt dieses Wispern in seinem Rükken, und es tut ihm gut.

Aufrechten Ganges betritt er jetzt jeden Morgen sein Büro. Da er sich nun als Respektsperson ausgewiesen hat, scheint es ihm, als wäre seine Stellung vielleicht am Ende doch erträglich zu gestalten. Wenn der Kaiser dem Entlassungsgesuch *nicht* zustimmt, würde er es jedenfalls ernsthaft versuchen, sich einzurichten. Aber der Kaiser stimmt zu, und der arme Teufel, der die ersten beiden Monate März und April ohne Gehalt gearbeitet hat, darf nun die letzten beiden Monate des Jahres zurückzahlen. 400 Taler. Auch gut, sagt er sich grimmig, so scheide ich denn von diesem unsäglich aufgepufften, verlodderten Institut ohne einen Hauch von Bedauern. Das Dumme ist nur, daß er wieder einmal von Hertz einen Vorschuß erbitten muß für seinen Roman, der nun aber ganz gewiß im Sommer 1877 fertig sein wird.

Ende August kommt Emilie aus Neuhof zurück; gesundheitlich noch immer auf schwankendem Boden, aber seelisch so weit gefestigt, daß sie sich sagt: Er hat es versucht, uns zuliebe das Amt zu behalten; der Kaiser hat es abgelehnt; es hat also nicht sollen sein. Aber ein Rest von Vorwurf bleibt doch; dagegen kann sie nicht an. Auch wenn sie keine Szene mehr macht, es bleibt zwischen ihnen eine merkwürdige Kühle. Es ist, als habe die gläserne Kugel, in der sich facettenreich ihre Gedanken und Gefühle spiegelten, einen Sprung bekommen.

Mathilde von Rohr gegenüber beklagt sich Fontane über Emilie: In ruhigen Tagen sei sie eine angenehme, geist- und verständnisvolle Gefährtin, »aber eben so wenig wie sie die Stürme in der Luft ertragen kann, ebenso wenig erträgt sie die Stürme des Lebens … Sie wäre eine vorzügliche Predigers- oder Beamten-Frau geworden; auf eine Schriftsteller-Existenz, die, wie ich einräume, sich immer am Abgrund hinbewegt, ist sie nicht eingerichtet.« (Dieser Satz kommt nach immerhin 25 Jahren Ehe!) »Und doch kann ich ihr nicht helfen. Sie hat mich als Schriftsteller geheirathet und muß sich schließlich darin finden, daß *ich*, trotz Abgrund und Gefahren, diese Art des freien Daseins den Alltagscarrièren mit ihrem Zwang, ihrer Enge und ihrer wichtigthuerischen Langenweile vorziehe. *Jetzt*, wo ich diese Carrièren allerpersönlichst kennen gelernt habe, mehr denn je.« Nun gehört er also ganz sich selbst. Zwar weiß er nicht, wovon er die Miete für das nächste Quartal bezahlen soll, aber »Daheim« will seinen Roman im Vorabdruck bringen und sichert ihm 1000 Taler zu. Einziger Pferdefuß: Er muß ihn zu Ende bringen; vier Bände sollen es werden, am zweiten arbeitet er. Es darf für ihn nichts anderes existieren. Außer dem Parkettplatz 23 und täglichen forschen Spaziergängen durch den Tiergarten ist alles für ihn gestrichen: Es gibt keine Gesellschaften, keine Diners, es gibt nur seinen Schreibtisch mit der grünen Lampe. In ihrem Lichtkreis schafft er seine Welt, lebt im Winter 1812 auf 13, als der Sturm gegen die Fremdherrschaft losbrach. Endlich hat er auch den gültigen Titel gefunden: »Vor dem Sturm«.

Am Ehehimmel verziehen sich die dunklen Wolken nur sehr allmählich. Mit dem Abklingen der Leberschmerzen und der Leibkrämpfe reift in Emilie die Erkenntnis, daß das Glück eben doch nicht an einer Sekretärsstellung anzubinden ist. Theo hat recht: »Das ›Frühlingslied‹ von Uhland oder eine Strophe von Paul Gerhardt ist mehr wert als 3 000 Ministerial-Reskripte.« Das Jahresgehalt von 2 300 Talern wäre natürlich nicht zu verachten, aber nicht im Tausch gegen einen unglücklichen Mann, dem es die Sprache verschlägt, Herz und Hirn erfrieren läßt … Ach, sie liebt ihn immer noch bei allem, was er ihr zumutet. Er kann nicht aus seiner Haut ebenso wenig, wie sie sich nicht grundsätzlich ändern kann.

Es klingt nicht mehr, es klirrt

Ausbrüche kommen nicht mehr vor. Man hat sich in der Gewalt. Was aber bedenklicher ist als Zanken und Aufbrausen: Der liebevolle, altvertraute Ton zwischen ihnen will sich nicht mehr einstellen; es klingt nicht mehr, es klirrt. Und Emilie mag nicht einsehen, daß das allein an ihr liegen soll. In allem, was er sagt, ja selbst in seinen Versen zu ihrem 52. Geburtstag schwingt etwas von Vorwurf und Belehrung mit:

Wohl nur, weil dir der Strophenkram
Grade jetzt zuwider,
Mich ein Lüstchen überkam:
Schreibe Verse nieder.

Denn der Hang zum Widerstreit,
Der mir so zu eigen,
Will sich eben jederzeit
Als sich selber zeigen. (…)

Schelten ist nicht immer laut
Auch das halbe Schelten,
Das aus trübem Auge schaut,
Kann als ganzes gelten.

Leg es ab: sieh wieder hell;
Ach was ist hienieden?
Gönne mir die stille Stell
Und mein bißchen Frieden. (…)

Still genug ist es im Hause Fontane: Von den Kindern ist nur noch Friedel da; manchmal geht Emilie mit ihm im Tiergarten spazieren, dabei begegnen sie einem kleinen, stark verwachsenen Mann beim Schwänefüttern, ein andermal treffen sie ihn von Meisen und Eichhörnchen umgeben. Sein Bild prägt sich dem empfindsamen Zwölfjährigen tief ein. Als die Mama ihn kurz vor Weihnachten fragt, was er sich denn so recht von Herzen vom lieben Gott wünsche, antwortet er ohne Zögern: »Daß er den armen, buckligen Mann wieder grademacht!« – »Er ist doch ein gutherziges Kind«, denkt die Mama, und Papa weiß von ihm nicht mehr zu berichten als: »Er pusselt so vor sich hin …« Auch von Theo junior ist nur Erfreuliches zu sagen. Er lebt nun ganz im Hause des Kommerzienrates Herz, der ihm die Erziehung des jüngsten Sohnes anvertraute; allerdings so, daß das Studium des fleißigen jungen Mannes nicht darunter leidet. Mete ist als Haustochter in die Familie der musikalischen Stockhausens gezogen. Damit sind gleich drei Fliegen mit einer Klappe geschlagen: Erstens muß sie, um am Königlichen Lehrerinnen-Seminar zugelassen zu werden, ein praktisches Jahr in einer Schule oder Familie nachweisen; zweitens ist sie dadurch dem unerquicklichen Klima des Elternhauses entzogen; drittens erhält sie beim Hausherrn, einem Konzertsänger, Dirigenten und Chorleiter, unentgeltlich Klavierstunden. Dafür hilft sie Frau Clara, die ein Kind erwartet, im Haushalt. Kaum ein Abend vergeht ohne Gäste, da muß sich Mete in Vertretung der Dame des Hauses aufmerksam um das leibliche Wohl der Musizierenden und Plaudernden kümmern.

Da auf dem Verhältnis zu den alten »Rütli«-Freunden noch immer der Schatten der unseligen Akademie-Geschichte lastet, legt Fontane besonderen Wert auf die Verbindung mit dem Hause Stockhausen.

Emilie meidet vor allem die sonst so zärtlich geliebten Zöllners, denn Stadtgerichtsrat Karl Zöllner ist als Nachfolger Fontanes als Sekretär der Akademie berufen worden, ist zufrieden in diesem Amte und erfreut sich der Anerkennung seiner Vorgesetzten. Emilie empfindet das als Verrat. Sie spürt wohl, daß dieser Vorwurf ungerechtfertigt ist, aber es dauert eine Weile, bis diese Ressentiments abgebaut sind. Um so stärker fühlt sie sich zu Clara Stockhausen hingezogen. Beide haben ein »liking« füreinander, das liegt vielleicht daran, daß sie manches ähnlich erleben: Beide müssen mit schwierigen, egozentrischen Künstlern auskommen; beide sind ihren Männern zuliebe eine Zeitlang in England gewesen; und beide wissen, was es heißt, ein mit Schmerzen geborenes Kind wieder hergeben zu müssen. Für Frau Clara kommt noch ein springender Punkt hinzu: Eifersucht. Julius Stockhausen, auf die Fünfzig zugehend, ist mit seiner lockigen Künstlermähne und dem gepflegten Rauschebart ein ausgesprochener Damentyp, etwa wie Paul Heyse. Da weiß man nie genau, wo die Backfischschwärmerei seiner Schülerinnen endet. »Nur gut, daß unsere Mete einen so gefestigten Charakter hat«, meint Fontane, »ihr könnte so etwas nie passieren.«

Im Februar 77 bringt Frau Clara einen Sohn zur Welt, Johannes, für den neben Johannes Brahms auch Fontane als Pate gebeten wird. Da er nichts weiter schenken kann, gibt er ihm ein Xenion mit auf den Weg (man kann sich neben Brahms schließlich nicht lumpen lassen!).

> Lieder hat der Papa, klug spinnt die Mutter den Faden,
> Ist er Ulyss' in der Welt, ist sie Penélope heim.
> Werd ihnen gleich, mein Pät, so wolln es Apoll und Minerva,
> Lerne singen gleich *ihm*, lerne leben wie *sie*.

Im neuen Jahr zitiert Emilie bei einem ausgedehnten Frühstück mit Lektüre der Morgenzeitung eine Notiz, wonach Seine Majestät der Witwe des jüngst verstorbenen Schauspielers Pohl eine Pension von jährlich 500 Talern bewilligt habe. Das bringt Theo in Rage: »Nach welchem Prinzip werden eigentlich Gelder bewilligt? Pohl war ein Schauspieler siebenten Ranges! Wenn man will, ist Geld reichlich vorhanden. Ich habe erlebt, daß für ein einziges niederländisches Genrebild 140 000 Francs gezahlt worden sind! Aber für einen, der zwölf Jahre seines Lebens geopfert hat, um in noch nie dagewesener Form, ja, ich betone, in so noch nie beschriebener Weise drei Kriege für jedermann lesbar und begreifbar darzustellen, für den ist kein Geld da!« Sein Schnurrbart zittert vor Erregung, seine Augen sprühen. Er kann nicht vergessen, daß der Kaiser, gefragt, ob er einen Grund habe, ihm gnädig zu sein, antwortete, er sehe keinen Grund. Weil er als Akademie-Sekretär nicht den Erwartungen entsprach, fällt auch der Verfasser vielbändiger Kriegsbücher einfach in den Orkus. »Vielleicht hatte Majestät auch nur schlecht geschlafen oder gerade mit Augusta gestritten. Und von so was ist man nun abhängig! Infam! Incroyable!!« Er schlägt mit der flachen Hand auf den Tisch, daß der Kaffee in den Tassen überschwappt.

Emilie kennt diesen neuralgischen Punkt bei ihm nur zu genau und hütet sich im allgemeinen, Anlaß für solche Ausbrüche zu geben. Aber sie kann noch so vorsichtig sein, er findet immer ein Stichwort, bei dem er einhaken und sich aufregen kann.

Wenige Minuten später sitzt er, als sei nichts gewesen, an seinem Schreibtisch. Im März beendet er trotz hartnäckiger Erkältung den zweiten Band in seiner endgültigen Form und übergibt ihn Emilie zur Abschrift. Im Juli hat er den dritten Teil in Rohfassung fertig. Er ist derart ausgepowert, daß er dringend Erholung braucht; fährt drei Wochen in den Harz, läuft jeden Tag zwei Stunden bergauf, bergab, liest im »Waldkater«, einem gemütlichen Gasthaus an der Bode, Walter Scott; sagt sich, als er das Buch zuklappt aus tiefster Überzeugung: »Das kannst du auch!« In gleichbleibendem Rhythmus schafft er es, in einer Woche vier Kapitel zu überarbeiten und zu feilen. Schickt also in drei Wochen zwölf Kapitel an Emilie zum Abschreiben, zwölf Kapitel und 13 Briefe. Wie früher teilen sie sich alles mit, was um sie herum passiert, lassen den andern teilhaben. Emilie sorgt sich um Mete, die abgeschlafft und fiebrig nur zwischen Bett und Chaiselongue pendelt. »Die Sache mit Martha ist natürlich nicht leicht zu nehmen«, antwortet er, schiebt aber zunächst mal alles aufs Wetter: »Diese beständigen Gewitter in der Luft, diese unausgesetzte elektrische Spannung, ist für manche Naturen ganz unerträglich. Sorge nur für gute Verpflegung: Beefsteak, Rothwein etc. und laß sie, in Friedels Bettstelle, in meiner Stube schlafen, das Fenster in Deinem Zimmer immer ein wenig offen.«

Ende September kann er endlich die fein säuberlich kopierten drei Bände an Dr. König von »Daheim« schicken. Nun kann es ja nicht mehr lange dauern, bis der Vorabdruck beginnt und die versprochenen

1000 Mark fällig werden. Aber Irrtum! »Daheim« läßt wochenlang nichts von sich hören, dann kommt Dr. König persönlich zu ihm, lobt Wahl des Stoffes, Gesinnung, Sorglichkeit der Behandlung, Stil – aber das Ganze sei für eine Zeitschrift viel zu lang.

Was soll der arme Autor machen? Wie ein Verdurstender in der Wüste auf Regen, so wartet er auf das Honorar. Zu Beginn des Jahres hatte er sich von Cotta 1000 Mark geliehen, von denen Emilie nichts weiß; er kann nicht noch einmal irgendwo Pump aufnehmen; also willigt er schweren Herzens in alle Kürzungen ein. Im Januar beginnt der Vorabdruck in »Daheim«. Natürlich ärgert er sich, als er die Bescherung schwarz auf weiß vor sich sieht, aber der Lebensunterhalt ist erst einmal gesichert. Er kann sich an den letzten Teil des Romans setzen, zu dem er noch in Frankfurt an der Oder und in Küstrin recherchieren muß.

Das Weihnachtsfest fällt noch in die »magere Periode«. Theo senior und George legen zusammen und erstehen in letzter Minute im nächstbesten Modegeschäft zwei Paar Handschuhe für Emilie. Dies soll nun der Dank für 3000 Roman-Manuskriptseiten sein, die sie für ihn abgeschrieben hat? Viele Seiten drei-, vier-, ja, sechsmal wegen immer neuer Korrekturen ... Wie oft hatte sie gedacht: Wenn ich diesen Bandwurm von Roman doch erst los wäre! Aber sie durfte es sich nie anmerken lassen. Seine Nervosität so kurz vor dem Erscheinen seines »Schmerzenskindes« ist zwar begreiflich, aber schwer zu ertragen ist sie doch. Immerhin will sie schon froh sein, daß es zwischen ihnen nicht mehr klirrt. Bis es allerdings wieder klingt, wird noch viel Wasser die Spree hinunterfließen.

In der Silvesternacht sitzen sie en famille beisammen, solange die Kinder dabei sind, auch recht heiter; danach gedenken sie derer, die in diesem Jahr von dannen gingen: Koblanck und Lucae. Der alte Doktor war ein echter Freund des Hauses; man konnte ihn zu jeder Tages- und Nachtzeit rufen, und er kam, einfühlsam, gleichbleibend freundlich und hilfsbereit, oft ohne nach Honorar zu fragen. Und Lucae, ja, »das war ein Mann von seltener Lauterkeit und Gesinnung«, sagt Fontane; er hat allen Grund, ihn zu preisen, denn Lucae hatte ihn recht eigentlich in den Akademie-Posten gehoben und nicht mit ihm gehadert, als er diesen mit einem Paukenschlag wieder verließ. »Und«, fügt Emilie hinzu, »er besaß die hohe Tugend, neidlos zu sein und von jedem Menschen das Beste zu glauben und selbst seinen Gegnern Gutes zu tun. Wie selten ist das heutzutage.«

Zu Ostern kann Fontane den letzten Teil des Romans an »Daheim«, liefern. Dr. König antwortet sofort und diesmal begeistert zustimmend: »... wäre alles so wie der Schlußband, so wäre es ein ›Durchschläger‹ geworden!« Triumphierend hält er Emilie den Brief unter die Nase: »Da hast du's! Die letzten Teile sind die besten, weil ich sie hintereinander weg schreiben konnte, mit den andern hab ich mich zehn Jahre herumschlagen müssen. Jetzt, wo ich alle Zeit und Kraft der Schreiberei widmen kann, wirst du sehen, jetzt geht's los wie das Brezelnbacken!«

Aus seinem Zettelkasten voller Ideen greift er einen kleinen, überschaubaren Stoff heraus (an vielbändigen Lindwürmern ist erst einmal der Bedarf gedeckt!) und offeriert ihn Paul Lindau, dem Herausgeber der Zeitschrift »Nord und Süd«: – »Ich habe vor, im Laufe des Sommers eine altmärkische Novelle zu schreiben ... Zeit 1660; Heldin: Grete Minde, Patrizierkind, das durch Habsucht, Vorurteil und Unbeugsamkeit von seiten ihrer Familie, mehr noch durch Trotz des eigenen Herzens, in einigermaßen großem Stil, sich und die halbe Stadt vernichtend, zugrunde geht. Ein Sitten- und Charakterbild aus der Zeit nach dem Dreißigjährigen Kriege. Würden Sie geneigt sein, diese Novelle zu bringen?« Und Lindau zeigt sich geneigt.

Im späten Frühjahr 1878 herrscht im Hause Fontane wohltuende Ruhe. Mete, die ihr Lehrerinnen-Examen mit »Gut« bestanden hat, ist bei Wittes in Rostock, Emilie in Neuhof, außer ein paar Gastspielen am Theater passiert nichts. So kann er sich ins 17. Jahrhundert hineinlesen und sich die Szenerie für »Grete Minde« erarbeiten. Das einzige, was ihn aufschreckt, ist die Nachricht, daß Julius Stockhausen sich mit einem großen Chorkonzert von Berlin verabschieden wird, um eine ehrenvolle Berufung in Frankfurt am Main anzunehmen. Ihn kann Fontane leicht verschmerzen, aber den Wegzug von Frau Clara empfindet er als persönlichen Verlust.

»Mensch ist Mensch!«

Ach ja, und dann passiert noch etwas: Der Anarchist Dr. Karl Eduard Nobiling feuert mit seiner Schrotflinte auf den greisen Kaiser, immerhin das zweite Attentat in kurzer Folge. Berlin steht kopf; auch Emilie ist erschüttert, als hätte es einen der Ihren getroffen. »Und denke Dir«, schreibt sie aus Liegnitz, gleich nach dem Dankgottesdienst für die Errettung des hohen Herrn, »selbst in der Kirche sah man Blousenmänner und wilde Gesichter, wie sie die commune nicht schlimmer hat aufweisen können.«

Theo nimmt die ganze Sache nicht so gewichtig und reimt im Moritaten-Ton:

> ... Das war nicht nobel, Nobiling!
> Du nahmst die Sache zu gering,
> Man schießt mit dreißig Körnern Schrot
> Nicht einen deutschen Kaiser tot. (...)

Das findet Emilie nun wahrhaftig nicht dem Ernst der Lage angemessen. Sie zeigt's in Neuhof auch keinem. »Was ist denn groß passiert?« wiegelt Fontane ab: »Der Kaiser wird genesen. Nobiling wird sterben und damit Basta.«

Emilie aber läßt keine Ruhe: »Mich beschäftigt immer die Frage, bei dem ewigen Kreislauf der Dinge und dem up and down im Großen wie im Kleinen, solche Zeiten müssen doch schon dagewesen sein und welches Mittel brachte dann Hülfe und Ordnung?«

Eine ernsthafte Frage erheischt eine ernsthafte Antwort, darum setzt er ihr in einem langen Brief auseinander, was er selbst noch nicht zu Ende gedacht hat (und worauf auch kein anderer eine schlüssige Antwort weiß). »Du fragst, wie man früher solcher Bewegungen Herr geworden ist? Darauf ist nicht direkt zu antworten, denn *solche* Bewegungen hat es früher nicht gegeben. Wie war es früher? Eine revolutionaire Natur, ein mit Potenzen ausgerüsteter Thunichtgut verführte entweder große, harmlose Volksmassen, oder er stellte sich an die Spitze bereits vorhandener Unzufriedener. Im erstren Falle fing man den Anführer, hing ihn und alles war vorbei, im letztren Falle geschah zunächst dasselbe, aber kleine, berechtigte Forderungen (Bier- oder Brottaxe heruntergesetzt, und ähnliche Lapalien) mußten erfüllt werden. Das alles war Kinderspiel; man befand sich einer stupiden Masse gegenüber. Das ist jetzt anders. Millionen von Arbeitern sind grade so gescheidt, so gebildet, so ehrenhaft wie Adel und Bürgerstand, vielfach sind sie ihnen überlegen ... deshalb ist ihnen weder der Beweis zu führen, ›daß es mit ihnen nichts sei‹, noch ist ihnen mit der Waffe in der Hand beizukommen. Sie vertreten nicht blos Unordnung und Aufstand, sie vertreten *Ideen*, die zum Theil ihre Berechtigung haben und die man nicht todtschlagen oder durch Einkerkerung aus der Welt schaffen kann. Man muß sie *geistig* bekämpfen, und das ist, wie die Dinge liegen, sehr, sehr schwer.« Vorläufig, so fügt er beruhigend hinzu, sei allerdings noch keine Gefahr.

Der Brief wird in Neuhof Gegenstand erregter Diskussionen. Treutlers finden ihn ziemlich shocking: der Dichter – ein Sozialdemokrat reinsten Wassers, das ist der Gipfel! Emilie weiß im Grunde genommen nicht, was sie davon halten soll. Es ist ihr alles zu allgemein: Wer gehört denn nun zu den Arbeitern, zum vierten Stand? Der Blousenmann, der ihr Angst einflößte? Oder Treutlers braver Kutscher Karl? Treutler sagt, jeder gehöre zum vierten Stand, der keinen Besitz und kein Kapital habe und gezwungen sei, durch eigene Arbeit sein Brot zu verdienen. Nicht auszudenken! Bei dieser Definition gehörten Fontanes, die von Honorar zu Honorar leben, auch dazu! Was soll überhaupt das ganze Klassifizieren, Mensch ist Mensch! Sie will sich darüber nicht den Kopf zerbrechen. Ändern kann man die großen Dinge, die den Weltenlauf bestimmen, doch nicht, man kann ja nicht einmal die kleinen beeinflussen; und damit ist sie wieder bei ihrem Herzensmann und seinem Mißtrauen.

Wenn er es auch nicht zugibt: Er ist zutiefst verunsichert, und er schnobert durch den Freundes- und Bekanntenkreis, wie wohl sein Roman aufgenommen wird. Nicht jeder liest »Daheim«, und wer, wie Wangenheim, sagt, er warte lieber bis zum Spätherbst, um dann das Buch zu lesen, dem unterstellt er, er wolle nur nicht mit der Wahrheit herausrücken. Und waren nicht auch Zöllners und Heydens ihm gegenüber zurückhaltender als sonst?

Jedesmal, wenn er sich bei Emilie über (meist eingebildete) Zurücksetzung beklagt, hat sie versucht, es ihm mit sanftesten Tönen auszureden. Inzwischen ist ihr Selbstbewußtsein so weit gestärkt, daß sie sich sagt: Ich geb's ihm schriftlich, wie ich darüber denke, dann muß er es zu Ende lesen und kann mich nicht, wie üblich, unterbrechen. Und so schreibt sie ihm am 11. Juni 1878 aus Neuhof: »Mein lieber, alter Mann ... Bei manchem möchte ich Dir doch zurufen: *take it easy!* ... Selbst sehr kühl und wenig aufmerksam den Freunden gegenüber bist Du *in the long run* so verwöhnt von allen Menschen, daß Du auch ein bissel viel Aufmerksamkeit verlangst ... Nur *Du* bringst das Gefühl Deiner ›Stellungslosigkeit‹ mit, die Anderen mit Stellen etc. beneiden Dich darum, daß Du reden kannst wie Dir der Schnabel gewachsen ist. In *Einem* glaube ich, bist Du manchmal auch Deinen wärmsten Verehrern und rinnen unbequem, in Deiner Wahrhaftigkeit und Gründlichkeit!

... Wehe der Unglücklichen, die eine leichte Frage hinwirft, sie muß die eingehendste Abhandlung aushalten. Nun gut, alles zu seiner Zeit. Auch die geistreichste Abhandlung ist gesellschaftlich mal nicht am Platz und ein hingeworfenes Wort bleibt besser unerörtert. Aus dieser liebenswürdigen Schwerfälligkeit, die Du manchmal hast, entsteht dann eine gêne, die Du dem einen oder anderen anmerkst und woraus Du dann Gott weiß was für argwöhnische Schlüsse machst. Deine Wahrhaftigkeit und Dein auf den Grund gehen, genirt die Menschen, auch die besten und Dir wohlgewogendsten. (Mich nicht.) Deine alte, getreue Frau.«

Schon am nächsten Tag kommt der Pfeil (denn als solchen hat Theo den Brief aufgefaßt) zurück. »Meine liebe Frau ... Es ist sehr liebenswürdig, daß Du auf meine vielleicht nur allzuoft wiederholte Klage eingehst und in aller Güthigkeit gegen mich, doch schließlich alles aus meinen eigenen Fehlern und Schwächen, großen und kleinen, erklären willst ... Das Ende vom Liede bleibt doch immer, daß *ich* unrecht habe. Mal sagst Du's freundlich, mal unfreundlich, aber es bleibt immer dasselbe. Streite ich mit dem dummsten Menschen über Kunst, schreibt mir wer einen anzüglichen Brief, findet wer meine Kritik zu scharf, meine Bücher zu langweilig, – Du sekundirst immer meinem Gegner ... Diesmal meinst Du es sehr gut, aber es wird dadurch nicht richtiger. Ich bin kühl, nicht aufmerksam, etwas rechthaberisch, etwas pedantisch und viel breiter und gründlicher, als die Menschen lieben. Es ließe sich über alle die Punkte schließlich auch noch sehr streiten ...« Aber wie sind denn die andern? Und nun zieht er vom Leder, daß es nur so raucht; bis auf Lazarus werden alle verrissen: Zöllner urteile über Bücher, die er gar nicht gelesen habe; Lucae redete immer nur über die Akademie; Heyden wäre beim dritten Satz entweder bei Hamlet oder bei den Walküren und *er* nähme alles geduldig hin.

»Ich dränge mich nirgends ein, man fordert mich auf zu erscheinen, und nachdem ich erschienen bin ... schaff' ich Leben in die Bude. Dafür sollte man mir danken; ich habe Anspruch darauf ›cajolirt‹ zu werden, denn, wie Du nur zu gut weißt, ich bringe Opfer wenn ich mich von meinem Buch und meinem Theetisch trenne und statt dessen in meinen schmutzigen Handschuh fahre. Nun aber *ist* das Opfer gebracht, mit einem heitren Todesmuth, der einer bessren Sache werth wäre, spring ich in die Bresche und erzähle den Leuten (nicht zu meiner Erbauung; ich schwiege lieber) vom Hundertsten und Tausendsten. Dafür verlang ich einen Gesellschaftsorden, aber nicht lange Gesichter. Wer mir *die* zeigen will, der soll mich zu Hause lassen.« Bei einigen Passagen kann Emilie nur mit dem Kopf schütteln: Wie kann er nur derart hochmütig von seinen Freunden reden! Der Brief, in entgegengesetzter Absicht geschrieben, verstärkt in ihr die Ahnung, daß er damit nur seine uneingestandene tiefe Verunsicherung kaschieren will.

Johanna kann über den Brief nur lachen: »Wenn er sich so ausgenutzt und mißbraucht fühlt, warum geht er dann überhaupt noch in Gesellschaft? In gleichem Atemzuge berichtet er von Einladungen zu mindestens sieben Leuten.« Seine ›Opferbereitschaft‹ sei geradezu heroisch!, lästert Johanna. »Ach, weißt du«, lenkt Emilie ein, »es kann halt keiner aus seiner Haut, und spätestens übermorgen wird er berichten, wie reizend es bei Heydens und wie entzückend es bei Stockhausens gewesen ist.« Sie grinsen beide triumphierend, als drei Tage später besagter Brief eintrifft.

»Mir klopft das Herz vor Freude, Dich wiederzusehen«

Mag er sein, wie er will, sie liebt ihn trotzdem und schreibt ihm aus tiefstem Herzensgrunde: »Mir klopft das Herz vor Freude, bei dem Gedanken, Dich wiederzusehen ...«

Im Juli mieten sie eine Ferienwohnung in Wernigerode; Emilie hat einen langen Essay abzuschreiben, Theo macht einen Abstecher nach Tangermünde, um sich in die mittelalterliche Szenerie von »Grete Minde« einzuleben. In wenigen Wochen schreibt er die ganze Geschichte in Rohfassung nieder. Alles entwickelt sich so, wie er es Emilie vorhergesagt hatte: Sobald ihm der Kopf frei sei und die Hände nicht mehr durch Reskripten-Quack gebunden, würde es mit der Schreiberei losgehen wie »vom Eise befreit ...«. Von nun an wird er ihr jedes Jahr ein neues Buch, Roman oder Novelle, auf den Gabentisch legen können.

Aber wie bei Fontanes üblich, geht der stille Schöpfungsakt am Schreibtisch nicht ohne Aufregungen und Unterbrechungen ab.

Diesmal sorgt Mete dafür. Die Eltern erwarten, daß sie sich nun langsam um eine Stellung kümmert, sie läßt sich Zeit. Dabei täte es wirklich not, das immer noch höchst angespannte Familienbudget zu entlasten. Frau Clara Stockhausen schreibt aus Frankfurt am Main, sie sähe Mete gern als Erzieherin ihrer drei größeren Kinder, doch Mete lehnt ab, so strikt, daß die Eltern hellhörig werden. Schließlich beichtet sie, in Julius Stockhausen verliebt zu sein. Die Mama fällt fast in Ohnmacht. Sie schämt sich für ihre angeblich hemmungslose Tochter und schreibt – dummerweise – einen zerknirschten, reuevollen Brief an Freundin Clara. Dies wiederum bringt den Papa auf. Erstens weiß man gar nicht, was an der Geschichte Dichtung und was Wahrheit sei; zweitens, wenn etwas dran wäre, dann läge die größere Schuld nicht bei dem harmlosen, unerfahrenen jungen Mädchen, sondern bei Julius, und Clara täte gut, ihm einen tüchtigen Nasenstüber zu geben und nicht Mete. Damit ist für ihn die Sache abgetan. Für Emilie noch lange nicht. Es dauert Monate, bis bei dem immer wiederkehrenden Thema nicht mehr die Tassen auf dem Teetisch tanzen.

Endlich, endlich im Spätherbst ist »Vor dem Sturm« als Buch auf dem Markt. Emilie betet zu Gott, daß es ein Erfolg werden möge. Er hat soviel Herzblut in diesen Roman gegeben, einen Mißerfolg würde er nicht überwinden. Ihrer Meinung nach enthält er – ähnlich wie Menzels Bilder – zu viele fein gearbeitete Details, wundervolle Genreszenen, aber es gibt keinen packenden Gesamteindruck. Sie kann sich irren; durch das viele Abschreiben hat sie gar kein Verhältnis mehr zu dem Werk.

»Vor dem Sturm« wird weder ein Erfolg noch ein Mißerfolg; es wird höchstens ein Sturm im Wasserglas. Julius Rodenberg (nachdem er »8 Wochen an dem Schinken gewürgt und ihn höchst albern gefunden«) schreibt in der »Deutschen Rundschau« sehr liebenswürdig, der Roman vereine die Vorzüge des Balladendichters und des Schilderers der märkischen Landschaft; Ludovica Hesekiel und Ludwig Pietsch zollen ihm unverbrämte Hochachtung. Die meisten finden ihn nur langweilig: zu viele Personen, zu wenig Handlung. Grimmig vertraut er seinem Tagebuch an: »Und doch ist es ein gutes Buch, ein Leben. Einzelne werden sich noch drum kümmern und dran erfreun, wenn der Dreck, der jetzt den Tag regiert, längst vergessen ist.« Prophetische Worte. Nur wenige Jahre nach Fontanes Tod beginnt die Kritik den wahren Wert des Werkes zu erkennen, und Heinrich Mann schreibt, den Geist der Befreiungskriege könne man nicht besser begreifen als durch die Lektüre von »Vor dem Sturm«, vielleicht *nur* durch ihn.

Dies Wort hätte ihm im Dezember 1878 gutgetan. Es kam nicht.

So muß er sich selbst am eigenen Kragen aus dem Sumpf der Traurigkeit ziehn. Verleger Hertz hilft nach, indem er ankündigt, daß Ende des Jahres die dritte Auflage des »Oderlandes« fällig sei. Das gibt Aufwind. Entschlossen kehrt Fontane an seinen Schreibtisch zurück und legt letzte Hand an »Grete Minde«. Emilie muß sich mit dem Kopieren beeilen, denn schon im Frühjahr soll die Novelle in »Nord und Süd« erscheinen.

Der Jahresanfang bietet ihr reiche Abwechslung mit Gastspielen französischer Theater; sie darf den Herrn Kritiker auf Freibillett begleiten. Von solcher Kost kann sie nie genug bekommen, und die gemeinsamen Bühnenerlebnisse geben unerschöpflichen Stoff für den Teetisch. Darüber hinaus bekommt sie ihren Herzensmann kaum zu Gesicht. Er hat für einen verstorbenen Kollegen übernommen, siebzehn »Vaterländische Reiterbilder« zu schreiben, Prachtausgabe für den Weihnachtstisch satter Bürger. Sicheres Honorar. Dann sitzt ihm Küstrin mit der Katte-Tragödie im Nacken; was er für den letzten Teil des Romans recherchierte, ergibt noch einen respektablen Aufsatz für »Westermanns Monatshefte«.

Mit leichtem Herzen und schwerem Gepäck fahren alle: Theo, Emilie, Mete, Friedel und Tilla zu einer langen Sommerfrische in den Harz. Sogar Premierleutnant George und Referendar Theo kommen für ein paar Tage dorthin. Es herrscht eitel Familienfrieden. Beschwingt zieht sich Fontane auf den Balkon zurück und skizziert eine neue Novelle; es ist die Geschichte eines Gesellschaftsskandals, den Mathilde von Rohr ihm vor Zeiten berichtete. Guten Mutes bietet er sich Westermann an, doch der sitzt nicht nur in Braunschweig, er ist auch Niedersachse mit Leib und Seele und hat kein Interesse an Schicksalen preußischer Gardeoffiziere. Ob er nicht etwas geographisch Näherliegendes hätte? Hm, »Grete Minde« ist bereits vergeben. Was sonst? Da kommt eine Idee von gänzlich unerwarteter Seite:

Emilie sieht stirnrunzelnd, daß er »Das Oderland« für die neue Auflage nicht nur einer kritischen Prüfung unterzieht, sondern ganze Kapitel neu faßt. Da kommt wieder umfangreiche Kopiererei auf sie zu. Sie nutzt die Zeit bis dahin und besucht ihre Halbschwester Clara, die nach dem Tod ihres Mannes mit Tochter Anna nach Ilsenburg gezogen ist. Anna und Mete schlendern über den romantischen Friedhof und entdecken im Kirchenbuch eine Eintragung aus dem Jahre 1752, wonach ein neunzehnjähriger Jägerbursch aus Eifersucht von der Hand seines

Vaters ermordet worden war. Der Volksmund wob die Tragödie weiter und behauptet hartnäckig, der Mörder habe sich, von Gewissensnöten gepeinigt, an der Bäumlerklippe zu Tode gestürzt. Wenn das kein Stoff ist für Papa, den Balladensänger!

Und Fontane beißt auch sofort an. »Ellernklipp« wird er die Erzählung nennen. Die dürfte auch Westermann behagen. Das erste Kapitel entwickelt sich fast wie von selbst; doch dann ist die Sommerfrische zu Ende, und daheim drängt sich eine andere Geschichte vor, die vor wenigen Jahren ganz Berlin beschäftigte: Die junge Frau des schwerreichen Industriellen Ravené war mit einem andern durchgebrannt. Aus Liebe! Verwunderung und Empörung schlugen damals hohe Wellen. Emilie mahnt zur Vorsicht: »Wird dir das Haus Ravené diese Indiskretion nicht übelnehmen?« (Doch wenn Theo von einem Stoff ergriffen ist, kann ihn nichts zurückschrecken.) »Was heißt Indiskretion? Die Fakten sind allgemein bekannt, alle Spatzen pfiffen sie vom Dach; Interna kann ich nicht ausplaudern, denn ich bin nie im Hause Ravené gewesen. Natürlich ändere ich Namen und Orte der Handlung ... Ich will sie übrigens Melanie van der Straaten nennen, wie findest du das?«

»Apart. Man assoziiert sofort Esprit, Caprice und Selbstbewußtsein.«

»Als Titel dachte ich: L'Adultera.«

Sie zieht die fein geschwungenen Augenbrauen hoch: »L'Adultera, das klingt hart, fast wie eine Verurteilung.«

»Erinnerst du dich an das Bild von Tintoretto?«

»Das wir in Venedig sahen? Und ob ich mich erinnere. Ich seh es deutlich vor mir; ich sagte damals: ›Sie hat geweint, weil man ihr Schlechtigkeit vorgeworfen hat. Aber ihr Herz wehrt sich dagegen und kann es nicht finden.‹ Sie wirkte rührend auf mich. Es ist so viel Unschuld in ihrer Schuld ... Und alles wie vorherbestimmt.«

»Du hast es richtig getroffen. Ich meine, so hat es Tintoretto gesehen, und so will ich es auch darstellen. Ihre Handlungsweise soll begreifbar werden. Ich nehme nicht Partei, weder für noch gegen sie, ich sage nur: es ist die natürlichste Sache der Welt, wenn jemand nicht länger contre cœur leben will und sich für einen ihm oder ihr gemäßen Weg entscheidet.«

Sie nickt: »Wie in Goethes ›Wahlverwandtschaften‹.«

»Du siehst, ich bilde mit meiner Ansicht keine moralische Avantgarde, es ist alles schon dagewesen.«

»Ja, Klassiker wagt man, nicht zu schelten, aber du bist keiner – jedenfalls noch nicht!«

»Nous verrons!« beendet Theo das Gespräch und macht sich an die Arbeit. Im Frühsommer 1880 erscheint »L'Adultera« in »Nord und Süd« und erregt die Gemüter. Die Heuchler empören sich unter dem Deckmantel eines Moralisten, aber die Kritiker und vor allem die Leserinnen sind des Lobes voll über die einfühlsame, feinsinnige Behandlung eines so delikaten Themas.

Das Jahr 1880 hat es überhaupt in sich: Zeitgleich zu »L'Aldutera« erscheint der stark veränderte Band »Havelland«; im November bringt Hertz »Grete Minde« als Buch heraus; in der Harzer Sommerfrische schließt Fontane »Ellernklipp« ab und schickt es an Westermann. Emilie spürt mit zunehmender Besorgnis, daß sich ihr Herzensmann in immer größere Hektik hineinsteigert. Theater- und Buchkritiken für die Vossin müssen sein, aber dazwischen recherchiert er auch für »Fünf Schlösser«, einem Ergänzungsband zu den »Wanderungen«, und verfolgt die Spur der skandalumwitterten, geheimnisvollen Herrin von Hoppenrade bis Ostfriesland. Und von überallher bringt er Stoffe für neue Romane mit. An einem bosselt er – allerdings nur an Sonn- und Feiertagen – seit fünf Jahren: »Allerlei Glück« nennt er ihn, er will darin in überwiegend heiterem Ton Berliner Verhältnisse in den Gründerjahren schildern. Fazit: »Es giebt vielerlei Glück, und wo dem Einen Disteln blühn, blühn dem Andern Rosen. Das Glück besteht darin, daß man *da* steht, wo man seiner Natur nach hingehört. Selbst die Tugend- und Moralfrage verblaßt daneben.«

»Es giebt vielerlei Glück«

Emilie begreift sehr gut, daß er damit seine eigene Lebensweise rechtfertigen will. Da hat er sich nun seinen Platz, auf den er seiner Natur nach hingehört, erkämpft, ist ein freier Schriftsteller (bis auf die leichten Theaterfesseln), aber glücklich scheint er nicht. Nur wenn er sich an seinem Schreibtisch in eine ferne Zeit, in fremde Schicksale versenken kann, lebt er in dem ersehnten Zustand. Aber sobald er daraus auftaucht und mit der Rechnerei der Alltäglichkeiten konfrontiert wird, ist es aus. Emilie nimmt ihm alles, was Wirtschaftsführung betrifft, ab, sie meistert manchen finanziellen Spagat zwischen zwei Honoraranweisungen und hält zeitweilige totale Flauten von ihm fern. Er würde es sowieso nicht verstehn, und es würde ihn nur belasten und vom Eigentlichen ablenken. »Dieser Zustand wäre ein idealer, wenn ich einen Verleger fände, der mir 5 000 Taler garantierte und mir drei Jahre Zeit ließe, um an einem Stoff zu bleiben. Da ich den nicht habe, muß ich verschiedenen Leuten verschiedene Angebote machen in der Hoffnung, daß *einer* anbeißt. Aber du kennst ja die ›Honneté‹ des Buchhändlergesindels!« Er läßt völlig außer acht, daß er diesen großzügigen Verleger in Hertz längst gefunden hat. Nur, das Vorschuß- und Darlehens-Konto ist bei ihm inzwischen so hoch, daß er nicht mehr aus dem Schneider kommt. Allein die »Wanderungen« mildern den Schuldenberg, denn »Vor dem Sturm« ist für den Verleger ein Flop, und »Grete Minde« geht so lala; »L'Adultera« hat er abgelehnt. Fontane fürchtet, es mit Hertz verdorben zu haben, und wenn ihm etwas auf den Magen schlägt, dann ist es ein ungeklärtes, bedrückliches Verhältnis zu einem Menschen, den er schätzt. Er bosselt noch am 4. Band der »Wanderungen«, »Spreeland«, aber bis jetzt hat Hertz noch nicht die Hand danach ausgestreckt. Das beunruhigt ihn mehr, als er wahrhaben will.

Mete hat sich aufgerafft, das Familienbudget zu entlasten, indem sie eine Erzieherinnenstelle in der Neumark annimmt. In den ersten Wochen schreibt sie begeistert, wie zufrieden die Dame des Hauses mit ihr sei: Sie unterrichtet die beiden Großen, erzieht die beiden Kleinen, hilft in der Obsternte und beim Einkochen, bestickt Bett- und Tischwäsche, liest vor, gibt Klavierunterricht und ist das belebende Moment kleiner Gesellschaften. Man ziert sich mit ihr herum bei anderen Adelsfamilien, serviert sie auf silbernem Tablett. Jeden dritten Tag kommen tagebuchartige, ganz reizende Briefe, meist an die »liebe, gute Mama« gerichtet und mit einem Gruß oder Kuß an den geliebten Papa beschlossen. »Sie scheint es gut getroffen zu haben«, meint Emilie. »Ihren Briefen nach zu urteilen, ja, aber sie wird bald merken, daß es kein unbedingtes und ungetrübtes Glück gibt, das länger anhält als fünf Minuten.« Emilie will ihn unterbrechen, er wehrt ab: »Laß mich aussprechen. Warum ist das so? Weil wir uns zu schnell an das Gute gewöhnen, es als selbstverständlich nehmen und eine Neigung haben, das zu betonen, was gerade fehlt. Es gehört aber zu den ersten Regeln der Lebensklugheit, über das Fehlende, wenn es nicht schwerer wiegt als das Gute, was da ist, hinwegsehn zu lernen.«

»Theo, du redest so weise, und Mete schreibt so weise, eigentlich müßten wir bei soviel Lebensklugheit wie Engel miteinander leben ...«

»Ja.«

»Und warum tun wir's dann nicht?«

Theo hat keine Lust, dies Thema mit unendlichen Variationen erneut aufzuwärmen, und zieht sich mit einem seiner Lieblingssätze aus der Affäre: »Ach, laß, Milachen, das ist ein zu weites Feld ...«

»Das sagst du immer, wenn es konkret wird!« schmollt sie.

Sie leben so still dahin wie nie zuvor. Emilie muß mit ihren Kräften haushalten; um überhaupt etwas von ihrem Herzensmann zu haben, legt sie sich von 9 Uhr abends an in seinem Zimmer aufs Sofa und »schläft ein bißchen vor« und spürt wenigstens im Unterbewußtsein seine Anwesenheit, denn er sitzt noch bis ein oder zwei Uhr nachts am Schreibtisch und arbeitet.

Zu ihrem Geburtstag kann er ihr die druckfrische »Grete Minde« überreichen und ein paar gläserne Stopfen für Wein- oder Saftflaschen. (Eher ein Geschenk für Tilla!) Dazu den beziehungsvollen Reim:

Es hilft uns kein Gedeutel,
So nimm es, wie es fällt,
Der eine hat den Beutel,
Der andre hat das Geld.

Es läßt sich nichts erklopfen –
Der eine hat den Wein,
Der andre hat die Pfropfen,
Man muß zufrieden sein.

Zu Weihnachten ist die ganze Familie wieder einmal beisammen; Georg, schon ganz mit den Allüren eines angehenden Hauptmanns, Tedo und Fuz (wie Mete ihre beiden Brüder nennt) sind liebevoll besorgt um die Schwester, die für vier Wochen heimgekehrt ist, um sich bei Koblancks Nachfolger Dr. Pancritius auszukurieren. Mitte Januar kehrt sie nach Klein-Dammer zurück, wird dort sehr rücksichtsvoll behandelt; spielt ihre Rolle als Erzieherin und geistigen Mittelpunkt des (in dieser Hinsicht sehr bescheidenen) Hauses, aber es ist nach einem Jahr eben nur noch eine Rolle. Sie hat bewiesen, daß sie sie spielen kann, c'est tout. Sie benutzt die immer wiederkehrenden Migräne-Anfälle und Unterleibsentzündungen, um auszusteigen.

Fortan will sie nur noch ihrem Gusto leben, mal ein paar Wochen bei Wittes in Rostock, dann bei den Eltern oder Verwandten, je nachdem, wo sie gewünscht ist. Gern würde sie auch als Gesellschaftsdame auf Reisen gehn – oder heiraten. Natürlich spukt in ihrem klugen Köpfchen die Sehnsucht nach eigenem Herd, ach was, einem gediegenen Haushalt à la Senator Witte, mit reizenden Kinderchen und einem aufmerksamen Ehegatten, der auf alle Capricen eingeht.

Er müßte so sein wie Papa, nur etwas jünger und sehr viel wohlhabender. »Der Mann, der dies alles erfüllen könnte, muß noch geboren werden!« kommentiert die Mama.

In einer Art Torschlußpanik hat sich Mete den großen Bruder ihrer Schulfreundin Marie als Kandidaten ausgedacht. Rudolf Schreiner studiert Jura und wird sicher mal Regierungsrat wie sein Vater. Es muß wohl einmal zu einem verstohlenen Fußspitzenkuß im dunklen Flur gekommen sein, jedenfalls fühlt sich Mete so gut wie verlobt.

Sie stellt ihn den Eltern vor; obwohl die Familie Schreiner den Fontanes seit langem bekannt ist, liegt eine unbehagliche Spannung über allem. Die Dichter-Familie zieht alle Register gepflegter Konversation, sprüht Bonmots, wirft sich literarische Pointen zu, und der arme Kandidat kommt sich läppisch und unbedeutend dagegen vor. Das entscheidende Wort seinerseits wird nicht gesprochen.

»Ja, das war's dann wohl«, konstatiert Mama, als er sich nach acht Tagen immer noch nicht gemeldet hat. »Manieren hat er also auch nicht.« Und der Papa spricht ein kurzes Nachwort zu der kurzen Geschichte: »Ein Hosenmatz ist er, sein ganzer Habitus, sein Lebenszuschnitt wirken klein und von sich überzogen. Für eine so nobel angelegte Natur wie unsere Mete das reinste Schrecknis. Ich freue mich von Herzen dieses ›gescheiterten Glücks‹.«

Darauf Mete: »Ich teile ganz dein Gefühl von Befreiung.«

Die Mama lächelt, weil sie Mete wieder einmal dabei ertappt, den zärtlich geliebten Papa nachzuahmen. Kindisch findet sie das. Obwohl Metes Briefe an die »geliebte Mutter« gerichtet sind, wenden sie sich doch indirekt mehr an Papa; sie bangt mit ihm, wenn dieser sich von irgendwem brüskiert fühlt, und sie freut sich mit ihm, wenn er Erfolg hat oder als Hertz ihm im Frühjahr 1881 endlich den Vertrag für den vierten

Band der »Wanderungen« unterschreibt. »Oh, wie gönne ich meinem geliebten Vater eine Aufmunterung und wie nöthig war sie ihm! Ich habe nie gedacht, daß ich mich noch so leidenschaftlich freuen könnte ... Ich empfinde im Gegensatz zu Dir, liebe Mama, alles Gute und Wohlthuende viel intensiver als das Trübe ...« Das hätte sie nicht schreiben sollen, denn was liest die Mama heraus: Sie ist ein Trübsinnsapostel und kann den armen Mann nicht aufmuntern, da muß erst Mete kommen ... Mama ist eingeschnappt und gibt das auch zu verstehen. Mete seufzt: »Es scheint eben so schwer zu sein, Dir angenehm zu schreiben, wie sich Deinen Wünschen gemäß mit Dir zu unterhalten. Schweigt man, so beanstandest Du das, ist man offen, so ist Dir das auch nicht recht und selbst, wenn Du die Sache heute aufnimmst, wie sie gemeint ist, hat man nicht die geringste Garantie, daß Du nicht morgen entgegengesetzt darüber denkst.« Papa reibt sich heimlich die Hände: Genau das versucht er, ihr seit dreißig Jahren klarzumachen. Es ist gut, daß sie es auch mal von ihrem geliebten Töchterchen vernimmt. Aber solche Mißhelligkeiten verfliegen rasch. Im nächsten Brief ist nur noch von Stickereien, von Honig, Spargel und der wunderbaren Blechen-Ausstellung die Rede, die Emilie sogar zweimal besuchte. An Papa richtet sie solche kritischen Worte nie. Im Gegenteil, sie jubelt mit ihm, wenn er Grund zur Freude hat. Und die größte ist wohl jedesmal, wenn ein neues Buch von ihm erscheint.

»Gestern habe ich mir einen himmlischen Abend bereitet und bin mit L'Adultera und etwas Schokolade ins Bett gegangen. – Ich habe vor Freude über die Novelle geweint und immer nur lebhaft gewünscht, daß Papa nicht nur für uns, die wir ihn lieben, noch recht, recht lange leben möchte, sondern auch, um noch das viele Schöne, was in ihm liegt, herauszuschaffen; wenn ein Mann, der in sich solche Kunstwerke trägt, stirbt, ist es doch, als gingen kostbare Schätze auf immer verloren ...«

»Manchmal ist deine Tochter (in solchen Fällen ist es immer die Tochter des jeweils anderen) wirklich zu überspannt!« befindet Emilie. Dem Dichter aber tut der unbedingte Glaube Metes an sein Genie unendlich wohl, vor allem in Zeiten seelischer Not und Verbitterung. Dieser Glaube scheint ihm mehr wert als die ungeheure Fleißleistung seiner Frau.

Das schlimme ist, daß Mete offenbar alle körperlichen und seelischen Anfälligkeiten der Eltern in sich vereint. Immer wieder schreibt sie von Nervenpleiten. Der Papa kann sie nur immer trösten, er habe sich vor dreißig Jahren auch verzweifelt aufs Bett geworfen, weil ein viertelstündiger Gang durch die Luisenstraße ihn zu Tode erschöpfte. Und er spult noch immer sein Pensum ab, während unzählige Kraftmeier von damals schlottern, humpeln und husten ... Auch sie werde sich erholen. »Was nervöse Leute brauchen, ist Sonnenschein, Liebe, Glück; aber jeden Tag anders, jeden Tag neu, und wenn sich das alles wie beim Koch oder Apotheker bestellen ließe, so wären die nervösen Leute nicht bloß die nettesten und heitersten, sondern auch die gesündesten ...« – »Merkwürdig«, denkt Emilie, »bei andern weiß er genau, was nervösen Leuten frommt ...«

Sie übersieht, daß auch er ihr bisweilen entgegenkommt, indem er tage- und wochenlange Einquartierung billigt, die gewiß nicht immer nach seinem Gusto ist; zum Beispiel die Töchter der Treutler- und der Below-Familie. Emilie ergreift dann die Gelegenheit beim Schopfe, den jungen Damen die »Weltstadt Berlin« von der besten Seite zu zeigen; dann geht es nach Charlottenburg, in den Zoologischen Garten, in Galerien, Museen, Konzerte oder einfach nur zu Kranzler, »Leute beobachten«. Theodor ist's zufrieden, so kann er in Ruhe arbeiten. Die Unterbringung schafft auch keine Verlegenheit, denn Metes Kämmerchen ist ja frei.

Die Arbeit am vierten Band der »Wanderungen« nimmt ihn länger in Anspruch als gedacht. »Ja, wenn du allein sechs Briefe schreibst und zwei Wochen daransetzt, um herauszukriegen, ob Schadow berlinerte oder nicht oder vielleicht nur sonntags, dann kannst du natürlich nicht rechtzeitig fertig werden!« moniert Emilie. Darauf zu antworten hält Theo für unter seiner Würde.

Zwischen die »Wanderungen« schieben sich die Korrekturfahnen von »Ellernklipp«, die üblichen Theaterbesuche und Gesellschaften verschiedenster Art; solche, die ihn erfrischen, wie der »Rütli«, und solche, zu denen er sich verpflichtet fühlt. Zu Sommerfeldts muß er, weil Schwester und Schwager sein Fernbleiben übelnähmen (und leider hat in der großen Familie immer jemand Geburtstag, Verlobung oder Taufe), zu Lindau will er, weil er dort den Meininger Theater-Herzog trifft, über dessen Gastspiele er zu berichten hat; zu seinem Jugendfreund Wilhelm Gentz, dem Orientmaler, will er, weil er dort den russischen Maler Werestschagin leibhaftig kennenlernen kann, dessen Bilder er hoch achtet und über den er schreiben möchte. »Aber den Abend bei Herrlich könntest du dir schenken«, meint Emilie, »die ganze Woche hast du dich schon unwohl gefühlt und immer umhergesimpert, wie du dich auszudrücken beliebst, da willst du dich ohne Not in den Herrlichschen Salon setzen, wo ein Fenster offensteht und wo du dich immer erkältest? Außerdem – wen triffst du da? Hof- und Rechnungsräte, deren Repertoire du längst auswendig kennst.« Das sagt er sich zwar selber, will es Emilie gegenüber aber nicht zugeben. »Wer einen auf den Hochstelzen des Bürokratismus umherstolzierenden Geheimrat, einen Minister, einen Gymnasialdirektor alten Stils, einen Landbaron, einen Kürassier-Rittmeister in all seinen Eigentümlichkeiten, in ihren guten und schlechten Seiten in aller Wahrheit und Lebendigkeit darzustellen versteht, der kann dies nur, nachdem er sie sich zuvor *zu eigen* gemacht, das heißt sie geistig sich unterworfen hat, und wer diese Herrschaft geübt und mit den Lebensformen gespielt hat, der verlernt es, diesen Lebensformen einen hohen Wert beizulegen.«

Dagegen ist nun kein Argument gewachsen.

Fontanes sind viel öfter Gäste als Gastgeber; wenn sie sich Gäste einladen, dann meist nur wenige, denn sie mögen nicht, wenn die Gespräche kreuz und quer laufen, von einem Tischende zum andern. Ein Gespräch sollte nicht zerflattern, sondern die Gedanken aller sammeln und möglichst auf eine höhere Stufe der Erkenntnis heben. Theo stiftet zu solchen Anlässen meist launige Trinksprüche, Emilie obliegt der Rest … Sie versteht es, ein Klima zu schaffen, daß alle gern wiederkehren, und zwar der rustikale Scherz aus Kränzlin ebenso wie die feinsinnige Freifrau von Münchhausen, geborene von Scharnhorst.

Paul und Paula. Neue Freunde

Schauspieler sind selten zu Gast, denn Fontane will sich seine Unvoreingenommenheit ihnen gegenüber bewahren. Emilie liebt es, nach einer Theateraufführung noch in einer Weinstube zu sitzen, wo auch die Komödianten verkehren; diese animierte Atmosphäre, in der den Mimen noch so ein Flair von König Lear oder von »Oh, Huon, mein Gatte!« anhaftet, erinnert sie an ihre Kindheit mit Papa Kummer. Theo hingegen muß, nicht bei allen, aber bei Premieren und besonders renommierten Bühnenautoren nach der Vorstellung unverzüglich zur Redaktion der Vossin, um für die Lokalseite der Morgenausgabe eine Vornotiz zu verfassen, die den ersten Eindruck wiedergibt und Lob oder Tadel ankündigt. Am nächsten Vormittag schreibt er die eigentliche Kritik. Dann wimmelt Tilla Besucher schon im Treppenhaus ab mit dem stereotypen Satz: »Der Herr hat heut' Kritik und darf nicht gestört werden!« Um für die Abendausgabe zurechtzukommen, muß das Manuskript bis zu einem bestimmten Zeitpunkt in der Setzerei sein. Während der gehetzte Autor noch über die Seiten hinfegt, steht Tilla dann nicht selten schon sprungbereit, ein Markstück in der Hand, um sich mit dem Manuskript auf die nächste Droschke zu stürzen. Unter solchem Zeitdruck passiert es schon mal, daß die Leistungen der Schauspieler, die ja meistens am Schluß stehen, sehr lakonisch abgehandelt werden: »Meyer phänomenal, Ludwig dito, Vollmer verfehlt, Conrad reizend ...« Fräulein Conrad, eine reizende kleine Kratzbürste, rebelliert, sie findet das nichtssagende Wort »reizend« eher beleidigend als lobend. Zu Emiliens Verwunderung schiebt Theo diesen Vorwurf nicht mit der Bemerkung beiseite, diese Debütantin solle sich nicht wie eine Diva aufspielen, sondern er schreibt ihr einen langen Brief, fast schon ein Feuilleton, in dem er die Qualen eines gewissenhaften, aber gehetzten Kritikers beleuchtet. Es ist der Anfang einer lebenslangen Freundschaft.

Frau Emilie ist für sie eine selbständige Persönlichkeit mit eigenen Ansichten und eigenen Fähigkeiten und durchaus nicht nur der Widerschein des Dichters und Kritikers. Etwa gleichaltrig mit Mete, ebenso espritvoll, aber im Gegensatz zu ihr applausgewohnt, gesund und selbstsicher nimmt sie unbewußt Einfluß auf die mütterliche Freundin. Paula lebt nach der alten indianischen Weisheit: »Das Vergangene ist vergangen, die Zukunft liegt im Dunkel – *jetzt lebe!*«

Das klingt einfach und einleuchtend, aber es ist schwer, sich daran zu halten, wenn man seiner Natur nach nicht dafür geschaffen ist.

Emilie versucht es. Als sich ihr Herzenmann im Sommer 1881 am Fuße der Roßtrappe erholt, beginnt sie, Hunderte in Kartons und Schubladen gelagerte Briefschaften zu ordnen; Bräutigamsschwüre, Eifersuchtsdramen, Klagen, Verzweiflung und Zuversicht treten ihr wieder so deutlich vor die Seele, daß es ihr schwerfällt, sich für immer davon zu trennen. Doch: Das Vergangene *ist* vergangen. »Es ist ein schweres, ernstes Stück Arbeit und mir war nach einigen Stunden Lektüre als könnte ich mich gar nicht wieder in der Gegenwart zurecht finden ... ach, Theo, wir sind noch wie vor 35 Jahren, und wenn wir uns, Du und ich, wenig geändert haben, so laß nun auch die Liebe, wie sie damals war, so fortdauern, für die armselig kurze Zeit, die uns noch bleibt. *Darin* fühle ich mich unverändert. Wie immer Deine Alte.«

Und drei Tage später: »Mit meiner Brieflektüre schreite ich nur langsam vorwärts; es ist so interessant, daß man *jeden* Brief lesen muß und das erfordert Zeit und Kräfte. Ich durchlebe Alles noch einmal und brauche mich ja nicht zu übereilen. Ein Gefühl tiefster Dankbarkeit gegen Gott verläßt mich nicht und ich hoffe der Eindruck soll sich nicht wieder ganz verwischen ...«

In der Tat verleben sie anschließend sieben sehr angenehme Wochen in einer Wernigeroder Sommerwohnung. Es wird viel gelesen und viel gewandert und in der traulich kleinen Stadt mit ihren spielzeughaften Fachwerkhäusern gebummelt. Theo hält sich mit dem Arbeiten zurück, »nur« zwei Wanderungs-Kapitel werden umgeschrieben und »Graf Petöfy« in Rohfassung beendet. Das Niederschreiben geht relativ schnell, erst das Feilen und Pusseln dauert Monate.

Das Ferienquartier ist groß genug, um abwechselnd auch Mete, Friedel oder George aufzunehmen. Kein Wölkchen trübt den Familienfrieden. Beim Sonntagskaffeeplausch im »Weißen Hirsch« befindet Mete, ohne Papa sei alles halb so schön, dann sähe sie nur schlechtes Pflaster und langweilige Menschen, aber in seiner Gegenwart käme ihr alles interessant, erfreulich und komisch vor, so als hätte sie andere Augen.

Und die Mama zieht ausnahmsweise nicht die Stirne kraus wie sonst, wenn sie den Papa in den Himmel hebt, sondern pflichtet ihr bei.

Im Herbst wird die Ernte eingebracht: »Ellernklipp« und »Spreeland« erscheinen bei Hertz, die von ihm zurückgewiesene »L'Adultera« wird der Breslauer Verleger Salo Schottlaender mit Kußhand nehmen. Friedel hat ohne Aufhebens eine Buchhändler-Lehre bei Professor Langenscheidt angetreten, um ihn braucht man sich also auch keine Sorgen mehr zu machen. Das Ärgerliche ist nur: Er muß um 7 Uhr früh seinen Dienst antreten und um 6 aufstehen. Da kommt Unruhe ins Haus; deshalb wird beschlossen, ihn in Theos Studentenbude einzuquartieren, die der nunmehrige Herr Referendar kaum noch nutzt, weil er meist außerhalb verpflichtet ist.

Weil das Honorarkonto so freundlich aussieht wie selten, führt Fontane seine Herzens-Mila zu Gerson, dem berühmten Berliner Modehaus, wo sich beide neu einkleiden. Zum Geburtstag bekommt sie dann nur noch ein kleines Dessert:

Ein Viertelpfund gebrannte Mandeln,
Ein Viertelpfund kandierte Nuß,
Mehr mocht ich nicht für Dich erhandeln,
Und tat auch dies nur,
weil ich muß.

Zu den Feiertagen am Jahresende ist die ganze Familie versammelt. Friedel hält die festliche Rede, die von allen Seiten mit Lob bedacht wird. »Sieh mal an«, denkt der Papa, »unser häßliches, kleines Entlein mausert sich.« Glücklicherweise spricht er es nicht aus, Emilie hätte ihm heftig widersprochen, denn für sie war und ist er oft der einzige aufmerksame Zuhörer, wenn Theo wieder mal nicht ansprechbar ist und mit seinem Roman in einer fremden Szenerie und mit fremden Gestalten lebt.

»Dir geht es wie Dickens ...!«

Auch das neue Jahr ist Erntezeit: die Kritiken zu »Ellernklipp« und »L'Adultera« erscheinen, aber sie lassen Fontane – von wenigen Ausnahmen abgesehen – unbefriedigt. »Dir geht es wie Dickens«, meint Emilie, kopfschüttelnd die Zeitung beiseite legend, »Lob erfreute ihn nur kurze Zeit, aber Tadel ärgerte ihn lebenslang. Solche Menschen sind zu bedauern; und auch diejenigen sind zu bedauern, die es ihnen recht machen wollen.«

»Das Lied kommt mir bekannt vor«, brummt Fontane.

»Na gut, dann können wir es beim nächsten Mal zweistimmig singen«, erwidert Emilie ungerührt. Aber dazu kommt es nicht, denn die nächste Rezension ist endlich nach seinem Geschmack. Emilie liest wie üblich am Frühstückstisch vor, diesmal aus der »Berliner Tribüne«: »... Wenn Schiller sagt, daß man durch das Morgentor des Schönen in das Land der Erkenntnis dringe, so hält es ein realistischer Dichter, wie Fontane, umgekehrt. Durch die Erkenntnis der Wirklichkeit sucht er sich den Weg zum Schönen, d. h. zur schönen Wirkung dieser noch so rauhen und harten Wirklichkeit.« Erregt greift er nach der Zeitung: »Wer hat das geschrieben? Das kann nur der kleine Brahm gewesen sein. Superbe! Oder nein, lies weiter!« Der Artikel ist nicht namentlich gekennzeichnet. Ein junger Mann steckt dahinter, der gerade erst in Theaterwissenschaften promovierte und dabei ist, seine Kritikersporen zu verdienen: Paul Schlenther. Er wird wenige Jahre später die »reizende, leidenschaftliche Kratzbürste« Paula Conrad heiraten, und nun werden beide den Fontanes freundschaftlich verbunden bleiben.

Früher hätte sich Emilie über solche Szenen wie die über Kritik im allgemeinen und im besonderen geärgert, nun nicht mehr. Sie weiß ja, warum er so nervös und kribbelig und unduldsam ist: Es hängt zuviel an ihm und drängt ihn zu rastloser Tätigkeit. Das Theater überschlägt sich geradezu mit Premieren und Gastspielen, daneben fast ein Dutzend Einladungen zur Tafelrunde des Prinzen Friedrich Karl im Jagdschloß Dreilinden oder im Berliner Stadtschloß; daneben die Arbeit an »Fünf Schlösser« (die Vossin will das Hoppenrade-Kapitel mit der skandalumwitterten Krauten-Tochter in Folge bringen); ja, und dann die Hauptsache des Jahres: die neue Novelle, zu der Fräulein von Rohr den Stoff lieferte: »Schach von Wuthenow«. Auch hierfür hat die Vossin Vorabdrucksrechte erworben. Anfang August soll die erste Folge erscheinen. Emilie hat rechtzeitig die Satzvorlagen fertig; akkurat und ebenmäßig, eine wahre Augenweide. Befriedigt fährt sie nach Schlesien zu Johanna, um sich zu erholen. Acht Tage später kommt ihr Herzensmann aus dem Harz zurück und fängt noch einmal an, darin herumzuputzen. »Du wirst staunen, was ich noch alles gefunden habe!« schreibt er ihr. Sie staunt nicht, als sie ihr schönes Manuskript sieht, es rollen eher Tränen. Aber entschlossen setzt sie sich erneut daran und bewältigt – nun unter höchstem Zeitdruck – die Arbeit in nur drei Tagen. »Du hast Dich oft auf diesem ›champ d'honneur‹ mit Ruhm bedeckt, aber nie so wie diesmal!« lobt Theo – und nimmt das nächste Projekt in Angriff. Er rafft die alten und die neuen Kapitel für den ersten Band der »Wanderungen« zusammen und nimmt sie mit nach Norderney, um sie für die vierte Auflage so zu formen, daß sie wie aus einem Guß erscheinen. Nach drei Wochen harter Korrekturarbeit ist er endlich soweit, um sich zu sagen: »Das Buch ist nun, was es sein soll!« Es erhält jetzt den endgültigen Titel »Die Grafschaft Ruppin«.

Von der frischen Nordseeluft durchgepustet, erholt und halbwegs mit sich zufrieden, kehrt er nach Berlin zurück, wo die Theatersaison gerade beginnt. Emilie und Mete sind noch in Warnemünde in Wittes Sommervilla, daheim erwarten ihn Tedo und Friedel. Da Fontane unverzüglich in die erste Premiere stürzt, bemerkt er nicht, wie es zwischen den Brüdern knistert. Was war geschehen? Eigentlich gar nichts. Tilla hatte wohl nach Warnemünde hin berichtet, daß Friedel des öfteren sehr spät, um nicht zu sagen, sehr früh heimkäme, und die besorgte Mama hatte daraufhin den in Berlin befindlichen Tedo beauftragt, den »kleinen Bruder« ein bißchen zur Ordnung anzuhalten.

»Der Kleine« ist achtzehn und über diese Einmischung natürlich verstimmt. Emilie erwartet ein Donnerwetter von seiten des Vaters, doch den echauffiert das Ganze kaum: »Meine liebe Frau«, schreibt er nach Warnemünde, »das Liebste ist mir, ich erfahre nichts davon. Erfahre ich davon, so hab' ich die ledern-langweilige Verpflichtung eine Standrede zu halten und Sachen als ungehörig zu tadeln, die vielleicht nicht lobenswerth aber ganz natürlich und ganz verzeihlich sind. Es ist mir ganz unmöglich, einen jungen Menschen von 18 Jahren als einen outcast anzusehn und zu behandeln, blos weil er bis um zwölf Skat gespielt oder mehrere Seidel getrunken oder eine Harfenistin bis nach Hause begleitet und mit anderthalb renommistischen Zweideutigkeiten unterhalten hat. So lange solche Dinge nicht zum Skandal werden, muß man sie laufen lassen.«

»Schach von Wuthenow« stößt bei den Lesern der »Vossischen Zeitung« auf so wenig Gegenliebe, daß Chefredakteur Stephany dem Autor gewissermaßen als Ausgleich und Zeichen seiner persönlichen Anerkennung eine Riesenflasche Tokajer schickt. »Nun ja«, bemerkt Fontane ironisch, »ein herzhafter Wein ist besser als eine fade Kritik.« Woran nur kann die flaue Aufnahme liegen? Die Leserinnen vermissen das Ausmalen der Liebesszene: Wie kann Victoire denn ein Kind bekommen, wenn sich der Bräutigam unmittelbar nach der Trauung erschießt? Auf solche dummen Einwände läßt sich Theo gar nicht ein; mehr zu denken gibt ihm Emiliens Satz, man sehe nicht recht ein, warum sich der schöne, umworbene und leichtfertige Gardeoffizier erschossen habe. »Schau«, sagt er, »erstens hat sich der historische Schach tatsächlich erschossen, zweitens find' ich es vollkommen erklärlich. Er hat mit der Mutter getechtelmechtelt (was *auch* mitwirkt) und hat hinterher in einem unbewachten Moment die mindestens in Frage gestellte Schönheit Victoirens über ihre große Liebenswürdigkeit und einen gewissen ihr verbliebenen Reiz vergessen. Nun soll er sie heiraten. Er schwankt, endlich will er's, weil er wollen *muß*: die Mutter verlangt es, sein eigenes Rechtsgefühl verlangt es, der *König* verlangt es. Dies Letztre gibt den Ausschlag, er muß nun *unbedingt*. Zugleich empfindet er, daß *er*, der eitle, stolze Mann, der ohne die Bewunderung der Welt und seiner Kameraden nicht leben kann, sich für immer zur Lächerlichkeit verurteilt sieht, wenigstens erscheint es ihm so, und nicht aus noch ein wissend, erschießt er sich, nachdem er durch den Trauakt seinen faux pas rectificirt hat. *Mir* leuchtet das Ganze vollkommen ein.«

Emilie schüttelt den Kopf: »Was für ein unsinniger Begriff von Ehre! Unnatürlich; und unchristlich dazu.« – »Es ist ein Produkt dieser überlebten Gesellschaftskaste; *das* darzustellen war mein Anliegen.« Nun sieht es auch Emilie deutlich. »Im übrigen«, fügt er hinzu, »haben sich schon Leute wegen viel geringerer Dinge totgeschossen. Ich hörte von einem Hofmann, der sich erschoß, weil er sich bei einer Whistpartie mit zwei Kaisern und einem König, hm, – ›unanständig aufgeführt hatte‹.« Emilie hält sich den Mund zu, um nicht loszulachen; sie stellt sich die Szene bildhaft vor: »Nun, ich glaube, ich wäre an seiner Stelle auch am liebsten wie Rumpelstilzchen in den Erdboden gefahren.« – »Verständlich, aber du hättest dich nicht erschossen! Sieh mal, das wäre doch gar nicht zu verantworten gewesen: Wer sollte sonst meine Manuskripte abschreiben, mir sagen, wer wann Geburtstag hat, und vor allem, wer sollte mit mir zanken? Also bleib du mal schön am Leben, wenigstens so lange, wie ich lebe.«

Als »Schach von Wuthenow« zum Jahresende 1882 in Buchform erscheint, schreiben ihm mehrere Leser: »Lieber Herr Fontane, so *war* es nicht blos 1806, so ist es noch; eine falsche Ehre, die dann schließlich mit dem Pistol in der Hand den Ausweg sucht, durchdringt *noch* den ganzen Stand.« Der Autor fühlt sich dadurch bestätigt. Das Thema des falsch verstandenen oder von der Gesellschaft pervertierten Ehrbegriffes wird ihn nicht mehr loslassen.

Weihnachten à la Fontane

Die Festtagswoche zum Jahresausklang steht als Schulbeispiel Fontaneschen Familienlebens: Am 23. Dezember schickt Theo die ersten drei von neun Kapiteln über Jagdschloß Dreilinden und den Prinzen Friedrich Karl an die Vossin; das erste davon soll bereits am 25. erscheinen. Am Heiligabend, fünf Minuten, bevor die letzten Läden schließen, hastet er los, um Marzipan zu kaufen, dann versammelt sich die ganze

Familie in Mamas Salon; George und Mete spielen vierhändig Klavier, Tedo deklamiert seine Segenswünsche, Friedel hält seine obligatorische Rede, jeder freut sich pflichtschuldigst über die ihm zugedachten praktischen Geschenke. Jeder bemüht sich, der Engelsbotschaft »Siehe, ich verkündige Euch große Freude!« gerecht zu werden. Vor allem die Mama ist glücklich, alle gesund und friedlich beieinander zu sehn. Papa ist in Gedanken bei seinen sechs unfertigen Kapiteln: Er kann es drehn und wenden, wie er will, er braucht für jedes Kapitel mindestens einen ganzen Tag, da darf nichts dazwischenkommen und ihn ablenken. Zur Not muß sein Geburtstag eben um einen Tag verschoben werden, der ist sowieso nicht wichtig.

Vor dem Schlafengehen sagt Emilie, weihnachtsweich gestimmt: »Ach, solche Abende wie dieser kommen bei uns viel zu selten vor, alle waren so heiter und liebevoll zueinander …« – »Fandest du? Ich hatte eher das Gefühl einer etwas gequälten Lustigkeit. Mit Ausnahme von Friedel, der wirklich ein guter Kerl und mit allem zufrieden ist, sind doch alle über unsere kleinen Lebensverhältnisse verstimmt. Alle drei sagen sich beständig, ›daß *wir* gerade so arme Eltern haben müssen‹. Sie übersehen das tausendfältig Gute, das sie haben, und kommen zu keiner echten und tiefen Anerkennung meiner Bestrebungen, weil ihnen die relative Resultatlosigkeit dieser Bestrebungen unbequem ist … Die Beobachtung dieser Dinge … ist mir mitunter schmerzlich.« – »Aber Theo, Lieber, das empfindest du nur so, weil dir die Dreilinden-Kapitel auf der Seele brennen. Keines der Kinder hat sich beklagt.« – »Und Martha? Ich habe noch gut im Gedächtnis, was sie vor Monaten aus Rostock schrieb: ›Es hilft nichts, man muß mit kunstvoller Philosophie die Wünsche immer noch etwas mehr herunterschrauben …‹« – »Das hat sie geschrieben, als Lise Witte heiratete und sie den honeymoon des jungen Paares tagtäglich miterleben mußte; ganz verständlich, daß sie sich dabei unglücklich fühlte …« – »Gesetzt den Fall, wir könnten ihr einen solch reputierlichen Gutsbesitzer backen, der genügend Geld hat, um mit ihr auf Reisen zu gehn, der sie ungeachtet aller Capricen auf Händen trägt und ihr jeden Tag Weingelee servieren läßt – was, glaubst du, würde geschehn? Sie fände ihn unter ihrer Würde und ließe ihn abblitzen! Denn sie will keinen Mengel, sie will einen Witte, einen Herrn Senator, der mit ihr nach Sankt Petersburg und nach Amerika fährt, erster Klasse natürlich.« – »Zu gönnen wär's ihr.« – »Dagegen sag' ich ja nichts, ich bin der letzte, der ihr das Leben einer grande dame mißgönnte, sie ist es ihrer ganzen Anlage nach; aber Dame sein und Dame spielen wollen, wenn die äußeren Umstände nicht danach sind, das ist etwas Grundverschiedenes. Jedes Land, jede Gesellschaft, jedes Lebensalter, jedes Verhältnis, jedes Portemonnaie fordert ein ganz bestimmtes Benehmen; die eigentliche Lebensklugheit besteht darin, dieses dafür passende Benehmen und die entsprechende Haltung zu treffen. – Ich darf dir, liebe Mila, das Kompliment machen, daß du dich immer an diese Lebensweisheit gehalten hast; nicht zuletzt aus diesem Grunde bist du in Tillas Familie ebenso gern gesehen wie bei Tante Merckel, bei Wangenheims oder Lessings. Du spielst nicht die Dame, du bist es, und dabei spielt keine Rolle, ob das gelbe Seidenkleid schon zwei- oder dreimal von der Schneiderin aufgemöbelt worden ist. – Übrigens sollst du ein neues haben, sobald das Honorar von ›Schach‹ eingetroffen ist ... Und nun: Gute Nacht!«

Ist es der Punsch, der ihr das Herz so warm macht? Oder sind es Theos ungewöhnlich herzliche Worte? Jedenfalls lächelt sie noch, als sie längst in Morpheus' Arme hinübergeglitten ist.

Der Geburtstag wird vom 30. auf den 31. verschoben, doch es hilft alles nichts: Erst abends um 6 beendet er die letzten Korrekturen und um 7 beginnt die Silvester-Premiere im Schauspielhaus. »Fräulein Commerzienrath« wird gegeben, »in einzelnen Szenen ganz nett, in andern trivial.« Dafür opfert er nun den letzten Abend im Jahr! Immerhin hat er, heimgekehrt, den Kopf frei, um sich am Familiengespräch zu beteiligen.

»Erzähl doch mal, wie war es denn an der Tafelrunde des Prinzen Friedrich Karl?« will Tedo wissen. – »Ihr müßt euch die Sache vorstellen wie ein Mittelding zwischen dem Tabakskollegium des Soldatenkönigs und dem Symposion des Königs Max von Bayern.« Damit können die Jungen wenig anfangen. »Also gut, kurz gesagt, es gab Champagner, vorzüglichen Hummer und frische Ananas, sehr anregende, interessante Gespräche, die auch nicht ausuferten, denn es sind nie mehr als sieben Herren eingeladen. In seiner Wohnung im Berliner Stadtschloß sah ich einige wenige Kunstwerke von Wert, im Jagdschloß Dreilinden gibt es entsetzlich viel Nippes und Kuriositäten bedenklichster Art. Aber das könnt ihr ja alles selber nachlesen. Ehrlich gesagt, ich hatte mir ursprünglich mehr davon versprochen, träumte so was von einem Marquis Posa, denn ich hatte den Prinzen ja als Oberkommandierenden in Schleswig-Holstein und umgänglichen Menschen kennengelernt und wußte, daß meine Balladen und mein 64er Kriegsbuch auf seinem Schreibtisch stehn, aber inzwischen habe ich mich davon überzeugt, daß all diesen Herren nicht an Offenheit und freier Meinung gelegen ist, sondern im Grunde genommen nur an Lobposaunung und Liebedienerei. Und dazu bin ich nicht da. Es war eine Episode in meinem Leben, ist es noch, zumal ich von vornherein wußte, daß es ein Fünftel meiner »Fünf Schlösser« ergeben würde; aber mehr bedeutet mir das Ganze nicht.«

»Papa hat es sogar abgelehnt, den Prinzen auf seiner Orient-Reise zu begleiten«, plaudert die Mama aus. Das kann nun wirklich keiner von den Jungen begreifen.

Wie kann man seine Ohren vor einem solchen Lockruf verschließen? »Wenn ihr wüßtet, wie dünn die Luft im Dunstkreis des Hofes ist, würdet ihr es verstehn«, sagt der Papa. »Man sieht zwar etwas von der Welt, aber man sieht es nur durch die Brille des hohen Herrn. Was *er* für wichtig hält, *ist* wichtig; was *er* für lobenswert hält, *ist* zu loben, und was *ihn* entrüstet, muß auch dich entrüsten. Man ist weiter nichts als sein hübsch verziertes Sprachrohr oder sein vergoldeter Federkiel. Für diese Rolle bin ich zu alt.« Und an den kopfschüttelnden Tedo gewandt: »Frage doch Wilhelm Gentz, ob der Orient wirklich so märchenhaft ist wie auf seinen Bildern. Das Auge wird zwar verwöhnt, aber Nase und Ohren werden erbarmungslos malträtiert. Und wenn man, kurz vor dem Verdursten, schon ein Glas Wasser als Labsal hält, in dem es vor höllischen Infusorien nur so wimmelt – nein, danke, ›da bleib ich lieber heeme‹, wie Tilla zu sagen pflegt. – Nein, im Ernst: Ich müßte an Reise und Buch mindestens zwei Jahre setzen, dann wäre ich fünfundsechzig. Das kann ich mir nicht leisten. Ich habe hier«, er öffnet die Schubladen seines Schreibtisches, »Novellenstoffe für vier bis fünf Jahre, *die* liegen mir am Herzen, *die* betrachte ich als meine ureigene Angelegenheit. *Das* kann kein anderer schreiben. Darum darf ich mich nicht ablenken lassen, auch wenn der Lockruf noch so mächtig hallt. Ich muß haushalten mit meinen Kräften.« Emilie streicht zärtlich über seine Hand, läßt sich von Stolz und Eitelkeit hinreißen und plaudert aus, daß Papa von allerhöchster Stelle gebeten wurde, eine Biographie Kaiser Wilhelms zu verfassen. »Und?« fragen alle wie aus einem Munde. »Ja, was denkt ihr, abgelehnt hat er's! Und frank und frei heraus geschrieben, er beneide sie nicht bei der Autorensuche, denn: ›die es können, werden nicht wollen, und die es wollen, werden es nicht können‹.«

Mete klatscht vor Vergnügen in die Hände: »*Das* hast du ihnen an den Kopf geworfen? Herrlich!« – »Sie haben sich dadurch noch nicht einmal abschrecken lassen«, nimmt Papa den Faden wieder auf, »dann habe ich auf Wunsch einer einzelnen Dame (er macht Emilie gegenüber eine theatralische Verbeugung) den diplomatischen Rückzug eingeleitet, indem ich sie vertröstete, ich würde nach Abschluß dringender Arbeiten, etwa in drei bis vier Jahren, darauf zurückkommen. Dann dürfte unser Durchlauchtigster neunzig sein und ein anderer, der scharf darauf ist, seinen Nekrolog geschrieben haben.« – »Ich verstehe das, ehrlich gesagt, nicht, Papa«, meldet sich George zu Wort, »das könnte ein Volksbuch werden wie seinerzeit das von Kugler und Menzel über das Leben Friedrichs des Großen, und du wärest mit einem Schlage in allen Bücherschränken, bei Hoch und Geringe.« – »Aber das ist er doch schon mit seinen Balladen und Preußenliedern«, ergreift Mama Partei. Und Papa fügt sarkastisch hinzu: »Ja, das bin ich, und es hat mir ebenso wenig blanke Taler eingebracht wie die zwölf Jahre, die ich an den Kriegsbüchern versessen habe. Der sprichwörtliche Undank des Hauses Hohenzollern wäre garantiert auch diesmal an mir vorbeigeschlichen … Nein, danke für Backobst! Spiel mir lieber eine Polonaise, Mete, du weißt schon, welche …« Und so wird im Hause Fontane das neue Jahr mit Chopin und Schubert begrüßt.

Zu Neujahr gibt es Rehbraten, ein Geschenk Mathilde von Rohrs. Fontane hatte ihr »Schach von Wuthenow« überreicht mit der Widmung: »Ohne Ihre Erzählung gäbe es die meine nicht«; das mußte dem alten Fräulein wohlgetan haben.

Es spukt dem Dichter schon wieder eine neue Idee im Kopf, zu der er Mathildens gütige Unterstützung erwartet; es handelt sich um das Schicksal der schönen, ephebenhaften Julie von Voss, die Friedrich Wilhelm II. zur linken Hand angetraut wurde und die schon im Jahr darauf als Gräfin Ingenheim im Kindbett starb. Bei den Wanderungen durchs Spreeland war er auf ihr Schicksal gestoßen, nun will er mehr über sie wissen, und Fräulein von Rohr soll wieder ihre weitreichenden Beziehungen spielen lassen.

Vorerst beschäftigt ihn allerdings etwas anderes: Mete gesteht ihm, eine Novelle geschrieben zu haben. Papa findet sie nicht übel, lobt ihr »ganz entschiedenes schriftstellerisches Talent«, die scharfe Beobachtungsgabe, die geistvolle Behandlung des Stoffes, den natürlichen, bildhaften Ausdruck; hält die Arbeit für wert, in der »Illustrierten Frauen-Zeitung« gedruckt zu werden. Aber sie kommt postwendend zurück: Abgelehnt! Zu viele Mängel, keine Handlung. Mete ist deprimiert. Papa tröstet sie liebevoll: »Sie hätten gerechterweise antworten sollen, die Novelle entspräche nicht dem Geschmack ihrer anspruchslosen Leserinnen, *damit* hätten sie's getroffen; aber wer gibt schon zu, ein Blatt für geistig Minderbemittelte zu machen? Schreibe du, meine liebe Mete, nur weiter deine köstlichen Briefe, die überall echte Freude und Anerkennung auslösen. Wie sagt Lepel immer: ›Wer lange Briefe schreibt, lebt lange!‹.«

Bald darauf dampft Mete ab nach Rostock, in das Senatorhaus, wo Milch und Honig fließen; von dort nach Schwiggerow zur Freundin Lise, nunmehr verheiratete Mengel. Pünktlich ein Jahr nach der Hochzeit wird hier Kindtaufe gefeiert. In Berlin indessen genießen Theo und Emilie die stille Wohnung. Mete – darin sind sie sich einig, ist bei aller Liebe im alltäglichen Umgang anstrengend. Sie kritisiert Mama am laufenden Band, weiß alles besser, spielt Klavier gerade dann, wenn die Eltern den versäumten Nachtschlaf nachholen wollen, führt tagsüber ein rechtes »Chaiselongue-Leben«, wie Papa es nennt, und geht abends in Gesellschaften, die bis weit nach Mitternacht andauern. Dann wieder überrascht und entzückt sie den Papa mit klugen Bemerkungen zu stilistischen und dramaturgischen Fragen, tiefgründig und scharfsichtig wie ein Professional. Aber der Zeitpunkt für solche Auseinandersetzungen ist ungünstig; Papa ist seit Wochen »abattu« oder weniger vornehm ausgedrückt, »er simpert wieder mal umher« und kommt mit seinem neuen Roman nicht voran. Dementsprechend ist seine Seelenlage: lustlos, verdrossen, schließlich deprimiert.

Emilie leidet mit ihm.

Drei Wochen nach Metes Abreise – die Taufe ist als großes Fest des ganzen Witte- und Mengel-Clans über die Bühne gegangen – fragt sie an, ob sie nicht wieder nach Berlin kommen könnte. Emilie entrüstet sich: »Hin und her und her und hin, was das allein für Fahrgeld kostet!

Dieser Egoismus, dieses mangelnde Einfühlungsvermögen!« Es treibt ihr die Zornesröte ins Gesicht. Sie wird ihr eine Philippika halten, die sie sich nicht hinter den Spiegel steckt! – Theo nimmt ihr die Feder aus der vor Empörung zitternden Hand: »Beruhige dich, *ich* werde schreiben.« – »Ach, du bist zu lasch in diesen Dingen. Hier muß endlich Tacheles geredet werden! Martha tut so, als wären wir Witte oder Bleichroeder.«

»Ich werde nicht lieblos, aber unmißverständlich schreiben und es nicht eher abschicken, als bis du es abgesegnet hast.«

Und so geschieht's. »Meine liebe Mete«, schreibt der Papa, »Du frägst in Deinem letzten Briefe, ob Du kommen oder bleiben sollst? Du kannst es damit halten ganz nach Deinem Ermessen … Wenn Du kommst, so freuen wir uns, jeden Tag, jede Stunde, sind aber der Meinung, daß dann nach 3 oder 5 Wochen nicht wieder nach Schwiggerow oder Rostock oder Warnemünde gereist werden kann. Es ist durchaus nöthig, alle diese Dinge auf einen bestimmten Etat zu bringen und hinterher Etats-Ueberschreitungen zu vermeiden. Mit dem berühmten: ›na, *das* hätte sich schließlich auch noch leisten lassen‹ kommt man nicht weit. Im Einzelnen ist es immer richtig, im Ganzen ist es immer falsch. Die Kosten, die durch solches Hin-und-Herreisen verursacht werden, sind als Einzel-Ausgabe sehr wohl zu tragen … aber es ruinirt uns die *Viel*heit der Fälle. Und diese Vielheit ist in einem eminenten Grade da: ich *muß* nach dem Harz um endlich wieder zu Kräften zu kommen, Mama muß sich doch endlich mal wieder statt ihrer gefärbten Loden ein neues Kleid anschaffen, Theo, bei seiner momentanen Uebersiedlung nach Frankfurt, braucht dies und das, Friedel ist eben neu eingekleidet, George kommt auf 5 Wochen und will doch leidlich verpflegt sein, Du selbst wirst auch Verschiedenes brauchen, – wo soll das alles herkommen, wenn ein alter Herr, dem es ohnehin blutsauer wird, auch noch 4 Monate lang arbeits- will also sagen erwerbsunfähig gewesen ist. Dadurch, daß Dir solche Mittheilungen allemal ein tiefes aesthetisches Unbehagen wecken (woraus ich Dir keinen Vorwurf mache, es geht mir ebenso) *da*durch wird die Situation nicht besser. Es giebt kein andres Mittel, als das alte ›sich nach der Decke strecken‹. Mama und ich haben diese schwere Kunst gelernt und ihr müßt sie auch lernen. Nur dem Siege der Pflicht über die Neigung, nur dem Verzichten-können, nur der Erkenntniß und dem Handeln danach ›*dies* geht noch gerade und *dies* unmittelbar Danebenliegende geht schon nicht mehr‹ nur dieser, ich darf uns beiden das Zeugniß ausstellen, klugen und gewissenhaften Innehaltung bestimmter Normen, verdanken wir es, daß wir ehrlich gelebt, unser Haus ordentlich bestellt und unsre Kinder anständig erzogen haben. Mamas Verdienste nach *dieser* Seite hin sind *sehr* groß; ich hab' es mir sauer werden lassen, aber das Haushalten, das Auskommen mit dem mühvoll und spärlich Erworbenen, ist schwerer und namentlich auch niederdrückender als das Erwerben selbst. Mama redet zuviel, schießt dann weit über das Ziel hinaus und hat einen schwarzseherischen Zug, der bis zum Undank gegen das Ihr Gewordene ausartet und mich oft reizt und verletzt, aber in ihrem Thun ist sie nicht blos von großer Pflichterfüllung, sondern auch von großer Güte, viel gütiger als ich, und namentlich durchaus nicht kleinlich … Immer nachgiebig sein, immer Sorgen und Aergernisse lächelnd überwinden, das leistet niemand …«

»Bis auf die Erwähnung des ›schwarzseherischen Zugs‹, den ich unpassend finde, pflichte ich dir vollkommen bei«, sagt Emilie. »Im übrigen muß man nicht Pessimist sein, um den momentanen Zustand unseres Haushaltsetats, nun, wie soll ich sagen, ohne dich aufzubringen, mehr als bescheiden zu finden.« – »Aber Mila, ich brauche nur zu Hertz zu gehen und das Honorar für die 4. Auflage zu holen.«

»Der Stormsche Bibber« oder Emilie als Kritikerin

Die »Wanderungen« reißen wieder einmal alles raus: Emilie bekommt ihr neues Kleid, und Theo mietet sich Anfang Juni im »Hôtel Hubertusbad« in Thale ein. Bis ihm das abgeschriebene Manuskript zu »Graf Petöfy« nachgeschickt wird (mit 3000 Mark versichert, ob es jemals soviel einbringen wird?), schreibt er schnell noch einen Aufsatz und liest, geradezu exzessiv, Zolas »La fortune des Rougon«; findet alles »scharf beobachtet, die Darstellung lebhaft, farbenreich, fesselnd, aber nichtsdestoweniger alles nur Schmöker«. Relativiert aber in seinem Brief an Emilie: »Hoher Schmöker sein, ist vielleicht das Roman-Ideal.« Und sie antwortet: »Ich fürchte gerade unsre muße- und ruhelose Zeit würdigt nur solche Lektüre, keiner hat Lust und Sammlung über das Gelesene nachzudenken … sonst könnte doch Zola und mit ihm seines Gleichen nicht die enormen Erfolge haben; *deutsch* könnte ich kein Buch von ihm auslesen, für mich hat die Sprache und das, was ich nicht verstehe, einen besonderen Reiz.«

Emilie hat im Laufe der Jahre ihr Urteilsvermögen so weit geschult, daß sie seine Manuskripte nicht nur kopiert, sondern auch ihre Ansicht dazu äußert; eine heikle Sache bei der Empfindlichkeit ihres Herzensmannes. Meist widerlegt er auch ihre Argumente, aber manchmal nimmt er sie auch an. Und es handelt sich nicht nur um Kleinigkeiten wie: »Du schreibst so oft: von ... *her*, ... an ... *hin*, kurz, nach meiner Dummheit braucht es oft *gar nicht* da stehn ... Schrecklich für mich ist die immer wiederkehrende Abkürzung von: wurde in wurd'; es sieht auch schon so schlecht aus.« Zum ersten Mal wagt sie, Grundsätzliches zu seiner Arbeit zu äußern. Zwar beginnt sie: »Ich muß mich natürlich jedes Urtheils enthalten«, legt dann aber doch ganz tapfer und gescheit los: Es leuchte zwar ein, daß der alternde Graf Petöfy ein junges, schönes und geistreiches Wesen um sich haben will und – was für seine unkonventionelle Lebenshaltung spricht – nicht auf eine Liaison aus ist, sondern auf eine Ehe mit allen Verpflichtungen; es leuchte noch mehr ein, daß die Schauspielerin Franziska auf sein Angebot eingeht; sie ist klug genug einzusehen, daß sie die Rolle der Jugendlich-Naiven auf der Bühne nicht ewig spielen kann, und glaubt, an seiner Seite eine Aufgabe fürs Leben zu finden. (Die Geschichte ist übrigens nicht aus der Luft gegriffen, »die kleine Buska«, die Fontane vom Parkettplatz 23 aus so gern sah und lobte, war auch nach Wien gegangen, um sich einen alten Grafen an Land zu ziehn.) Die norddeutsche Franziska des Romans ist schwerblütiger, nachdenklicher; daß sie, an Verehrung und Schwärmerei gewöhnt, gleich auf den Neffen des Grafen hereinfällt, mag Emilie nicht einsehen. Überhaupt bliebe dieser Neffe zu schemenhaft, »man würde nicht begreifen, daß er kam, sah und siegte. Sein Selbstgespräch ›Weiter oder Rückzug‹ wirkt zu leidenschaftslos und zu sehr wie von einem, der zu rechnen gewöhnt ist. Das Kapitel, wo er seine Stellung zu ihr in Erwägung zieht, doch fast zu zurecht gemacht und grußlig.« Zum Schluß spricht sie aus, was ihr schon lange auf dem Herzen liegt: alle Liebesszenen, wenn sie denn überhaupt vorkommen, seien merkwürdig matt und werden meist umschrieben, noch lieber umgangen. »Liebesschilderungen, merkt man Dir doch sehr an, sind nicht Deine Sache: ein Tröpfchen vom Stormschen ›Bibber‹ könnte meinem Geschmack nach nicht schaden.«

Seine Antwort trifft schon am nächsten Tage ein und ist, wie erwartet, vehement: das »her« und »hin« und »wurd'« akzeptiert er als Bagatellen, aber dann muß er doch seine ganze Autorität in die Waagschale werfen:

Die Liebe Franziskas zum jungen Grafen käme nicht plötzlich, sie spuke schon durch die ersten zwölf Kapitel, »was sich darin zeigt, daß sie in seiner Gegenwart immer nervös ist und sofort in eine pointirte, halb leidenschaftliche Sprechweise verfällt«; und der alte Graf, der unter »Beobachtung aller Dehors« eine geistreiche, pikante Person um sich haben will, kalkuliert seinen eigenen diffizilen Charakter nicht ein, »an diesem *Rechenfehler* geht er zu Grunde«, wie jeder, der meint, sein Leben berechnen zu können. Schließlich kommt er zu dem Punkt, der ihn am meisten getroffen hat: den »Stormschen Bibber«: daß er den *nicht* habe, betont er, sei sein Stolz und seine Freude! »Im Uebrigen weiß ich sehr wohl, daß ich kein Meister der Liebesgeschichte bin; keine Kunst kann ersetzen, was einem von Grund auf fehlt.« An dieser Stelle läßt Emilie den Brief sinken: »Ah ja, Theochen, wem sagst du das ...« Welche Überwindung mag es ihn gekostet haben, das zuzugeben. Immer, wenn er etwas zugesteht, holt er auch gleich zum Gegenschlag aus. Sie hatte ihr Urteil vorsichtshalber mit den Worten abgeschwächt, kein »professioneller Kritiker«, sondern »nur großes Publikum« zu sein. Darauf geht er ein: »›Großes Publikum‹ bist Du *deshalb* nicht, weil Du en détail einen sehr feinen künstlerischen Sinn hast, aber Du bist allerdings wie die meisten Frauen eine conventionelle Natur. Im Leben ist dies ein Glück, aber zur Beurtheilung von Kunstwerken ... reicht natürlich der Conventionalismus nicht aus ... So richtig Du alles verstanden hast, so seh ich doch, daß Du meinen Intentionen gar nicht gefolgt bist und nicht blos die Geschichte, sondern auch die beiden Hauptpersonen mit einer der landläufigen Novellenliteratur entnommenen Alltags-Elle ausmißt. Natürlich werden das die *andern* Leser erst recht thun. Du wirst es aber begreiflich finden, daß dies gar keinen Eindruck auf mich machen kann; das Kunst- und Erkenntniß-Vermögen jener ›andern‹ (the Million) liegt eben weit hinter mir. Leider bin ich äußerlich nicht in der Lage, dies alles vornehm leicht nehmen zu dürfen, aber wenn ich nur noch 7 Jahre lebe, was doch möglich, so werd' ich *doch* durchdringen. In einigen Köpfen fängt es bereits an zu tagen.«

Was soll Emilie dazu sagen? Es klingt alles maßlos hochmütig. Nur ein Genie dürfte so sprechen. Sie ist zwar davon überzeugt, daß er Leuten wie Brachvogel oder Julius Wolff, die das Zehn- und Zwanzigfache von ihm verdienen, turmhoch überlegen ist – aber ist er wirklich ein Genie? Sie beschließt, die Geschichte noch einmal im Zusammenhang zu lesen, denn bei dem Wort-für-Wort-Abschreiben müssen ja zwangsläufig Schönheit und Vollkommenheit des Werkes verlorengehen. Das Beste sind und bleiben für sie die Dialoge. Er beschreibt selten den äußeren Menschen, jedenfalls nicht so ausführlich wie Zola, seine Personen offenbaren sich – oft unfreiwillig – durch ihre Art, sich zu bewegen und zu reden. (In der behutsam-toleranten Schwester des alten Grafen glaubt sie, Marie von Wangenheim herauszuhören und in dem Jesuitenpater Feßler den ebenso loyalen Hofprediger Windel.) Theo hat – wie Luther – »dem Volk aufs Maul geschaut«, aber auch den Gräfinnen und Exzellenzen. – »Doch ist er wirklich und wahrhaftig ein Genie? Das wagt sie nicht zu glauben.

»Das Genie« ist zwar gegen die Lanzenspitzen der Literaturkritik gefeit, aber nicht gegen die alltäglichsten Tücken des Objekts. Emilie lacht laut heraus, als sie folgenden Hilferuf liest: »Lege doch in Deinen nächsten Brief eine Nähnadel mit einem schwarzen Zwirn- oder Seidenfaden ein ... alle modernen Hosennähte sind nur geheftet und haben die Eigenthümlichkeit immer an den bedenklichsten Stellen zu reißen, wo Hülfe ebenso nöthig wie schwierig ist. Denn gerade mit Rücksicht auf die Stelle, kann man sich nicht vertraulich an ein kleines rothköpfiges Dienstmädchen wenden. Es wäre schon fast wie ein Antrag ...«

Es gibt aber noch mehr »Neuigkeiten« aus dem stillen »Hubertusbad« zu berichten: Der Nachbar, ein Dr. Jahn, hat sich erschossen. Fontane knüpft daran seine Betrachtungen über solche verwunschenen Villen mit wildem Wein und Papagei-Volière, die aussehen, als müßten Frieden und Poesie drin wohnen. Wie war es in diesem Falle? Sie, die Frau, war reich; ihr erster Mann starb, und sie heiratete den sehr viel jüngeren, strammen Hauslehrer ihres einzigen Sohnes. Von ihrem Gelde kauft er sich den Doktor-Titel, der Sohn kommt ins Pensionat, er selbst lebt als Lebemann, Süffel und Lüderjahn, sie wird immer elender und landet schließlich bei Morphiumspritzen. Als sie sich aufrafft und die Scheidung beantragt, sieht er sich am Bettelstab. Er durchzecht noch eine Nacht und setzt dann seinem verpfuschten Leben ein Ende.

»Wenn ich etwas ganz in Rosen und Vergißmeinnicht liegen sehe«, schließt Fontane seinen Bericht, »wird mir schon immer angst und bange. Da doch lieber niedrige Stuben und einen schiefgebauten Ofen.«

Emilie zeigt sich von dieser Geschichte wenig beeindruckt. »Was die Menschen gemeinhin Schicksal nennen, sind oft nur ihre eigenen Dummheiten«, zitiert sie Schopenhauer. Wirkliche Tragik sehe sie nur dort, wo einer trotz redlichster Bemühungen permanent Schiffbruch erleide. Schließt sie in diesen Satz auch die redlichsten Bemühungen ihres Herzensmannes ein? Man kann ihn zwar nicht als schiffbrüchig bezeichnen, aber der erhoffte Segelwind bleibt doch aus, und der Erfolg will und will sich nicht einstellen.

Von »Schach von Wuthenow« werden in sechs Monaten gerade mal 510 Exemplare verkauft: »510 auf 60 Millionen Deutsche ... so kriegt man ein Zittern und das Herz sinkt einem, um nicht einen drastischeren Ausdruck zu wählen«, schreibt der enttäuschte Autor seinem Verleger. Eigentlich wollte er mit Emilie eine Reise machen und selber auf Norderney noch allerletzte Hand an »Graf Petöfy« legen. Nun reicht es nur für Norderney und auch nur für ein kleines Quartier auf der dem Meer abgekehrten Seite. Am 30. August endlich findet er, die Arbeit wäre nun »ganz was sie sein soll«, nur fünf Kleinigkeiten bittet er Emilie, noch zu recherchieren und einzusetzen, dann könnte das Manuskript zur Druckerei: 1. »Wie heißt in Körners ›Zriny‹ die jugendliche Heldin? 2. Wer war 1874 die erste Liebhaberin im Théatre Français? 3. kann man sagen ›l'homme de verre‹ (als Übersetzung von ›Glasmensch‹)? 4. Gibt's eine Taubensorte, die ›Kröpfer‹ (statt Kropftaube) heißt? 5. Wie heißt die Insel der Phäaken?«. Emilie seufzt: Gibt es noch einen Dichter auf der ganzen Welt, der es so genau nimmt wie Theo? Aber sie läßt ihren detektivischen Scharfsinn spielen und eruiert das Gewünschte und macht hinter dem »Grafen Petöfy« drei Kreuze.

Das Werk erscheint in der Deutschen Roman-Bibliothek »Über Land und Meer« in Fortsetzungen und wenig später als Buch bei Steffens in Dresden. (Hertz hatte kein Interesse gezeigt.) Das Echo der Kritik faßt der frustrierte Autor in einem Satz zusammen: »Alles jammervoll; das Lob öde, der Tadel unsinnig, böswillig.« Er übertreibt ins Negative, es gibt feinsinnige, anerkennende Worte, aber wenige. Emilie zerbricht sich in kummervollen Nächten den Kopf über die Gründe seiner relativen Erfolglosigkeit: Als Balladendichter achtet man ihn als einen der besten deutscher Zunge; als »Wanderer in der Mark« hat er (wie er ironisch bemerkt) »einen Platz, auf dem er sein Rühmchen tanzen lassen darf«; als Theaterkritiker ist er eine Art Institution geworden – warum hat er mit seinen Novellen und Romanen so wenig Glück? Liegt es an der Wahl der Stoffe?

Es ist nicht ratsam, mit ihm darüber zu reden. Einmal, als sie gerade von den Freunden aus Neuruppiner Kindertagen sprechen, entfleucht ihr der Seufzer: »Ach, wenn du doch etwas von dem Gespür des Bilderbogen-Kühns hättest, *der* wußte genau, was in der Gunst des Publikums obenauf schwimmt.« Darauf Theo, erbost: »Welchen Unsinn redest du da, ebenso könnte ich zu dir sagen: ›Wenn du doch das Gespür für Geld von Bleichroeder hättest, dann wären *wir* jetzt Bismarcks Bankier‹!« Diese Replik empfindet Emilie zwar unter der Gürtellinie des guten Geschmacks, nimmt aber nicht übel, denn sie spürt: Theo ist eifersüchtig auf den wiedergefundenen Spielfreund aus Papa Kummers Zeiten! Damals war Gerson Bleichroeder ein schmächtiger Knabe, musik- und theaterbesessen wie sie und auch zu allerhand Schabernack aufgelegt – wie sie. Nun haben sie sich wiedergesehen, er frisch geadelt, zum Geheimen Commerzienrat und Englischen Generalkonsul ernannt, 20 oder 30 Millionen schwer, aber immer noch liebenswert und kein bißchen prahlerisch. Theo zweifelt ja nicht an seinen Verdiensten für den Staat, wohl aber an seiner Liebens*würdigkeit.* Einerseits gefällt ihm, daß seine Frau en passant mit einem der wichtigsten Männer des Reiches Tee trinkt und mit einer Menge Neuigkeiten aus der Welt des großen Geldes und der großen Politik heimkommt, andererseits gefällt es ihm aber nicht. Er will nicht glauben, daß so ein Kaviarfrühstück von 11 bis 1 ein moralisches Lehrstück sein soll. »Und doch ist es so«, sagt Emilie, »dieser von fürstlichem Glanz umgebene, fast erblindete, arme, einsame Mann erscheint mir wie ein Lehrbeispiel aus Peter Hebels ›Schatzkästlein‹. Wie oft haben wir uns als Kinder auf dem obersten Rang des Theaters verkrochen – heute hat er die Loge neben der des Kaisers –, aber er hat keine Freude mehr dran, denn er kann nichts mehr sehen.« Er will die Loge nicht kündigen; lieber verschenkt er die vier Plätze an Freunde, und Emilie genießt es, ihre musikalischen Söhne, Mete oder Schwägerin Jenny einladen zu können. »Weißt du«, sagt sie, ihrem Gespräch den letzten Stachel nehmend, »eigentlich sind wir doch besser dran: wir haben uns und können uns aufeinander verlassen, wir müssen keinem mißtrauen, denn keiner will etwas von uns und macht uns deshalb etwas vor; wir sind freier als der arme Bleichroeder, der sein Gewicht mehrfach mit Gold aufwiegen kann.«

»Du bist die geborene barmherzige Samariterin«, brummelt Theo.

Sie kann schwer entscheiden, ob da Anerkennung oder Ironie mitschwingt. Aber er meint es ehrlich. Wie viele Nächte hat sie, selbst leidend, an den Betten der kranken Kinder zugebracht; in wie vielen Nächten hat sie ihm, wenn er malade darnieder lag, mit ihrer schönen, modulationsreichen Stimme vorgelesen: Heyse, Raabe, Storm, Heine, ja, sogar die langweiligsten und trockensten Schinken, wenn sie für seine Arbeit wichtig waren. Wie oft hat sie – als »Ellora«-Mutter – Rekonvaleszenten-Besuche gemacht und als »Seelensofa« gedient bei Trauernden und Verzweifelten; zum Beispiel bei Emilie Krigar, der Schwester Adolph Menzels, die ihrem in Alltagsdingen hilflosen Bruder so lange die Wirtschaft führte, bis sie »kaum noch an den Mann zu bringen war«. Dann heiratete sie den Musikdirektor Krigar und hielt mit ihren zwei Kindern in einer teils dramatischen, teils tragikomischen Ehe aus, bis ihre Seele zermürbt und ihre Augen fast blind waren. »Warum tust du dir das an?« hatte Theo sie gefragt. »Weil mir das Herz weh tut, wenn ich sie um Fassung ringen sehe. Ich weiß nicht, wer mir am leidesten tut, sie, die Kinder oder – unser Menzel. Jedenfalls benimmt er sich wie ein Held in dieser häuslichen Misere, die ja auch die seine ist. – Im Rütli merkt ihr natürlich nichts davon. Er hat auch den Vorteil, daß er sich in sein Atelier zurückziehen kann; sie nicht.«

Solche Besuche macht sie zumeist, wenn Theo im Theater ist. Er mag es überhaupt nicht, an Krankenbetten zu sitzen oder jemandem zum hundertsten Male gut zuzureden. Es nimmt ihm die Schreibestimmung. Und alles, was dazu angetan ist, ihm diese lebenserhaltende Stimmung zu schmälern, muß sie ihm möglichst fernhalten. Zuweilen schimpft er liebevoll mit ihr, sie lade sich mehr auf ihre schmalen Schultern, als sie tragen könne. Im Grunde genommen geht er aber davon aus, daß dies eben in ihrer Natur läge und sie gar nicht anders könne als für andere dazusein.

Da täuscht er sich. Sie sieht sich zwar als Dienerin, aber etwa in dem Sinne wie Friedrich der Große sich als Erster Diener seines Staates sah: Pflichterfüllung aus freien Stücken, ja, aber nicht bis zur Selbstaufgabe. Wem sollte das auch nützen? Freiräume müssen sein. Oft bleiben diese nur den Männern vorbehalten. Fontanes haben in ihrer Ehe ein agreement gefunden, das jedem seine Spielräume läßt. Emiliens Freiräume sind allerdings bescheidener und weniger kostenaufwendig.

Theo freut sich sogar, wenn sie aus diesen Spielräumen gute Laune bezieht – vorausgesetzt, es ist nicht gerade ein dringendes Manuskript abzuschreiben. Wenn er in Zeitnot oder krank ist, die Vossin aber von ihm einen kurzen Bericht über einen Rezitations- oder Vortragsabend erwartet, geht sie für ihn hin, und er schreibt danach und verläßt sich auf ihr Urteil. Als er einmal im »Rütli« über diese Art der Kooperation spricht und Bedenken laut werden, fegt er sie lachend vom Tisch: »Ach was, eine gute Ehe funktioniert wie in dem Märchen vom ›Swinegel un sin Fru‹: Jeder sitzt an seinem Ende der Furche und ruft: ›Ick bün allhier!‹ und überlistet so den Hasen. Ich gebe zu, daß im Falle des Igels auch etwas Arglist mitspielte, aber im Grunde stimmt's. Und wenn ich nicht auf zwei Hochzeiten tanzen kann, muß eben Emilie in der Furche beziehungsweise im Vortrag sitzen. C'est ça.«

Mit den Söhnen ist Emilie recht zufrieden: Alle drei gehen ohne größere Schwierigkeiten upstairs. George, der als kleiner Junge auf die Frage, was er einmal werden wolle, geantwortet hatte: »Glücklich, Papa!«, ist es tatsächlich, weil er das Talent hat, »überall die Musik des Lebens zu hören«. Er kommt als Lehrer an die Hauptkadettenanstalt nach Berlin-Lichterfelde, heiratet ein liebes, wohlhabendes Mädchen, Martha Robert, und ist mit sich und der Welt im Einklang. Bald darauf heiratet auch Tedo, »der große Gewinner am Skat- und Biertisch des Lebens und aller guten Kerle Freund und Bruder« (wie Papa ihn nennt). Er hat schon eine ansehnliche Sprosse auf der militärisch-juristischen Karriereleiter erreicht. Auch Tedos Frau heißt Martha, so daß Emilie nun drei Töchter gleichen Namens an ihr mütterlich-sorgendes Herz nehmen kann. Friedel, der pflegeleichteste, volontiert bei den renommiertesten Buchhandlungen Deutschlands – nur Mete ist und bleibt das »Angstkind«. Acht Monate lang war sie Gesellschafterin bei Mrs. Dooly, einer Amerikanerin, die merry old Europe kennenlernen wollte. Man lebte ein paar Wochen mit einem Troß von Bediensteten in Berlin, dann ging es in opulentem Pilgerzug durch Italien. Enthusiastische Briefe kamen aus Venedig, Nice und Rom, schon sprach man davon, daß Mete mit nach San Francisco gehen würde, da flaute die Begeisterung plötzlich ab: Mamy, ihr Zögling, war nämlich keine brave pommersche Landbaronesse, sondern das in freier Wildbahn aufgewachsene, verwöhnte Kind einer kalifornischen Millionärsfamilie, und wenn Mete ihr mit dem klassischen Standardsatz alter Erzieherinnen kam, der da lautet: »Das macht man nicht!«, dann antwortete sie mit dem strahlendsten Lächeln (dem nur ein klein wenig Impertinenz beigemischt war): »But I do it!« Und Mete war machtlos.

Sie verläßt also nicht das Elternhaus, um in die Neue Welt überzusiedeln, sondern nimmt in Berlin eine Stelle als Lehrerin in einer Höheren Töchterschule an. Avanciert schnell, muß aber nach einem halben Jahr wegen völliger nervlicher Erschöpfung wieder aufgeben. Es ist ihr letzter Versuch einer beruflichen Tätigkeit.

Ganz allmählich sind alle »Ressorts der Familienregierung« Emilie zugefallen: Finanzen, Wirtschaft, innere und äußere Angelegenheiten, Soziales sowieso ... und doch bleibt sie nach wie vor von den (oft schwer einsehbaren) Entscheidungen ihres Herzensmannes abhängig. Es ängstigt sie, wenn sie so gar kein System in seiner Arbeit erkennen kann. Er breitet eines Tages den Inhalt zweier Schubladen vor ihr aus mit Aufzeichnungen zu historischen, biographischen und novellistischen Arbeiten und meint, es läge doch etwas ungemein Beruhigendes darin, über eine solche Fülle von Stoff disponieren zu können. Diese Fülle von Papier beruhigt sie keineswegs: Wie viele Jahre werden vergehen, bis aus diesen Zeichnungen, Personennamen, Anekdoten, Redensarten und anderen Notizen ein fertiger Roman entsteht?!

»*Ein* Roman? Hier drin stecken mindestens fünf oder sechs Romane!« Sie kann es sich schwerlich vorstellen, der Eindruck der Konfusion bleibt: Drei Monate hat er sich an dem Scherenberg-Essay festgekrallt, im Mai vor den Toren der Stadt, am Zeuthener See, plötzlich in einem Schaffens-Hoch acht Kapitel von »Irrungen, Wirrungen« niedergeschrieben; im Juni in Thale plötzlich »Cécile« konzipiert, weil eine Dame an der table d'hôte ihn äußerlich an seine Romanheldin erinnert, so jedenfalls müßte sie sich kleiden und bewegen; dann schreibt er von entzückenden Harz-Partien und daß er unerwartet angefangen habe zu dichten ... Sie kann nicht ahnen, daß alles, was er dort sieht und erlebt, in »Cécile« seinen Niederschlag finden wird; es muß ihr alles ziemlich wirr vorkommen, dennoch läßt sie sich nichts anmerken, sondern schreibt: »Ich freue mich Deinetwegen, daß der Genius noch über Dich gekommen ist.« Wenn nur Schaffensfreude aus seinen Briefen spricht, so will sie still und zufrieden sein.

Im Juli fährt er ins schlesische Krummhübel, im August kommt sie nach, und sie genießen eine schöne Zeit.

Er beendet die Rohfassung von »Cécile«. Doch im Herbst packt er sie in die Schublade, in der schon »Irrungen, Wirrungen« lagert, und wirft sich mit ganzer Kraft auf eine Kriminalerzählung, die der Chefredakteur von der »Gartenlaube« von ihm wünscht. Sie erscheint im Jahr darauf unter dem Titel »Unterm Birnbaum« und ergibt gerade mal so viel, daß davon der nächste schlesische Sommeraufenthalt finanziert werden kann. Wieder fallen ihm am Ufer der eiskalten, hurtig dahineilenden Lomnitz Verse ein: »John Maynard« und »Gulbrandsdal«. Dann feilt er weiter an »Cécile« und notiert einen Kriminalfall, der wenige Jahre zuvor die Gegend in Aufregung versetzte: Ein Oberförster des mächtigen Grafen Schaffgotsch, der sich als »Bismarck des Riesengebirges« aufspielte, peinigte über Jahre einen armen Untergebenen, bis dieser ihn mit seiner Wildererflinte erschießt. Der Täter kann, weil er viele Freunde im Tal hat, nach Amerika entkommen, das Todesurteil wird in Abwesenheit ausgesprochen. Amtsrichter Friedlaender, der zu Fontanes neuestem Urlaubsbekanntenkreis gehört, hatte an dem Prozeß teilgenommen und kann in allen Einzelheiten kommentieren. Nun reizt es Theo und Emilie, das Denkmal für den erschossenen Förster zu sehen. Sie rechnen mit einem Weg von anderthalb Stunden, es werden aber drei.

Und der Rückweg ist vor allem für Emilie strapazenreicher als der Anstieg, so daß sie öfter Verschnaufpausen einlegen müssen. »Mord«, hatte Theo angesichts der Inschrift auf dem Gedenkstein gesagt, »ist eigentlich nicht der richtige Ausdruck. Förster und Wilddieb leben in einem Kampf und stehen sich bewaffnet, Mann gegen Mann, gegenüber. Der ganze Unterschied ist, daß der eine auf dem Boden des Gesetzes steht, der andre nicht, aber dafür wird der eine bestraft, der andre belohnt, von ›Mord‹ kann in einem ebenbürtigen Kampf keine Rede, sein.« – »Es ist doch aber schrecklich«, meint Emilie. »Ja, daß es soweit kommen mußte; aber ich habe immer ein gewisses Verständnis für die getretene Kreatur, die sich an ihrem Peiniger rächt.« – »Du wirst doch nicht etwa für den Mörder Partei ergreifen?« – »Ich werde nur schildern; danach soll sich der Leser selbst ein Urteil bilden.« Mehr sagt er nicht dazu; er spricht nicht gern über unausgegorene Dinge, auch nicht mit Emilie.

Heimgekehrt, sinkt sie völlig erschöpft ins dicke Federbett. Theo erfährt derweil bei Schinkenbrot und Bier – denn die Welt ist ein Dorf –, daß Julius Wolff für seinen neuesten Roman 45 000 Mark bar auf die Hand bekommen habe. Er läßt sich nichts anmerken, aber im Schlafzimmer poltert er los: »45 000 Mark bar aufs Brett! Und was hat mir »Universum« für »Cécile« geboten: 3 500 Mark! Es ist eine Schande! Es ist eine Schande! Oh, ich kann sehr wohl begreifen, daß einer angesichts schreiender Ungerechtigkeit dazwischenschießt!« Emilie ist zu müde, um sich aufzuregen: »Glaub mir, es gibt eine ausgleichende Gerechtigkeit, Theo, und Wolffs Schwarten werden längst vergessen sein, wenn deine Romane in allen Bibliotheken stehen.« – »Ah ja«, meint Theo, »bis dahin müssen Poetendünkel und Poetenverrücktheit mir über die Misere hinweghelfen. Nun ja, vielleicht erleben es wenigstens unsere Kinder und Enkel ...«

Das Colonie-Fest

Im November 1885 besteht die Französische Colonie zu Berlin 200 Jahre. Man erwartet von Fontane ein würdigendes Festspiel mit Prolog und gibt ihm dezent zu verstehen, daß es doch eine gute Gelegenheit wäre, seine Verbundenheit mit der Colonie zu zeigen, deren Gymnasium seinem Sohn immerhin über Jahre Heimstatt gewesen. Mit einem Wort, man erinnert ihn daran, daß der größte Teil der Ausbildungskosten immer noch nicht bezahlt ist. Also sagt er zu, aber nur für den Prolog, das Festspiel bürdet er Theo junior auf; er sei schriftstellerisch auch nicht unbegabt und solle ruhig mal zeigen, was er könne. Tedo reagiert unlustig, der Papa wird deutlich: »Bei dem, was wir der Colonie schuldig sind, war es unerläßlich, daß einer von uns beiden das Stück schrieb, und deine jüngeren Jahre und jungen Kräfte könnten sich dem eher unterziehen als ich, der ich müde, ja, sehr müde bin.« Und Tedo gehorcht. »Das Fest verlief sehr hübsch«, berichtet Papa an Friedel, die jungen graziösen Colonieschönheiten seien eine wahre Augenweide gewesen. »Nach Tisch ging ich; Mama blieb mit George und Theo, die noch bis in die halbe Nacht hinein getanzt und sich recht gut amüsirt haben.« Tedo, im Hochgefühl des Gefeiertwerdens, verspricht, die Rückzahlung der noch ausstehenden Ausbildungskosten fortan selbst zu übernehmen; für Papa zweifellos der angenehmste Augenblick des Abends.

Kurz vor Weihnachten kommt »Unterm Birnbaum« als Buch heraus. »Es wird verpuffen wie alles andere auch«, knurrt Fontane. Doch bald darauf kann ihm Emilie zum Frühstücksbrötchen eine süße Beigabe servieren: Ludwig Pietsch schreibt sehr anerkennend, vor allem die Passage über die Nebenfiguren muß Emilie zweimal lesen: Sie seien »mit verhältnismäßig wenigen Meisterstrichen entworfene Menschenwesen von Lebensfülle und Überzeugungskraft, wie wir sie von Turgenjew oder Fritz Reuter kennen«. Das tut ihm gut.

»Wenn er doch step by step vorgehen würde und nicht immer zwei, drei Sachen auf einmal vornähme«, denkt Emilie. Erst »Cécile«, dann »Irrungen, Wirrungen«, dann wieder einzelne Kapitel zu »Fünf Schlösser«, dazwischen »Stine« und »Unwiederbringlich« und Reisefeuilletons.

Und genauso unüberlegt und zufällig erscheint ihr die Auswahl seiner Lektüre. Sie hat ihm ellenlange Passagen aus der »Geschichte des Dänischen Reiches« vorlesen müssen, erschienen 1732, sterbenslangweilig; wozu das alles? fragt sie sich. Und doch reifen, in a long run, die Früchte seiner Mühen. 1886 gehört noch zu den mageren Jahren, da müssen Vorabdruck von »Cécile« und die zweite Auflage des »Spreelandes« alles herausreißen. 1887 erscheint »Cécile« (das einzige Buch, das Emilie langweilig findet und mit dem sie sich nicht anfreunden kann) und im Hochsommer »Irrungen, Wirrungen« als Fortsetzungsroman in der Vossin. Nach der dritten Folge kommt es zum Eklat: Einer der Herausgeber fordert, endlich mit der »gräßlichen Hurengeschichte« aufzuhören. Emilie entrüstet sich: »Was sie nur wollen! Es ist eine behutsame Liebesgeschichte, so dezent, wie sie Fontane eigentümlich ist. Lene ist ein grundanständiger Mensch, sie ist frei, ihr Botho noch ungebunden, sie lieben sich aufrichtig – was ist daran Hurerei?« Theo kann nur mit dem Kopf schütteln: »Es ist doch merkwürdig: Bürger hatte zwei Frauen. Bei Schlegels ging alles kreuzweis, bei Tieck dito, Goethe, wenn Napoleon nicht kam, wäre im Konkubinat geblieben. Grabbe war versoffen. Hesekiel auch. Von Gleim, von Iffland, von Schack schweigt des Sängers Höflichkeit (der großen historischen Beispiele ganz zu schweigen) und nun kommen diese Urphilister und reiten den höheren Sittlichkeitsgaul!« – »Ich denke mir, hinter den ›empörten‹ Geheimräten stecken eher die Geheimrätinnen, die oft noch schlimmer sind«, vermutet Emilie.

Sie ahnen nicht, daß dieser Eklat dem Autor mehr nützen wird als jahrelanger Fleiß, denn nun ist die Öffentlichkeit hellhörig geworden bei dem Namen Fontane. Ist es Zufall oder nicht: Der gordische Knoten ist durchschnitten. Es kommt ihnen nur noch nicht zum Bewußtsein, weil ein tragisches Ereignis ihr Denken und Fühlen ganz in Anspruch nimmt: Als sie im September 1887 ahnungslos aus der schlesischen Sommerfrische heimkehren, stirbt George an einem zu spät erkannten vereiterten Blinddarm eines qualvollen Todes. Gerade 36 Jahre alt, gerade ein Jahr glücklich verheiratet. Und ausgerechnet die sonst so überempfindliche Mete steht dem Bruder bis zum letzten Atemzuge bei. Emilie, selbst wie betäubt vom Schmerz, nimmt sich der fassungslosen jungen Witwe an. Theo zieht sich in sich selbst zurück. Seine Tränen gerinnen zum Gedicht:

Immer enger, leise, leise
Ziehen sich die Lebenskreise,
Schwindet hin, was prahlt und prunkt,
Schwindet Hoffen, Hassen, Lieben,
Und ist nichts in Sicht geblieben
Als der letzte dunkle Punkt.

Drei Monate später legt er Emilie einen neuen Roman zur Abschrift unter den Weihnachtsbaum:

... »Unwiederbringlich« sein Titel ist,
Unwiederbringlich ist vieles,
Doch lassen wir das zum Heiligen Christ
Und gedenken wir – *unseres* Zieles.

Welches Ziel meint er? *Sein* strategisches Ziel ist es, die Anerkennung zu erringen, auf die er glaubt, Anspruch zu haben: Sein taktisches Ziel ist allemal der nächste Roman. Emiliens Ziel kann nur sein, sich so weit gesund zu erhalten, um ihrem Herzensmann in allen Dingen eine Stütze und keine Last zu sein, Mete immer wieder Mut zuzusprechen und zu beten, daß sich endlich ein Schiffsreeder, Architekt oder Gymnasialdirektor findet, der sie glücklich macht.

Auch wenn man es in der ersten Zeit der bestürzenden Trauer nicht für möglich hält, aber das Leben geht weiter, und gerade dieses Jahr 1888 ist reich an Ereignissen: Der einundneunzigjährige Kaiser stirbt, und die allgemeine Trauer hält sich in Grenzen, jeder denkt, »er hat auch lange genug gelebt«; als 99 Tage später aber auch sein Sohn und Nachfolger an Kehlkopfkrebs stirbt, trauern nicht nur die Liberalen, die sich von ihm viel erhofften. Und dann übernimmt der Enkel die Geschicke des Reiches, von dem man nicht umsonst sagt, er sei »taktvoll wie ein Kanonenschlag«. Er behandelt Bismarck wie einen Lakaien, dem vom Schicksal die Gnade zugefallen sei, dem gottähnlichen Geschlecht der Hohenzollern zu dienen. Es ist abzusehen, wann er ihn endgültig abhalftern wird. Es hätte für Emilie nicht der am Bleichroederschen Teetisch aufgeschnappten Interna bedurft, um den neuen Kaiser mit Skepsis zu betrachten. Oft genügen Kleinigkeiten, um Größe oder Kläglichkeit eines Charakters sichtbar zu machen. »Denk Dir nur«, schreibt sie an Tedo, »unlängst wurde SM im Offizierscasino von Nasenbluten überrascht; als man ihm behilflich sein wollte, wehrte er ab mit den Worten: ›Lassen Sie, meine Herren, es fließt nur der Rest meines englischen Blutes von mir ab.‹« Auch wenn er seine Mutter, die britische Princess Royal, abgrundtief haßt, dürfe er es doch nicht zu jeder unpassenden Gelegenheit herausposaunen; sie findet das skandaleuse, und sie ahnt Schlimmes. Auf ihre Weise nimmt sie Anteil am großen Geschehen, genauer gesagt, an einigen Persönlichkeiten der großen Politik, vor allem an Bismarck. Sie kennt alle seine Reden und Aufsätze, hat sie Theo vorgelesen, und beide hatten stets ihr Vergnügen an der Klarheit seiner Gedanken und an der Bildhaftigkeit seiner Sprache gehabt. Bei besonderen Sitzungen des Reichstages bittet Emilie den alten Freund Witte um eine Platzkarte auf der Gästetribüne, um das Geschehen hautnah mitzuerleben. Theo amüsiert sich Mete gegenüber und meint, Mama sehe zwar in dem Gedränge so gut wie gar nichts und verstände noch weniger, aber sie verspüre doch »den wehenden Mantel der Geschichte«, wenigstens einen Zipfel davon. Er selber läse lieber den Bericht darüber in der Zeitung, denn der sei meistens interessanter als das Ereignis selbst.

Oft genug war Fontanes Schicksal von der großen Politik abhängig gewesen; nun hat er doch eine gewisse Autonomie erreicht. Seine Arbeiten werden gedruckt und gelesen, unerachtet, weicher Kaiser regiert. Hertz bringt Neuauflagen von »Oderland« und »Havelland« und als Ergänzung zu den »Wanderungen« »Fünf Schlösser« fast gleichzeitig mit Wildenbruchs »Quitzows«, die im Königlichen Schauspielhaus für Furore sorgen. Das ist dem Absatz des Buches durchaus dienlich. Zu Weihnachten wünscht Dominik einige Feuilletons für seine Zeitschrift. Emilie kommt kaum mit dem Anfertigen der Satzvorlagen hinterher.

»Ich glaube, du hast es endgültig geschafft«, sagt sie, als sie nach dem Familien-Weihnachtstrubel wieder allein sind. Sie hat die besten Kritiken in einer mit venezianischem Papier beklebten Mappe gesammelt: »So kannst du, lieber Mann, jederzeit das Defilee deiner Adoranten an dir vorüberziehen lassen.« Sie küßt zärtlich seine Stirn und sagt noch einmal aus Herzensgrund: »Du hast es geschafft!« – »Ach, Milachen«, seufzt er, »das kann man erst behaupten, wenn man den allerletzten Federstrich getan hat. Bernhard Lepel hat's geschafft, Hermann Scherz, Alexander Gentz und Storm. Sie alle haben die Unrast dieser Welt mit der ewigen Ruhe vertauscht. Manchmal wünschte ich, an ihrer Stelle zu sein.« – »Aber Theo, wenn ich das sagen würde mit meinen Gallensteinen und dem ständigen Ohrensausen, das einen verrückt machen kann – aber du hast doch, besonders im letzten Jahr eine Leichtigkeit des Schreibens, die mich staunen macht.« – »Ach was«, widerspricht er, »das sieht nur leicht aus. Im tiefsten Herzen bin ich Pessimist.«

»Nein, das bist du nicht, sonst könntest du nicht so wundervolle Gestalten schaffen wie Lene oder Rosa Hexel oder Stine …« –«Ja, Stine, die keiner haben will«, fällt er ihr ins Wort. »Man kann, liebste Mila, seinen Pessimismus auch in Rot, ja in Zeisiggrün kleiden und ihn auf Heiterkeit abrichten. Ja, man kann wirklich wieder heiter dabei werden, vorausgesetzt, daß man ein glückliches Temperament hat. Man erkennt zuletzt in allem ein Gesetz, überzeugt sich, daß es nie anders war, und findet für sich persönlich sein Genüge in Arbeit und Pflichterfüllung … Die höchste Ruhegebung aber kommt einem aus dem memento mori, und eine Viertelstunde auf dem Lichterfelder Friedhof rückt einen im̄er wieder zurecht.« Nichts ist mehr so wie zu der Zeit, als »Glücklich, Papa« noch lebte.

Dabei hätte er, äußerlich betrachtet, keinerlei Grund zu Pessimismus: Kröner nimmt »Quitt« für die »Gartenlaube«, Hertz will sie als Buch herausbringen und kündigt auch gleich die dritte Auflage der »Gedichte« an. Friedel gründet, mit dem dicken Lewy als Geldgeber, einen eigenen Verlag und bringt als einen der ersten Titel Papas »Stine« heraus.

Zum ersten Mal gönnen sie sich gemeinsam sechs Wochen Kur in Bad Kissingen und frischen sich erfreulich wieder auf, so daß sie der wieder mal von Depressionen heimgesuchten Mete »auf 50 fache Erfahrung gestützte« Ratschläge geben können. Es wäre ja kein Dauerzustand, tröstet sie der Papa, »es sind Anfälle, schwere, schreckliche, aber sie gehen vorüber wie Zahnweh ... das einen auch rasend machen kann. Du mußt einfach ausprobiren, was zu thun ist, um den Sturm, wenn er kommt, nach Möglichkeit zu brechen. Mama ... hat sich in beinah virtuoser Weise damit eingerichtet: sie setzt sich ans Fenster, sieht dem Unwetter ins Gesicht, strickt, ißt nichts und trinkt eine Flasche Moselwein. Solche Hausmittel mußt Du auch ausfindig machen. Du kannst Einsamkeit suchen und Menschen suchen, Du kannst zu Mama ins Bett kriechen und kannst zu Tante Witte reisen, Du kannst Aethertropfen nehmen oder einen halben Schinken aufessen, Du kannst stumm sein oder peroriren, 3 Stunden spatzieren gehn oder mit Frau Sternheim frühstücken, das eine oder andre dieser Mittel pflegt immer zu helfen, nicht viel, aber ein bischen, und das bischen ist oft schon genug, einen unleidlichen Zustand in einen ertragbaren umzuwandeln. Ergebung und sich ausstudiren, philosophische Betrachtung und Pflichtgefühl und Bildung und Liebe, die, während man an andre denkt, vom eigenen Ich abzieht, das sind keine Radikalmittel, aber – Hülfsmittel. ›Und das Leben besteht aus Hülfskonstruktionen‹, sagte Richard Lucae.« Theo und Emilie haben es in beinahe vierzigjähriger Ehe genügend ausstudiert und damit dem Zusammenleben Ecken und Kanten genommen.

Mehr Phosphor im Gehirn

»Wir spielen vierhändig auf einem wohltemperierten Klavier«, hatte sie einmal vieldeutig gesagt. Das bedeutet nicht, daß man auf eigene Vorlieben verzichtet. Sie fühlt sich zum Beispiel (nicht nur wegen der Bleichroederschen Loge!) mehr zum Musiktheater hingezogen; das Königliche

Schauspielhaus ist ihr – sofern nicht gerade Matkowsky Shakespeare spielt – oft langweilig und suspekt. Als sie sich einmal, im Sommer, dazu verleiten läßt, das historische Trauerspiel »Macchiavell« anzusehn, sagt sie sich: »Nie wieder!« Ihre spontane Empörung kann Theo fast wörtlich in seine Kritik übernehmen: »Es ist ein Stück, das zu gar keiner Jahreszeit gegeben werden sollte, am allerwenigsten aber im Sommer. Den ganzen 1. Akt hindurch brennen auf der Bühne 70 Maskenball-Lichter und erzeugen eine Hitze, die beinah ebenso hoch über Null steht wie das Stück selbst unter Null ... Die beste Rolle ... hat der Gefangenenwärter, der auf dem Programmzettel die Bezeichnung trägt: stumm. Es ist die einzige Figur des Stückes, die nichts Dummes sagt.«

Es ist üblich, daß Emilie die Zeitungen voraus liest, um nur das vorzutragen, was Theo interessieren könnte; dabei stößt sie auf eine Studie des Professors Vogt, der behauptet, durch die moderne Ernährung käme mehr Phosphor ins Gehirn als früher, dadurch würden die Menschen klüger. »Was hältst du davon, Theo?« – »Ich bezweifle das ernsthaft. Allein der Spielplan unseres Theaters ist der beste Gegenbeweis. Da wird 30 Jahre lang Brachvogels ›Narziß‹ gegeben und 30 Jahre lang dieselbe Bewunderung! – Ich muß dir ehrlich sagen, mir ist der Spaß vergangen, ewig Lustspiele zu besprechen, die zum Weinen sind, und Trauerspiele, bei denen man unweigerlich lachen muß. Alles ist verlogen und aufgetakelt. Der Grad der Muffigkeit wird mir nachgerade unerträglich. Demnächst soll es aber Ibsens ›Frau vom Meer‹ geben, darauf freu' ich mich, das ist doch wirklich mal was Neues.« Emilie erinnert sich an Schlenthers Vortrag über den Realismus Ibsens und wundert sich: »Ibsen im Königlichen? Da staun' ich aber!« In der Tat gibt es einen ungeheuren Wirbel. Heerscharen von Lästerern fallen über den Autor her, die Fürsprecher sind in der Minderheit. Wenigstens in der Presse. Fontane ist pro Ibsen, Stephany, der Chefredakteur der Vossin, ist contra, findet ihn degoutant. Fontane versucht ihn zu überzeugen, spricht von der unbestrittenen Wirkung, von völlig neuen Bühnengestalten, von wirklichem Leben ... Für Stephany ist es keine künstlerische, sondern eine weltanschauliche Frage. Als dann gar Gerhart Hauptmanns Drama »Vor Sonnenaufgang« in der »Freien Bühne« aufgeführt wird und Fontane den Autor einen tollen Kerl und »wahren Hauptmann der schwarzen Realistenbande« nennt, ermahnt Stephany seinen Kritiker eindringlich, sich in seiner Sympathie mit »diesen Neuen« zurückzuhalten. Emilie bittet ihn auch, sich nicht in den Streit hineinziehen zu lassen; doch er ist schon mittendrin. Er will ja gar nicht streiten, will nur seine Meinung sagen. Und er sagt sie auf seine Art:

> … Ob unsre Jungen in ihrem Erdreisten
> Wirklich was Bessres schaffen und leisten,
> Ob dem Parnasse sie näher gekommen
> Oder bloß einen Maulwurfshügel erklommen,
> Ob sie, mit andern Neusittenverfechtern,
> Die Menschheit bessern oder verschlechtern,
> *Eins* läßt sie stehn auf siegreichem Grunde,
> Sie haben den Tag, sie haben die Stunde,
> Der Mohr kann gehn, neu Spiel hebt an,
> *Sie* beherrschen die Szene, *sie* sind dran.

Für einen Mann, dessen 70. Geburtstag vor der Tür steht, ein erstaunliches Bekenntnis! Emilie bangt, daß Theo sich mit der Vossin überwerfen und des 800-Mark-Jahres-Honorars verlustig gehen könne, dem einzig sicheren Posten im Haushaltsbudget, sie weiß auch, daß es sinnlos ist, auf ihn einzureden, wenn er zu etwas entschlossen ist. »Ich habe nun mal zeitlebens keinen Druck vertragen können, geh aber bis diesen Tag noch immer mit Lust und Freude im Geschirr, wenn man bloß vom Bock her schnalzt und mit der Peitsche nur die Bremsen fortjagt.« Aber, so redet sich Emilie gut zu, Stephany wird Theo gegenüber doch wohl nur geschnalzt und nicht mit der Peitsche gedroht haben. Die Vossin wird ihn doch nicht wegen einer dummen Meinungsverschiedenheit – denn das ist es in ihren Augen – so mir nichts, dir nichts gehen lassen! Die Situation ist nicht mehr wie damals, als er bei der »Kreuz-Zeitung« kündigte; inzwischen ist er ein gestandener Romancier und als Verfasser von über 650 Theaterkritiken für viele Leser ein Begriff geworden. Wie viele Komplimente hat er im Hause Lessing zu hören bekommen, ganz stolz ist sie jedesmal auf ihren Theo gewesen, nein, die Vossin weiß, was sie an ihm hat, und wenn Chefredakteur Stephany es auf Biegen oder Brechen ankommen läßt, so wird Lessing das letzte Wort sprechen; und die »Zwanglosen« werden für ihn das Panier ergreifen, wie damals, als das Wort von der »gräßlichen Hurengeschichte« fiel, da haben sie in allen literarischen Wochen- und Monatsschriften für »Irrungen, Wirrungen« getrommelt und gepfiffen. Ach, es hatte dem guten Alten wohlgetan, sich von den Jungen auf den Schild gehoben zu sehn ... Sie lächelt, weil ihr unversehens eine Fabel aus Kindertagen einfällt: Zwei Frösche waren in einen großen Topf mit Buttermilch gefallen und drohten zu ertrinken. Der eine sagte sich, es hat ja doch keinen Zweck, gab auf und ertrank. Der andere strampelte und strampelte, bis sich ein Butterklumpen bildete, von dem aus er, als dieser fest genug war, ins Freie springen konnte. Ja, er hat genug gestrampelt. Und sie mit. Nun wird sie der Butterklumpen tragen.

Und so geschieht's. Die Vossin willigt ein, daß Fontane einem Jüngeren das Feld der Kritik überlassen will und zahlt die 800 Mark jährlich weiter als eine Art Ehrensold; will er etwas dafür schreiben, so soll es willkommen sein, will er es nicht – auch gut.

Theos 70. Geburtstag

Das ist zweifellos das schönste Geschenk zum 70. Geburtstag. Stephany bittet Fontane um eine Liste derjenigen, die er gern zu seiner Jubelfeier um sich hätte. Emilie und Mete zerbrechen sich Abende lang die Köpfe über die Namen. Fontane winkt ab: »Zwanzig reichen! Die andern bringt man doch nur in Verlegenheit, denn sie sagen sich, was soll der Unsinn, der Kerl ist schon so eingebildet und eigentlich ist es doch ein Jammer mit ihm; er hat ja noch nicht mal studiert ...« – »Aber Papa«, widerspricht Mete vehement, »Studierte gibt's wie Sand am Meer, aber ›John Maynard‹ und ›Archibald Douglas‹, ›Cécile‹, ›Lene‹ und die ›Witwe Pittelkow‹ gibt es nur einmal und nur durch dich!«

Der 30. Dezember – Fontane hat bis zuletzt an seinem Schreibtisch gesessen – verläuft besser, als er zu hoffen wagte. Emilie und Mete dirigieren geschickt alle Deputationen, die Blumen, Geschenke und Gedichte bringen; 400 Briefe und Telegramme treffen ein. (Mein Gott, die alle zu beantworten! Er wird sechs Wochen lang zu keiner richtigen Arbeit kommen!)

Und dann der 4. Januar. Die offizielle Feier. Presseklub, »Rütli« und »Vossische Zeitung« haben 400 Gäste zum Festessen ins Englische Haus des Kaiserlichen Hoftraiteurs Huster in die Mohrenstraße geladen. Der Jubilar kann es nicht fassen: Da soll er »nach 50jähriger fast pennsylvanischer Absperrung von Welt- und Literaturgeschichte plötzlich als Theodorus victor gezeigt werden«. Na ja, korrigiert er sich sofort, die meisten werden doch nur wegen der teuren Speisen und der noch teureren Weine gekommen sein! Er ist jedenfalls froh, daß Emilie nicht dabei ist, denn im Grunde ist es doch lächerlich, wie er da mit seinem noch in letzter Minute angenähten Orden paradiert und auf geistreiche und weniger geistreiche Jubelverse irgendeine Belanglosigkeit brabbelt.

Natürlich wird er, heimgekehrt, sofort von Frau und Tochter mit der Frage empfangen: »Wie war's?« – »Nu, wie soll's gewesen sein«, brummt er, angeschlagen von der Vier-Stunden-Jubel-Tour und dem guten Wein: »Es war ein Stück, in dem ich in einer bestimmten Rolle mitspielte, zugleich aber saß ich auch wieder im Parquet, und alles zog wandelbildartig an mir vorüber. Ich darf sagen, halbe Stunden lang ging es mich gar nichts an, und ich mußte mich immer wieder auf mich selbst besinnen. Der Gedanke, daß alles Irdische nur Bild, Vorstellung, Traum sei, hat mich nie so begleitet.« Diese Auskunft befriedigt die beiden Damen keineswegs. Nach und nach erfahren sie – meist durch Freunde –, was und wie sich alles zugetragen. Grauslich sei der offiziell inszenierte Bombasmus gewesen, monierten einige, so der Lorbeerhain in der Orchesternische des Speisesaals mit der in mystisch-rotes Licht getauchten Gipsbüste Fontanes; grauslich, penetrant und lächerlich seien auch die gereimten Elogen derjenigen gewesen, die sich sonst eher spöttisch über ihn äußern: Wohltuend dagegen die herzliche Stegreifrede des preußischen Kultusministers Gustav von Goßler (übrigens dem einzigen Regierungsvertreter) und überwältigend »Der Dank der Jugend« von Ernst von Wolzogen. Bei »Du hast zwischen Jungen und ängstlichen Alten / Lächelnd die freie Bahn gehalten» war ein Jubel ausgebrochen, als sei eine Schanze gestürmt und eine neue Fahne gehißt worden. Fontane und Wolzogen waren aufeinander zugeeilt und hatten sich in den Armen gelegen, während zahlreiche ältere Herrschaften die Köpfe schüttelten und trotzig die Arme verschränkten. *Das* hätten die beiden auch gern miterlebt, aber dafür wurden sie von all dem andern »Schmonzes« verschont. »Und denkt euch nur«, berichtet der Jubilar grimmig, »als der unvermeidliche ›Archibald Douglas‹ vorgetragen wurde, klatschten einige der Zecher und Prasser schon, als das Gedicht noch gar nicht zu Ende war! Sie kannten es also gar nicht, taten aber so, als ob sie alles gelesen hätten. Ich sage euch, mir war in dem Augenblick zumute, als wäre ein Hühnerdreck auf meinen Teller gefallen!« – »Sie werden sicher da applaudiert haben«, wendet Mete ein, »wo es heißt: ›Der ist in tiefster Seele treu, / Der die Heimat liebt wie du.‹« Fontane stutzt: »Ja, das könnte stimmen.« – »Damit wollten sie den märkischen Wanderer ehren, der doch über fünf dicke Bände Liebe und Treue zur Heimat bewiesen hat.« Er blickt halb überrascht, halb mißtrauisch: »Du meinst wirklich?« – »Aber ja!« sagen Mutter und Tochter wie aus einem Munde. »Na, dann kann ich mich ja beruhigt zu Bette begeben.«

Tedos Glückwünschen zum neuen Jahr liegt eine Visitenkarte bei, die ihn als Intendantur-Rath ausweist. Stolz und Anerkennung sprechen aus Mamas Antwortbrief und – Sorge um Friedel, der offenbar in schlechte Gesellschaft geraten ist und sich mit Papa überworfen hat. »Sie regt sich wieder mal künstlich auf«, meint Mete; bald wird sich auch alles als Mißverständnis herausstellen. Friedel möchte nicht nur »Stine« verlegen, sondern nach und nach alle Werke des Vaters herausbringen. Vielleicht nimmt Papa an, er möchte sie geschenkt haben, jedenfalls schreibt er ihm ungewohnt harsch: »Es wäre fürchterlich, wenn die gesunde Basis eines Verlagsgeschäftes immer ein bücherschreibender Vater sein müßte … *eine* Berliner Geschichte habe ich Dir noch zugedacht, aber das ist auch das äußerste, was ich leisten kann und will.« Das ist ungerecht. Er schafft nur einen Roman oder eine Novelle im Jahr, davon könnte auch der bescheidenste Verleger nicht leben, zumal keines ein finanzieller Durchbruch war. Er täuscht sich grundsätzlich im Urteil über den »lütten Dummbüdel«, denn fünf Jahre später wird der Verlag Friedrich Fontanes zu den besten Belletristik-Verlagen in Deutschland zählen.

Stehaufmännchen und Stehaufweibchen

Zur Faschingszeit lädt Jenny Fontane zum Maskenball. Mete findet eine Ausrede, Theo muß dringend den Nachruf für Mathilde von Rohr schreiben, nur Emilie geht hin, und erkältet sich prompt und »macht innerhalb von 24 Stunden Thyphus, Lungenentzündung, Herzlähmung und Diphtheritis durch«; so spottet Theo jedenfalls Mete gegenüber. Bald vergeht ihm der Spott. Doktor Delhaes diagnostiziert »Gürtelrose«. Das ist langwierig und schmerzhaft. Ein Vierteljahr muß Mete den Haushalt führen, kochen, Mama pflegen, Besorgungen machen und abwägen, welche Besuche ihr guttun und welche sie abwimmeln muß. Da sie sich ausnahmsweise stark fühlt und Papa nicht mehr dem Parkettplatz 23 verpflichtet ist, verbringen beide zusammen eine angenehme Zeit mit Vorlesen, Plaudern und Musizieren; so angenehm, daß die leidende Mama eifersüchtig wird. Noch Anfang Mai strengt sie ein Gang in die Nachbarschaft derart an, daß sie danach in einen 20stündigen Tiefschlaf fällt. Ende Mai traut sie sich eine kleine Runde durch den Tiergarten zu, fühlt sich aber uralt neben Theo, der die 72 Stufen zur Drei-Treppen-hoch-Klause noch wie ein Junger nimmt.

Zu ihrer endgültigen Genesung mag jener Sonntag beitragen, an dem Friedel zum Lammbraten kommt und mitteilt, daß er die zweite Auflage von »Stine« vorbereite. Fünf Titel, unter ihnen »L'Adultera«, hat er von gleichgültigen Verlegern zurückgekauft, um sie neu aufzulegen. Das versöhnt den Papa. Mama ist selig: endlich wieder Eintracht im Haus. Vier Wochen Kur in Bad Kissingen bauen sie vollends wieder auf. Im Hochsommer mietet Mete vier Zimmer mit Kochgelegenheit am Fuße der Schneekoppe, in der Brotbaude. Emilie lädt auch Tedo mit Familie ein, denn das Quartier kostet in der Woche nur 24 Mark, und Fleisch, Butter, Milch und Beeren sind spottbillig; aber der frischgekürte Intendantur-Rath ist unabkömmlich. Dafür kommt Friedel für zwei Wochen. Papa pusselt zum dritten Male in »Unwiederbringlich« und übergibt das Manuskript der nicht eben erfreuten Emilie zum Abschreiben. Still ist es in der Brotbaude bei Regen und Nebel; doch bei Sonnenschein, wenn Heerscharen auf dem Weg zur Schneekoppe hier letzte Rast einlegen, klappern die Kaffeetassen wie bei Kranzler. Mit Behagen vernimmt Emilie vom Nebentisch ein getuscheltes: »Da sitzt der Dichter von ›Quitt‹!« Die schlesische Mordgeschichte erscheint (leider sehr verstutzt) als Vorabdruck in der »Gartenlaube« und im November als Buchausgabe bei Hertz.

Am letzten Tag steigen alle drei noch einmal hinauf ins Gebirge, um blauen Enzian zu pflücken für einen Kranz auf Georges Grab. Es ist sein dritter Todestag. Just am gleichen Abend lesen sie in der Zeitung von der Verlobung Martha Roberts mit einem adligen Assessor. »Geschmacklos!« entrüstet sich Emilie. »Hätte sie nicht wenigstens noch eine Woche warten können!« (Sie hatte sich zwei Jahre lang fürsorglich um die junge Witwe gekümmert, ihr sogar eine Wohnung im Johanniterhaus besorgt.) Theo ist nachsichtiger: »Das ist der Lauf der Welt, Mila, die Lebenden haben immer recht.«

Aber auch zwei freudige Überraschungen erwarten sie in Berlin: Paula Conrad und Paul Schlenther sind verlobt, und er, als Nachfolger Fontanes bei der Vossin, hatte herzlich-anerkennende Worte für »Quitt« gefunden. Grund genug, die beiden zu einem festlichen Diner einzuladen. Emilie packt das Weihnachtspaket für Tedos Familie: Kleider für das Töchterchen und die Mama, ein Domino-Kostüm für Klein Otto.

Am 23. November eilt Theo in die Stadt, um das obligate Marzipan einzukaufen; es ist Glatteis, und er stürzt, gerade vor dem Blücherschen Palais. Mit heftig blutender Kopfwunde wird er nach Hause gebracht. Emilie, die sowieso in steter Angst lebt, ihrem Herzensmann könne etwas zustoßen, fällt fast in Ohnmacht bei seinem Anblick.

Selbst an seinem Geburtstag muß er noch Bandagen tragen; er spottet aber schon wieder: Mit diesem kleidsamen Turban hätte Wilhelm Gentz ihn als Orientalen malen können. Die Polizei fragt an, ob der Geschädigte Strafanzeige wegen Nicht-Aschestreuens stellen wolle. Fontane winkt ab. Im Andenken an den Marschall Vorwärts und dessen Blessuren käme ihm dies zu kleinstietzig vor.

Wenn irgendwo das Wort »Unwiederbringlich« fällt, bekommt Emilie kleine Augen und stumpfe Zähne. Sie kann es nicht mehr hören. Dreimal hat sie das Manuskript abgeschrieben; bevor er es an die »Deutsche Rundschau« schickte; Rodenberg wollte im Januar mit dem Vorabdruck beginnen; da fing er noch einmal an zu korrigieren. Emilie geriet unter Zeitdruck und trug durch Überanstrengung eine Sehnenscheidenentzündung der rechten Hand davon. Doktor Delhaes wollte den Arm in Gips legen, doch sie hatte abgewehrt: Eine Hausfrau braucht beide Hände, zumal in der Vorweihnachtszeit!

Im Frühjahr werden sie für ihre Ausdauer belohnt. Der Altmeister der Schweizer Erzähler Conrad Ferdinand Meyer gratuliert Rodenberg zu »Unwiederbringlich«, es sei das Vorzüglichste, was die »Deutsche Rundschau« in der reinen Kunstform des Romans *je* gebracht habe: »feine Psychologie, feste Umrisse, höchst lebenswahre Charaktere und über allem doch ein gewisser poetischer Hauch.« Rodenberg reicht das Lob umgehend an den Autor weiter. Der Brief trifft ihn am Frühstückstisch. »Das ist der beste Happen, der mir je in den Mund gesteckt wurde«, sagt Theo. Emilie weint vor Freude. Die Pusselei hat sich also doch gelohnt. Sie will sich nun auch nie mehr beklagen, und wenn sie ein Manuskript sechsmal abschreiben müßte.

Er liest den Brief noch einmal und wird für einen Moment sentimental: »Ein Lebelang hab ich auf solche Anerkennung gewartet, nun kommt sie und nun wird der arme Teufel wohl sterben müssen.« Es wäre immerhin ein schöner Abschluß. Zeit wär's, die Einschläge kommen näher und näher; aus dem Freundeskreis starben die Wangenheims, Hofprediger Windel, Kommerzienrat Treutler, Tante Merckel, Mathilde von Rohr; Zöllner erlitt einen schweren Schlaganfall. Vorbei die schönen »Ellora«-Abende mit Chevalier und Chevaliere. Er ist nur noch ein Bild des Jammers. Emilie macht Tröste-Besuche. Theo mag es nicht mit ansehn. Für ihn heißt es: »Immer weiter mit Blechmusik und immer heiter vorwärts, bis man selber fällt. Nur keine Sentimentalitäten. Was das Schmerzlichste ist, ist zugleich auch das Alltäglichste.« Er verkriecht sich in seinen neuen Roman: »Frau Jenny Treibel oder Wo sich Herz zum Herzen findt«.

Ein zweiter süßer Happen wird ihm gereicht: der Schiller-Preis.

Emilie freut sich für ihn über die öffentliche Ehrung. Er winkt ab: »Mit der Ehre isses man soso«, sagt er im Tonfall der Witwe Schmolke, einer seiner neuen Romangestalten, »aber die dranhängenden 3 000 Mark sind nicht zu verachten.« Davon gönnen sie sich wieder vier Wochen in Bad Kissingen, wo er halbe Tage weiterarbeitet. Anfang Juli beginnt Emilie mit der Abschrift. »Die Kommerzienrätin« – so der ursprüngliche Titel – ist eine Satire auf die Bourgeoisie mit ihrer leeren Redensartlichkeit auf jedem Gebiet, besonders dem der Kunst und der Liebe, während sie doch nur einen Gott und ein Interesse kennt: das goldene Kalb. Jenny Treibel trägt Züge von Jenny Sommerfeldt, die auch gern Schiller zitiert und Gerson meint. Emilie erinnert sich an ihren Geburtstag, an dem auch Theo zugegen war. Jemand erzählte den neuesten Klatsch aus der Nachbarschaft: Die niedliche Enkelin der alten Päpken aus dem Grünkramladen, die immer so herausgeputzt worden ist, als wär sie wer weiß was, die hat sich nach tausend Wochen doch tatsächlich einen reichen Fabrikantensohn geangelt! Nein, so was!

Der liebenswürdige Egoist

Emilie bewundert ihren Herzensmann, der aus einer Fülle von Stoff, selbst aus Jennys harmloser Kaffeeklatschgeschichte dasjenige herausfiltert und modelt, was den Zeitgeist widerspiegelt. Corinna, einzige Tochter des Professors Schmidt, der in seiner Jugend die niedliche Jenny angedichtet hatte, will partout Leopold Treibel, den in jeder Hinsicht schwächlichen Sohn heiraten, um Geist und Geld zu verbinden und bewußt die Freiheiten zu genießen, die das Geld stiftet. Corinna ist klug, kapriziös, pikant, freiweg – wie Mete. Und der Professor trägt Charakterzüge, die Emilie sehr bekannt vorkommen. Wenn Mete, pardon, Corinna klagt, Papa täte sich nicht gern Zwang an und seine Bequemlichkeit ginge ihm über alles und er unterschätze alles Äußerliche, Besitz und Geld, so nickt die Abschreiberin verständnisinnig; auch wenn es heißt: »Er war ein liebenswürdiger Egoist und kümmerte sich nicht sonderlich um die Stimmung in seiner Umgebung, solange nichts passierte, was dazu angetan war, ihm die Laune zu stören.« Genau so ist er! Schmidt wartet ab, bis Corinna ihre fixe Idee als solche erkennt, um dann die alten Griechen zu zitieren: »Werde, der du bist! … Freilich, dieser Werdeprozeß muß sich lohnen, aber wenn mich meine väterliche Befangenheit nicht täuscht, bei *ihr* verlohnt es sich.« (Diesen Satz, fast wörtlich, hatte Theo auch an Mete geschrieben, als ihr das unwürdige Milchgesicht von Schreiner entlaufen war.) Keine Abschrift ist ihr bisher so flink von der Hand gegangen wie diese. Und sie muß sich beeilen, denn Anfang August wird das alte Johanniterhaus saniert. Theo flüchtet vor dem Handwerkerlärm auf die stille Nordsee-Insel Foehr, wo er mit Friedlaenders angenehme Wochen verbringt und dabei das Konzept zu »Mathilde Möhring« entwirft.

In der Potsdamer Straße 134c wird es indessen lebensgefährlich: Durch Abriß und Neubau eines Nachbarhauses erfährt das alte Gemäuer einen breiten Riß, der aufwendig ausgebessert werden muß, ehe die andern Arbeiten fortgesetzt werden können. Emilie ist von Kalkstaub umnebelt, Atemnot und Hautausschlag sind die Folge. Doktor Delhaes, der vor Jahren in Pompeji einen Ausbruch des Vesuvs miterlebt hatte, meint, der Aschenregen dort sei nicht schlimmer gewesen als dieser Kalkstaub; sie müsse unbedingt hier raus. Doch Emilie besteht darauf, die Festung zu halten. Man weiß ja nie, was die Handwerker in einem leeren Haus alles anstellen … Und sie hält aus und ist bei Theos Heimkehr nur noch ein Schatten ihrer selbst. Natürlich tut sie ihm leid, natürlich findet er Worte des Mitgefühls und der Anerkennung, aber dann setzt er sich in der frisch tapezierten Wohnung an seinen frisch geputzten Schreibtisch und berichtet Mete von den wahrhaften Heldentaten der Mama, vor allem von ihrer Fehde mit den Handwerkern: »Bittner junior wurde einfach rausgeschmissen und ein Tapetenfritze, der die ›kunstvolle‹ Deckenmalung, weil er 50 Ellen 2 Groschentapete dadurch weniger los wurde, hintertreiben wollte, wurde mit der Bemerkung heimgeschickt: ›wer hat hier etwas zu sagen? Sie oder ich? So viel ich weiß, ist dies meine Wohnung; ich übernehme *jede* Verantwortung.‹ An solchen Momenten sind diese drei Wochen reich gewesen. Aber Mama scheint, während dieser ganzen Epoche, die Rollen des Königs und der Königin in des ›Sängers Fluch‹ glücklich in sich vereinigt zu haben, denn wenn es Bittner gegenüber hieß ›Und was sie sinnt ist Schrecken und was sie blickt ist Wuth‹, so hieß es dem Maurerpolier (!) gegenüber ›Und lächelte süß und milde als blickte Vollmond drein‹. Es wurde dies durch beständiges Kaffeekochen etc. erzielt. Der Lohn war ein Einsetzen voller Arbeitskraft, was bei einem Maurer immer noch nicht viel bedeutet, und vor allem ein beständiges tapfres zum Munde reden ... Der Sieg ist nun also erstritten ... die arme Mama ist elend und sehr herunter. Sie hat, wie sie mir heut erzählte, dabei sterben und diese Hausfrauenthat uns rühmlich hinterlassen wollen. Gut gemeint; ich hoffe, sie lebt weiter. An Korrespondenz ihrerseits war natürlich, all die Zeit über, nicht recht zu denken; ›Es hat, wer Schottland bändigen will, / Zum Pilgern wenig Zeit‹ / ...«

Ein Glück, daß die auf so ironische Art gelobte »Heldin« den Brief nicht zu lesen bekam; in schlechter Verfassung hätte er sie gekränkt, in guter höchstens zu dem Fazit gebracht, es wäre wahrhaftig sinnlos gewesen, für solche undankbaren Geschöpfe den Hausfrauen-Heldentod zu sterben. Ja, nicht nur Dichter lechzen nach Anerkennung!

Zu Weihnachten reimt er ihr ein freundliches Resümee:

Noch einmal ein Weihnachtsfest,
Immer kleiner wird der Rest,
Aber nehm ich so die Summe,
Alles Grade, alles Krumme,
Alles Falsche, alles Rechte,
Alles Gute, alles Schlechte –
Rechnet sich aus all dem Braus
Doch ein richtig Leben raus,
Und dies können ist das Beste
Wohl bei diesem Weihnachtsfeste.

Er hat charmant untertrieben, denn was die Rechnung des soeben verflossenen Jahres betrifft, so ist sie erfreulich wie nie: »Unwiederbringlich« erschien in Rodenbergs »Rundschau« und bei Hertz, ebenfalls bei Hertz die vierte Auflage der »Gedichte«, eine »Wohlfeile Ausgabe der ›Wanderungen‹« wird vorbereitet, Dominik gibt neun Bände »Gesammelte Romane und Novellen« von ihm heraus, ab Band zehn wird Friedel diese Ausgabe übernehmen, er hat sich auch die Rechte für »L'Aldutera« und »Irrungen, Wirrungen« gesichert und bringt die Romane in zweiter Auflage; und ab Januar 1892 beginnt Rodenberg in seiner Rundschau mit dem Vorabdruck von »Frau Jenny Treibel«.

»Noch nie hat meine Ladenkasse so fröhlich geklingelt«, scherzt Emilie. Zu einer kleinen Nach-Geburtstagsfeier sitzen acht Gäste um Fontanes Tisch, darunter Paula Conrad, Paul Schlenther, Otto Brahm und Ernst von Wolzogen. Noch Jahre später wird sich Gerhart Hauptmann, der verwöhnte Feinschmecker, an die Tafelgenüsse erinnern, die »in Form und Gehalt deutlich französische Verfeinerung und Kultur zeigten«, vor allem unvergessen wird die Unterhaltung bei Tische bleiben, übermütig, prikkelnd, wobei der Hausherr die gewagtesten Zweideutigkeiten zum besten gab, aber mit dem Charme eines Causeurs, so daß keine der Damen erröten mußte.

Als alle gegangen waren, wird Emilie belobigt, sie sei heute wieder einmal »ganz Toulouse« gewesen. Das ist eine typisch Fontanesche Sprachregelung, die sich aus ihrer Abstammung herleitet: Gibt sie sich witzig, spritzig, ist sie auf dem Hochflug, so sagt er, sie sei ganz aus Toulouse; ist sie dagegen niedergeschlagen, krittelig und streitsüchtig, so ist sie »ganz Beeskow«. Auch er befindet sich zur Zeit im Hochflug. In einem kleinen Roman »Die Poggenpuhls« erzählt er von einer pommerschen Adelsfamilie, deren Geld und Ruhm längst aufgezehrt ist, die aber immer noch so tut als ob, obwohl auf den Meißener Tellern nur noch Kartoffeln und Stippe serviert werden. Liebenswerte, teils auch verschrobene Gestalten, wie aus dem Panoptikum. Von einigen als »Verhöhnung des Adels« empfunden, landen »Die Poggenpuhls« vorerst wieder in der Schublade.

Dafür holt der Autor ein anderes Konzept hervor, eine Ehebruchgeschichte, von der ihm Emilie abrät, weil die Betroffenen noch leben. Dabei hat sie ihm selbst, wenn auch ungewollt, zu diesem Stoff verholfen. Es war an einem jour fix bei Lessing. Beim Abschied fragte Emilie nach Baron von Ardenne, man habe ihn schon lange nicht mehr gesehn. »Ja, wissen Sie denn nicht?« erwidert Frau Lessing, die immer mehr weiß, als in ihres Mannes Zeitung steht; und sie erzählte, ganz im Vertrauen natürlich, aber haarklein die traurige Geschichte der entzückenden kleinen Baronin, die ihrem Gatten Hörner aufsetzt und daraufhin von ihrem Kind getrennt und von ihrem Mann verstoßen wird. So lebhaft erzählte sie, daß Fontane die ganze Expositionsszene bildhaft vor Augen steht: das elterliche Herrenhaus, der Park, die Schaukel, die Gespielinnen, die durch das weinumrankte Fenster in den Gartensalon rufen: »Effi, komm!«, nicht ahnend, daß der ältliche Herr da drinnen gerade um Effis Hand anhält ...

Was geschieht mit einem siebzehnjährigen, unschuldigen Kind, das über Nacht zur Frau eines seelisch unterkühlten, karrierebesessenen Ministerialbeamten wird? Die Katastrophe ist vorgezeichnet. Jedenfalls für Fontane. »Ich werde die ganze Geschichte nach Swinemünde verlegen«, beruhigt er Emilie, »dann werden höchstens Eingeweihte etwas herauslesen können.« Wenn er von einem Stoff erfaßt ist, kribbelt es ihm derart in den Fingerspitzen, daß ihn niemand mehr davon abhalten kann. Höchstens eine höhere Gewalt. Und die erscheint in Form einer asiatischen Grippe, die auch Berlin heimsucht. Emilie kann sich nach vier Wochen wieder langsam aufrappeln, Theo erleidet einen Rückfall und kommt nicht wieder zu Kräften. Doktor Delhaes verordnet Morphium. Der Apotheker verabreicht aus Versehen die zehnfache Dosis; mit schweren Vergiftungserscheinungen schwebt der Patient tagelang zwischen Leben und Tod. Brom dämpft schließlich das flatternde Nervensystem, und er versinkt in »süße Dösigkeit«. Nach neun Wochen erst rafft er sich auf und bittet Friedlaender, ihm in seiner Nähe ein angenehmes Quartier zu suchen. Schlesien hat ihm noch immer aufgeholfen.

Angst-Sommer

Ende Mai beziehen sie mit Mete und dem freundlichen Mädchen Anna eine Sommerwohnung in Zillerthal-Erdmannsdorf. Der Gesundheitszustand bessert sich nicht, im Gegenteil, er verfällt immer mehr. Nachts flieht ihn der Schlaf, am Tage dämmert er kraftlos vor sich hin. Drei Ärzte verschlingen ein Heidengeld; der eine will ihn mit einer riskanten Lösung spritzen, vor der er zurückschreckt; eine Breslauer Kapazität diagnostiziert hochgradige Gehirnanämie und versucht es mit Elektroschocks; der dritte spricht von Nervenheilanstalt. Friedel und Tedo schreiben ihm Briefe, die ihn aufmuntern sollen, erreichen aber nur ein müdes Lächeln. Freunde aus Berlin reisen an, aber er mag niemanden sehen, nur Friedlaenders, die täglich für ein paar Minuten vorbeischauen. Er selbst gibt zu, ein trauriger, unausstehlicher Quängelpeter zu sein. Nur Friedlaenders treffen den richtigen Umgangston und das Mädchen Anna, das wenigstens seinen Magen mit kleinen Leckerbissen verwöhnt. Das Dabeistehn und Nicht-helfen-Können geht über Metes Kräfte. Sie magert erschreckend ab. Ende August ist sie dem Zusammenbruch nahe und flüchtet zu ihrer Freundin. Nun ist Emilie allein mit der Angst um Friedel und Tedo, die in Berlin leben, wo die Cholera grassiert; allein mit ihrem Herzensmann, der von Todesbangen umfangen ist und von dem Gefühl, gar nicht mehr von dieser Welt zu sein. Ein heftiges Gewitter in den Bergen setzt der wochenlang brütenden Hitze ein Ende; danach atmen alle auf. Auch Theo. Im Garten, unter dem Apfelbaum, fallen ihm plötzlich Verse ein:

MEIN LEBEN, ein Leben ist es kaum,
Ich geh durch die Straßen als wie im Traum.
Wie Schatten huschen die Menschen hin,
Ich selber ein Schatten dazwischen bin.
Und im Herzen tiefe Müdigkeit –
Alles mahnt mich, es ist Zeit.

Emilie weint, als sie das liest; doch dann ringt sich unter Tränen ein zaghaftes Lächeln durch: Er hat wieder gedichtet, dann findet er auch wieder zu sich selbst zurück. Sie hatte sich schon damit abgefunden, den Rest des Lebens in Schmiedeberg zu verbringen, dort würde man mit der Vossischen Rente auskommen können, was in Berlin unmöglich ist. Friedlaender hat sogar schon eine geeignete Wohnung gefunden. Aber auf einmal schöpft sie wieder ein klein wenig Hoffnung.

Anfang September packen sie ihre Siebensachen samt Bettzeug und kehren nach Berlin zurück. Fontane befindet nach einem Blick in den Spiegel, er sähe aus wie der Prinz von Arkadien bei Offenbach. Er spöttelt also schon wieder, Gott sei Dank.

»Wissen Sie, was Ihnen fehlt?« sagt der Hausarzt, »Sie müssen wieder schreiben!«

»Ja, Doktor Delhaes, ja! Aber ich kann nicht mehr, hier oben«, er schlägt sich an die Stirn, »hier oben herrscht absolute Leere, Windstille, Ebbe!« Hier hakt Delhaes ein: »Ebbe ist das richtige Wort. Und auf Ebbe folgt Flut. Ihre verehrte Frau hat, wenn Sie gestatten, mir ein Gedicht gezeigt, das Sie vor drei Wochen geschrieben haben ...« Fontane horcht auf. »Ein schönes Gedicht, kein Arzt könnte Ihre Stimmung treffender beschreiben. Mit dem feinen Gespür einer liebenden Gattin hat sie den Wechsel der Gezeiten daraus gelesen. Die Flut kommt zurück, lieber Fontane, Sie müssen und Sie werden wieder schreiben; nichts, was langwierige Recherchen und komplizierte Kompositionen erfordert, fangen Sie doch einfach mit Ihren Kindheitserinnerungen an.«

Und der Patient setzt sich, wie unter Hypnose, noch am selben Abend hin und beginnt zu erzählen. Außer Brom nimmt er keinerlei Medikamente mehr. Er schreibt sich ins Leben zurück. Friedlaender ist besorgt, weil er gar nichts mehr von ihm hört. Da endlich, am 1. November, kommt Antwort und klingt wie Jubelschrei und Lerchenschlag: »Denken Sie, ich bin wieder ins Schreiben gekommen, etwas, das ich von mir total gebrochenem Mann nicht mehr erwartet hätte!«

Vor sechs Wochen hatte er Emilie gegenüber noch die indischen Sitten gepriesen: »In Indien wurden früher die Alten auf große Bäume am Ganges gesetzt, und dann begann ein Schütteln. Die sich nicht mehr halten konnten, fielen in den Fluß und wurden weggeschwemmt. Wenn man in die Herzen sehen könnte, würde mancher finden, daß dies Verfahren auch bei uns stille Anhänger zählt.« Emilie hatte nur still vor sich hin geweint, was sollte sie auch darauf erwidern? Vielleicht hatte er sogar recht und die indische Methode war menschlicher, als die armen Leute mit allerhand Mumpitz zu quälen, der als Therapie ausgegeben wird.

Nun ist er froh, von der indischen Sitte verschont geblieben zu sein. Er hat wieder Tritt gefaßt, die Kraft zur Heiterkeit kehrt zurück. Emilie und Mete fällt ein Stein von der Seele.

Schlagartig geht es auch ihnen besser; der vertraute Umgangston ist wieder da. Theo begrüßt diese Veränderung natürlich, doch er mißdeutet die Ursache dafür gründlich. Wenn sie in den vergangenen sechs Monaten diesen Ton ihm gegenüber angewandt hätten, meint er, so wäre er zweifellos eher genesen; denn sein Charakter habe sich doch nicht geändert, er sei nur durch die ewige Schlaflosigkeit so heruntergekommen und unleidlich gewesen. Aber Frauen empfänden eben gesünder und könnten sich auf einen leidenden Mann nicht einstellen. Sie hätten ihn in dieser Zeit öfter einen Egoisten genannt, wenigstens in Gedanken, aber sein Egoismus sei nur Abwehr und Selbstverteidigung und daher vollkommen berechtigt gewesen; sie aber hätten von ihm einen Grad von Heiligkeit und Ich-Verleugnung verlangt, der einfach nicht zu leisten war ... Mutter und Tochter sehen sich an – jede hat ein Arsenal von Gegenargumenten auf Lager, aber sie erwidern nichts. Er ist auf dem Wege der Genesung, er bleibt ihnen erhalten – das allein zählt. Schweigen ist das sicherste Mittel, seine flaue Stimmung, in der er sich zu den gnadenlosesten Ungerechtigkeiten hinreißen läßt, zum Abklingen zu bringen.

»Wolle für mich weiter leben ...«

In der Tat klingen seine Verse zu Emiliens Geburtstag liebevoll wie in den besten Tagen:

An Emilie zum 14. November 92
»Mai, Juni, Juli und August,
O wunderschöne Sommerlust«,
So hat einst Platen es drucken lassen,
Uns aber wollt es heuer nicht passen,
Mai, Juni, Juli und August
lagen uns schwer auf Herz und Brust.

Nun haben wir, geliebte Frau,
Statt des Sommers wieder Novembergrau,
Novembergrau, das so schlimm nicht ist,
Schon schimmert herüber der Heilige Christ,
Und hat noch den besonderen Wert,
Daß er mir *dich* in die Welt beschert.

Und ich wünsche, daß du darin noch bleibst,
Unlogisch weiter plauderst und schreibst,
Wie dir's gefällt, gefällt es mir eben,
Also wolle für mich noch weiter leben!

Kurz vor Weihnachten hat er zwölf Kapitel der »Kinderjahre« in Rohfassung fertig und bietet sie Rodenberg an. Das ist unklug, es ist kein Stoff für die »Deutsche Rundschau«; Rodenberg lehnt auch prompt ab, und Fontane erleidet einen Rückfall.

Weihnachten und Silvester vergehen still wie nie, nur Stephany kommt auf einen Sprung vorbei; auch er hat gerade eine langwierige Krankheit überstanden, und die beiden Herren ergehen sich in einem ausgiebigen Gespräch über ein Thema, das sie sonst beide zutiefst verabscheuen. Von Zeit zu Zeit lächeln sich die beiden lauschenden Damen im Nebenzimmer verständnisinnig zu.

Im April kann er endlich »Meine Kinderjahre« beenden. Emilie und Mete beginnen mit der Abschrift. Da bleiben Familiengespräche über das Leben im allgemeinen und im besonderen nicht aus. Resümierend meint Theo zu Emilie: »Personen von solcher Ausrüstung, wie die meine war, kein Vermögen, kein Wissen, keine Stellung, keine starken Nerven, das Leben zu zwingen – solche Menschen sind überhaupt keine richtigen Menschen, und wenn sie mit ihrem Talent und ihrem eingewickelten 50-Pfennig-Stück ihres Weges ziehn wollen (und das muß man ihnen schließlich gestatten), so sollen sie sich doch wenigstens nicht verheiraten. Sie ziehen dadurch Unschuldige in ihr eigenes fragwürdiges Dasein hinein, und ich kann alle deine Verwandten ... nicht genug bewundern, daß sie mich von Anfang an mit Vertrauen, Herzlichkeit und beinahe Liebe behandelt haben.

Ich wäre gegen mich viel flauer gewesen, denn ein Apotheker, der anstatt von einer Apotheke von der Dichtkunst leben will, ist so ziemlich das Tollste, was es gibt.« Zurückblickend, schließt er, käme er sich vor wie der »Reiter über dem Bodensee« aus dem gleichnamigen Schwabschen Gedicht. »Oh, Papa«, nimmt Mete den Faden auf, »sind wir nicht alle Reiter über dem Bodensee, vertrauensvoll drauflos trabend, ohne um die Gefahren zu wissen, die auf uns lauern?« – »Wüßten wir's, dann verlören wir gewiß den Mut und kämen nie ans Ziel«, sagt Emilie. Alle drei wissen, wovon sie reden.

Hertz möchte gern »Meine Kinderjahre« verlegen, doch Fontane überläßt die Rechte seinem Sohn, es wäre quasi eine Familienangelegenheit und bedeute für einen alten Verleger wie Hertz gewiß keinen Verlust. Da irrt er sich. Die Leser sind entzückt von dem schlichten, humorvollen Erzählton und fragen nach der Fortsetzung.

Der Autor läßt die Frage offen, er stellt Skizzen und Noveletten unter dem Titel »Von, vor und nach der Reise« zu einem Büchlein zusammen. Er wird das Gefühl nicht los, daß seine Tage gezählt sind. Mit diesem Gefühl quält er Frau und Tochter. Mete kann es nicht mehr hören und flüchtet – wieder einmal – nach Rostock, wo sie vom Regen in die Traufe gerät, denn Onkel Witte kehrt schwerkrank von einer Amerika-Reise zurück und stirbt an Magenkrebs, den er nie wahrhaben wollte. Als letzte Wohltat setzt er Mete ein Legat von 12 000 Mark aus. Metes Eltern vernehmen es mit einem tiefen Seufzer der Erleichterung. Halb Mecklenburg erweist ihm die letzte Ehre. Das Haus Fontane wird allein durch Friedel vertreten, denn Theo und Emilie sind zu sehr abattu, um die Reise wagen zu können.

Theo erholt sich wieder, nimmt sogar an den allmonatlichen »Frühschoppen« der Vossin teil, die von zwei Uhr bis in die Abendstunden dauern und bei denen Stephany präsidiert. Aber mit Emilie geht es immer weiter bergab. Sie krümmt sich oft vor Schmerzen. Die Ärzte rätseln: sind es Gallensteine?, der Blinddarm?, Rheuma oder Ischias oder alles zusammen? Auf jeden Fall raten sie dringend zur Kur in Karlsbad. Fontanes logieren in der »Silbernen Kanne«. Die Kur schlägt nicht an. Emilie kann vor Schmerzen weder sitzen noch liegen und humpelt nächtelang im Zimmer auf und ab. Trotzdem absolviert sie tapfer das vorgeschriebene Pensum: morgens 7½ an der Theresienquelle, dann 1½ Stunden Spaziergang, unterwegs Kipfeleinkauf, um 9 Uhr Frühstück. Dann schläft sie sich viertelstundenweise durch den Vormittag, während Theo nebenan die Druckfahnen zu »Meine Kinderjahre« durcharbeitet. Um 1 Uhr ist Dinnertime und »Garderobenwechsel« erforderlich. Also zieht Emilie das alte Seidenkleid mit der Spitze an, Theo bindet sich einen frischen Hemdkragen um. C'est tout. Man serviert ein halbes Rebhuhn und ein Glas Pilsner, hinterher eine Mehlspeise. Von 2 bis 4 Mittagsruhe. Theo liest, Emilie ist selbst dazu nicht mehr fähig. Das Gespräch siepert dahin, bis es gänzlich einschläft. Um 4 rafft man sich auf, um im Grand Hôtel Pupp, in einer Art von Tuileriengarten, Kaffee, Milch oder auch nur ein Glas Gieshübler zu trinken, Gavotten und Csárdás zu hören und die koketten Kellnerinnen und Oblatenmädchen zu beobachten. Dann wieder Spaziergang, gegen 8 Schinkenbrot mit Bier, um 9 ins Bett. Für Emilie, die schmerzensreiche, ist dies alles eine heroische Leistung, aber Theo beginnt sich zu langweilen. Zum Glück kommen Friedlaenders, und sie fahren zusammen nach Eger, wo Wallenstein ermordet wurde. (Fontane hatte in frühen Jahren eine Ballade darüber verfaßt.) »Bekanntlich ist man an solchen Orten immer besonders heiter«, schreibt er an Stephany, »und vergißt, daß einem jeden Augenblick auch eine Deveroux-Partisane in die Brust fahren kann. Der Mensch laborirt (Gott sei Dank) an einem unverwüstlichen Leichtsinn.« Das gilt auch für Emilie; sobald ihre Schmerzen gemildert sind, »turnt sie los und macht einen guten Eindruck, weil jeder lieber einen quicken Menschen als eine Suse sieht, aber es muß ein etwas theurer Preis dafür gezahlt werden«. (So Papa an Mete.) Emilie tröstet sich mit dem Gedanken, daß all ihre Qualen, die sie jetzt aushalten muß, für den Winter gutgeschrieben werden und sie von weiteren Gallenkoliken verschont bleibt. Hoffentlich, dämpft sie sofort ihren Optimismus, heißt es aber nicht wie bei Shakespeare: ›Thy wish was father of that thought‹. Sie kommt wirklich ganz leidlich über den Winter und hat die Freude, »Meine Kinderjahre« aus dem Verlagshaus Friedrich Fontane & Co. auf dem Weihnachtsgabentisch zu sehen, flankiert von einem freundlichen anerkennenden Brief von Hertz; also hat er nicht übelgenommen.

Effi nimmt Gestalt an

Am meisten freut sie, ihren Herzensmann über dem Effi-Briest-Manuskript gebeugt zu sehn. Von Anfang an ist sie besorgt gewesen, ob die Geschichte auch genügend verfremdet ist und keine verräterischen Parallelen zum authentischen Fall zuläßt. Es begann schon bei der Namensfindung (bei der sich Theo sowieso immer schwer tut). Elisabeth von Ardenne, geborene Freiin von Plotho, wurde Else gerufen. Diesen Namen fanden beide für ein so zauberhaftes Geschöpf unpassend.

»Vielleicht Betty von Ottersund?« schlägt Emilie vor.

»Betty ist gut, aber Ottersund – nein. Keine dunklen Vokale.«

»Wie wär's dann mit Effi? Das ist auch eine Koseform von Elisabeth.«

»Effi – so hat Scott in ›The heart of Mid-Lothian‹ seine Euphemia genannt. Das klingt gut. Nun müßte auch im Nachnamen noch e oder i sein.«

»Und möglichst eine ausgestorbene Familie, damit sich niemand beschweren kann.«

Am Schluß einigen sie sich auf Effi Briest, denn die Briests, ein altes märkisches Adelsgeschlecht, sind seit dem Großen Kurfürsten ausgestorben.

Im April ist das Manuskript zur Abschrift fertig.

Aber wie sieht es aus! Ganze Passagen wie in Trance geschrieben, die Feder erst ins Tintenfaß getunkt, wenn die Worte kaum noch lesbar sind, zahllose Änderungen zwischen die Zeilen und an die Ränder gekritzelt, längere Stellen auf Zettel geschrieben und an den Rand geklebt, woanders Kleisterstellen, wo mal Zettel klebten, von denen man nicht weiß, ob er sie wieder entfernte oder ob sie sich versehentlich lösten. Da muß Emilie Spürsinn walten lassen, um ihn nicht fortwährend mit Fragen zu stören.

Sonst sind es nur erfreuliche Ereignisse, die ihn aus der Arbeit reißen: ein Vortrag von Schlenther über Fontane, zu dem natürlich nur Emilie geht – und wie auf Schmetterlingsflügeln beschwingt nach Hause schwebt; oder das 10. Stiftungsfest der »Zwangslosen«, bei dem die ganze Familie Fontane zugegen ist und Theo junior trotz bemerkenswerter Konkurrenz mit Verstoast und Improvisation auf seinen allseits verehrten Vater den Vogel abschießt.

»Was haben wir doch für einen vortrefflichen Jungen«, sagt Emilie glücklich und hakt sich auf dem Heimweg bei ihrem Herzensmann ein.

»Ja«, sagt er, »ich kenne keinen Menschen, der höchste clumsiness mit so viel geistiger und, was das Merkwürdigste ist, *dann* auch körperlicher Grazie zu vereinen weiß; ein glänzender Beleg dafür, daß das Geistige doch alles bestimmt und aus Häßlichkeit Schönheit macht.«

»Aber Theochen ist doch nicht häßlich! Als Kind haben sich alle Leute nach ihm umgedreht.« – »Das ist auch schon eine Weile her, das Baby, von dem *Du* sprichst, hat jedenfalls mit dem Intendanthur-Rath, von dem *ich* spreche, wenig Ähnlichkeit. Übrigens scheint seine Frau nicht auf ihre Kosten gekommen zu sein, weil sie unfähig ist, von ihrer Person abzusehn und die Freude am Schönen und Klugen, bloß weil es schön und klug ist, gar nicht kennt ... nun ja, wir wollen nicht zu streng mit ihr ins Gericht gehn, sie ist jung und aus Demmin, das sagt alles.« – »Dein Rigorismus ist mitunter schwer nachvollziehbar«, sagt Emilie und zieht ihren Arm aus dem seinen.

Wenige Tage später stürzt sie nach einem Opernbesuch auf dem Weg zum Droschkenplatz so unglücklich, daß sie mit Schürfwunden am Kopf und Prellungen der Rippen nach Hause gebracht wird. Sicher erschrickt ihr Herzensmann, sicher macht er sich Sorgen und ruft Doktor Delhaes, doch am nächsten Tag berichtet er schon recht hemdsärmelig an Mete: »Mit dem Zufallkommen von Mama war es so, daß sie sich ... in einen über das Trottoir gelegten Teppichstreifen verwickelte und dadurch niederstürzte. Sie hatte den Trost von einem gut aussehenden Offizier von 40 wieder aufgerichtet zu werden, der sie auch bis zu dem nächsten Droschkenstand begleiten wollte. Selbst in solchem Zustand ist sie nicht unempfindlich gegen dergleichen. Uebrigens war ihr Verhalten wieder musterhaft, sie ängstigte sich (und mit Recht) bewahrte aber Contenance und bestand nur darauf eine Minute lang weinen zu können. Das sind immer ihre Hoffmannstropfen.« Er nimmt es leicht, wenn ihr etwas zustößt und pariert ihren Vorwurf mit dem unwiderlegbaren Satz: »Nähme ich es schwer, würde es für dich auch nicht leichter!«

Bei »Graf Petöfy« und mehr noch bei »Stine« hatte Fontane seiner Mila eine gewisse, über das Abschreiben hinausgehende geistige Mitwirkung eingeräumt; bei »Effi« ist diese unbestreitbar. So schreibt er auch an Friedlaender (um seine verspätete Antwort zu entschuldigen): »Wir basteln noch an meinem Roman ...«

Manche Passagen kann sie inzwischen auswendig, und es gibt Sätze, die sie erschrecken in ihrer Schönheit und Wahrhaftigkeit. Da sagt die sterbende Effi über Innstetten: »Er hatte viel Gutes und seine Natur war so edel, wie jemand sein kann, der ohne rechte Liebe ist.« Darüber muß sie lange nachdenken. Muß sie das nicht am Ende auch von ihrem Herzensmann sagen? In tausend Dingen ist er das Gegenteil des ledernen, karrierebesessenen Ministerialbürokraten, der nur danach lebt, was die Leute sagen und ob es nicht seiner Reputation schaden könne – aber in dem einen Punkte, der die rechte Liebe betrifft, quälen sie doch Zweifel. Hat er nicht selbst unumwunden zugegeben, »nur gelegentlich Liebesanfälle zu haben, wie man eben auch von Katharrh oder Zahnweh überfallen wird«? Welcher Vergleich! Eine Episode erinnert sie: Mete hatte sie zu einem Gesellschaftsspiel animiert, in dem zwanzig Fragen auf Ehre und Gewissen gestellt waren. Auf die Frage nach seiner hervorstechendsten Eigenschaft hatte er geantwortet: »Indifferenz.« Und »Wie verstehen Sie das Glück?« – »Gar nicht.« – »Wie definieren Sie die Liebe?« – »Mir zu schwer.« – »Wie definieren Sie die Frau?« – »Noch schwerer.« Mete lachte, so aalglatt dürfe er sich nicht aus der Schlinge ziehen, doch er war zu keiner konkreteren Aussage bereit gewesen. Es war ja auch nur ein

Spiel. Wirklich nur ein Spiel? In seinen Romanen gibt es unendlich viele Facetten der Liebe, aber wenn es ihn selbst angeht ... Auf keinen Fall hat er die Liebe, die ihr in der Brautzeit vorschwebte und die nirgends trefflicher charakterisiert ist als in den Korinthern: »Sie erträgt alles, sie glaubt alles, sie hofft alles, sie duldet alles. Die Liebe höret nimmer auf.« Auf dieser Ideal-Höhe wandelten höchstens Henriette und Wilhelm von Merckel. Und wie ist es mit ihr? Erträgt und erduldet Theo nicht auch ihre Leiden und daraus erwachsende Krittlichkeiten? Muß sie nicht froh sein, eine so edle Natur gefunden zu haben? Merkwürdig, wie wenig man nach so vielen Jahren Ehe weiß ...

»Eigen war mein Weg und Ziel«

Kaum ist »Effi« aus dem Haus, holt Fontane »Die Poggenpuhls« aus der Schublade. »Daheim« hat Interesse angemeldet. Tage und Nächte sitzt er und feilt und glättet und ergänzt. Beim erneuten Abschreiben entdeckt Emilie im 7. Kapitel einen Zettel mit einer kleinen Szene, die sie als galante Verbeugung vor Paul und Paula Schlenther wertet: Sophie von Poggenpuhl fragt nach einer Aufführung der »Quitzows« im Königlichen Schauspielhaus nach Fräulein Conrad, von deren Verlobung sie kürzlich gehört habe: »Der Verlobte soll ein sehr scharfer Kritiker sein. Ich denke es mir schwer, einen Kritiker immer zur Seite zu haben. Es bedrückt und lähmt den höheren Flug.« – »Nicht immer. Wer fliegen *kann*, fliegt doch«, antwortet der Komparse von Klessenthin. Aus Kollegenmund erhält dieser Satz besonderes Gewicht. Ja, Paul und Paula Schlenther sind in ihren Augen ein ideales Paar; Emilie empfindet es als Auszeichnung, beider Freundschaft zu besitzen. Neuerdings schwebt aber auch über ihren Häuptern ein Damoklesschwert: Paulas Kehlkopf ist angegriffen. Wenn sich das Leiden verschlimmert, ist es aus mit der Kunst. Und ob ihre Liebe das aushält? Sie seufzt: »Unter jedem Dach ist ein Ach!« Nächtelang sitzt sie bei trübem Licht der Petroleumlampe und kopiert und verdirbt sich die Augen dabei und ist doch zu eitel, um mit einer dunklen Brille auf die Straße zu gehn.

Unerwartet lehnt »Daheim« »Die Poggenpuhls«‹ ab mit der Begründung, der Adel könnte darin eine Verspottung sehn. »Totaler Unsinn!« schimpft der Autor. »Es ist eine Verherrlichung des Adels, der aber, so viel kann ich auch zugeben, klein und dumm genug empfindet, um das Schmeichelhafte darin nicht herauszufühlen.« Emilie sieht darin weder eine Verherrlichung noch eine Verspottung, eher eine liebevoll-ironische Schilderung eines gesellschaftlichen Zustandes, der – unter anderem – vom Niedergang der einst mächtigsten Kaste gekennzeichnet ist. (Mit dieser Charakterisierung nimmt sie die Einschätzung späterer Literarhistoriker voraus.)

Theo trifft die Ablehnung nicht sehr. Es gibt genug Annehmlichkeiten, die ihn darüber hinwegtrösten. Professor Fechner porträtiert ihn in mehreren Sitzungen, und Theo gefällt sich sogar. Emilie kann sich gar nicht satt sehen an dem Bild, das Liebenswürdigkeit, ja Hoheit ausstrahlt. Die Hochachtung und Zuneigung des Malers für den Dichter spricht aus jedem Pinselstrich. Vor seiner stolzen, aufrechten Haltung fallen Emilie unwillkürlich die Verse ein: »So und nicht anders. Die Menschen kümmerten mich nicht viel, / *Eigen* war mein Weg und Ziel ...« Grade so hat ihn Fechner gemalt.

Im August (so lange hatte die Wirkung der Schreckenskur vom Vorjahr angehalten) fahren sie wieder nach Karlsbad. »Frau Jenny Treibel« und »Meine Kinderjahre« sind schon vor ihnen dort; sie prangen in allen Schaufenstern. Zweimal täglich spazieren die beiden daran vorbei; Emilie atmet jedesmal zufrieden durch, Theo nicht, denn nach acht Tagen prangen sie immer noch, also hat sie niemand gekauft. Während Emilie gewissenhaft Moorbäder und Brunnen absolviert, ackert sich Theo durch die Korrekturbögen von »Effi Briest«; danach marschieren sie tapfer zwei Stunden lang bergauf, bergab. Am Abend ist sie wie erschlagen, Theo aber geht ins »Bristol«, wo sich zufällig eine illustre Runde von Gourmets und Debattanten zusammengefunden hat, darunter Doktor Sternfeld von den »Zwanglosen«, Direktor Goldschmidt, Brauereibesitzer und Reichstagsabgeordneter, Freund von Friedrich Witte; ein Korrespondent der New York Herald Tribune, ein etwas undurchsichtiger französischer Literat und Caprivi (der noch nicht ahnt, daß er die längste Zeit Reichskanzler gewesen ist). Kehrt Theo zufrieden heim in die »Silberne Kanne«, dann hat Emilie schon die erste Schlafrunde hinter sich und lauscht begierig den Neuigkeiten, die er vor ihr ausschüttet. »Die Welt ist ein Dorf und Karlsbad ein Mikrokosmos«, sagt sie. So kommt jeder auf seine Kosten.

Von Oktober 1894 bis März 1895 erscheint »Effi« in Rodenbergs »Rundschau« und erobert die Herzen im Sturm. Es ist Fontanes erster richtiger, großer, herzbewegender Erfolg. Vor allem die Leserinnen sind hellauf begeistert und stehen ganz auf Effis Seite, und einige nennen Innstetten »einen alten Ekel«. Das amüsiert den Autor, hatte er ihn doch bewußt als untadeligen Mann geschildert.

Für Emilie ist es eine Genugtuung, daß die Leserinnen genauso empfinden wie sie. »Wenn ich es recht bedenke«, sagt sie, »haben alle deine weiblichen Romangestalten, nach strengem Moralkodex betrachtet, einen Knacks. Die einzige, die als reine Tugendhaftigkeit dasteht, ist Gräfin Holk, und die hat die Temperatur eines Eisschranks, und wenn sie von ihrem Mann betrogen wird, so sagt man sich insgeheim, na ja, ein Wunder ist es nicht.« – »Donnerwetter, Milachen, wie redest du denn? Aber du hast es richtig erfaßt: es geht mir nicht um Tugend, sondern um Menschlichkeit, und die schließt Sünden und Schwächen ein. Ich bin mir sicher, bei den Magdalenen begegnet man Ehrlichkeit öfter als bei den heiligen Genoveven.«

Doktor honoris causa!

Dieser Herbst und Winter muß rot im Fontane-Familien-Kalender angestrichen werden: Alle sind gesund und bleiben gesund, selbst Mete. Die Tage bilden eine Kette erfreulicher Ereignisse. Höhepunkt ist die Verleihung der Ehrendoktorwürde. Der Germanist Professor Erich Schmidt und der Historiker Professor Theodor Mommsen hatten ihn vorgeschlagen, und alle 51 Honorablen stimmten zu. Niemand plauderte, und so gelingt die Überraschung. Anschließend geben die »Zwanglosen« ihm zu Ehren ein Fest; es ist wie in den besten »Rütli«-Zeiten, nur daß Fontane nun im Mittelpunkt steht. Sein Leben lang verhielt er sich »mau und flau« zu Auszeichnungen, diese beeindruckt ihn doch; und weil gerade Emiliens Geburtstag bevorsteht, eilt er stante pede zum Juwelier und erwirbt für sie einen Ring:

> An das Leben, an mich und an das Glück
> Bind er Dich noch ein gutes Stück.

Sie ist gerührt; aber die größte Freude für sie ist doch, daß er endlich auch die gesellschaftliche Anerkennung gefunden hat, die er verdient. Die Zeit der Zurücksetzung ist überwunden. Er hat darunter gelitten, dieses Hintangesetztwerden war oft genug auch tiefere Ursache für sein Abattusein. Nun kann er souverän darüber plaudern. »Man muß sich dreinfinden, daß immer wer da ist, der einem vorgezogen wird. Vielfach – namentlich in der Jugend und ehe man sich etabliert hat – ist dies kränkend; in späteren Jahren aber hört es auf, kränkend zu sein, weil man sich überzeugt hat, daß niemand, auch der Größte nicht, von dieser Kränkung ausgeschlossen bleibt.« – »Siehe Bismarck!« nickt Emilie. »Es läuft darauf hinaus, daß immer ›das Andre‹ besser ist. Eine Frau, die einen Schöngeist hat, sehnt sich nach einem Kürassieroffizier, und eine Frau, die einen Kürassieroffizier hat, sehnt sich nach einem Schöngeist ... Nein, nein, laß mich aussprechen ... Hat man sich damit durchgerungen, daß es nicht anders sein kann, so fällt zwar nicht der momentane Ärger fort, aber man verheiratet sich nicht mit ihm ... Ich habe das Leben immer genommen, wie ich's fand, und mich ihm unterworfen.« – »Da staun' ich wirklich: Du und dich unterwerfen? Nach außen hin vielleicht, aber nicht in deinem Gemüt. Gerade das ist es, was ich in all den Jahren an dir am meisten bewundert habe.« Er küßt ihr galant die Hände.

»Ja, das ist die Wahrheit«, sagt sie und streicht ihm über das graue Haar: »Du hast es erreicht, Theo!« – »Oje, wie das klingt! Da muß ich mir wohl jetzt meinen Bart wie unser Kaiser aufzwirbeln? Nein, danke!«

Die satirische Zeitschrift »Ulk« bringt eine halbwegs freundliche Karikatur Fontanes mit einem Vierzeiler:

Fontane ist nun schön heraus,
Doktor wurde das alte Haus,
Und will er nicht mehr bürgerlich bleiben,
So kann er sich von Tane schreiben.

Emilie ist pikiert, sie liest mehr Gehässigkeit als Huldigung heraus. »Tja, Milachen, das bringen Ehren so mit sich: Das Heer der Neider wächst!« – »Hand aufs Herz, Lieber, würde es dir gefallen ›von‹ zu sein? Es werden doch heutzutage so viele geadelt.«

»Wären wir dann andere Menschen? In jungen Jahren dachte ich, drei Generationen von der Marwitz wögen zehn Generationen von Lehmanns und Schultzes auf, in der Zwischenzeit habe ich mich überzeugt, daß es mit den meisten nicht weit her ist. Die Menschheit fängt jedenfalls nicht beim Baron an. Ich freue mich immer, wenn ich Namen lese wie Gropius, Persius, Hensel, Thaer, Virchow, Siemens – weil ich mir dabei bewußt werde, daß in diesen, nun in zweiter und dritter Generation blühenden Familien ein neuer Adel, wenn auch ohne ›von‹ heranwächst, von dem die Welt wirklich was hat, die, moralisch und intellektuell, die Welt fördern und ihre Lebensaufgabe nicht in egoistischer Einpökelung abgestorbener Dinge suchen.«

»Die Menschheit fängt nicht beim Baron an«

Es ist, als habe dieses Bekenntnis dem märkischen Adel in den Ohren geklungen, denn zu Fontanes 75. Geburtstag kommen Hunderte von Glückwünschen, nur der Adel glänzt durch Abwesenheit. Beim 70. hatte es ihn noch ein wenig gekränkt, nun nicht mehr. Als der Gratulantentrubel verebbt, setzt er sich hin und schreibt sich selber ein langes Gedicht, das Emilie sogleich zu ihren Lieblingsstücken erklärt, weil eine neue Lebenshaltung daraus spricht, die des heiteren Darüberstehens. Nun hat er es wirklich erreicht.

Als Emilie wenige Tage darauf ein kleines festliches Diner arrangiert, zu dem Schlenther, Brahm, Hauptmann und Professor Erich Schmidt mit seiner schönen, klugen Frau geladen sind, gibt er es zum allgemeinen Vergnügen, gewissermaßen statt Kompott, zum besten:

Hundert Briefe sind angekommen,
Ich war vor Freude wie benommen,
Nur etwas verwundert über die Namen
Und über die Plätze, woher sie kamen.

Ich dachte, von Eitelkeit eingesungen:
Du bist der Mann der »Wanderungen«,
Du bist der Mann der märk'schen Geschichte,
Du bist der Mann der märk'schen Gedichte,
Du bist der Mann des Alten Fritzen
Und derer, die mit ihm bei Tafel sitzen
...

Du bist der Mann der Jagow und Lochow,
Der Stechow und Bredow, der Quitzow und Rochow,
Du kanntest keine größten Meriten
Als die von Schwerin und vom alten Zieten
...
An der Schlachten und meiner Begeisterung Spitze
Marschierten die Pfuehls und Itzenplitze,
Marschierten aus Uckermark, Havelland, Barnim,
Die Ribbecks und Kattes, die Bülow und Arnim,
Marschierten die Tresckows und Schlieffen und Schlieben –
Und über alle hab' ich geschrieben.

Aber die zum Jubeltag da kamen,
Das waren doch sehr, sehr andere Namen:
...
Die auf »berg« und auf »heim« sind gar nicht zu fassen,
Sie stürmen an in ganzen Massen,
Meyers kommen in Bataillonen,
Auch Pollacks und die noch östlicher wohnen,
...
Stellen mich freundlich an ihre Spitze;
Was sollen mir da noch die Itzenplitze!
Jedem bin ich was gewesen,
Alle haben sie mich gelesen,
Alle kannten mich lange schon,
Und das ist die Hauptsache ... »Kommen Sie, Cohn«.

Theodor Cohn, Berliner Verlagsbuchhändler, wird nur des Reimes wegen genannt; er steht stellvertretend für Lazarus, Brahm, Rodenberg, Harden, Mauthner, Sternheim, Friedberg, Liebermann ... Es ist in der Tat das gebildete Bürgertum (vor allem jüdischer Herkunft), das ihn liest und liebt und über alle modischen Literaten hinaushebt. Das hat er nicht angestrebt, es hat sich so ergeben. Alles in seinem Leben habe sich von selbst ergeben, behauptet er allen Ernstes Emilie gegenüber; was er mit Macht erzwingen wollte, habe sich ihm jedoch entzogen oder sich als Reinfall erwiesen.

Sie sieht es anders: Er hatte nie abgewartet, bis sich etwas ergab, er war immer »ein Lebenskämpfer, der sich möglichst alles zum Guten auslegt, um nicht aus dem Gleichgewicht zu kommen«. So schreibt sie jedenfalls an Paula Schlenther, die seit Monaten in San Remo ihr Kehlkopfleiden kuriert. Ihr Paul ist von der gleichen Lebensart. Emilie berichtet von ihrem gemeinsamen Diner, bei dem alle guter Dinge waren, nur Paul in »etwas gedämpfter Stimmung«. Doch »sein Wesen hellte sich auf, wenn er davon sprach, wie er zu Ihnen reisen und sich gemeinsam mit Ihnen die schöne Welt betrachten würde. Und, liebes Herz, so viel haben Sie wohl schon von Ihrem Philosophen gelernt, daß Sie die jetzige Zeit nützen, vor allem zu Ihrer Wiederherstellung und zur Sammlung auch Ihrer geistigen Kräfte. Ich glaube bestimmt, daß Ihnen ein körperliches und geistiges Ausruhn unendlich wohl tun wird, und ich kann Ihnen aus einer beinah 45jährigen Ehe sagen, solche Trennungen sind ein großer Gewinn für wirklich arbeitende Menschen. Als mein Mann mich als ganz junge Frau verlassen mußte, um nach England zu gehn, da wurde mir das halbjährige Alleinsein blutsauer; dennoch lernte ich viel für unser späteres Beisammensein und so hat alles sein Gutes.«

Ein Maulkorb für den Autor von Lene und Stine?

Es ergeben sich immer wieder Konstellationen, mit denen niemand gerechnet hat. Wenn Mommsen in seinem Ehrendoktordiplom Fontane als Dichter, Erzähler und Bürger hervorhob, der sich gleichermaßen durch die Anmut seiner Kunst wie durch die Kraft seines sittlichen Strebens ausgezeichnet habe, so ist im Februar 1895 der Bürger oder besser der Citoyen Fontane gefragt: Seit Wochen erregt die sogenannte Umsturz-Vorlage die Gemüter; das Strafrecht soll verschärft werden, angeblich, um anarchistischen Anschlägen vorzubeugen. August Bebel nennt es im Reichstag einen ebenso gefährlichen wie absurden Akt der Willkür. Etliche Gelehrte, Publizisten und Künstler empören sich mit ihm. Auch »Die Zwanglosen«. Auch Fontane. Emilie fürchtet, er könne durch sein politisches Engagement das mühsam ausbalancierte Gleichgewicht und damit sein »Effi-Hochgefühl« verlieren, und versucht, ihn zu beschwichtigen: »Mit 71 hast du gesagt, nun wäre es dir erlaubt, sich in die Sofaecke zu setzen und sich aus allen Kämpfen herauszuhalten. Nun bist du

75 und leidenschaftlich wie ein Jüngling. Sei doch froh, daß du endlich über allem stehst ...« – »Das denkst du! Wenn dieses Maulkorbgesetz durchkommt, meine Liebe, dann ist jeder betroffen, denn danach sollen alle kritischen oder herabsetzenden Äußerungen gegen die Monarchie, die Religion, die Familie, Ehe oder Privateigentum mit Gefängnis bis zu 2 Jahren bestraft werden. Worüber soll man da überhaupt noch reden und schreiben dürfen? Wenn es irgendeinem Philister einfällt, wie damals, sich über Lene oder die Witwe Pittelkow zu entrüsten und mich als ›Schilderer der Demimonde‹ zu denunzieren, ja, ich sage bewußt zu denunzieren, dann bist du mich für 2 Jahre los ...« Emilie schaut ihn mit schreckgeweiteten Augen an: »Aber Theo, das ist doch ... du bist doch ...«

»Nun, nun«, beruhigt er sie, »ich wollte nur sagen, es könnt' am Ende möglich sein ... Darum darf dieses Gesetz nicht durchkommen!« In einer so brisanten Situation findet sich immer jemand, der die Lunte zündet. Diesmal ist es Otto Brahm, der Hauptmanns Drama »Die Weber« auf die Bühne bringt. »Jetzt wird schon von der Bühne herunter zum Aufruhr geblasen!« geifert die Journaille, »braucht es noch einen Beweis für die Notwendigkeit des angestrebten Gesetzes?«

Es war Fontane gewesen, der ihm »Die Weber« empfohlen hatte: »Das Stück ist vorzüglich, epochemachend. Ob jemand dran herumtadelt, meinetwegen selbst mit recht, ist gleichgültig. An Bismarck wird auch herumgetadelt (ich mit), er bleibt aber Bismarck, und das ist gerade genug.« Sein Wunsch, dieses »Prachtstück der deutschen Literatur möge zugleich auch ein Zug- und Kassenstück des Deutschen Theaters werden« erfüllt sich: Es löst Skandal aus, und Skandal bewirkt Zugkraft. Der Kaiser kündigt seine Loge, die Zeitungen der Konservativen und des Zentrums schießen sich auf Brahm und Hauptmann ein, meinen aber alle Freigeister in Bausch und Bogen. Warum treten nicht Schriftsteller, Theaterleute, überhaupt alle Künstler in corpore an ihre Seite? Vor der zweiten Lesung der Schandgesetz-Vorlage im Reichstag entwirft Schlenther eine Protestresolution, Fontane hilft ihm beim Unterschriften sammeln: »Es müssen lauter Leute sein, die durch Titel oder Orden geaicht, ganz ›zweifelsohne‹ dastehn. Menzel mit seinem ungeheuren Ansehn bei Hofe wäre sehr wichtig.« Auch bei Heyden fragt er an. Doch Heyden kneift. Ausgerechnet Emilie beklagt den Mangel an Zivilcourage. Sie verfolgt mit lebhaftem Interesse die Auseinandersetzungen und regt sich auf über »den Hochmut und die Engherzigkeit« dieser adligen Fossilien, die meinen, das Land müsse bis in alle Ewigkeit ihnen zuliebe regiert werden. Gewiß kennt sie ein paar liebenswürdige, reizende Exemplare darunter, wie den Prinzen Reuß aus Schmiedeberg, aber im Grunde genommen ist er vollkommen überflüssig. Und wer nichts für die Menschheit tut, hat das Recht verloren, weiterhin den Ton anzugeben. Es ist ihr zwar manchmal nicht ganz geheuer, wenn sie Theo und Brahm, Hauptmann und Schlenther am Teetisch perorieren hört, und doch muß sie ihnen zustimmen: »Ehe nicht die Machtverhältnisse zwischen alt und neu zugunsten von ›neu‹ sich ändern, ist all unser politisches Tun nichts als Redensartenkram und Spielerei.« Zu ihrer Beruhigung schreibt er das nicht in der Zeitung, sondern nur in privaten Briefen. Manchmal denkt sie, der Ausspruch Professor Schmidts in »Frau Jenny Treibel«: »Wenn ich nicht Professor wäre, dann wäre ich am Ende Sozialdemokrat«, könnte auch aus Theos Mund kommen. Aber das ginge ihr denn doch zu weit.

Es muß doch einen Mittelweg geben. Sie ist immer darauf bedacht, einen »goldenen Mittelweg« zu finden, auch wenn Theo spöttelt, bei solchem Bestreben säße man am Ende zwischen allen Stühlen. Die Debatten um den Adel und seine politische Daseinsberechtigung (die physische will ihm ja keiner, wie 1789, absprechen) zieht sich durch das ganze Jahr 1895. Als Paula Schlenther genesen heimkehrt, berichtet sie stolz, sie habe auch in Italien unter Pauls Panier gefochten und sei im Kurhaus in erlauchter Runde (wenigstens rethorisch) als Siegerin hervorgegangen. Das freut Emilie, und sie antwortet sogleich: »Diese verrotteten und vermoderten Adligen, die jahraus, jahrein auf ihren Gütern hocken und dann ein paar Wochen an die Riviera oder sonst wohin gehn, wissen von Gott und der Welt nichts und Sie, liebste, kleine Frau, haben ein gutes Werk getan, wenn Sie auch nur einem von ihnen die Augen öffneten.« Und wie zärtlich klingt der letzte Satz ihres Briefes: »Seit ich Sie wiedergesehen habe, fühle ich noch mehr, wie sehr Sie mir fehlen (auch meinem Alten). Wenn Mete in 14 Tagen heimkehrt, schenken Sie uns einmal Ihre Gegenwart bei einem einfachen Mittagbrot.« Alle ihre Briefe an Kinder und Freunde atmen diese Zärtlichkeit. Wenn Theo junior klagt, Klein Otto kränkele ständig und gerate deshalb in der Schule ins Hintertreffen, tröstet sie ihn: »Die Fontanes rappeln sich immer wieder auf«, und erinnert ihn, er habe in diesem Alter schon drei schwere Kinderkrankheiten hinter sich gebracht und sei nie einer der Stärksten gewesen und wie gut habe er sich herausgemacht …

Es gibt aber Menschen, die es ihr nie recht machen können, auch wenn sie sich auf den Kopf stellen. Zu ihnen gehört Georg Friedlaender. In Karlsbad trifft man sich wieder zu gemeinsamen Essen oder Spaziergängen. Am dritten Abend beklagt sie sich bei Theo, der Herr Amtsgerichtsrat erzähle immer wieder dieselben Geschichten, das sei auf die Dauer langweilig. »Mir macht das nichts aus«, erwidert er ungerührt, »erstens hab' ich sie von einem Mal zum andern wieder vergessen und zweitens erzählt er sie wirklich gut, so daß ich mich immer wieder daran erfreuen kann. – Und *sie* ist doch unbestritten eine feine und liebenswürdige Person, erinnere dich, wieviel Takt und Feingefühl sie in dem schrecklichen Jahr in Zillerthal-Erdmannsdorf bewiesen ...« – »Ja, *sie*, aber die Tochter ist nicht auszuhalten. Immer dieses dumme Gekicher und diese nichtssagenden Superlative! Alles ist bei ihr ›hochinteressant‹, ›göttlich‹ oder ›haarsträubend‹. Mit siebzehn sollte man wirklich reifer sein. Aber der Vater scheint sie ja zu vergöttern ...«

Wenn Emilie sich ärgert oder langweilt, schlagen die besten Brunnen nicht an. Die einzige Abwechslung nach ihrem Geschmack sind die »forschen Diners« Direktor Goldschmidts im »Bristol«, mit Friedbergs, Liebermanns und Magnus'. Alle schwer reich, aber nicht pratschig, alle klug, belesen und von ungekünstelter Politesse gegen den Dichter. Alle kennen übrigens »Effi Briest« schon aus der »Rundschau«, denn erst im Oktober erscheint sie als Buch. Und erreicht in Jahresfrist fünf Auflagen! Fontane sonnt sich nicht im Glanze des einhelligen Lobes von Lesern und Kritikern, sondern arbeitet unverdrossen weiter an seinen autobiographischen Schriften: den Jünglingsjahren folgt »Von Zwanzig bis Dreißig«. Nun braucht er nicht mehr bei Chefredakteuren anzuklopfen, im Gegenteil, sie halten es für eine Ehre, die neuen Kapitel im Vorabdruck bringen zu dürfen.

Was blieb von Emiliens Abruzzentum?

Als Mauthner das Kapitel rezensieren will, in dem Fontane beschreibt, wie er Emilie kennenlernte, stolpert er über den Satz: Sie schien »nicht bloß ein französisches Kind aus dem Languedoc zu sein, sondern mehr noch ein Ciocciaren-Kind aus den Abruzzen«. »Wie verschossen muß der jugendliche Theodor gewesen sein, wenn er etwas Abruzzenhaftes in dem Mädchen erblickte, das mit einer Art Sicherheit auf ihren Prinzen wartete und auf Abschlag Theodor Fontane nahm. Wir, die wir 40 oder 50 Jahre später die Freude haben, die verehrte Frau zu sehen, können in der immer noch mädchenhaften Frische dieser ausgezeichneten Dame etwas Abruzzenhaftes just nicht entdecken.« Belustigt antwortet ihm Fontane: »Frau Emilie war wirklich abruzzenhaft; es war ihre größte und interessanteste Zeit. Wildlingschaft erobert ganz anders als Wohlerzogenheit.«

Es hat sie viel Kraft, vielleicht zu viel Kraft gekostet, diese »Wohlerzogenheit« in allen Lebenslagen zu beweisen. Möglicherweise wären Leber, Milz und Galle und das ganze spinnwebfeine Nervenkostüm weniger strapaziert worden, wenn sie öfter das Ventil geöffnet und Dampf abgelassen hätte. Mal seinem Herzen Luft verschaffen und sich gehenlassen, das hat sie sich in jahrzehntelangem Prozeß aberzogen. Contenance bewahren war und ist ihr oberstes Gebot. Es kann krank machen, wenn im Innersten noch ein Rest von Abruzzentum brodelt. Aber darauf ist keiner von beiden gekommen.

Im Oktober 95 bringt Friedel Fontane »Effi Briest« als Buch heraus. Es regnet Freundlichkeiten über den Autor, der auf jede ausführliche Rezension antwortet und dadurch wochenlang »zu keiner richtigen Arbeit kommt«. Natürlich streicheln die Lobeshymnen anerkannt kritischer Geister seine Seele; meist versteckt er es hinter ironischem Gebrummel, manchmal blitzt es aber doch wie Sentimentalität auf. So schreibt er in einem Dankesbrief an Maximilian Harden: »Es giebt ein Raimundsches Stück, wo der Held in rührender Weise von der ›Jugend‹ Abschied nimmt, die er im Hintergrund als ein reizendes Balg in rosafarbenem Tuell verschwinden sieht. So nehme ich Abschied von Effi; es kommt nicht wieder, das letzte Aufflackern eines Alten.« – »Du versündigst dich!« meint Emilie, als sie das zufällig liest. »Du bist produktiv wie in deinen besten Zeiten; neulich bei Pietsch hast du bis 3 Uhr morgens ausgehalten und am nächsten Tag weiter gearbeitet, als wäre nichts gewesen. Selbst Jüngere könnten da neidisch werden.«

Er schreibt zwei lange, balladenhafte Gedichte von politischer Brisanz, einen Essay zu Menzels 80. Geburtstag und sammelt intensiv Material für einen Roman über Störtebecker, den Seeräuber, der ihn schon seit Kindertagen fasziniert. »Die Likedeeler« soll er heißen und an Karl Moor und die Seinen erinnern; 1402 wurden sie alle auf dem Hamburger Grasbrook hingerichtet, doch ihre Idee der »Gleichteiler« kam damit nicht aus der Welt. Er bittet Hans Hertz, den Sohn seines Verlegers, seine Verbindungen zum Hamburger Stadtarchiv spielen zu lassen, denn so eine Sache setze gründliche Recherchen voraus. Doch Hans Hertz kann nichts mehr für ihn tun. Er hat sich – niemand weiß, warum – das Leben genommen. Fontanes sind erschüttert. Zwanghaft tauchen die Erinnerungen an George auf. Aber daß ein geliebter Sohn, auf dem alle Hoffnungen des Verlegervaters ruhten, selbst Hand an sich legt, das fassen sie nicht.

»Wir wollen dankbar für jeden Tag sein, den wir gesund und froh verleben können«, sagt Emilie, »und der Gedanke, daß es nicht von Dauer sein kann, läßt mich das Gebotene um so intensiver genießen.« Eigentlich wollte er ihr entgegnen: »Wenn du dir das auch in Karlsbad vor Augen geführt hättest, wäre dir die Kur besser bekommen«, doch er unterläßt es lieber.

»Und es ist auch so schrecklich, weil Hans sein einziger war ...«, fährt sie fort, »wir haben wenigstens noch zwei, die uns eigentlich nur Freude machen.« – »Ja«, gibt er zu, »Friedel schlägt sich wirklich tapfer. Erst hatte ich Bedenken, als er so mir nichts, dir nichts mit den reichsten und angesehensten Firmen in Wettbewerb trat, aber er hat es geschafft; nicht nur durch Glück, sondern auch durch Umsicht, Fleiß und Geschicklichkeit.«

Emilie bewundert Friedels unbekümmertes Selbstvertrauen. »Aber das hattest du, lieber Theo, in jungen Jahren auch, und nicht zu knapp. Manchmal hielt ich es für Großmannssucht, aber ohne das wäre es wohl nicht gut ausgegangen.«

Das Gespräch droht für ihn ungemütlich zu werden, darum lenkt er ab: »Leider hat Friedel die Anlage zum Dickwerden und zur Onkelhaftigkeit, von wem er das nur hat, von uns beiden doch nicht.« – »Er läuft doch jetzt jeden Tag mit seinem Sennhund durch den Tiergarten ...« – »Ja, und hinterher schüttet er einen Liter Pilsner in sich hinein.« Emilie meint, ihn in Schutz nehmen zu müssen: »Er ist doch auch im Eislaufverein.« – »Drei mal Pirouetten im Jahr, das bringt doch nichts.« – »Und er geht neuerdings auch zur Jagd ...« – »Ja, ausgerechnet in Hankels Ablage, wo der Soldatenkönig schon seine Böcke schoß und wo ich ›Irrungen, Wirrungen‹ schrieb. Hoffentlich gehört seine neue Kompagnonschaft nicht auch unter die Rubrik ›Irrungen, Wirrungen‹ ...« – »Bis jetzt ist er doch ganz gut gefahren mit seinen jüdischen Geldgebern. Er muß es eben da holen, wo es ist.« – »Allerdings.«

»Und was meinst du, ob Theochen sich wirklich scheiden läßt? (Emilie springt wieder mal von einem Thema zum andern.) »*Ich* wäre ja in seinem Fall *für* Scheidung gewesen, aber so ein preußisch-konservativ abgestempelter Prinzipienreiter tut so etwas nicht. Nein, der wird weiter so tun als ob, wird in allerhand Kassen einzahlen, Geheimer Kriegsrat werden, den Roten Adler-Orden zweiter Klasse kriegen und mit dem Preußen-Motto sterben: ›Ich habe meine Schuldigkeit getan‹!« –

»Er tut mir aber doch leid. Das hat er nicht verdient.«

»Ach, Mila, was einer verdient und was einer bekommt – na, lassen wir das, das ist ...«

»Ja, ja, ich weiß, ein zu weites Feld. – Aber jetzt habe ich eine Frage auf Ehre und Gewissen an dich: Du hast vorhin so spontan *für* Scheidung plädiert – hast *du* jemals mit dem Gedanken gespielt, dich scheiden zu lassen?« – »Ei gewiß«, zwinkert er, »jedesmal wenn du mich wie einen vollkommenen Proletarier behandelt hast, der sich nur in seinem bismarckbraunen Überzieher und seinem neuen Zylinderhut feudal verkleidet hat – also zwei- bis dreimal im Monat ...« – »Ach, Theo, du bist ein unmöglicher Mensch, ich verdiente wahrhaftig den Roten Adler-Orden, weil ich es 45 Jahre mit dir ausgehalten habe.« – »Ja, aber höchstens vierter Klasse, denn soo schlimm bin ich denn doch nicht.« – »Letzte Frage – warum hast du dich dann aber doch nicht zwei- bis dreimal im Monat scheiden lassen?« – »Weil ich auf der ganzen weiten Welt keine zweite Frau gefunden hätte, mit der ich so facettenreich streiten kann wie mit dir.« – Lächeln. Kuß. Vorhang.

»Die Likedeeler« verschwinden in einem der vielen Pappkartons des Vertikos, wo »Allerlei Glück«, »Mathilde Möhring« und vieles andere schlummert, Halbfertiges oder Skizzenhaftes. Etwas ganz Andersgeartetes drängt sich ihm auf, ein »politischer Roman« über den Adel, wie er bei uns sein *sollte*, und wie er *ist*. In fünf frostigen Winterwochen 1895 auf 96 schreibt er in einem Zuge, teils angedeutet, teils schon in ausgearbeiteten Dialogen, das Brouillon zum »Stechlin« nieder. Er geht nicht aus; Emilie muß dafür sorgen, daß er ja nicht aus seiner Schreibestimmung herausgerissen wird, die Angst, der Faden könnte abreißen, ist allgegenwärtig. Frau Lessing stirbt, Lazarus erleidet einen schweren Unfall – er läßt es nicht an sich herankommen. »Man wird's mir übelnehmen, aber ich muß es darauf ankommen lassen. Alles läßt sich nicht zwingen«, entschuldigt er sich vor Emilie. Mit andern Worten: »Kümmere *du* dich, bitte!«

Kaum hat er unter die Rohfassung den Schlußpunkt gesetzt, bewirbt sich »Über Land und Meer« um die Vorabdrucksrechte. Das angebotene Honorar ist schmeichelhaft, doppelt so hoch wie das der »Rundschau«, die obendrein die »Tunnel«-Kapitel aus »Von Zwanzig bis Dreißig« derart verstutzte, daß Fontane mit Rodenberg ernstlich zürnt. Er ist ja zum Glück nicht mehr auf ihn angewiesen: Die elitäre Kunst- und Literaturzeitschrift »Pan« bringt seine neuesten Gedichte und die in London, Berlin und Wien erscheinende polyglotte Zeitschrift »Cosmopolis« einige autobiographische Kapitel. Emilie ist heilfroh, daß Theos Hochstimmung anhält. Ihr selbst geht es gesundheitlich nicht so gut, darum fahren sie auch schon im Mai zur Kur nach Karlsbad.

Theos Reisetasche wiegt, wie immer, schwer: Die letzten Korrekturbogen zu den »Poggenpuhls« harren noch der Durchsicht.

Die Bäder und Brunnen schlagen an. Emilie ist ganz »düselig« und schläft viel; gesellschaftlicher Umgang ist nicht da, also schreibt der Papa an Mete, die in Berlin das Haus hütet. Es ist wieder der alte, vertraute Ton zwischen den beiden. Mete berichtet – unter anderem – von einer Einladung in die Grunewald-Villa des Professors Fritsch und nennt deren Bewohner »liebenswürdig und wohlwollend«. (»Also muß es ihr ausnehmend gut gefallen haben«, meint die Mama, »Mete ist doch sonst eher skeptisch.«) Der Architekt Fritsch gehört zu Fontanes weiterem Bekanntenkreis; Theo nennt ihn »einen Mann, mit dem man seinen Faden spinnen kann«: weitgereist, umfassend gebildet, Doktor Ingenieur und Herausgeber einer Zeitschrift für Baugeschichte. Seine erste Ehe scheint, wie Mete durchblicken läßt, nicht gerade glücklich gewesen zu sein. »Ja«, kommentiert Emilie weise, »Geld und Geld und Samtportieren, elektrisches Licht und Professorentitel sind noch lange keine Garantie für eine glückliche Ehe.« – »So ist es«, pflichtet ihr Theo bei, »aber wer sich, wie wir, auf 'ne Tasse und 'nen silbernen Teelöffel hin verheiratet, bei dem waren, so darf man voraussetzen, garantiert gute Gesinnung und Zuneigung im Spiel.«

Nach dem Tode der ersten Frau hatte Fritsch deren jüngere Schwester geehelicht. »Ob er nun zufrieden ist?« – »Davon schreibt Mete nichts; es geht uns schließlich auch nichts an.«

Und doch wird es sie etwas angehen, denn sie sprechen, ohne es zu ahnen, von ihrem zukünftigen Schwiegersohn.

Die venezianische Marmorpapiermappe mit den Rezensionen reicht längst nicht mehr aus, und alle sind anerkennend bis lobpreisend. Auch Emilie wird darin bedacht, ein freundlicher Kritiker nennt sie »den Privatsekretär des Dichters«, eine Bezeichnung, die in den häuslichen Sprachgebrauch Theos eingeht. In »Von Zwanzig bis Dreißig« hatte er ihr zwar »Temperament und ausgesprochen ästhetischen Sinn« zugebilligt, aber auch (wann gäbe es bei ihm kein Aber!) »Naivität und Unlogik« bescheinigt. Im großen und ganzen durfte man jedoch Lob herauslesen: »Um nur zwei Dinge zu nennen: sie hat mir alle Bücher und Zeitungen vorgelesen und hat mir alle meine von Korrekturen und Einschiebseln starrenden Manuskripte abgeschrieben, also, meine dicken Kriegsbücher mit eingerechnet, gute 40 Bände.« (Wobei nicht berücksichtigt ist, wie viele Seiten mehrmals kopiert werden mußten!) »Sie war vor allem auch eine Haushälterin von jener nicht genug zu preisenden Art, die Sparsamkeit mit Ordnungssinn und Helfefreudigkeit verbindet.« Das klingt zwar alles sehr maßvoll und rational, aber Emilie ist befriedigt. Ob sie mehr erwartete? Die Rolle des »Privatsekretärs« überfordert sie schon manchmal, die Augen streiken. Das Alter macht sich bemerkbar, aber auch bei Theo. Eines Morgens schreckt er aus dem Schlaf von einem Fall und Schrei: Emilie liegt ohnmächtig vor ihrem Bett. Kaltes Wasser bringt sie wieder zur Besinnung. Der Arzt beruhigt ihn: »Nichts Schlimmes; starke Magenverstimmung, dito Erkältung, schwerer Kopfdruck und in Folge davon Ohnmachtszustände.«

Theo sieht ein, daß bei ihrer Überempfindlichkeit und Überreaktion auf »ganz alltägliche Vorkommnisse« nicht zu spaßen ist, doch am nächsten Tag ißt sie schon wieder Sardellensemmeln und trinkt Rheinwein dazu; für ihn wäre diese Kombination »so ziemlich das Tollste, was es gibt«.

Erst Ende August packen sie ihre Siebensachen und fahren nach Waren am Müritzsee, um einen wundervollen Altweibersommer zu genießen. Dem armen Zöllner, der nach seinem Schlaganfall immer mehr abbaut, schwärmt er: »Es ist sehr schön hier, eine frische Luft, eine behäbige Bevölkerung und eine feudale Verpflegung, an der sich Milachen erst gesund und dann leider auch wieder krank gegessen hat.«

Sie passen sich dem behäbigen Menschenschlag an, trinken Rotwein, lesen kleine Blätter und erfreuen sich ihres Daseins. Der »Stechlin«

kommt auf diese Weise nicht vom Fleck. Nur manchmal, wenn er nachts aufwacht und nicht wieder einschlafen kann, beunruhigt ihn das.

Im Oktober fährt Emilie zu Johanna auf deren Witwensitz in Dresden-Blasewitz. Aufgeräumt und voller Tatendrang kehrt sie heim und trifft ihren Herzensmann flügellahm am Schreibtisch. Er pusselt und pusselt an Gedichten und verschiedenen kleinen Sachen, die er, nach englisch-amerikanischem Muster, short stories nennt. Aber er gibt kaum etwas aus der Hand; alles erscheint ihm unfertig, nicht gut genug. Er meint, die Ehrungen und Lobeshymnen, die man ihm allerorten zollt, hätten die Erwartungen der Leser zu hoch geschraubt und er dürfe nun nicht mit etwas Unvollkommenem vor sie hintreten. »Als ob du je etwas Unfertiges abgeliefert hättest!« redet sie liebevoll auf ihn ein. »Befreie dich doch von dieser Einstellung, du machst dich zum Gefangenen, der seine Ketten selber schmiedet. Schau, Menzel ist gewiß ein Fleiß-Mensch und Perfektionist, wenn er's genauso machte, verließe kein Bild mehr das Atelier. Theo, man kann's auch übertreiben!«

Zur Jahreswende stellt sie, wie immer, die Frage, was denn für ihn das Beste im alten Jahr gewesen sei, und er antwortet ohne Zögern: »Die Mal-Tage mit Liebermann. Das ist nicht nur ein richtiger Maler, sondern auch ein kluger und liebenswürdiger Mann. Ich versteh' gar nicht, warum er so gefürchtet ist.« – »Doch nur wegen seiner brutalen Offenheit. Neulich soll er zu einem berühmten Arzt gesagt haben: ›Sie haben et jut, Professor, Ihre Irrtümer deckt der jrüne Rasen, aber meine hängen an der Wand!‹« Theo schmunzelt.

Er hat Ähnliches erlebt. Vor ihm hatte sich ein Bourgeois-Typ malen lassen, wollte nicht zahlen, weil er sich nicht schön genug fand. Darauf Liebermann: »›Noch een Wort und ick mal Se so, wie Se wirklich aussehn!‹ Ich hatte kaum meinen Überzieher an den Nagel gehängt, da zwinkerte er vergnügt zur Tür weisend, hinter der dieser Jemand gerade verschwunden war: ›Kommerzienrat Treibel läßt jrüßen!‹ Du kannst dir vorstellen, daß wir in dem anschließenden Gespräch über Neureichs und Protzentum einhellig übereinstimmten. – Mein Porträt ist zwar nicht so edel und hoheitsvoll wie Fechners, aber dafür ehrlich.«

Ein paar Tage später begrüßt Emilie ihren Herzensmann am Frühstückstisch, erwartungsfroh mit der »Schlesischen Zeitung« wedelnd: »Pietsch gratuliert dir in seiner Berliner Kolumne zu deinem 77.«

Sie wirft sich in Positur und deklamiert, von großen Gesten begleitet: »Seine großen, schönen Dichteraugen leuchten noch heute in so hellem, heiterem und jugendlichem Glanz und Feuer, sein Geist ist noch so klar und schaffenskräftig, sein Herz so warm, er trägt sein edles Haupt noch frei und stolz, seine Haltung ist noch so aufrecht, sein Gang so weit und rasch ausschreitend, seine Bewegungen noch so eigentümlich schwungvoll elastisch wie vor Jahrzehnten …« – »Eijei, eijei«, brummelt Theo, »wat nich noch allens …« Und Emilie, nun im bummeligen Schmolken-Ton: »Nich wahr? Se sollten ihn mal ze Hause sehn, mit seine Kamelhaarschen un seine total verbeulte un zehnmal jeflickte Flanellhose …« Sie amüsieren sich prächtig. Nur bei dem Satz: »Sein Humor sprudelt noch so reich und voll …«, unterbricht er sie mit einem Seufzer: »Der sollte mal sehen, wie elend lange ich am ›Stechlin‹ herumpussele. Na ja, soll die Welt ruhig glauben, ich schüttele mir alles aus dem Ärmel; macht vielleicht sogar einen besseren Eindruck …«

Von Neujahr bis Mai dreht sich das Mühlrad unermüdlich: um 9 Uhr Frühstück, dann Arbeit bis 3, danach matt und müde in den Tiergarten, denn Bewegung muß sein, dann erst Siesta, um die nötige Kraft für die Abendzeitung zu erschlafen. Einzige Abwechslung: Friedel stellt seine zukünftige Braut vor. Sie erscheint im ponceauroten Kleid mit weißen Aufschlägen und wird von Emilie und Theo examiniert mit dem Ergebnis: non possumus. »Wir haben gar nichts gegen sie«, schreibt der Papa anderntags an Mete nach Rostock, ja, sie gefällt uns fast, weil wir sie für freiweg und ehrlich halten – *sie paßt nur nicht zu uns.* Sie vertritt eine Welt- und eine Gesellschaftsanschauung, die der unsrigen diametral entgegengesetzt ist. Bei Martha Robert war alles Justizrathsthum mit Liaisons und Pfannkuchen, bei Martha Soldmann alles Beamtenborussismus, bei Frida Lehmann alles Berliner Bourgeoisthum mit Sauerkraut und Standesamt. An Charakter ist die letztre die beste, aber die Confusion und der Blödsinn ist bei ihr am größten.« Friedel gegenüber lassen sie, zartfühlend, das Sauerkraut und den Blödsinn weg und sprechen nur von Berliner Bourgeoistum, das seine Sechsdreierwirtschaft mit Astor oder Vanderbilt verwechselt. Friedel nimmt das elterliche Urteil ohne jede Bitterkeit, fast ohne Überraschung zur Kenntnis. Er sieht alles ein – und verlobt sich drei Wochen später trotzdem.

(Die Ehe geht erwartungsgemäß schief und dauert nicht lange.) Die Gedanken der Mama kreisen oft um ihren unglücklich-zerrissenen Jüngsten, der sich nur scheinbar gelassen gibt. Sie begleitet ihn öfter in Brahms Deutsches Theater oder in den Tiergarten. Der Papa ist vollkommen gleichgültig gegen alles, was nicht mit seinem Roman zu tun hat. Er muß seine schwindenden Kräfte zusammenhalten, um jeden Preis. August von Heyden erliegt einem Nierenleiden, Karl Zöllner wird nach sechsjährigem Siechtum endlich erlöst. Nun sind vom alten »Rütli« nur noch Fontane und Menzel übrig. Aber er verbietet sich, Schmerz oder Wehklagen aufkommen zu lassen: »Immer weiter mit Blechmusik, bis man selber fällt!« ist nach wie vor seine Parole.

Im Juni fährt er mit Frau und Tochter wieder ins behäbig-behagliche Mecklenburg, ins eben eröffnete Augusta-Bad am Tollensesee. Das ist halb Sanatorium, halb Hotel. Sie mieten ein hübsches Appartement mit zwei Schlafzimmern, einem Vorraum und einem Wohnzimmer.

Emilie kann sich gar nicht satt sehen an dem mit geblümten hellblauem Atlas überzogenen Rohrsofa. Aber leider paßt so etwas Zierliches, leicht Beschwingtes nicht in ihre Mahagoni-Häuslichkeit. Für vieles ist man eben doch schon zu alt, seufzt sie. Theo beschlagnahmt sofort die Glasveranda mit dem Blick über den See und die Türme der mittelalterlichen Stadt Neubrandenburg und breitet seine Papiere aus. Ein letztes Mal vergräbt er sich (um die fünfte Auflage vorzubereiten) in seine Gedichtsammlung aus sechs Jahrzehnten. Unversehens fliegen ihm neue Verse zu, abgeklärte, heiter-resignierte, aber auch sarkastische wie die »Neueste Väterweisheit«, in der es heißt:

> … Quäl dich nicht mit »wohlerzogen«,
> Vorwärts mit den Ellenbogen
> Und zeig jedem jeden Falles:
> »*Du* bist nichts und *ich* bin alles«.

Noch hat er nicht aufgehört, die Menschen zu beobachten.

Aber immer öfter schießt ihm der Gedanke durch den Kopf. »Ein letztes Mal …« Ein letztes Mal legt er Hand an den »Stechlin«. Große Teile davon muß Emilie noch einmal abschreiben. Sie würde viel lieber mit dem Dampfschiffchen nach Neubrandenburg hinüberschippern, Konzerte und Kunstsammlung und das großherzogliche Museum besuchen, statt dessen sitzt sie und schreibt und schreibt. Aus ihrer Miene liest Theo überdeutlich Unlust und Verdrossenheit. »Nun, nun«, tröstet er sie, »ich sehe ja ein, es wird zu viel für dich. Das nächste Mal werde ich doch einen Abschreiber engagieren.« Dieser Satz, vor allem der Ton, in dem er gesprochen wurde, stimmt Emilie weich. Das nächste Mal … ob es noch ein nächstes Mal geben wird? Sie spricht es nicht aus.

»Verweile doch …«

Endlich ist »Der Stechlin« vollendet und geht auf die Reise nach Stuttgart. Postwendend telegrafiert die Redaktion: »Hochverehrter Herr Doktor, intensiv mit allen Ihren Menschen mitlebend, vor allem mit dem alten Freiherrn, am Schlusse im Innersten erschüttert, danken wir Ihnen dafür, daß ›Über Land und Meer‹ ein solches Werk veröffentlichen darf.« Das tut beiden Fontanes wohl. »Ihr Telegramm hat mich sehr beglückt. ›Verweile doch, du bist so schön‹ – ich darf es sagen, denn ich sehe in den Sonnenuntergang. Herzlichen Dank.«

Es war vorauszusehen: das Manuskript ist fertig – und der Autor auch. Er fühlt sich elend. Das bißchen Kraft, das er sich daheim anschläft, geht durch stundenlange Hustenanfälle wieder drauf. »Nervenhusten«, sagt der Arzt. Emilie fürchtet das Schlimmste. Doch in Karlsbad geschieht ein kleines Wunder: Er rappelt sich wieder auf. »Es ist merkwürdig«, meint er zu Emilie, als sie zur Teestunde im Grand Hôtel Pupp sitzen, »es gibt Städte, über denen steht ein Stern und über anderen ein Unstern. Auf Friedrich Wilhelm IV. wurde regelmäßig geschossen (oder ein Wagenrad brach), wenn er nach dem von ihm so geliebten Rheinsberg wollte, so daß er's schließlich aufgab. Für mich ist ›das Karlsbad‹, wie man, glaub ich, zu Goethes Zeiten noch sagte, das volle Gegenstück dazu. Nur immer Liebes und Nettes widerfährt mir hier.« – »Das ist ja ziemlich metaphysisch und paßt gar nicht zu dir«, meint Emilie belustigt, »aber was Karlsbad betrifft, magst du wirklich recht haben.« Er sammelt so viel Energie, daß er sich über die nachgeschickten Korrekturfahnen hermachen kann; und sie hält auch noch in Berlin ein Weilchen vor. Sie leben mit

Mete in abgeklärter, harmonischer Gemeinschaft. »Fontane drittselbst«, spottet Theo; sie lesen Heyses neueste Gedichte und Schlenthers Buch über Gerhart Hauptmanns Leben und Dichtung und tauschen ihre Gedanken darüber aus. Schlenthers kommen zu Gast, Brahm, Hauptmann, Lessing; dann wieder sind alle zu Lessings 70. Geburtstag eingeladen, kurz, sie leben so miteinander, wie sie es sich immer gewünscht hatten.

»Ist das das Glück?« fragt Mete zaghaft. »Vielleicht, Corinnachen, vielleicht.« (Seit »Frau Jenny Treibel« nennt Papa in guter Laune seine Tochter Corinna.) »Eine Grießsuppe ohne Klütern, eine gute Matratze und keine körperlichen Schmerzen, das ist schon viel. Große Gefühle sind fürs Theater; das Leben ist eine Alltagswohnstube, drin das sogenannte Glück davon abhängt, ob man friert oder warm sitzt, ob der Ofen raucht oder guten Zug hat. Glück ist nicht gleich Liebe. Liebe ist gut, aber sie läßt sich nach Minuten berechnen, alles andre hat lange Stunden.« Die Damen antworten entgegen ihrer Gewohnheit nichts. Mete, inzwischen 37 Jahre alt, hat ihre Freundinnen Lise und Marie heiraten sehn, hat, beiseite stehend, deren honeymoon erlebt und ist deren Kindern Patentante geworden. Kein Wunder, daß sie sich über das Glück in seinen verschiedenen Erscheinungsformen ihre eigenen Gedanken macht. Von vielen anerkannt und von wenigen geliebt zu werden, das ist es wohl. Und es ist *das* Glück, das Papa just am Ende seines Lebens in so reichem Maße beschert ist.

Aber der liebe Gott sorgt dafür, daß die Bäume nicht in den Himmel wachsen: Ende November fällt er beim Spaziergang durch die Mohrenstraße plötzlich in Ohnmacht. Eiskalt und an allen Gliedern schlotternd, wird er in einer Droschke nach Haus gebracht. Seitdem hat er Angst; Angst irgendwo umzufallen und nicht mehr zu sein. Die Vernunft sagt ihm, daß dies eigentlich das Beste wäre, beinah das Wünschenswerte, besser jedenfalls als Schmerzen und Matratzengruft. Er läßt sich seine Verunsicherung nicht anmerken, und Mete und Emilie tun so, als wäre alles beim alten. Sie sammeln weiter alle freundlichen Rezensionen und huldigenden Artikel, die ihn als »den Mann des heiteren Darüber-Stehens« ehren, und amüsieren sich, wenn er ganz und gar nicht heiter darübersteht, sondern fuchsteufelsärgerlich wird, wenn er in Korrekturfahnen noch einen von ihm übersehenen Fehler entdeckt: »Ich begreife es nicht, wie einem, der so lange herumdruckst, so was immer wieder passieren kann!« Mete flüstert dann Mama zu: »Laß ihn, es ist offensichtlich die einzige Gelegenheit, seinen niedrigen Puls hochzutreiben.« An Metes Seite ist Emiliens Theaterleidenschaft erneut entfacht; manchmal nehmen sie auch Anna, das schlesische Mädchen mit, und sie erfreuen sich an der unverbildeten, spontanen Reaktion dieses gescheiten Naturkindes. Theo bleibt meistens daheim aus Furcht vor Erkältung; außerdem moniert er, die Schauspieler sprächen neuerdings so leise und undeutlich, man verstünde kaum etwas. »Es wird wohl weniger an den Mimen als an deinem Gehör liegen«, meint Emilie. Aber das will er nicht wahrhaben.

»Mutterchen«. – Mutterchen?

Der 78. Geburtstag vergeht still und beschaulich. Mutterchen (so nennt er Emilie schon seit einiger Zeit) hat einen leichten Punsch gebraut, an dem er nur nippt. Von allen Silvestertraditionen ist nur der Pfannkuchen geblieben. »Wenn ich bedenke, daß Ranke an seinem 80. Geburtstag verkündete, er werde nun beginnen, eine Weltgeschichte zu schreiben ... Bei mir kommt keine Weltgeschichte mehr, nicht mal mehr ein kleines Ei ...« (Er spielt auf den Titel eines seiner jüngsten Gedichte an: »Das kleine Ei«.)

Sein Leben läuft, wie sein Puls, auf halben Touren, meist beschränkt zwischen Schreibtisch und Alkoven. Auch Emilie fühlt sich abattu, ganze Nachmittage verdrusselt sie auf dem Sofa, doch wenn abends die Theaterzeit heranrückt, putzt sie sich heraus, um ja den neuen Ibsen nicht zu verpassen. Hofrat Herrlich hat ihr ein Billett und einen Platz in der Droschke angeboten. Theo schaut mißbilligend zu, wie sie sich vor dem Spiegel das neue wollene Umschlagtuch drapiert: »Oh, Mila, du könntest viel von mir lernen, wie man Einsamkeit, Stille und Langeweile menschenwürdig ertragen kann; aber wie du in all den Jahren überhaupt nichts von mir gelernt hast, so bist du auch in diesem Punkte ganz du selbst geblieben ... Bei solchem Wetter auszugehen! ... Du provozierst eine Lungenentzündung, Emilie!« – »Ich habe doch den wollenen Mantel und die Stola. Gute Nacht, Theo!« Die Tür fällt ins Schloß. Er schüttelt den Kopf über soviel Leichtsinn. Sie wird sich mit ihrer Theaterleidenschaft noch den Tod holen ... Aber wer kann schon aus seiner Haut. »Eigentlich ist jeder von uns in 48 Ehejahren er selber geblieben«, sinniert er,

»na ja, vielleicht ist das sogar der wahre Grund, warum es gutgegangen ist und wir miteinander ausgehalten haben.«

Als im November vergangenen Jahres die Nachricht bei ihnen eintraf, daß auch die zweite Frau von Professor Fritsch an Krebs gestorben sei, hatten Theo und Emilie das nur am Rande zur Kenntnis genommen. Aber nun, im Januar, kommt die große Überraschung: Mete gesteht, in Karl Emil Otto Fritsch den Mann gefunden zu haben, mit dem sie glaube, leben zu können. Die Mama ist entsetzt! Die andere kaum unter der Erde und schon ... nein, das ist völ-lig un-ak-zep-tabel!! Theo freut sich unverhohlen ihrer Wahl, denn Fritsch ist ein kluger Mann von guter Gesinnung und guter Kasse; aber auch er sieht ein, daß Mete, um Gerüchten vorzubeugen, erst mal von der Bildfläche verschwinden muß. Der Architekt fährt, was naheliegt, nach Italien, Mete wird die nächsten Monate reihum bei Tante Anna Witte, bei Lise und Tante Johanna in Dresden verbringen. Kaum ist sie aus dem Haus, geht es mit Papas Gesundheit bergab. Husten, asthmatische Anfälle, Nervenpleite. Ein Glück nur, daß er die Korrekturen zum »Stechlin« hinter sich hat, denn nun wird nichts mehr. Alles ist ihm zuviel, nichts kann ihn mehr erfreuen. Die 5. Auflage seiner Gedichtsammlung findet er scheußlich, wie überhaupt alles, was in Berlin produziert wird: »Jede Semmel ist pappig, jedes Stück Fleisch schmeckt nach Kellermuff, und kein Buchbinder kann ein Buch *hübsch* einbinden.« Emilie fällt es schwer, Contenance zu wahren. »Erinnerst du dich, was Louis Schneider zu sagen pflegte, wenn ihn auf der ›Kreuz-Zeitung‹ jemand nach diesem und jenem fragte? ›Gott, wie soll's mit ihm stehn, er wird alt, und also wird er unausstehlich.‹«

»Danke, daß du mich daran erinnert hast, ich hatte es beinah vergessen«, erwidert er sarkastisch. »Ich nicht«, sagt Emilie maliziös, »ich werde Tag für Tag daran erinnert.«

Noch am selben Abend fühlt sie sich bestätigt: Theo sucht seine graue Flanellhose; sie ist mindestens 15 Jahre alt und zehnmal gestopft und geflickt, aber er liebt sie, sie ist die bequemste von allen. Emilie gesteht, Mete habe sie am Abend vor ihrer Abreise eingepackt, mit einem Stein beschwert und in den Landwehrkanal geworfen. »Im Landwehrkanal versenkt?!« er schnappt nach Luft. »Ja, denn du wärst imstande, sie vom Lumpenhändler zurückzuholen.«

Es folgt eine bühnenreife Szene und eine Nacht, die Emilie aus Protest auf dem Sofa verbringt. Sie kann es nicht begreifen: Sonst legt er doch so großen Wert auf tadellose Garderobe und läßt seine Überzieher in Karlsbad arbeiten, weil ihm die Berliner Schneider nicht elegant genug sind. Von seinen sechs Überziehern haben alle ihre Bestimmung: das beste Stück trägt er nur bei Sonnenschein, leger über dem Arm, mit dem Seidenfutter nach außen; Nummer 2 wird wirklich angezogen, aber nur bei schönem Wetter; bei Regen tritt Nummer 3 in Erscheinung; Nummer 4 sollte eigentlich nur noch zu Hause aufgetragen werden und Nummer 5 und 6 längst beim Trödler sein. Wie oft hat Emilie durchaus willkommenen, aber unerwartet auftauchenden Besuch wegschicken müssen, weil Theo sich in einem »unpräsentablen Zustand« befand. Anderntags zankt er mit Doktor Delhaes, er möge sich endlich etwas anderes einfallen lassen als sein Allheilmittel Morphium mit Kirschlorbeerwasser. Sie experimentieren nun mit einer Mixtur von Pepsin, Salzsäure und Nux. Tatsächlich bessert sich sein Zustand. Schwester Elise erfreut ihn für einen Augenblick durch Übersendung des neuen Ruppiner Kreiskalenders, in dem von den drei berühmtesten Ruppinern die Rede ist: von Zieten, Schinkel und Fontane. (!) Es geht mit ihm langsam bergauf, dafür legt sich Emilie hin mit Rheuma-Anfällen und einer Neuralgie zwischen den Rippen. Sie muß sogar das Sonntagsdiner ausfallen lassen, das sie für Paula Schlenther vorbereitet hat. Paula ist trostbedürftig, denn ihr Paul wurde als Direktor des Burgtheaters nach Wien berufen, während sie noch in Berlin verpflichtet ist. Alle empfinden seinen Weggang als schmerzlich, am meisten natürlich Paula, die sich um so enger an Emilie, die mütterliche Freundin anschließt.

»Noch am Grabe pflanzt er die Hoffnung ...«

Sobald es wärmer wird, wollen sie nach Dresden, wo Mete auf dem Weißen Hirsch, 95 Meter über der Stadt, Quartier gefunden hat. Der Naturheilkundige Doktor Lahmann hat hier oben ein Sanatorium gegründet, das seit neuestem mit der Standseilbahn bequem zu erreichen ist.

Die Luft auf den Elbhöhen ist herrlich, und alle drei erholen sich zusehends. Nach zwei Wochen spätestens sind die Damen Doktor Lahmanns »Osterhasenkost« überdrüssig und kochen selbst ... Der Appetit stellt sich wieder ein, der Kreislauf belebt sich. Emilie erfreut sich an

Lahmanns zahlreicher Kinderschar, die barfüßig und springlebendig auf freier Wildbahn aufwächst (ähnlich wie Theo damals in Swinemünde).

Friedel schickt das Vorausexemplar »Von Zwanzig bis Dreißig«, und Papa findet (was für seine erfrischten Nerven spricht) Druck und Aufmachung »verhältnismäßig sehr gut«; auch Mama nimmt an dem nunmehr gedruckten »Mächen mitte Eierkiepe« keinen Anstoß. Sie bemängelt nur, daß er Paul Heyse gegenüber »zu wenig Courtoisie« habe walten lassen. »Paul *hat* seinen Platz in der Literaturgeschichte«, brummt er, »der hat *mich* nicht nötig. Übrigens ist in dem ganzen Buch von Courtoisie keine Rede, am wenigsten gegen mich selbst.« Das bescheinigen ihm auch die (durchweg liebevollen) Kritiken.

Fast zwei Monate bleiben sie auf dem Weißen Hirsch. Alle drei schreiben lange Briefe in alle Himmelsrichtungen: Mete natürlich an Fritsch, Emilie an Paula und Johanna, Theo an Friedlaender und James Morris, der ihn stetig mit Journalen versorgt. Seine Auslassungen über englisches Illustrationswesen und -unwesen haben wieder Biß und Humor. An Friedel schickt er die Namensliste derjenigen, die ein gebundenes Exemplar bekommen sollen. »Vergiß auch Exzellenz von Bosse nicht«, mahnt Emilie. Bosse hatte sich dafür verwandt, daß Fontane eine Ehrenpension zuerkannt wurde. Emilie wird also nach seinem Ableben nicht am Hungertuche nagen. Daß dieses Buch aus einer heiteren Grundhaltung heraus geschrieben werden konnte, heißt es demzufolge in der Widmung, verdanke er auch Seiner Exzellenz Wohlwollen.

Manchmal, in flüchtigen Momenten, flackert der Gedanke an die »Likedeeler« wieder auf. Es ist verrückt, aber wie sagt Schiller: »Noch am Grabe pflanzt er die Hoffnung.« Emilie schaut beiseite; er braucht nicht zu sehen, daß ihre Augen feucht werden.

In Berlin erwarten sie Brutofenhitze und die Fahnen zur Buchausgabe des »Stechlin«, über die sich Theo sofort hermacht. Es dauert nicht lange, und Emilie krümmt sich wieder vor Leibschmerzen; ihre Leber ist steinhart. Also wird nichts aus der geplanten Tirol-Reise; Karlsbad tut not. Mitte August wollen sie fahren, bis dahin will er dies elende Korrekturlesen hinter sich gebracht haben.

Am 30. Juli stirbt Bismarck. »Cosmopolis« bittet um einen poetischen Nachruf. Fontane lehnt kategorisch ab: »Wo Tausende Blech sprechen, auch meinerseits noch auf einer Kindertrompete zu blasen, das hat mir immer widerstanden.« Über Nacht bricht in Berlin ein häßlicher Streit aus, wo Bismarck begraben werden soll. Die einen sind für den Deutschen Dom, die andern für die Potsdamer Garnisonkirche, die dritten für den Sachsenwald, das heißt, möglichst weit weg. Friedel, der täglich bei den Eltern vorbeischaut, meint, Papa müsse unbedingt in diesem unwürdigen Gezerre Stellung nehmen. »Nicht für 10 000 Pfund Sterling!« sagt der Papa. Doch der Gedanke an den großen Alten im Sachsenwald läßt ihn nicht los.

Am andern Morgen taucht er gedankenabwesend sein Honigbrötchen in die Zuckerdose und murmelt: »Luft – Gruft ... Luft – Gruft ... ja, das geht.« Emilie runzelt die Stirn: »Dreht Theo nun gänzlich durch oder was ist los?« Und er murmelt weiter: »Licht der Sonnen – eingesponnen ... hier unten liegt Bismarck irgendwo. Ich hab's!« ruft er, wirft seine Serviette in den Honigtopf und eilt an den Schreibtisch, um »Wo Bismarck liegen soll« niederzuschreiben, zeitlos gültige Zeilen, die noch hundert Jahre später an der Pforte zu Bismarcks Mausoleum im Sachsenwald stehen und mahnen werden.

Mitte August hat Fontane zwar noch drei oder vier Korrekturbogen zu bewältigen, aber es hilft alles nichts: Emilie muß nach Karlsbad. Bäder und Brunnen erfordern ihre ganze Kraft, darum nutzt er – wie früher – die Zeit zum Briefeschreiben.

Friedel schickt die Kritiken zu »Von Zwanzig bis Dreißig«, und Theo mokiert sich, wenn darin vom »alten Fontane« die Rede ist. Das behagt ihm nicht. »Warum denn nicht«, widerspricht Emilie, »Friedrich II. ist doch im Volksmund auch ›der Alte Fritz‹, weil alle Anekdoten und Legenden ihn so darstellen, wie er im Alter war. Ich meine, so wie erst der ausgewachsene Baum uns das rechte Baum-Gefühl verleiht, so auch der Mensch. Hast du nicht selbst über Papa geschrieben: ›So wie er im Alter war, so war er eigentlich.‹? Wie recht hattest du damit. – Also solltest auch du dir den ›alten Fontane‹ gefallen lassen. Ich halte das keineswegs für eine Herabminderung, im Gegenteil.« – »Wenn du meinst«, lenkt er ein, doch es klingt nicht überzeugt.

Sie wohnen diesmal im Hôtel »Stadt Moskau«, schräg gegenüber dem pompösen Kaiserbad. Die schönen, bewaldeten Berghänge reizen sie nicht mehr, sie spazieren nur noch gemächlich die Promenade an der Tepla entlang, an der veritable Häuser wie Wiener Zuckertorten aneinandergereiht sind. Manche tragen Erinnerungstafeln: »Hier wohnte Goethe« oder »Hier wohnte Peter der Große« ...

In seinen kühnsten Träumen wäre ihm nicht der Gedanke gekommen, daß sich das Haus, in dem sie jetzt wohnen, fast hundert Jahre später mit dem Namen Theodor Fontane schmücken wird.

Manches Palais erinnert noch an die Zeit von 1815 und danach, als der russische Zar, der Kaiser in Wien und der König von Preußen die (Un-)Heilige Alliance schmiedeten und Metternich mit den »Karlsbader Beschlüssen« eine unheilvolle Polizei-Alliance festschrieb. Steht 1898 eine Neuauflage bevor? Je lauter vom Frieden getönt wird, desto sicherer steht Mars ante portas.

Gerade hat der russische Zar Alexej die Mächtigen Europas zu Verhandlungen über Abrüstung und Weltfrieden aufgefordert. James Morris fragt an, was Fontane davon halte. »Es wird nicht viel daraus werden«, antwortet er und erläutert, weshalb die Sache, selbst ehrliche Absichten bei diesem und jenem vorausgesetzt, zum Scheitern verurteilt ist. Aus seinem Brief sprechen klares Urteilsvermögen, politische Weitsicht und – tiefe Resignation.

Schreibt so ein Mann, der mit 36 Pulsschlägen in der Minute wie ein Schatten seiner selbst an der Tepla entlangpromeniert? Nein, Emilie kann und will es nicht wahrhaben, daß seine Kräfte aufgezehrt sind. Manchmal scheint er zwar schon nicht mehr von dieser Welt, dann gleitet der Blick seiner immer noch strahlenden Augen über alles Gewoge von Seide, Kaschmir und Pleureusen hinweg in die Ferne, und er ist nicht ansprechbar; dann wieder überrascht er mit einem Bonmot, das beweist, wie hellwach der scheinbar Träumende seine Umgebung wahrnimmt. »Hast du die fabelhafte Garderobe der Dame gesehen, die heut' morgen in der Trinkhalle neben dir stand?« An das Kleid kann er sich nicht erinnern, aber »sie hatte so etwas Seidenhasiges«. – »Und warum bist du an der Table d'hôte so demonstrativ einsilbig und sprichst kein Wort mit deinem Nachbarn zur Rechten?« – »Was soll ich mit diesem Lederschneider reden, den samt Frau und Tochter unter eine Presse gelegt und es kommt kein einziger Tropfen Esprit heraus.« Emilie fehlt Gedankenaustausch. »Unter Larven die einzig fühlende Brust«, beklagt sie sich bei ihrem briefeschreibenden Mann. Er weiß wohl, was sie meint, doch er tut so, als verstünde er nicht: »Wieso? Wenn hier etwas in Überfülle vorhanden ist, so ist es Brust! Schon bald nicht mehr schön … Er spielt auf die wogenden Dekolletés der üppigen, geschnürten Geheim- und Hofrätinnen an und ist so witzig und frivol wie eh und je. Sie kann ihn also beruhigt nach Berlin vorfahren lassen und selbst noch ein paar Tage bei Johanna in Dresden-Blasewitz verweilen. Mete wird Papa versorgen.

Jeden zweiten Tag wechseln sie Briefe, und der Ton darin ist munter wie in den besten Zeiten. Alles, was in der Welt passiert, wird besprochen: In Genf wird Sissi, die unglückliche Kaiserin von Österreich und Königin von Ungarn, von einem italienischen Anarchisten erdolcht; Ompreda (einer von Friedels Autoren) hat ein mäßiges Bühnenstück »Eheliche Liebe« herausgebracht; Mete unternimmt mit Fritsch Ausflüge in die Umgebung, Lise immer als Anstandsdame dabei; Paula schenkt Mete ein Myrtenbäumchen; Mete kauft sich einen neuen Hut. Mama plädiert dafür, sich völlig neu einzukleiden, denn »alles muß zueinander passen und stimmen«. Kein Wort darüber, daß am 16. September offizielle Verlobung angesagt ist. Emilie kann sich nicht überwinden, daran teilzunehmen. Sie hat nichts gegen Fritsch, aber ihrem Empfinden nach hätte er das Trauerjahr einhalten müssen. Die Familie respektiert und toleriert ihre Haltung – und tut das, was sie für richtig hält.

Papa und Mete schildern das Ereignis unabhängig voneinander als ein wahres Zauberfest: neun Personen zu Tisch, erlesene Speisen, erlesene Getränke, erlesene Gespräche in einem herzlichen Ton, der sich »bis zu Ulk, selbst bis zu Gewagtheiten (bei denen man freilich an richtiger Stelle die Grenze ziehen muß) steigern kann«. Der Brautvater muß auf einstimmigen Wunsch noch einmal »Kommen Sie, Cohn« vortragen und erntet Beifall und Gelächter, weil er sich in seinem eigenen Gedicht nicht mehr auskennt und mehrfach steckenbleibt. Auch Schlenther bestätigt, der liebe Alte sei »Mittelpunkt und Seele der Unterhaltung gewesen«. Emilie liest Johanna die Briefe vor, und mit einer Mischung aus Rührung, Sorge und Stirnrunzeln spricht sie zu ihr über die Unvernunft des »lieben Alten«, den es bei jedem Wetter in den Tiergarten zieht; sie sieht ihm dann so lange wie möglich hinterher, wie er am Straßenrand steht in dem undurchdringlichen Gewirr von Droschken und Pferdebahnen, jede Lücke von hastenden Fußgängern verstopft, steht da, den Rockkragen hochgeschlagen, den blaugrünen Schottenshawl um den Hals, ein Taschentuch vor dem Mund, und wartet geduldig, bis eine Passage frei wird. Immer nur Tiergarten und Rousseau-Insel und Königin-Luise-Denkmal, aber bei Wertheim war er noch nicht. Dabei ist dieser Kaufrausch-Palast wirklich sehenswert, wie aus Tausendundeiner Nacht. Doch das alles interessiert ihn nicht mehr, hat ihn wohl auch nie sonderlich interessiert, höchstens das Benehmen der Kunden und das Verhalten der Verkäufer, die ihn mit schönen Worten und Gesten einfangen. Nur in London habe er sie in die großen Kaufhäuser begleitet. Ach, das ist eine Ewigkeit her ... Was für ein armer, gehetzter Scribler ist er damals gewesen.

Emilie gibt ihrem Herzensmann gute Ratschläge, tu dies, tu jenes und vergiß den Geburtstag von Frau Sternheim nicht ...

»Meine liebe Frau«, antwortet er, »Du vergißt meine 34 Pulsschläge. Wenn ich beim Thee sitze, geht es, aber sowie ich aus der Ruhe heraus und in irgendeine Aktion hinein soll, ist es mit der ganzen Herrlichkeit vorbei. Ich erschrecke vor allem, und selbst wo Vergnüglichkeiten in Sicht stehen, ist mein Trost: ›Um 9 ist alles aus!‹ ...« Dieser Satz aus der Theaterkritikerzeit ist zum Bestandteil der Familiensprache geworden und soll heißen: warum sich aufregen, ob Komödie oder Tragödie, um 9 Uhr fällt der Vorhang.

Noch weiß sie nicht, wie spät es ist.

Am Morgen des 20. September fühlt er sich rundherum wohl:

> ... Ich setzte mich an den Frühstückstisch,
> Der Kaffee war warm, die Semmel war frisch,
> Ich habe die Morgenzeitung gelesen
> (Es sind wieder Avancements gewesen).
> Ich trat ans Fenster, ich sah hinunter,
> Es trabte wieder, es klingelte munter,
> Eine Schürze (beim Schlächter) hing über dem Stuhle,
> Kleine Mädchen gingen nach der Schule,
> Alles war freundlich, alles war nett ...

Und er setzt sich an den Schreibtisch; doch es dauert nicht lange und die Müdigkeit holt ihn wieder ein. Vor dem obligaten Tiergartenspaziergang schreibt er schnell noch ein paar Zeilen an Mila: »Meine liebe Frau. Dies sind nun also die letzten Zeilen, übermorgen mittag dürfen wir Dich erwarten. Es freut mich, daß Du dies Zusammensein mit Deiner alten Freundin noch haben konntest ...«

Zu Mittag gibt es sein Leibgericht: Kartoffeln mit viel Petersilie und Hammelrippchen. Als Nachspeise Grieß mit Zucker und Zimt. Danach trinkt er mit Mete noch ein Täßchen starken Kaffee zur Aufmunterung. Friedel kommt vorbei und erfreut den Papa mit der Nachricht, daß »Der

Stechlin« vor Erscheinen überzeichnet sei. »Nun, das ist schön. Besonders für dich. Aber ich fürchte, das Publikum wird später, wenn es sich erst den Schaden besieht, recht enttäuscht sein. Es ist nun mal kein Roman im landläufigen Sinne. Eigentlich ein Buch, das ich für mich geschrieben habe.«

Nach der Mittagsruhe kehrt er an den Schreibtisch zurück, auf dem sich Briefe, Notizen und Buchexemplare häufen, in die er Widmungen eintragen will. Erstaunlich, was er noch alles geschafft hat – bei 36 Pulsschlägen, jetzt nur noch 34 … Er schneidet umständlich eine neue Schwanenfeder zurecht, das ist für ihn stets ein Ritual, und faßt sein Erstaunen in sechs Zeilen:

> Als ich zwei dicke Bände herausgab
> »1200 Seiten auf einmal,
> Und mit 78 (beinah ein Skandal),
> Konntest es doch auf 4mal verteilen« –
> *Ihr* könnt es. Aber bei mir heißt's eilen,
> Allerorten umklingt mich wie Rauschen im Wald:
> »Was du tun willst, tue bald!«

»Um 9 Uhr fällt der letzte Vorhang«

Gegen sieben Uhr abends nimmt er in Metes Gesellschaft ein paar Appetithäppchen zu sich, dann geht er ins Nebenzimmer, um sich einen Verdauungslikör zu holen. Kommt nicht zurück. Nach einiger Zeit wird Mete unruhig, sucht ihn, in der Küche, in Mamas Zimmer – endlich findet sie ihn im Alkoven, hinter dem Spanischen Schirm auf der Bettstatt liegend. Eingeschlafen. Für immer. Die alte Standuhr, die schon Vater und Großvater durchs Leben begleitete, schlägt neunmal.

Friedel eilt nach Dresden, um es Mama mitzuteilen. »Hat er noch schwer gelitten?« fragt sie, merkwürdig gefaßt.

»Nein.« Er berichtet. »So ist der Tod gekommen wie Zieten aus dem Busch«, zitiert sie aus dem berühmtesten seiner Preußen-Lieder. Es ist, als nähme sie das Geschehene gar nicht richtig zur Kenntnis. Als sie dann am Totenbette steht, starr wie eine Marmorstatue, sagt sie nur einen einzigen Satz: »Es war ein schönes Leben mit ihm, und ich würde es gleich noch einmal beginnen.«

Tedo und Friedel kümmern sich um die notwendigen Formalitäten, Mete um die Mama; Fritsch als lebenserfahrener Berater hält sich im Hintergrund. Emilie verbringt die folgenden Tage wie in Trance. Am Samstag, dem 24. September, wird Fontane zu Grabe getragen. Es ist der Todestag von George. Der Friedhof der Französischen Gemeinde an der Liesenstraße kann gar nicht alle Trauergäste fassen, die gekommen sind, um dem Dichter die letzte Ehre zu erweisen, der Berlin in die Weltliteratur einbrachte.

Emilie ist nicht dabei. Die Kinder befürchten, sie würde dem Trubel, der Anstrengung und den Aufregungen nicht gewachsen sein. Sie bitten Wittes Enkelin Gertrud, bei ihr zu bleiben. Noch nie wurde der Fünfzehnjährigen eine so schwere Aufgabe übertragen. Sie liebt Onkel und Tante Fontane; seit sie das Luisenstift in Berlin besucht, ist ihr das alte Johanniterhaus zur zweiten Heimat geworden ... Sie fühlt sich angenommen. Vor wenigen Tagen erst schrieb Theo an Mila, Gertruds sanfte Schönheit habe etwas Himmlisches, und sie hatte sich über diesen bei ihm gänzlich ungewohnten Ton gewundert. Nun ist dem himmlischen Wesen erdenschwer und beklommen zumute. Doch da geht die Tür auf, und Emilie tritt ein, umarmt sie und sagt zärtlich: »Mein Kind, er hat auch dich sehr geliebt. Ich will dir seine schönsten Balladen vorlesen.« Und mit fester Stimme liest sie die Gedichte, die ihr die liebsten sind. Dann wird es still. »Sie wird wohl vor Erschöpfung eingeschlafen sein«, denkt Gertrud, doch plötzlich bewegt sie fast lautlos die Lippen, und es sind Sätze aus dem »Stechlin«, die von weither zu kommen scheinen: »Ein ewig Gesetzliches vollzieht sich, weiter nichts, und dieser Vollzug ... darf uns nicht schrecken. In das Gesetzliche sich ruhig schicken, das macht den sittlichen Menschen und hebt ihn.«

Auf einmal zuckt sie zusammen. Es ist der Augenblick, in dem draußen auf dem Friedhof der Sarg in die Erde gesenkt wird. Sie lauscht den Worten nach, die Pastor Lorenzen dem alten Dubslav von Stechlin widmete. Beim Abschreiben – vor wenigen Wochen – dachte sie noch, die könnten, irgendwann, auch für ihren Herzensmann gelten.

Nun gilt's: »Sein Leben lag aufgeschlagen da, nichts verbarg sich, weil sich nichts zu verbergen brauchte ... Er war kein Edelmann nach der Schablone, wohl aber ein Edelmann nach jenem alles Beste umschließenden Etwas, das Gesinnung heißt ... Das Goldene Kalb anbeten war nicht seine Sache. Daher kam es auch, daß er vor dem, was das Leben so vieler andrer verdirbt und unglücklich macht, bewahrt blieb, vor Neid und bösem Leumund. Nichts Menschliches war ihm fremd, weil er sich selbst als Mensch empfand und sich eigener menschlicher Schwächen jederzeit bewußt war … Er war recht eigentlich frei, wußte es auch, wenn er's auch oft bestritt … Alles, was einst unser Herr und Heiland gepredigt und gerühmt hatte, all das war sein: Friedfertigkeit, Barmherzigkeit und Lauterkeit des Herzens. Er war das Beste, was wir sein können: ein Mann und ein Kind.«

Nachklang

Die Natur hatte Emilie nicht mit robuster Gesundheit, dafür aber mit einem starken Willen ausgerüstet und mit der Zähigkeit, einmal als richtig Erkanntes durchzukämpfen. Als »Mächen mitte Eierkiepe« erboxte sie sich bei den Gassenjungen der Großen Hamburger Straße den nötigen Respekt; als junges Mädchen ließ sie sich nicht von der Liegnitzer Verwandtschaft irritieren, die ihr den »Grafen Habenichts von der Blauen Blume« aus- und einen Gutsbesitzer oder Offizier einreden wollte; als junge Frau brachte sie allen Widrigkeiten zum Trotz mit dünnen Suppen und Lebertran den ewig kränkelnden George über die Runden und betete, nachdem ihr drei Kinder früh gestorben waren, zu Gott, er möge ihr doch wenigstens George lassen. Mit 35 Jahren sah sie aus wie fünfzig; ihr Nervenkostüm war für immer ramponiert, und dennoch hat sie alles durchgestanden: Sturmkrankheit, Alleinsein, Koliken und 30 Jahre Von-der-Hand-in-den-Mund-Leben; sie wird auch den letzten Lebensabschnitt mit Anstand meistern, indem sie einfach nicht zuläßt, daß Theo aus dem Bannkreis ihrer Gedanken und Gefühle entschwindet. In der Wohnung ist alles, auch der geringste Gegenstand, ein Stück von ihm: die verbeulte Blechkanne, in der er sich als Kriegsgefangener den Kaffee selbst zubereitete, im Regal die Hausapotheke mit der unvermeidlichen Natronschachtel und der Wasserkaraffe, im Ofen die Röhre, in der er so gerne Äpfel briet; der ovale Tisch, an dem sie ihm alles Wichtige aus den Morgenzeitungen vorlas, vor allem natürlich die Kritiken, die in den letzten Jahren immer gehaltvoller und erfreulicher wurden; ja, und vor allem der Schreibtisch, voll von Manuskripten, Aufzeichnungen, Briefen und Notizen. Alles muß gesichtet und geordnet werden. Solange sie damit beschäftigt ist, bleibt er allgegenwärtig. Es ist eine harte Arbeit, körperlich und seelisch anstrengender als gedacht. Noch steht ihr Mete zur Seite, doch sie heiratet im Januar 99. Fritsch gibt, was sie ihm hoch anrechnet, seine alte, feudale Wohnung auf, und sie nehmen eine neue, ganz in der Nähe des alten Johanniterhauses, in das auch Friedel einzieht, dessen Ehe keinen Bestand hatte.

Mit den kritischen Augen des Verlegers und zukünftigen Archivars sieht er, wie willkürlich Mama mit den Autographen umgeht, verschenkt, wegwirft, vernichtet – vor allem das, was ihrer Meinung nach dazu angetan sein könnte, das Glanzbild ihres Herzensmannes vor der Nachwelt zu trüben. Er weiß nicht, wie er ihr beibringen soll, daß es so nicht weitergeht. Gallensteine nehmen ihm die Entscheidung ab. Die arme Frau muß wieder nach Karlsbad.

»Wir können sie nicht allein fahren lassen, wo dort alles an Papa erinnert«, beschließt der Familienrat. Also nimmt Tedo Urlaub und begleitet Mama nach Karlsbad. Und hier geschieht etwa Unerwartetes: Sie begreift, daß ihr Theochen, den sie immer für einen Lederschneider und Philister hielt, gerade so ist, wie Henriette von Merckel ihn als Kind charakterisiert hatte: empfindsam und mitfühlend. Nach seiner Abreise schreibt sie ihm spontan: »Mein lieber Sohn! Ich danke Dir für diese Zeit, in der ich Dich so kennen gelernt habe, wie Du eigentlich bist … Zu meiner Freude habe ich sogar feststellen dürfen, daß Du in mancher Hinsicht Deinem Vater in Wesen, Empfindungen und Anschauungen viel ähnlicher bist als ich es je für möglich gehalten habe.«

Erholt und gesundheitlich halbwegs stabilisiert sieht Emilie ein, daß das Ordnen des Nachlasses ihre Kräfte übersteigt. Zum erstenmal tritt die Nachlaß-Kommission zusammen. Schlenther jubelt, als er einen Karton mit allen aufgeklebten Theaterrezensionen findet; er wird sie als »Causerien über Theater« herausgeben. Mete und ihr Mann wollen sich auf »Familienbriefe« beschränken. Sie sorgen dafür, daß die Welt nach dem Dichter und Romancier auch das Talent epistolaire Fontanes kennenlernt. Kein Geringerer als Thomas Mann ruft später entzückt: »Sind noch mehr da? Man soll sie herausgeben!«

Emilie schreibt an unzählige Empfänger von Fontane-Briefen und bittet, man möge sie ihr überlassen, wenigstens, um Kopien anzufertigen. Das Echo ist überwältigend und bringt viel Arbeit mit sich. Aber so gefällt es ihr. Etwas für ihn und in seinem Sinne tun zu können, ist ihr doppelte Freude. Wenn sie sich stark genug fühlt, fährt sie nach Kassel, wo Tedo mit Frau und nunmehr drei Kindern lebt, hochgeachtet und mit der Aussicht, Geheimer Kriegsrat und Exzellenz zu werden.

Fritsch kauft für Mete eine Villa mit Park am Ufer des Müritzsees, dort verbringen sie den Sommer. Im Winter ist ihre Grunewald-Villa Treffpunkt einer entfernten Art von »Rütli«. Manchmal begleitet Friedel die Mama dorthin, einmal auch bis an die Müritz. Wenn Mete als junges Mädchen naseweis behauptete, jede Ehe sei gut, die sich nicht gerade in Scheußlichkeiten erginge, so ist ihre Ehe gut, ja, sehr gut zu nennen: kultiviert und wohltemperiert. Die Mama fährt jedenfalls beruhigt heim.

Ihr Leben lang hat sie Fäden zwischen Menschen geknüpft, die ihr sympathisch waren; viele sind nicht mehr am Leben, aber neue Fäden sind hinzugekommen und verwoben sich zu einem Netz, das sie davor bewahrt, in uferlose Einsamkeit zu fallen. Gerhart Hauptmann nennt sie seine liebe, mütterliche Freundin, Brahm schickt Freibillets zu jeder neuen Inszenierung, und sie läßt keine aus und schreibt ihm anschließend (zu seiner Erbauung, aber manchmal auch zu seinem Erstaunen) ihre Meinung dazu. Zu Lessings, Sternheims und Stephanys wird sie eingeladen. Die innigste Beziehung aber besteht zur Witte-Familie, nun mit Gertrud in der dritten Generation, und zu Paula Schlenther.

Bevor Paula ihren ehrenvollen Vertrag mit dem Deutschen Theater löst, um endgültig zu ihrem Mann nach Wien zu ziehen, gratuliert sie Emilie noch zum 75. Geburtstag. Ach, ihr ist gar nicht feierlich zumute: Der Hexenschuß hat sie getroffen. Um so mehr ist sie von Paulas Liebe und Fürsorge gerührt. Nach Wien schreibt sie wenige Tage später: »Liebste! Es erscheint mir einsam hier, nun Sie fort sind … Ihr liebes Bild vor mir blicke ich mit Tränen an. Ach, die 75 ohne ihn, haben mich ganz alt gemacht, und alle Liebe und Freundschaft, die mir erzeigt wurde, empfing ich in – seinem Gedächtnis. Ihm habe ich immer und noch alles verdankt; Sie glauben nicht, wie schwer mir mein geistiges Alleinsein fällt! Er war mein Lexikon in jeder Beziehung … Danken wollte ich Ihnen, daß Sie in allem Abreise- und Abschiedstrubel noch meiner gedacht haben! … Mit ungezählten Grüßen für Sie Beide

Ihre mütterliche Freundin Th. Fontane.«

Sie versteht es nur zu gut, daß Paula ihren glänzenden Vertrag in Berlin zugunsten »gelegentlicher Gastspiele« aufgibt, um in Wien bei ihrem Mann zu sein. Mit Freude beobachtet sie, wie es die beiden – bei aller Liebe – fertigbringen, ihre Selbständigkeit zu bewahren. Das ist schwer und geht nur, wenn Toleranz und menschliche Substanz auf beiden Seiten stark genug sind. Beneidet sie Paula um ihren Beruf? Wäre ihr eigenes Leben nicht gänzlich anders verlaufen, wenn sie auch Schauspielerin geworden wäre? Theo hatte ihr doch als Zwölfjährige versprochen, Blumen und Kränze zu schicken. Aber ob er sie geheiratet hätte?

Das Theater bleibt ihre letzte Leidenschaft. (Schließlich ist es auch eine Gelegenheit, die auserwählte Garderobe auszuführen!)

Im Januar 1902 läßt Brahm sie wissen, daß ein Billett für Wolzogens neues Stück für sie bereit läge. Natürlich will sie hin. »Bei dem scharfen Ostwind?« gibt Friedel zu bedenken, »nimm wenigstens eine Droschke!« Doch manchmal hat die sonst so großzügige Emilie einen Sparsamkeitsrappel. Sie stellt sich also an die zugige Haltestelle der Elektrischen und wartet. Der Wagen kommt. Alle Plätze sind besetzt. Sie klettert auf den Vorderperron – und fängt sich eine Lungenentzündung ein. Es scheint harmlos, nur eine Erkältung; dann steigt das Fieber und hält sich auf bedenklicher Höhe. In ihren Fieberphantasien ist sie auf dem Weg zu ihm. Am Ende einer langen, langen Straße, die der Mond vom Himmel zur Erde baut, sieht sie ihn ganz deutlich; er streckt ihr die Hände entgegen. Dann wieder verschwindet sein Bild oder ist nur halb zu sehen. So war es auch auf Erden, immer hat sie ihn teilen müssen: mit Lepel, mit dem »Rütli«, mit der »Kreuz-Zeitung« und der Vossin, später mit Grete Minde und Cécile, mit der Gräfin Holk, Lene und Stine, mit Jenny, Effi und Melusine. Immer nur halb. Das Fieber steigt, und sie steigt auf der Himmelsleiter immer höher – zu ihm. Nun hat sie ihn ganz.

Ein verklärtes Lächeln liegt auf ihrem Gesicht, als man sie zur letzten Ruhe bettet.

*

In Fontanes Roman »Graf Petöfy« wird die Schauspielerin Franziska Franz nach ihrer Heirat mit dem alten Grafen gefragt, ob sie nun glücklich sei. Sie antwortet: »Ich weiß es nicht …, aber ich hoff' es. Vielleicht kann man glücklich sein, wenn man es sein will, und ich habe einmal gelesen, man könne das Glück auch lernen. Das hat mir gefallen. Und wirklich, es muß Mittel dazu geben.«

So hätte wohl auch Emilie geantwortet. Es hat sie nur niemand gefragt.

Benutzte Literatur

Fontane, Emilie, Briefe an Otto Brahm, kommentiert von Joachim Krueger, in: Fontane-Blätter 32 (1981)

Fontane, Theodor, Tagebücher, Aufbau Verlag, Berlin 1996

Ders., Briefe, Hanser Verlag, München 1982–1996

Ders., Gedichte, Bd. 3, Aufbau Verlag, Berlin 1989

Fontane, Theodor jun., Die Schwester des Dichters Theodor Fontane, in: Fontane-Blätter 19 (1974)

Ders., Beziehungen zu meinem Vater, in: Fontane-Blätter 20 (1974)

Forster, Ursula von, Aus dem Leben Theodor Fontanes jun., in: Fontane-Blätter 32 (1981)

Fricke, Hermann, Theodor Fontane. Chronik seines Lebens, Berlin 1960

Ders., Emilie Fontane. Mit unveröffentlichten Gedichten und Briefen von Th. und E. Fontane, Rathenow 1937

Ders., Der Sohn des Dichters. In memoriam Friedrich Fontane, in: Jahrbücher für Brandenburgische Landesgeschichte 17 (1966)

Original-Handschriften Emilie Fontanes in der Handschriftenabteilung des Fontane Archivs Potsdam:

Briefe

Emilie Fontane, Konvolut ihrer Autobiographie (bis zum 13. Lebensjahr) (Kopie)

Wirtschaftsbücher der Emilie Fontane

Gertrude Basset
* 1752

Johann Philipp Daniel Mumme
(1750–1799)
Geh. Sekretär

Marthe Sara Douzal
(1744–1801)

Pierre Labry
(1737–nach 1784)
Kaufmann
später Schreiblehrer

Charlotte Friederike Christiane Mumme
(1776–1815)

Jean François Labry
(1767–1810)
Kaufmann

Elise Fontane
(1838–1922)

Max Fontane
(1826–1860)

Jenny Fontane
(1823–1904)

Rudolf Fontane
(1821–1845)

George Fontane
(1851–1887)
Hauptmann

Rudolf Fontane
(1852–1852)

Paul Fontane
(1853–1854)

Pierre Fontane Barthélemy (1731–1773) | Marie Louise Schroeder (1733–1802)

Friedrich Wilhelm Deubel
Viktualienhändler in Berlin | Sophie Louise Schramm * 1734

Pierre Fontane Barthélemy (1757–1826)
Zeichenlehrer der kgl. Prinzen,
Kabinettssekretär der Königin Luise,
Kastellan in Niederschönhausen | Louise Sophie Deubel (1758–1797)

Emilie Labry (1798–1869) | Louis Henri Fontane (1796–1867)
Apotheker

Emilie Rouanet-Kummer (1824–1902) | Theodor Fontane (Henri Théodore) (1819–1898)

Hans Ulrich Fontane (1855–1855)

Theodor Fontane (1856–1933)
Geh. Kriegsrat

Martha (Mete) Fontane (1860–1917)

Friedrich Fontane (1864–1941)
Verleger

zwei uneheliche Kinder

Jean Pierre Barthélemy Rouanet
(1747–1837)

Söhne aus 2. Ehe

- **Ludwig Rouanet**
  (1781–1852)
  - 2 Söhne
  - **Catherine** | **Alexander Frhr. von Falkenhausen**
    - **Ludwig von Falkenhausen**
      (1844–1936)
- **August Rouanet**
  (1783–1867)
  Apotheker in Wermsdorf
  - **Peter Rouanet**
    Apotheker
    - **Paul Rouanet**
      * 1858
      Amtsgerichtsrat (Dr. jur.)
      in Leipzig
      - **Gotthard Rouanet**

3. Ehe:
Louise Horn
(Tochter des Dr. med. und Apothekers Horn in Beeskow)

Thérèse Rouanet
(1790–1867)

1. Ehe:
Johann Heinrich Müller
Prediger zu Müllrose

2. Ehe ab 1842
in Dammersdorf bei Liegnitz:
Triepke
Oberförster
(kinderlos)

Emilie Rouanet-Kummer
(geb. in der Witwenschaft
der Thérèse Rouanet)
(1824–1902)
Ehe mit Theodor Fontane

Clara Müller

Marie Müller

Hermann Müller

Inhalt

Dieter Kühn

Clara Schumann, Klavier

Ein Lebensbuch

Erweiterte Neufassung

Band 14203

Clara Schumanns Lebensgeschichte ist Legende geworden. Ihre entsagungsreiche Kindheit, ihr außergewöhnliches Talent, die frühe, gegen den Vater durchgesetzte Liebe zu Robert Schumann und die Erziehung von sieben Kindern geben genug Stoff für Mythen und Klischees ab. Clara Schumann gilt seither als musikalisches Wunderkind, Idol romantisch-verklärter Liebesvorstellungen, vorbildliche Mutter und oft verkannte Komponistin.

Dieter Kühn zeichnet, halb als Roman, halb als Biographie, den Lebensweg von Clara Schumann jenseits der tradierten Vorurteile nach, horcht auf feine Zwischentöne und entdeckt oftmals überraschende Disharmonien. Angeregt durch neueste Forschungsergebnisse gelingt es Kühn in dieser erweiterten Neufassung erstmalig, auch die Zeit nach Robert Schumanns Tod genauer zu beleuchten und so das Porträt einer hochsensiblen und selbstbewußten Frau zu vervollständigen, in deren Leben sich das 19. Jahrhundert aufs genaueste widerspiegelt.

Fischer Taschenbuch Verlag

fi 1008 / 7

Dieter Kühn
Frau Merian!
Eine Lebensgeschichte
660 Seiten. Gebunden

Maria Sibylla Merian gehört zu den großen Frauengestalten der deutschen Kulturgeschichte. Ihre Aquarelle und Kupferstiche sind berühmt, die Geschichte ihres Lebens ist einzigartig. Dieter Kühn setzt mit dieser Biographie Maßstäbe, er zeichnet anhand bislang unbeachteter Quellen ein neues Bild von Frau Merian. Kenntnisreich entfaltet er ein lebendiges Panorama des 17. Jahrhunderts und stellt eine außergewöhnliche Frau vor, die sich selbst stets nur als Liebhaberin der Natur sah, aber Mutter, Malerin, Unternehmerin, Naturkundlerin und eine wagemutige Reisende zugleich war.

Eckart Kleßmann

Christiane

Goethes Geliebte und Gefährtin

Band 11886

Gegensätzlicher kann man sich eine Partnerschaft von zwei Menschen kaum vorstellen als die zwischen Goethe und seiner Frau Christiane, die von der Weimarer Gesellschaft und später von den Literaturhistorikern als »Bettschatz« und »Dummchen« tituliert wurde. Kleßmann, ausgewiesener Kenner der Goethezeit, »korrigierte die überkommenen Klischees, und er entwarf mit dem schönen Elan der Sympathie ein gerechteres Bild der jungen Frau«, die mehr war als die sinnliche Geliebte, die umsichtige Wirtschafterin und sorgende Mutter: Sie war für Goethe »die unvergleichliche Partnerin im Reich der guten Täglichkeit, deren Liebe er mit Liebe erwiderte und für deren Wärme er mit Wärme dankte, des dauerhaften Vergnügens, das sie ihm bescherte, niemals überdrüssig«. (Klaus Harprecht, *Die Zeit*)

Fischer Taschenbuch Verlag

fi 1166 / 4

Günter de Bruyn

Das Leben des Jean Paul Friedrich Richter

Eine Biographie

Band 10973

Johann Paul Friedrich Richter, als Schriftsteller Jean Paul genannt, der aus ärmlichen Verhältnissen kam und zum berühmten Mann wurde, dessen Ruhm einst den von Goethe und Schiller überschattete, der als erster das ungewisse Schicksal »freien« Schriftstellertums wagte, häufig um den Preis bitterster Armut, der von Frauen umschwärmte »Dichter der Jünglingsgefühle«, der große Satiriker und der unvergleichliche Gestalter der Lebensprobleme der »kleinen Leute«, ihres Alltags und ihrer Gefühlswelt, der von Herder und Wieland gefeiert wurde und über Börne und Heine bis zu George und Hesse und Jüngeren immerzu bewundernde Fürsprecher fand: Jean Paul und seine Zeit macht de Bruyn in seiner kunstvollen farbigen Darstellung lebendig. Diese Jean-Paul-Biographie ist ein Kabinettstück biographischer Erzählkunst und zugleich ein literarisch aufgearbeitetes Stück Geschichte.

Fischer Taschenbuch Verlag

fi 820 / 5

Edmonde Charles-Roux

Coco Chanel

Ein Leben

Aus dem Französischen von Erika Tophoven-Schöningh

Band 5692

Sie hat die Grundlinie der Mode im 20. Jahrhundert geprägt. Sie kürzte den Rock, schuf das Badekostüm der Frau, den Modeschmuck und »das kleine Schwarze«, das ein Grundbestandteil der modernen Damengarderobe ist. Sie brachte das erste Parfum auf den Markt, das nicht nach einer Blume roch. Durch sie wurde Paris das Modezentrum der Welt: Coco Chanel. Ihre Biographie ist das Spiegelbild einer ganzen Epoche, vor allem aber die Geschichte einer Frau, die sich trotz zahlreicher Liebhaber und berühmter Freunde – Diaghilev, Cocteau, Strawinsky, Picasso, Misia Sert und Colette – bis zuletzt auf sich alleingestellt sah. Charles-Roux zeichnet ein fesselndes Porträt dieser ungewöhnlichen Frau, die 1883 als Tochter eines Hausierers in den Cevennen geboren wurde, 1913 mit Hilfe eines reichen Liebhabers ihr erstes Geschäft eröffnete, jahrzehntelang die Mode beherrschte und 1971 vereinsamt starb.

Fischer Taschenbuch Verlag

fi 1901 / 4

Margaret Forster

Daphne DuMaurier

Ein Leben

Aus dem Englischen von Einar Schlereth und Brigitte Beier

Band 12891

Daphne DuMaurier (1907-1989) war die Tochter eines berühmten Schauspielers und das »Golden Girl« der Londoner High Society. Bei einem Aufenthalt in Cornwall verliebte sie sich in Major ›Boy‹ Browning und heiratete ihn kurze Zeit später. Sie begann schon in jungen Jahren zu schreiben und wurde durch die Veröffentlichung ihres Romans ›Rebecca‹, der von Hitchcock verfilmt wurde, weltberühmt. Zur erfolgreichen Schriftstellerin avanciert, wollte sie zwar von den Kritikern beachtet werden, aber literarische Empfänge oder Interviews waren ihr ein Greuel. So gibt diese Biographie erstmals einen Einblick in das Leben Daphne DuMauriers, der das Schreiben alles bedeutete und die unglücklich war, wenn sie nach Fertigstellung eines Buches nicht bald eine Idee für ein neues Projekt hatte. Und sie zeigt das Bild einer Frau, die nach außen hin das konventionelle Leben an der Seite eines hochrangigen britischen Militärs führte, den »Jungen in ihr aber in einen Käfig« eingesperrt hatte.

Fischer Taschenbuch Verlag

fi 1366 / 6

Heinz Knobloch

Herr Moses in Berlin

Auf den Spuren eines Menschenfreundes

Band 12801

Moses Mendelssohn, Schriftsteller und Philosoph der Aufklärung, geistiger Mittelpunkt des Berliner Kreises, hat wie kaum ein anderer die Kultur der Stadt im 18. Jahrhundert geprägt. Mendelssohn war Jude. Er übersetzte das Alte Testament und die Psalmen ins Deutsche. Kant, Nicolai und Lessing waren seine Freunde. Als Philosoph und Prediger der Toleranz errang er europäischen Ruhm, Mitglied der Berliner Akademie durfte er nicht werden, denn bürgerliche Rechte besaß er als Jude nicht. Heinz Knobloch hat in seinem Buch eine Lebensgeschichte des Mannes vorgestellt, der Lessing als Vorbild für ›Nathan den Weisen‹ diente. Knobloch spürt den in Dokumenten und in der Stadtgeschichte erhaltenen Spuren dieses beeindruckenden Lebens nach. Alte Straßen und Häuser, Bilder, Dokumente und verblassende Zeichen auf dem jüdischen Friedhof verdichten sich. Sie lassen Mendelssohn lebendig werden, der zwischen Juden und Deutschland zur Zeit der Aufklärung um Verständnis warb.

Fischer Taschenbuch Verlag

fi 367 / 5

Pablo Casals

Licht und Schatten auf einem langen Weg

Erinnerungen

Aufgezeichnet von Albert E. Kahn

Deutsch von Peter Baumann

Band 1421

»Dieses Dokument eines dramatischen Lebens liest man, ohne aufhören zu können: mit ungläubigem Staunen, mit Spannung und Bewunderung. Pablo Casals erzählt schlicht und herzlich, humorvoll und dankbar allen gegenüber, die ihm jemals geholfen haben. Der Republikaner im freiwilligen Exil schildert vor allem politische Ereignisse und Aktivitäten. Erstaunlicherweise spricht er kaum über Musik. Und doch glaubt man, dem liebenswerten Menschen und idealistischen Künstler, dem leidenschaftlichen Demokraten und unbeirrbaren Kämpfer für Frieden und soziale Gerechtigkeit nähergekommen zu sein: So unmittelbar teilt sich die natürliche Originalität seines Wesens dem Leser mit.« (Hamburger Abendblatt) Pablo Casals größte Hoffnung hat sich nicht erfüllt: das Ende der Diktatur und die Wiederherstellung der Demokratie in Spanien zu erleben.

Fischer Taschenbuch Verlag

fi 785 / 7